ONTEM, OS CÓDIGOS!
HOJE, AS CONSTITUIÇÕES!

Homenagem a
PAULO BONAVIDES

GEORGE SALOMÃO LEITE
GLAUCO SALOMÃO LEITE
INGO WOLFGANG SARLET
LENIO STRECK
(COORDENADORES)

ONTEM, OS CÓDIGOS!
HOJE, AS CONSTITUIÇÕES!

Homenagem a
PAULO BONAVIDES

ONTEM, OS CÓDIGOS! HOJE, AS CONSTITUIÇÕES!
Homenagem a PAULO BONAVIDES
© GEORGE SALOMÃO LEITE, GLAUCO SALOMÃO LEITE
INGO WOLFGANG SARLET e LENIO STRECK (COORDENADORES)

Direitos reservados desta edição por
MALHEIROS EDITORES LTDA.
Rua Paes de Araújo, 29, conjunto 171
CEP 04531-940 – São Paulo – SP
Tel.: (11) 3078-7205 – Fax: (11) 3168-5495
URL: www.malheiroseditores.com.br
e-mail: malheiroseditores@terra.com.br

Composição: PC Editorial Ltda.
Capa
Criação: Vânia Lúcia Amato
Arte: PC Editorial Ltda.

Impresso no Brasil
Printed in Brazil
03.2016

Dados Internacionais de Catalogação na Publicação (CIP)

O59 Ontem, os códigos! Hoje, as constituições : homenagem a Paulo Bonavides / George Salomão Leite ... [et al.] (coordenadores). – São Paulo : Malheiros, 2016.
408 p. ; 21 cm.

Inclui bibliografia.
ISBN 978-85-392-0328-4

1. Hermenêutica (Direito). 2. Direito constitucional - Filosofia. I. Leite, George Salomão. II. Bonavides, Paulo.

CDU 340.132   CDD 340.1

Índice para catálogo sistemático:
1. Hermenêutica (Direito)   340.132
(Bibliotecária responsável: Sabrina Leal Araujo – CRB 10/1507)

COLABORADORES

AGASSIZ ALMEIDA FILHO – Professor Titular de Direito Constitucional da Universidade Estadual da Paraíba-UEPB.

ALFREDO COPETTI NETO – Professor do Mestrado em Direitos Humanos da UNIJUÍ, da UNIOESTE e da UNIVEL. Mestre (UNISINOS), Doutor (UNIROMATRE, revalidação UFPR) e Pós-Doutor em Direito (UNISINOS PDJ/CNPQ). Editor da *Revista do Instituto de Hermenêutica Jurídica*. Coordenador das publicações "Estado e Constituição", pelas editoras Unijuí e Empório do Direito, 2014 e 2015.

CARLOS AYRES BRITTO – Ex-presidente do Supremo Tribunal Federal-STF, do Conselho Nacional de Justiça-CNJ e do Tribunal Superior Eleitoral-TSE. Doutor em Direito Público pela PUC/SP e membro da Academia Brasileira de Letras Jurídicas.

CELSO ANTÔNIO BANDEIRA DE MELLO – Professor Titular de Direito Administrativo da Faculdade de Direito da PUC/SP e Professor Emérito da mesma Universidade.

CLÈMERSON MERLIN CLÈVE – Professor Titular de Direito Constitucional da UFPR. Professor Titular de Direito Constitucional do Centro Universitário Autônomo do Brasil-UniBrasil. Professor Visitante do *Máster Universitario en Derechos Humanos, Interculturalidad y Desarrollo* e do *Doctorado en Ciencias Jurídicas y Políticas da Universidad Pablo de Olavide*, em Sevilha, Espanha. Pós-Graduado em Direito Público pela *Université Catholique de Louvain*, Bélgica. Mestre em Direito pela UFSC. Doutor em Direito do Estado pela PUC/SP.

EROS ROBERTO GRAU – Ministro aposentado do Supremo Tribunal Federal-STF. Professor Titular aposentado da Faculdade de Direito da USP.

FERNANDO FACURY SCAFF – Pós-Doutorado em Direito Público pela *Università Degli Studi di Pisa*. Livre-Docente pela USP. Doutor em

Direito Econômico e Financeiro pela USP. Professor da Faculdade de Direito da USP e da UFPA

FLÁVIA PIOVESAN – Professora Doutora em Direito Constitucional e Direitos Humanos da PUC/SP. Professora de Direitos Humanos dos Programas de Pós-Graduação da PUC/SP, da PUC/PR e da Universidade Pablo de Olavide (Sevilha, Espanha). *Visiting fellow do Human Rights Program da Harvard Law School* (1995 e 2000). *Visiting fellow* do *Centre for Brazilian Studies da University of Oxford* (2005). *Visiting fellow do Max Planck Institute for Comparative Public Law and International Law* (Heidelberg, 2007 e 2008). Desde 2009 é *Humboldt Foundation Georg Forster Research Fellow* no *Max Planck Institute* (Heidelberg). Foi membro do Conselho Nacional de Defesa dos Direitos da Pessoa Humana e da *UN High Level Task Force on the Implementation of the Right to Development*. É membro do *OAS Working Group* para o monitoramento do Protocolo de San Salvador em matéria de direitos econômicos, sociais e culturais.

FLÁVIO PANSIERI – Doutor em Direito pela UFSC. Mestre em Direito pela USP. Presidente do Conselho Fundador da Academia Brasileira de Direito Constitucional-ABDConst. Professor de Direito Constitucional da PUC/PR, *campus* de Curitiba. Advogado.

FRANCISCO FERNÁNDEZ SEGADO – Catedrático de Direito Constitucional da Faculdade de Direito da Universidade Complutense de Madri/Espanha. Doutor *Honoris Causa* pela *Università degli Studi di Messina*/Itália e pela Pontifícia Universidade Católica do Perú.

GEORGE SALOMÃO LEITE – Doutorando em Direito Constitucional pela Pontifícia Universidade Católica de Buenos Aires-UCA. Mestre em Direito Constitucional pela PUC/SP. Presidente da Escola Brasileira de Estudos Constitucionais-EBEC. Advogado.

GINA GOUVEIA – Doutoranda em Direito Constitucional pela UFPE. Mestra em Direito Constitucional pela UFPE. Professora da Faculdade Maurício de Nassau. Professora da Faculdade Guararapes. Professora da Faculdade Pernambucana. Parecerista da Revista de Pós-Graduação da UFRGS. Membro da Comissão de Estudos Constitucionais da OAB/PE. Especialista em Direito Público pela Faculdade Maurício de Nassau. Advogada.

GLAUCO SALOMÃO LEITE – Doutor em Direito Público pela UFPE. Mestre em Direito Constitucional pela PUC/SP. Professor de Direito

Constitucional (Graduação e Pós-Graduação *Stricto Sensu*) da Universidade Católica de Pernambuco-UNICAP; da UFPB e da Faculdade Damas de Instrução Cristã-FADIC. Membro do grupo Recife de Estudos Constitucionais-REC (CNPq). Advogado.

GUSTAVO OLIVEIRA VIEIRA – Professor Adjunto da Universidade Federal da Integração Latino-Americana em Foz do Iguaçu/PR. Mestre pela Universidade de Santa Cruz do Sul-UNISC. Doutor em Direito (UNISINOS).

INGO WOLFGANG SARLET – Doutor em Direito pela *Ludwig Maximillians Universität München*/Alemanha. Coordenador do Programa de Pós--Graduação em Direito – Mestrado e Doutorado da PUC/RS. Professor Titular da Faculdade de Direito e dos Programas de Mestrado e Doutorado em Direito e em Ciências Criminais da PUC/RS. Coordenador do Grupo de Estudos e Pesquisas em Direitos Fundamentais-GEDF (CNPq).

IVO DANTAS – Professor Titular Livre da Faculdade de Direito do Recife da UFPE. Doutor em Direito Constitucional pela UFMG. Livre-Docente em Direito Constitucional pela UERJ. Livre-Docente em Teoria do Estado pela UFPE. Membro da Academia Brasileira de Letras Jurídicas. Membro da Academia Brasileira de Ciências Morais e Políticas. Presidente do Instituto Pernambucano de Direito Comparado. Presidente da Academia Pernambucana de Ciências Morais e Políticas. *Miembro del Instituto IberoAmericano de Derecho Constitucional* (México). *Miembro del Consejo Asesor del Anuario IberoAmericano de Justicia Constitucional, Centro de Estudios Políticos y Constitucionales* (CEPC), Madri. Ex-Diretor da Faculdade de Direito do Recife da UFPE. Membro da Academia Pernambucana de Letras Jurídicas. Fundador da Associação Brasileira dos Constitucionalistas Democráticos. Membro Efetivo do Instituto dos Advogados de Pernambuco. Membro do Instituto Pimenta Bueno-Associação Brasileira dos Constitucionalistas. Professor Orientador Visitante do Programa de Pós-Graduação em Ciências da Saúde da UFRN. Juiz Federal do Trabalho (aposentado). Vice-Presidente da Comissão de Precatórios Judiciais da OAB, Secção de Pernambuco. Advogado e Parecerista.

J. J. GOMES CANOTILHO – Professor Catedrático aposentado da Universidade de Coimbra /Portugal.

JORGE MIRANDA – Professor Catedrático das Faculdades de Direito da Universidade de Lisboa e da Universidade Católica Portuguesa.

JOSE LUIS BOLZAN DE MORAIS – Professor Titular do Programa de Pós-Graduação em Direito da UNISINOS e da UIT. Pesquisador do CNPq. Procurador do Estado do Rio Grande do Sul.

LENIO LUIZ STRECK – Professor Titular da UNISINOS e UNESA. Doutor e Pós-Doutor em Direito. Ex-Procurador de Justiça-RS. Advogado.

LIVIA DIAS BARROS – Doutoranda em Direito Constitucional pela UFPE. Mestre em Direitos Humanos pela UFPE. Especialista em Direito Administrativo pela UFPE. Especialista em Direito Público pela Escola da Magistratura de Pernambuco-ESMAPE. Advogada.

LUIS MARÍA BANDIERI – Doutor em Ciências Jurídicas. Professor Titular ordinário de Gradução, Pós-Gradução e Doutorado na Universidade Católica Argentina-UCA. Diretor do Centro de Direito Político da Faculdade de Direito da UCA.

MARCELO CASSEB CONTINENTINO – Doutor e Mestre em Direito do Estado e Constituição pela Universidade de Brasília/*Università degli Studi di Firenze*. Procurador do Estado de Pernambuco. Professor de Direito Constitucional e de História do Direito da Faculdade Damas de Instrução Cristã-FADIC. Membro do grupo Recife de Estudos Constitucionais--REC (CNPq).

MAURO LUIZ CAMPBELL MARQUES – Ministro do Superior Tribunal de Justiça. Membro da Corte Especial, da Primeira Seção, da Segunda Turma e da Comissão de Jurisprudência do STJ. Presidente da Comissão Permanente de Desburocratização da Administração Pública do Senado Federal.

PEDRO HENRIQUE GALLOTTI KENICKE – Mestrando em Direito do Estado na UFPR. Pesquisador do Núcleo de Investigações Constitucionais da UFPR.

SUMÁRIO

PREFÁCIO – GILBERTO BERCOVICI 13

PARTE I
TEORIA DA INTERPRETAÇÃO CONSTITUCIONAL, CAPACIDADES INSTITUCIONAIS E DIVISÃO DE PODERES

CAPÍTULO I – O NOVO VELHO TEMA DA INTERPRETAÇÃO DO DIREITO
EROS ROBERTO GRAU 21

CAPÍTULO II – A TÓPICA E A INTERPRETAÇÃO CONSTITUCIONAL
GEORGE SALOMÃO LEITE 30

CAPÍTULO III – A NOÇÃO DE DIREITO PÚBLICO SUBJETIVO
CELSO ANTÔNIO BANDEIRA DE MELLO 50

PARTE II
(AS)SIMETRIAS NO FEDERALISMO BRASILEIRO

CAPÍTULO IV – (AS)SIMETRIAS NO FEDERALISMO BRASILEIRO
MAURO LUIZ CAMPBELL MARQUES 61

CAPÍTULO V – FEDERALISMO, CENTRALIZAÇÃO E PRINCÍPIO DA SIMETRIA
CLÈMERSON MERLIN CLÈVE
PEDRO HENRIQUE GALLOTTI KENICKE 76

CAPÍTULO VI – DO ESTADO... AO (FIM DO) ESTADO!
JOSE LUIS BOLZAN DE MORAIS 91

CAPÍTULO VII – FEDERALISMO FISCAL COOPERATIVO NO BRASIL
FERNANDO FACURY SCAFF 106

PARTE III
JURISDIÇÃO CONSTITUCIONAL E DEMOCRACIA

Capítulo VIII – A questão interpretativa que permeia a relação texto e norma
Lenio Luiz Streck 125

Capítulo IX – Desafios da Jurisdição Constitucional Brasileira Contemporânea
Glauco Salomão Leite
Marcelo Casseb Continentino 143

Capítulo X – A terminologia do Processo Constitucional e o Novo Código de Processo Civil (2015)
Ivo Dantas
Livia Dias Barros
Gina Gouveia 167

Capítulo XI – Jurisdição Constitucional e Democracia
Agassiz Almeida Filho 190

PARTE IV
DEMOCRACIA PARTICIPATIVA E O PAPEL DA POLÍTICA NO DIREITO CONSTITUCIONAL

Capítulo XII – O Direito e a Democracia para além da representação
Alfredo Copetti Neto
Gustavo Oliveira Vieira 217

Capítulo XIII – Empresa que financia campanha eleitoral comete abuso de poder ecoômico
Carlos Ayres Britto 232

PARTE V
REVISITANDO OS FUNDAMENTOS DO PÓS-POSITIVISMO JURÍDICO E SEUS REFLEXOS NO DIREITO CONSTITUCIONAL

Capítulo XIV – Pós-Democracia, Pós-Constitucionalismo, Pós-Positivismo
J. J. Gomes Canotilho 245

SUMÁRIO 11

CAPÍTULO XV – OS GRANDES PRINCÍPIOS CONSTITUCIONAIS E A JURISPRUDÊNCIA DA CRISE EM PORTUGAL
JORGE MIRANDA 259

CAPÍTULO XVI – AYER CÓDIGOS Y CONSTITUCIONES. HOY, SUPERCONSTITUCIÓN GLOBAL
LUIS MARÍA BANDIERI 275

CAPÍTULO XVII – JAMES OTIS Y EL "WRITS" OF ASSISTANCE CASE (1761)
FRANCISCO FERNÁNDEZ SEGADO 289

PARTE VI
PROTEÇÃO MULTINÍVEL DE DIREITOS

CAPÍTULO XVIII – DIREITOS HUMANOS E CONSTITUCIONALISMO REGIONAL TRANSFORMADOR: O IMPACTO DO SISTEMA INTERAMERICANO
FLÁVIA PIOVESAN 325

CAPÍTULO XIX – A CONSTITUIÇÃO DO CORPO POLÍTICO NO PENSAMENTO DE JEAN-JACQUES ROUSSEAU
FLÁVIO PANSIERI 351

CAPÍTULO XX – NOTAS A RESPEITO DOS DIREITOS FUNDAMENTAIS E "CLÁUSULAS PÉTREAS" NA CONSTITUIÇÃO FEDERAL DE 1988
INGO WOLFGANG SARLET 369

Prefácio

*"**Ontem, os Códigos! Hoje, as Constituições!**"* Com esta máxima extraída do discurso proferido por ocasião do recebimento da Medalha Teixeira de Freitas, do Instituto dos Advogados Brasileiros, em 1999, inaugura-se mais uma merecida homenagem a Paulo Bonavides. Professor renomado no país e um dos poucos constitucionalistas brasileiros verdadeiramente respeitados no exterior, Paulo Bonavides é exemplo de sabedoria, seriedade acadêmica, dedicação docente e de amizade. Amizade com que honra a todos os autores deste livro. E é a esta amizade que tentamos, e aqui tenho certeza que falo por todos, retribuir, ao menos em parte, com estes escritos. Além da amizade, todos os textos aqui reunidos têm um ponto em comum: todos, sem exceção, destacam as contribuições inovadoras de Paulo Bonavides para o nosso direito público. O que gostaria de tentar aqui é chamar a atenção para algumas dessas importantíssimas inovações de Paulo Bonavides para a reflexão jurídica e política no Brasil.

Paulo Bonavides assume na década de 1950 a Cátedra da Faculdade de Direito da Universidade Federal do Ceará com uma defesa atualíssima do Estado Social. Com as novas tarefas do Estado, o livre desenvolvimento da personalidade é fundado nas próprias prestações estatais. Ou seja, confia-se à instância estatal totalizante o poder de decidir, em nome de todos, o que é o bem de cada um, por meio dos direitos sociais. Isto, afirma Bonavides, só pode ocorrer efetivamente quando o pressuposto do Estado Social é a Democracia. Desta maneira, o arbítrio dos Poderes Públicos é evitado mediante a reserva da lei e o princípio democrático, característicos do Estado de Direito.[1] O objetivo primordial do Estado Social, assim, torna-se a busca da igualdade, com a garantia da liberdade. O Estado não se limita mais a promover a igualdade formal, a igualdade

---

1. Paulo Bonavides, *Do Estado Liberal ao Estado Social*, 6ª ed, São Paulo, Malheiros Editores, 1996, pp. 175-181 e 202-204.

jurídica. A igualdade procurada é a igualdade material, não mais perante a lei, mas através da lei.² A igualdade não limita a liberdade. O que o Estado busca garantir é a igualdade de oportunidades, o que implica na liberdade, justificando a intervenção estatal. O Estado Social fundamenta e consolida a unidade política materialmente, tornando-se o *locus* da luta de classes. Sua função, geralmente, é de mediador, tentando buscar a integração social com base em um mínimo de valores comuns. Não há, portanto, o desaparecimento da luta de classes, mas a criação de meios que garantam que ela não irá, necessariamente, se degenerar em um confronto aberto. Como bem destaca PAULO BONAVIDES, graças ao Estado Social, a ampliação dos direitos políticos e o conteúdo material dos direitos sociais tornou o pós-Segunda Guerra Mundial o período em que a emancipação e a reivindicação da Democracia econômica e social chegaram ao seu momento mais elevado.

BONAVIDES vai além do Estado Social, ao se tornar um dos principais teóricos da reestruturação do federalismo brasileiro. Com a institucionalização de um poder político regional, idealizado em termos federais pioneiramente por PAULO BONAVIDES, seria possível a obtenção de uma política efetiva de superação das desigualdades regionais no Brasil que não favorecesse exclusivamente a concentração de poderes na esfera federal.³ Para possibilitar o desenvolvimento regional como um processo participativo e negociado entre a União e entes federados, seria necessário um ente que conseguisse articular os Estados-membros. Este ente, para PAULO BONAVIDES, seria a Região, cuja politização em ente federado poderia iniciar a transformação da dependência dos entes federados em relação à União em efetiva interdependência, coordenando e compatibilizando o desenvolvimento nacional com o desenvolvimento regional. O federalismo regional seria a institucionalização política das Regiões, complementando a sua institucionalização econômica, iniciada por meio da experiência original da SUDENE. Para PAULO BONAVIDES, a Região é o instrumento renovador para a reacomodação política e econômica do sistema federal em bases mais realistas, transformando-se em um modelo mais compatível para as transformações estruturais internas do país.

PAULO BONAVIDES evidencia em sua obra a necessidade de uma teoria material da Constituição que nos permita compreender, a partir do

---

2. Paulo Bonavides, *Do Estado Liberal ao Estado Social*, cit., pp. 57-62 e 178-181.

3. V. os vários ensaios reunidos no livro *A Constituição Aberta: Temas Políticos e Constitucionais da Atualidade, com ênfase no Federalismo das Regiões*, 2ª ed, São Paulo, Malheiros Editores, 1996.

conjunto total de suas condições jurídicas, políticas e sociais, o Estado Constitucional Democrático. Teoria *material* da Constituição, e não teoria *processual*, por ser o seu objetivo entender a Constituição em sua conexão com a realidade social. E a concepção material de Constituição é voltada para o conteúdo e matéria dos dispositivos constitucionais, não, exclusivamente, sua forma. A teoria material da Constituição tem que se preocupar, também, com o sentido, fins, princípios políticos e ideologia que conformam a Constituição, a realidade social da qual faz parte, sua dimensão histórica e sua pretensão de transformação.[4]

A Constituição não pode ser entendida isoladamente, sem ligações com a teoria social, a história, a economia e, especialmente, a política. Por outro lado, a juridicidade da Constituição é essencial para a teoria material da Constituição proposta por BONAVIDES. A Constituição real e a Constituição normativa estão em constante contato, em relação de coordenação. Condicionam-se, mas não dependem, pura e simplesmente, uma da outra. A Constituição jurídica, embora não de modo absoluto, tem significado próprio. A Constituição não é apenas uma "folha de papel", não está desvinculada da realidade histórica concreta, mas, também, não é simplesmente condicionada por ela. Em face da Constituição real, a Constituição jurídica possui significado próprio.[5]

A ideia de sistema constitucional, para Paulo Bonavides, mostra que a Constituição não se reduz a um corpo de normas, mas é algo mais complexo, relacionado com forças e formas políticas. Relação que sempre deve ser entendida conjugada com o fato de a Constituição ser dotada de um mínimo de eficácia sobre realidade.[6] Segundo PAULO Bonavides:

> Imersa num sistema objetivo de costumes, valores e fatos, componentes de uma realidade viva e dinâmica, a Constituição formal não é algo separado da Sociedade, senão um feixe de normas e princípios que devem refletir não somente a espontaneidade do sentimento social mas também a força presente à consciência de uma época, inspirando a organização política fundamental, regulada por aquele instrumento jurídico.[7]

O significado da Constituição, portanto, não se esgota na regulação de procedimentos de decisão e de governo, nem tem por finalidade criar

---

4. Cf. Paulo Bonavides, *Curso de Direito Constitucional*, 31ª ed, São Paulo, Malheiros Editores, 2016, pp. 82-83.
5. Paulo Bonavides, *Curso de Direito Constitucional*, cit., pp. 160-162.
6. Paulo Bonavides, *Curso de Direito Constitucional*, cit., pp. 77-81 e 115-119.
7. Paulo Bonavides, *Curso de Direito Constitucional*, cit., p. 79.

uma integração alheia a qualquer conflito. Nenhuma de suas funções pode ser entendida isoladamente ou absolutizada. Mas, fundamentalmente, a Constituição é direito político.[8]

Não por acaso, Paulo Bonavides se destaca na demonstração reiterada da importância da participação popular e da democracia participativa como formas de concretização da soberania popular.[9-10] Neste sentido, afirma, categoricamente, Bonavides:

> O substantivo da democracia é, portanto, a participação. Quem diz democracia diz, do mesmo passo, máxima presença do povo no governo, porque, sem participação popular, democracia é quimera, é utopia, é ilusão, é retórica, é promessa sem arrimo na realidade, sem raiz na história, sem sentido na doutrina, sem conteúdo nas leis.[11]

Portanto, no Estado Democrático de Direito, como o consagrado pela Constituição de 1988, nenhum poder e nenhuma função estatal estão imunes à participação popular. Como defende PAULO BONAVIDES, a legitimidade precisa ser repolitizada, a soberania popular deve ser efetiva.[12] E, em uma democracia, o ponto fundamental é entender o povo como o sujeito da soberania.

Talvez esta seja a grande contribuição de PAULO BONAVIDES para o nosso direito público: sua reiterada crença na Democracia e na legitimidade da soberania popular. Se não tivesse feito tudo o que aqui foi brevemente mencionado, e muito mais, só por ser o mais ardoroso dos defensores da democracia plena e soberana em nosso país, PAULO BONAVIDES já seria merecedor não apenas desta, mas de todas as inúmeras

---

8. Como muito bem afirmou Friedrich Müller: "O direito é uma forma singular de política (que é acentuada e se expressa de modo característico no Estado de Direito). A metodologia jurídica é, portanto, a metodologia das condições e das formas de trabalho de um setor determinado da ação e da organização políticas" (cf. Friedrich Müller, *Juristische Methodik*, 7ª ed., Berlin, Duncker & Humblot, 1997, pp. 35-36).

9. Paulo Bonavides, *Teoria Constitucional da Democracia Participativa: por um Direito Constitucional de Luta e Resistência, por uma Nova Hermenêutica, por uma Repolitização da Legitimidade*, 2ª ed, São Paulo, Malheiros Editores, 2003, pp. 10-11, 40-43, 60, 283-285, 343 e ss., entre outras.

10. Paulo Bonavides, *Teoria Constitucional da Democracia Participativa*, cit., p. 2.

11. Paulo Bonavides, *Teoria Constitucional da Democracia Participativa*, cit., p. 283.

12. Paulo Bonavides, "A Despolitização da Legitimidade", in *A Constituição Aberta*, cit., pp. 33-51; e Paulo Bonavides, *Teoria Constitucional da Democracia Participativa*, cit., pp. 11, 18-21 e, especialmente, 25-65.

homenagens que seus amigos, alunos e admiradores vêm e continuarão rendendo à sua pessoa.

São Paulo, 15 de janeiro de 2016

GILBERTO BERCOVICI
Professor Titular da Faculdade de Direito
da Universidade de São Paulo

Parte I

TEORIA DA INTERPRETAÇÃO CONSTITUCIONAL, CAPACIDADES INSTITUCIONAIS E DIVISÃO DE PODERES

Capítulo I

O NOVO VELHO TEMA DA INTERPRETAÇÃO DO DIREITO

Eros Roberto Grau

1. Introito. 2. Interpretação e aplicação do direito. 3. A interpretação do direito é constitutiva das normas. 4. Interpretação e norma. 5. Norma jurídica e norma de decisão. 6. Interpretação e concretização do direito. 7. O caráter alográfico do direito. 8. A produção da norma pelo intérprete. 9. Interpretação dos textos e da realidade. 10. A chamada moldura da norma. 11. O relato dos fatos. 12. A interpretação do direito. 13. A prudência. 14. Inviabilidade da única solução correta. 15. Prudência, pré-compreensão e círculo hermenêutico. 16. Negação da discricionariedade judicial. 17. A força normativa e a contemporaneidade do direito.

1. Introito

Conheci o Professor Paulo Bonavides em 1978, quando comecei a lecionar na Universidade Federal do Ceará como Professor Visitante do curso de Mestrado em Direito Público. Durante três anos convivemos por lá.

Em Fortaleza fiz três amigos de verdade, Fran Martins – que se foi de nós – Paulo e Wagner Barreira Filho. Além de Lúcio Alcântara, médico, Governador do Ceará, bem próximo, em fraternidade, a mim. Durante uma semana a cada mês, semestre sim, o outro não, lá estava eu.

A passagem do tempo nos uniu para sempre. Minhas conversas com Fran eram para além do Direito, desbordavam para a literatura. Fran publicou dois contos meus, no *Jornal de Cultura* e na revista *Clan*. Era um desses homens que tornam o Paraíso um lugar ainda mais feliz.

Paulo, Wagnerzinho, Lúcio e eu até hoje cultivamos a Amizade, os dois primeiros próximos a mim também por conta do Direito.

Neste momento me envolvo de alegria, nas linhas que seguem tentando sintetizar, em homenagem à figura formidável de Paulo Bonavides, o quanto tenho afirmado em torno de um tema que me fascina.

2. Interpretação e aplicação do direito

Praticamos a interpretação não apenas porque a linguagem jurídica é ambígua e imprecisa, mas porque interpretação e aplicação do direito consubstanciam uma só operação. Interpretamos para aplicar o direito e, ao fazê-lo, não nos limitamos a interpretar [= compreender] os textos normativos, mas também compreendemos [= interpretamos] a realidade e os fatos do caso.

O intérprete procede à interpretação dos textos no quadro da realidade e, concomitantemente, dos fatos, de sorte que o modo sob o qual os acontecimentos que compõem o caso se apresentam pesará de maneira determinante na produção da(s) norma(s) aplicável(veis) ao caso.

3. A interpretação do direito é constitutiva das normas

A interpretação do direito é constitutiva, não simplesmente declaratória. Não se limita a mera compreensão dos textos e dos fatos. O intérprete, partindo dessa compreensão, produz as normas que devem ser ponderadas para tanto e escolhe determinada solução para ele, consignada na norma de decisão. Por isso impõe-se distinguirmos [i] as normas jurídicas produzidas pelo intérprete a partir dos textos e dos fatos e [ii] a norma de decisão do caso, expressa na sentença judicial.

4. Interpretação e norma

Não interpretamos normas. O que em verdade se interpreta são os textos normativos. Da interpretação dos textos resultam as normas. Texto e norma não se identificam. A norma é a interpretação do texto normativo. A interpretação é, portanto, atividade que se presta a transformar textos – disposições, preceitos, enunciados – em normas. Daí, como as normas resultam da interpretação, o ordenamento, no seu valor histórico-concreto, é um conjunto de interpretações, isto é, um conjunto de normas. O conjunto dos textos – disposições, enunciados – é apenas ordenamento em potência, um conjunto de possibilidades de interpretação, um conjunto de normas potenciais. O significado [isto é, a norma] é o resultado da tarefa interpretativa. Vale dizer: o significado da norma é produzido pelo intérprete. Por isso dizemos que as disposições, os enunciados, os textos nada dizem; elas dizem o que os intérpretes dizem que elas dizem.

5. Norma jurídica e norma de decisão

A norma jurídica é produzida para ser aplicada a um caso concreto. Essa aplicação se dá mediante a formulação de uma decisão judicial, uma sentença, que expressa a norma de decisão. Aí a distinção entre as normas jurídicas e a norma de decisão. Esta é definida a partir daquelas. Todos os operadores do direito o interpretam, mas apenas certa categoria deles realiza plenamente o processo de interpretação, até o seu ponto culminante, que se encontra no momento da definição da norma de decisão. Este, que está autorizado a ir além da interpretação tão somente como produção das normas jurídicas, para dela extrair a norma de decisão do caso, é aquele que Kelsen chama de intérprete autêntico, o juiz.

6. Interpretação e concretização do direito

A norma é construída, pelo intérprete, no decorrer do processo de concretização do direito. Partindo do texto da norma e dos fatos, alcançamos a norma jurídica, para então caminharmos até a norma de decisão, aquela que confere solução ao caso. Somente então se dá a concretização do direito. Concretizá-lo é produzir normas jurídicas gerais nos quadros de solução de casos determinados. A concretização implica um caminhar do texto da norma para a norma concreta [a norma jurídica], que não é ainda, todavia, o destino a ser alcançado. A concretização somente se realiza em sua plenitude no passo seguinte, quando é definida a norma de decisão, apta a dar solução ao conflito que consubstancia o caso concreto. Por isso, interpretação e concretização se superpõem. Inexiste interpretação do direito sem concretização; esta é a derradeira etapa daquela.

7. O caráter alográfico do direito

O direito é alográfico. Há dois tipos de arte: as alográficas e as autográficas. Nas primeiras, alográficas [música e teatro], a obra apenas se completa com o concurso de dois personagens, o autor e o intérprete; nas artes autográficas [pintura e romance], o autor contribui sozinho para a realização da obra. Em ambas há interpretação, mas são distintas, uma e outra. A interpretação da pintura e do romance importa compreensão: a obra, objeto da interpretação, é completada apenas pelo seu autor;

a compreensão visa à contemplação estética, independentemente da mediação de um intérprete. A interpretação musical e teatral importa compreensão + reprodução: a obra, objeto da interpretação, para que possa ser compreendida, tendo em vista a contemplação estética, reclama um intérprete; o primeiro intérprete compreende e reproduz e o segundo intérprete compreende mediante a (através da) compreensão/reprodução do primeiro intérprete.

O direito é alográfico porque o texto normativo não se completa no sentido nele impresso pelo legislador. A completude do texto somente é atingida quando o sentido por ele expressado é produzido, como nova forma de expressão, pelo intérprete. Mas o sentido expressado pelo texto já é algo novo, distinto do texto. É a norma. Repetindo: as normas resultam da interpretação, que se pode descrever como um processo intelectivo através do qual, partindo de fórmulas linguísticas contidas nos textos, enunciados, preceitos, disposições, alcançamos a determinação de um conteúdo normativo. O intérprete desvencilha a norma do seu invólucro (o texto). Neste sentido, ele produz a norma.

8. A produção da norma pelo intérprete

O intérprete, no entanto, não cria, literalmente, a norma. Não é um criador *ex nihilo*. Produz a norma, sim, mas não no sentido de fabricá-la, porém de reproduzi-la. O produto da interpretação é a norma. Mas ela já se encontra, potencialmente, no invólucro do texto normativo. Encontra-se, porém, nele involucrada apenas parcialmente, porque os fatos também a determinam. O intérprete a desnuda. Neste sentido – isto é, no sentido de desvencilhamento da norma de seu invólucro: no sentido de fazê-la brotar do texto, do enunciado – é que o intérprete produz a norma. O intérprete compreende o sentido originário do texto e o mantém (deve manter) como referência de sua interpretação. Mesmo sendo assim, diferentes intérpretes produzem, a partir do mesmo texto normativo, distintas normas jurídicas.

9. Interpretação dos textos e da realidade

Interpretação e aplicação – repita-se – não se realizam autonomamente. O intérprete discerne o sentido do texto a partir e em virtude de um determinado caso dado. A interpretação do direito consiste em se tornar concreto o direito em cada caso, isto é, na sua aplicação. Assim, existe uma equação entre interpretação e aplicação: não estamos, aqui, diante de dois momentos distintos, porém frente a uma só operação. Interpretação e aplicação consubstanciam um processo unitário, superpondo-se. Logo, sendo concomitantemente aplicação do direito, a interpretação deve ser entendida como produção prática do direito.

10. A chamada moldura da norma

Sendo assim, o que deve aqui ser afirmado, a partir da exposição de Kelsen, que se refere a uma moldura da norma, é o fato de essa moldura ser, diversamente, moldura do texto, mas não apenas dele. Ela é, ao mesmo tempo, moldura do texto e moldura da realidade. O intérprete interpreta necessariamente, além dos textos, também os fatos do caso, tal e qual ocorrem na realidade ao empreender a produção prática do direito. Inexistem soluções previamente estruturadas, como produtos semi-industrializados em uma linha de montagem, para os problemas jurídicos. O trabalho jurídico de construção da norma aplicável a cada caso é trabalho artesanal. Cada solução jurídica, para cada caso, será sempre, renovadamente, uma nova solução. Por isso mesmo a interpretação do direito se realiza não como mero exercício de leitura de textos normativos, para o que bastaria ao intérprete ser alfabetizado.

11. O relato dos fatos

No decorrer desse trabalho, como a interpretação abrange também os fatos, o intérprete os reconforma, de modo que podemos dizer que o direito institui a sua própria realidade. Daí a importância do relato dos fatos [= narrativa dos fatos a serem considerados pelo intérprete] para a interpretação. Os fatos não são, fora de seu relato (i. é., fora do relato a que correspondem), o que são. O compromisso entre o relato e seu objeto, entre o relato e o relatado, é extremamente frágil. Pois é certo que jamais descrevemos a realidade. O que descrevemos é o nosso modo de ver a realidade. Também no que tange aos fatos não existe, no direito, o verdadeiro. Inútil buscarmos a verdade dos fatos, porque os fatos que importarão na e para a construção da norma são aqueles recebidos/percebidos pelo intérprete – eles, como são percebidos pelo intérprete, é que informarão/conformarão a produção/criação da norma.

12. A interpretação do direito

Em breve síntese: a interpretação do direito tem caráter constitutivo – não meramente declaratório, pois – e consiste na produção, pelo intérprete, a partir de textos normativos considerados no quadro da realidade presente e dos fatos atinentes a um determinado caso, de normas jurídicas a serem ponderadas para a solução desse caso, mediante a definição de uma norma de decisão. Interpretar é, assim, dar concreção [= concretizar] ao direito. Neste sentido, a interpretação [= interpretação/aplicação] opera a inserção do direito na realidade; opera a mediação entre o caráter geral do texto normativo e sua aplicação singular; em outros termos, ainda: opera a sua inserção na vida. Isto é: a interpretação – que é interpretação/ aplicação – vai do universal ao singular, do transcendente ao contingente; opera a inserção das leis [= do direito] no mundo do ser [= mundo da vida].

Interpretar o direito é caminhar de um ponto a outro, do universal ao singular, através do particular, conferindo a carga de contingencialidade que faltava para tornar plenamente efetivo, no plano dessa singularidade, o universal.

13. A prudência

A interpretação do direito é uma prudência – o saber prático, a *phrónesis*, a que refere Aristóteles. Cogitam, os que não são intérpretes autênticos, quando tratam do direito, da *juris prudentia* e não de uma *juris scientia*. O intérprete autêntico, ao produzir normas jurídicas, pratica a *juris prudentia* e não *juris scientia*. A lógica jurídica é a da escolha entre várias possibilidades corretas. Interpretar um texto normativo significa escolher uma entre várias interpretações possíveis, de modo que a escolha seja apresentada como adequada. A norma não é objeto de demonstração, mas de justificação. Por isso a alternativa verdadeiro/falso é estranha ao direito; no direito há apenas o aceitável [justificável]. O sentido do justo comporta sempre mais de uma solução. A problematização dos textos normativos não se dá no campo da ciência: ela se opera no âmbito da prudência, expondo o intérprete autêntico ao desafio desta, e não daquela. São distintos um e outro: na ciência, o desafio de, no seu campo, existirem questões para as quais ela [a ciência] ainda não é capaz de conferir respostas; na prudência, não o desafio da ausência de respostas, mas da existência de múltiplas soluções corretas para uma mesma questão.

14. Inviabilidade da única solução correta

Dá-se, na interpretação de textos normativos, algo análogo ao que se passa na interpretação musical. Não há uma única interpretação correta [exata] da Sexta Sinfonia de Beethoven: a Pastoral regida por Toscanini, com a Sinfônica de Milão, é diferente da Pastoral regida por von Karajan, com a Filarmônica de Berlim. Não obstante uma seja mais romântica, mais derramada, a outra mais longilínea, as duas são autênticas – e corretas. Da mesma forma, não existe uma única resposta correta [= verdadeira] para o caso jurídico – ainda que o intérprete esteja, através dos princípios, vinculado pelo sistema jurídico. Nenhum juiz tem condições de encontrar, para cada caso, uma resposta verdadeira, pois aquela que seria a única resposta correta simplesmente não existe. A interpretação é convencional. Não há uma realidade objetiva com a qual possa ser confrontado o seu resultado [o interpretante], inexistindo, portanto, uma interpretação objetivamente verdadeira.

15. Prudência, pré-compreensão e círculo hermenêutico

A evolução da reflexão hermenêutica permitiu a superação da concepção da interpretação como técnica de simples subsunção do fato no álveo da previsão legal e instalou a verificação de que ela se desenvolve a partir de pressuposições. A compreensão escapa ao âmbito da ciência. O compreender é algo existencial, consubstanciando, destarte, experiência. O que se compreende, no caso da interpretação do direito, é algo – um objeto – que não pode ser conhecido independentemente de um sujeito. Ao dizermos que o direito é uma prudência, dizemos, também, que o saber prático que interpreta é saber prático do sujeito, isto é, do intérprete, quer dizer, de um determinado intérprete. Ser uma prudência o direito, isso também explica sua faticidade e historicidade, razão pela qual sua operacionalização reclama o manejo de noções, temporais e históricas, e não somente de conceitos, atemporais e ahistóricos. A reflexão hermenêutica ensina ainda que o processo de interpretação dos textos normativos encontra na pré-compreensão o seu momento inicial, a partir do qual ganha dinamismo um movimento circular que compõe o círculo hermenêutico. A interpretação consubstancia uma experiência conflitual do intérprete, de modo tal que a norma de decisão por ele produzida traz bem impressas em si as marcas desse(s) conflito(s). Além disso, o juiz decide sempre dentro de uma situação histórica determinada, participando da consciência social de seu tempo, considerando o direito todo e não apenas um determinado texto normativo.

16. Negação da discricionariedade judicial

Mas o juiz não produz normas livremente. Todo intérprete, embora jamais esteja submetido ao espírito da lei ou à vontade do legislador, estará sempre vinculado pelos textos normativos, em especial, embora não exclusivamente, pelos que veiculam princípios [e faço alusão aqui, também, ao texto do direito pressuposto]. Ademais, os textos que veiculam normas que definem fins a serem alcançados reduzem a amplitude da moldura do texto e dos fatos, de modo que nela não cabem soluções que não sejam absolutamente adequadas a essas normas. A abertura dos textos de direito, embora suficiente para permitir que o direito permaneça ao serviço da realidade, não é absoluta. Qualquer intérprete estará sempre, permanentemente por eles atado, retido. Do rompimento dessa retenção pelo intérprete autêntico resultará a subversão do texto. Além disso, outra razão nos impele a repudiar o entendimento de que o intérprete autêntico atua no campo de certa discricionariedade. Essa razão repousa sobre a circunstância de ao intérprete autêntico não estar atribuída a formulação de juízos de oportunidade, porém, exclusivamente, de juízos de legalidade. Ainda que não seja o juiz, meramente, a boca que pronuncia as palavras da lei, sua função está contida nos lindes da legalidade (e da constitucionalidade). Interpretar o direito é formular juízos de legalidade. A discricionariedade é exercitada em campo onde são formulados juízos de oportunidade [= escolha entre indiferentes jurídicos], exclusivamente, porém, quando uma norma jurídica tenha atribuído à autoridade pública a sua formulação. O que se tem denominado de discricionariedade judicial é poder de criação de norma jurídica que o intérprete autêntico exercita formulando juízos de legalidade [não de oportunidade]. A distinção entre ambos esses juízos encontra-se em que o juízo de oportunidade comporta uma opção entre indiferentes jurídicos, procedida subjetivamente pelo agente; o juízo de legalidade é atuação, embora desenvolvida no campo da prudência, que o intérprete autêntico empreende atado, retido pelo texto normativo e pelos fatos.

17. *A força normativa e a contemporaneidade do direito*

Referindo-se à Constituição, Hesse afirma que sua força normativa se manifesta quando se assenta na natureza singular do presente, quando o seu conteúdo corresponde a essa natureza singular. A Constituição é condicionada pela realidade histórica, razão pela qual não se a pode separar da realidade concreta do seu tempo e a pretensão de eficácia de suas normas somente pode ser realizada quando e se levarmos em conta essa realidade. Mas isso, exatamente isso, se passa com o ordenamento jurídico inteiro, Constituição e legislação infraconstitucional. Perece a força normativa do direito quando ele já não corresponde à natureza singular do presente. Opera-se então a frustração material da finalidade dos seus textos que estejam em conflito com a realidade e ele se transforma em obstáculo ao pleno desenvolvimento das forças sociais.

O discurso do texto normativo está parcialmente aberto à inovação, mesmo porque o que lhe confere contemporaneidade é a sua transformação em discurso normativo [= transformação do texto em norma]. O direito é um organismo vivo, peculiar, porém, porque não envelhece, nem permanece jovem, pois é contemporâneo à realidade. O direito é um dinamismo. É do presente, na vida real, que se tomam as forças que lhe conferem vida. E a realidade social é o presente; o presente é vida – e vida é movimento. Assim, o significado válido dos textos é variável no tempo e no espaço, histórica e culturalmente. A interpretação do direito não é mera dedução dele, mas sim processo de contínua adaptação de seus textos normativos à realidade e seus conflitos. A interpretação/aplicação opera a inserção do direito na realidade; opera a mediação entre o caráter geral do texto normativo e sua aplicação a cada caso; em outros termos: opera a sua inserção na vida. Vai do universal ao singular, do transcendente ao contingente; opera a inserção das leis [= do direito] no mundo do ser [= mundo da vida]. Como ela se dá no quadro de uma situação determinada, expõe o enunciado semântico do texto no contexto histórico presente, não no contexto da redação do texto. Interpretar o direito é caminhar de um ponto a outro, do universal ao singular, conferindo a carga de contingencialidade que faltava para tornar plenamente contingencial o singular.

Capítulo II

A TÓPICA E A INTERPRETAÇÃO CONSTITUCIONAL

GEORGE SALOMÃO LEITE[1]

1. Tópica. Considerações históricas. 2. Conceito e características da tópica: 2.1 O problema; 2.2 "Topoi"; 2.3 Meditação pré-lógica; 2.4 Legitimação das premissas. 3. Tópicos sobre "Tópica e Jurisprudência". 4. Tópica na interpretação constitucional.

1. Tópica. Considerações históricas

Após um longo período de esquecimento, a tópica jurídica surge na Alemanha alguns anos depois da Segunda Guerra Mundial, com o intento de responder à crise do positivismo desencadeada pela implantação de regimes totalitários.[2] Neste mesmo sentido, elucida Paulo Bonavides que

a insuficiência do positivismo explica o advento da tópica na medida em que lhe foi possível abranger toda a realidade do direito, valendo-se, conforme ressaltou Kriele, de normas positivas, escritas ou não escritas, em vinculação com as regras de interpretação e os elementos lógicos disponíveis.[3]

A tópica é um estilo de pensar voltado pra a práxis jurídica, que se insurge contra o raciocínio axiomático-dedutivo, de tipo silogístico,

---

1. Esse texto é dedicado ao mais expressivo constitucionalista paraibano--cearense do nosso País: Paulo Bonavides. Foi através da leitura das obras do Prof. Bonavides que comecei a ter apreço pelo Direito Constitucional. Eis aqui um pequeno gesto de gratidão pelos ensinamentos transmitidos!
2. Juan Antonio García Amado, *Teorías de la tópica jurídica*, p. 23.
3. *Curso de Direito Constitucional*, p. 45.

rejeitando a concepção legalista e estatizante do direito, expressão da vontade arbitrária de um poder soberano, que nenhuma norma limita e não é submetido a nenhum valor.[4]

O estilo de pensar por problemas foi retomado por Theodor Viehweg, em sua obra *Topik und Jurisprudenz*, publicada pela primeira vez em 1953, onde pugna pela estrutura tópica da Ciência do Direito, ou *Jurisprudenz*, nos termos do próprio Viehweg. Desde então, reacendeu-se o debate em torno da estrutura do pensamento jurídico, que, para o citado autor, é um pensamento voltado para o problema, contraposto, desde logo, ao pensamento sistemático.

Imprescindível, para compreendermos o estilo tópico, a análise da obra *Tópica e Jurisprudência*,[5] pois foi a partir desta que teve início toda a discussão supramencionada.

Viehweg inicia sua obra pelos fundamentos do pensar tópico, pondo de lado uma investigação histórica independente. O autor parte, inicialmente, das considerações relativas aos procedimentos científicos (*scientiarum instrumenta*) feitas por Gian Battista Vico, em 1708, em sua *dissertatio* denominada *De nostre temporis studiorum ratione* (O caráter dos estudos de nosso tempo), onde, na realidade, procura analisar a conciliação entre dois métodos científicos de estudo, a saber: o antigo (tópico) e o moderno (crítico).

O primeiro é uma herança da antiguidade, transmitida por Cícero, sendo seu ponto de partida o senso comum (*common sense*), que manipula o verossímel (*verissimila*), mediante a contraposição de pontos de vista, segundo os cânones da tópica retórica, trabalhando, sobretudo, com uma rede de silogismos. Por sua vez, o método crítico tem como ponto de partida um *primum verum*, que não pode sequer ser posto em dúvida. O seu desenvolvimento se dá através de uma longa cadeia dedutiva, à maneira da geometria. Segundo Vico, as vantagens deste novo método estariam na agudeza e na precisão da conclusão, caso o *primum verum* seja mesmo *verum*. As desvantagens, entretanto, predominam, consistindo na

> perda em penetração, estiolamento da fantasia e da memória, pobreza da linguagem, falta de amadurecimento do juízo, em uma palavra: depravação do humano.[6]

---

4. Cf. Chaim Perelman, *Lógica Jurídica*, p. 96.
5. Neste trabalho utilizaremos a obra traduzida por Tércio Sampaio Ferraz Jr. Há também uma versão em espanhol traduzida por Luis Diez Picazo, e com epílogo de Eduardo García de Enterría.
6. Theodor Viehweg, *Tópica e Jurisprudência*, pp. 21-22.

Tudo isto, aduz Vico, pode ser evitado pela tópica retórica, pois esta proporciona sabedoria, desperta a fantasia e a memória e ensina como considerar um estado de coisas de ângulos diversos, isto é, como descobrir um trama de pontos de vista.[7]

Em decorrência disto, conclui Vico, deve haver uma intercalação entre os dois métodos, pois um sem o outro não se efetiva.

Após a "alusão de Vico", Viehweg passa a examinar os fundamentos da tópica em Aristóteles e Cícero.

O nome "tópica", que significa técnica de pensar por problemas, foi atribuído por Aristóteles no seu famoso texto *Tópica*. Nesta obra o autor se ocupa da antiga arte da disputa, domínio dos retóricos e sofistas, que constitui o campo do meramente oponível, é dizer, da dialética.

No Livro I da Tópica, Aristóteles afirma que o seu

tratado se propõe encontrar um método de investigação graças ao qual possamos raciocinar, partindo de opiniões geralmente aceitas, sobre qualquer problema que nos seja proposto, e sejamos também capazes, quando replicamos a um argumento, de evitar dizer alguma coisa que nos cause embaraço.[8]

Para isto, Aristóteles classifica os raciocínios em demonstrativo, dialético e erístico.

Diz-se que o raciocínio é uma demonstração quando as premissas das quais parte são verdadeiras e primeiras, ou quando o conhecimento que delas temos provém originariamente de premissas primeiras e verdadeiras; por sua vez, dialético é o raciocínio que parte de opiniões que parecem ser geralmente aceitas, mas não o são realmente. Segundo o mestre grego, são "verdadeiras" e "primeiras" aquelas coisas nas quais acreditamos em virtude de nenhuma outra coisa que não seja ela própria. Por outro lado, "opiniões geralmente aceitas" são aquelas que todo mundo admite, ou a maioria das pessoas, ou os filósofos, em outras palavras: todos, ou a maioria, ou os mais notáveis e eminentes.[9] Posto deste modo qualquer problema, basta pensar corretamente conforme as opiniões que pareçam adequadas (*ex endoxon*) para atacar ou defender.

7. Ibidem, p. 22.
8. *Tópicos*, p. 5.
9. Idem, ibidem.

Desta forma, o que diferencia o raciocínio dialético do raciocínio analítico (demonstrativo) não é o aspecto formal, mas, sim, o material, é dizer, a natureza das premissas utilizadas. O raciocínio dialético utiliza-se de premissas verossímeis, ou seja, de opiniões geralmente aceitas, ao passo que o analítico utiliza-se de premissas verdadeiras e primeiras, que não podem sequer ser postas em dúvida.[10]

No que tange ao vocábulo "topoi", aparece pela primeira vez no final do primeiro livro da Tópica, mas sua explicação encontra-se na *Retórica*. Aduz Aristóteles que os *topoi são*

> pontos de vista utilizáveis e aceitáveis em toda parte, que se empregam a favor ou contra o que é conforme a opinião aceita e que podem conduzir à verdade.[11]

Quanto à tópica ciceriorana, esta teve maior influência histórica do que a aristotélica. Pretendeu Aristóteles construir uma teoria da tópica, situada no campo filosófico, ao passo que a tópica de Cícero estava totalmente vertida para sua utilização prática. O trabalho de Cícero consiste em uma coletânea de *topois* voltados para sua aplicação prática, e não de uma ordenação teórica dos *topoi*, como fez Aristóteles. Para Cícero, a tópica consiste na arte de buscar argumentos. A tópica ciceriorana está voltada para a práxis.

2. Conceito e características da tópica

Urge advertir, desde logo, que a definição do que seja a tópica, em Viehweg, não é clara. Oferece este autor várias formulações acerca de um mesmo conceito. Aliás, a obscuridade e a generalidade dos conceitos são características marcantes na *Tópica e Jurisprudência*, conforme observaremos mais adiante.

10. Chäim Perelman, baseado em Aristóteles, faz a seguinte distinção entre os raciocínios analíticos e dialéticos: "Os raciocínios analíticos são aqueles que, partindo de premissas necessárias, ou pelo menos indiscutivelmente verdadeiras, redundam, graças a inferências válidas, em conclusões igualmente necessárias ou válidas." Por sua vez "os raciocínios dialéticos (...) dizem respeito aos meios de persuadir e de convencer pelo discurso, de criticar as teses do adversário, de defender e justificar as suas próprias, valendo-se de argumentos mais ou menos fortes" (*Lógica Jurídica – Nova Retórica*, pp. 1-2; cf. tb. José Souto Maior Borges, *O Contraditório no Processo Judicial (uma visão dialética)*, p. 25).
11. Theodor Viehweg, *Tópica e Jurisprudência*, p. 27.

Na introdução de sua obra, Viehweg afirma ser a tópica "uma técnica de pensar por problemas, desenvolvida pela retórica".[12] Um pouco mais adiante, caracteriza a tópica como "um procedimento de discussão de problemas";[13] aduz, ainda, que "o ponto mais importante no exame da tópica constitui a afirmação de que se trata de uma *techne* do pensamento que se orienta para o *problema*";[14] por fim, define a tópica como um "procedimento de busca de premissas".[15] Em razão da generalidade da definição do conceito de tópica jurídica, Viehweg torna-se alvo de duras críticas formuladas pelos opositores do estilo tópico.[16]

Lüderssen assinala não saber exatamente qual a definição de tópica jurídica, enumerando este autor os *topoi* mais frequentes sobre o pensar tópico, a saber: teoria da prática; doutrina da argumentação; pensamento orientado para o problema; orientação para a ação ou decisão; doutrina dos lugares comuns etc. Afirma ainda que é utópico pretender encontrar um ponto a partir do qual estes "tópicos da tópica" podem sistematizar-se juntos. Para Lüderssen, a tópica é a "busca racionalizada de premissas".[17]

Karl Larenz, outro crítico da técnica do pensamento problemático, assim descreve a tópica:

> procedimento de um discurso vinculado ao caso, o tratamento englobante dos problemas emergentes no caso com o objetivo de um consenso dos interlocutores, ou em termos gerais mais abstratos, a 'aptidão de consenso' da solução proposta em conclusão. Em tal discurso são considerados relevantes os diversos pontos de vista ('topoi') que se mostrem aptos a servir de argumentos pró ou contra a solução ponderada. De entre eles, o argumento sobre as consequências ('o que ocorreria se fosse adotada esta ou aquela solução') desempenha um papel de particular importância.[18]

12. Ibidem, p. 17.
13. Ibidem, p. 18.
14. Ibidem, p. 33, grifado no original.
15. Ibidem, p. 39.
16. Apenas a título de exemplo, Flume, citado por Claus-Wilhelm Canaris, assevera que "todo o pensamento jurídico é pensamento problemático e cada regula*ção jurídica é o de um problema*". A esta proposição, acrescenta Canaris uma outra: "todo pensamento científico é em geral pensamento problemático – pois um 'problema' nada mais é do que uma questão cuja resposta não é, de antemão, clara" (*Pensamento Sistemático e Conceito de Sistema na Ciência do Direito*, p. 246).
17. "Juristische Topik und Konsensorientierte Rechtsgestaltung" in *Europäisches Rechtsdenken in Geschichte und Gegenwart. Festschrift für Helmut Coing zum 70 Geburtstag*, Munique, Beck, 1982, pp. 549 e ss., *apud* Juan Antonio Garcia Amado, *Teorías de la Tópica Jurídica*, pp. 85-86, trad. livre do autor.
18. *Metodologia da Ciência do Direito*, p. 17.

Acrescenta Larenz que

> o fato de se esta ou aquela consequência (possível ou provável) é de antever suscita por si nova discussão. Em última análise, uma discussão assim prosseguida é infindável, pois que jamais se sabe se novos pontos de vista ('topoi') que nunca forma considerados devem ser levados em conta.[19]

Objetivando conciliar e tornar inteligível a compreensão do estilo tópico proposto por Viehweg, comparando, também, as várias definições destoantes da tópica formuladas pela doutrina, leciona Juan Antonio Garcia Amado que este problema reside no fato de os autores mesclarem de modo variável três elementos entre si heterogêneos, sem precisar a ordem de sua importância e a forma de sua incardinação dentro da teoria. Estes elementos são os seguintes:

> o objeto e fator desencadeante do processo: o problema, a aporia; o instrumento com que se opera: os *topoi*; o tipo de atividade em que tal proceder se manifesta: a discussão de problemas, a busca e exame de premissas por meio do discurso, da argumentação.[20]

Seguindo a orientação do ilustre autor espanhol, iremos abordar separadamente cada elemento integrante da definição de tópica jurídica, a saber: o problema; os *topoi*; e a legitimação das premissas. Com estes elementos que integram a definição de tópica jurídica, analisaremos um outro denominado "meditação pré-lógica". Ao término da análise, formularemos nossa definição de tópica jurídica e verificaremos se a mesma (tópica) consiste em um instrumento interpretativo, mais precisamente, de interpretação da norma constitucional.

2.1 O problema

Conforme demonstramos no item anterior, em Viehweg

> o ponto mais importante no exame da tópica constitui a afirmação de que se trata de uma *techne* do pensamento que se orienta para o *problema*.[21]

Neste reside o ponto essencial de toda a tópica.

---

19. Idem, ibidem.
20. *Teorías de la Tópica Jurídica,* p. 90, trad. livre do autor.
21. *Tópica e Jurisprudência*, p. 33, grifado no original.

O problema é o ponto de partida do pensamento tópico, aquilo em torno do qual os raciocínios giram ou, segundo Viehweg, significa

> toda questão que aparentemente permite mais de uma resposta e que requer necessariamente um entendimento preliminar, de acordo com o qual toma o aspecto da questão que há que levar a sério e para a qual há que buscar um,a resposta como solução.[22]

Segundo Juan Antonio Garcia Amado, o que faz com que uma questão constitua um problema é a existência de distintas alternativas para seu tratamento, de diferentes respostas ou vias de atuação possíveis. Porém, busca-se uma solução ou resposta, o que, ineludivelmente, leva à necessidade de uma decisão, de uma eleição entre alternativas.[23]

Na verdade, o que caracteriza o problema não é o fato de ele suscitar mais de uma resposta, haja vista que, partindo de premissas verossímeis, para a sua solução haverá sempre duas ou mais respostas possíveis. O que efetivamente define o problema é estar sempre aberto para discussão, é dizer, permanecer sempre sem uma solução definitiva, que resolva a questão de uma vez por todas. E é por esta razão que pretende Viehweg atribuir à Jurisprudência uma estrutura tópica, pois aquela está sempre a serviço de um problema fundamental: a aporia da justiça. O que é o justo aqui e agora? Eis um problema que o direito busca permanentemente resolver.[24]

Interessante, também em Viehweg, é o silogismo por ele criado para justificar a Jurisprudência como sendo de natureza tópica, *verbis*:

> Pois bem, se é certo que a tópica é a *techne* do pensamento problemático, a jurisprudência, como uma *techne* a serviço de uma aporia, deve corresponder à tópica nos pontos essenciais.[25]

Podemos ilustrar o que acima foi dito da seguinte maneira: onde há sociedade, há problema; onde há problema há direito; assim, podemos concluir que o direito só existe em função dos problemas. Onde não houver problemas, conflitos de interesses, não haverá razão de existir o

---

22. Ibidem, p. 36.
23. *Teorías de la Tópica Jurídica*, p. 76.
24 Sobre a aporia da justiça, elucida Viehweg: "Nela, trata-se simplesmente da questão do que seja justo aqui e agora. Esta questão na jurisprudência, a menos que se possam mudar as coisas, é iniludível. Se não se colocasse (de interesse) e da retidão humana, faltaria o pressuposto de uma jurisprudência em sentido próprio. Esta questão irrecusável e sempre emergente é o problema fundamental de nosso ramo do saber. Como tal, domina e informa toda a disciplina." (*Tópica e Jurisprudência*, p. 88).
25. Ibidem, p. 89.

direito. A sociedade precisa do direito para pôr termo aos problemas que se lhe apresentam diariamente. Não há como conceber uma sociedade vivendo harmonicamente sem a presença do direito regulando as condutas intersubjetivas. Isto porque a sociedade compõe-se de homens, e estes possuem determinadas paixões que geralmente se conflitam, ou seja, há pessoas egoístas, pessoas desonestas, de modo que o ser humano não é um ser frio, isento de paixões; por isso não podemos deixar de dizer que não existe sociedade sem conflitos.

Uma pessoa isolada em uma ilha não necessita do direito porque nunca haverá a possibilidade de ela entrar em conflito consigo mesmo – quer dizer, nunca poderá haver um problema de natureza intersubjetiva porque não há outra pessoa para que este problema se possa originar. Ou seja, onde houver apenas uma pessoa não há direito. A partir do momento que pusermos mais um indivíduo nesta ilha, começarão a surgir conflitos de toda ordem, isto é, haverá uma delimitação espacial, as paixões individuais começarão a vir à tona, de modo que cedo ou tarde um problema irá surgir e, consequentemente, uma norma também virá para dirimir este conflito. Desta forma, podemos observar que o direito surge em razão de problemas oriundos da convivência entre humanos, e apenas retira sua razão de ser a partir destes mesmos problemas. O direito é feito pela sociedade e para esta mesma sociedade. Ou seja, o direito é feito para dizer o justo, aqui e agora. É um meio a serviço de um fim. O direito é técnica, instrumento que serve ao problema fundamental da justiça. Eis a razão de ser do direito: a aporia fundamental da justiça.

A tópica pretende fornecer indicações de como se comportar em tais situações, a fim de não se ficar preso, sem saída. É, portanto, uma técnica do pensamento problemático.[26]

Apóia-se Viehweg nas ideias de Nicolai Hartmann para contrapor o pensamento sistemático ao pensamento aporético.[27]

---

26. Ibidem, p. 33.
27. Eis o trecho em que o autor transcreve o trabalho de Hartmann: "O modo de pensar sistemático procede do todo. A concepção é nele o principal e permanece sempre como o dominante. Não há que buscar ponto de vista. O ponto de vista está adotado desde o princípio. E a partir dele se selecionam os problemas. Os conteúdos do problema que não se conciliam com o ponto de vista são rejeitados. São considerados como uma questão falsamente colocada. Decide-se previamente não sobre a solução dos problemas, mas sim sobre os limites dentro dos quais a solução pode mover-se". "O modo de pensar aporético procede em tudo ao contrário." "[*O modo de pensar aporético*] *não põe em dúvida que o sistema exista e que para sua própria maneira de pensar talvez seja latentemente o determinante. Tem certeza do seu sistema, ainda que não chegue a ter dele uma concepção*" (ibidem, p. 35).

No pensamento problemático, o problema está à frente de tudo; é a partir dele que será feita à seleção do sistema, ou seja, o acento no problema opera uma seleção de sistema. Partindo de determinado problema, buscamos uma solução em um sistema *A*, caso o sistema *A não ofereça a solução adequada passamos ao sistema B*, e assim por diante, até que achemos uma solução adequada em um determinado sistema. Desta forma, o acento no problema opera uma seleção de sistema.

Consoante o pensar sistemático, ao revés, o acento no sistema opera uma seleção de problemas. Cada sistema busca nele próprio os seus problemas. Caso no sistema não seja encontrada uma resposta para o que se denominou de problema, então, conclui-se que aquilo não é um verdadeiro problema, mas sim um falso problema e, portanto, será desconsiderado do sistema. O sistema, no dizer de José Souto Maior Borges, é um antídoto contra a dúvida e a fragilidade da argumentação: é pensar com segurança. Acrescenta ainda este autor que "o modo de representação sistemática é, por excelência, modo de representação conceitual."[28]

Feitas essas considerações, é necessário frisar que Viehweg não se contrapõe a todo e qualquer sistema, senão aos sistemas do tipo axiomático-dedutivo. Um sistema deste tipo é formado do seguinte modo: a base do sistema está composta por axiomas, ou seja, proposições que prescindem de demonstração, que não podem sequer se postas em dúvidas, e que são consideradas válidas. A partir das regras de transformação utilizadas pelos lógicos, podemos deduzir destas proposições axiomáticas outras igualmente válidas e assim por diante, até que se complete o sistema. Deste modo, caracteriza-se o sistema axiomático pela nota de completude, coerência e independência dos axiomas. Para Viehweg, um sistema jurídico desta natureza nunca foi construído, "ainda que sua existência seja pressuposta usualmente em nosso pensamento jurídico".[29]

Em síntese, o problema é o ponto inicial e nodular de todo o pensar tópico e, embora não despreze a existência do sistema, dele não se faz depender. O problema não pode ser perdido de vista, pois é em função dele que o pensar tópico existe. Como já disse Viehweg, a Jurisprudência está a serviço de uma aporia: a aporia fundamental da justiça.

Por problemas constitucionais, devemos entender todo o conflito de interesses que envolvam a Constituição. Onde esta estiver envolvida, devemos afirmar que o problema é de natureza constitucional. Os problemas

---

28. *O Contraditório no Processo Judicial (uma visão dialética)*, p. 28.
29. *Tópica e Jurisprudência*, p. 77.

constitucionais são, na maior parte dos casos, problemas de poder ou de violação dos direitos fundamentais.

2.2 "Topoi"

Elemento importante na configuração do estilo tópico, os *topoi* são entendidos em razão de sua natureza funcional. Servem a uma discussão de problemas. No entender de Viehweg, os *topoi* devem ser compreendidos de um "modo funcional, como possibilidades de orientação e como fios condutores do pensamento".[30]

Os *topoi* são pontos de vista auxiliares utilizados na busca de uma solução adequada para um problema previamente dado. Entretanto, Viehweg não deixa claro o que pode ser utilizado como *topoi* na discussão do problema. Seriam *topoi* as normas jurídicas? Ou quem sabe as proposições jurídicas formuladas pela doutrina? Poderíamos também utilizar como *topoi* a jurisprudência dos tribunais? Eis uma questão que Viehweg não deixa claro.

Analisando a *Tópica e Jurisprudência* de uma forma sistemática, percebemos que qualquer elemento que sirva à discussão em busca da solução adequada do problema posto, pode ser utilizado como *topoi* : a norma jurídica, as proposições jurídicas formuladas pela doutrina, a jurisprudência etc. É bom acrescentarmos que estes pontos de vista recebem seu sentido a partir do problema, e a ele encontram-se vinculados.[31] Por esta razão, é que os *topoi são aceitáveis ou inaceitáveis, adequados ou inadequados, pertinentes ou impertinentes etc.*

Em Karl Larenz, são *topoi*, pois, "argumentos utilizados na solução de problemas jurídicos, e que podem contar neste domínio com a con-

---

30. Ibidem, p. 38.
31. Passaremos a compreender a natureza assistemática (no sentido de não poder se configurar como sistema axiomático) a partir das seguintes palavras de Viehweg: "é uma simples questão de formulações determinar se se apresentam como conceitos ou como proposições. Não se pode esquecer que seu valor sistemático tem que ser necessariamente intranscedente. Grandes consequências não se conciliam bem com sua função, motivo pelo qual o peso lógico das tramas de conceitos e proposições elaboradas pelos *topoi* é sempre pequeno. (...) A constante vinculação ao problema impede o tranquilo raciocínio lógico para trás e para diante, quer dizer, a redução e a dedução. Vemo-nos continuamente perturbados pelo problema. (...) Como antes dizíamos, a constante vinculação ao problema só permite conjunto de deduções de curto alcance. É preciso que haja a possibilidade de os interromper a qualquer momento à vista do problema. O modo de pensar problemático é esquivo às vinculações". *Tópica e Jurisprudência*, pp. 38 e ss.

cordância geral, o 'consensus omnium'". Em razão da diversidade de formas com que Viehweg apresenta os tópicos (conceitos, proposições), adverte Larenz que, aparentemente, estes podem ser entendidos como toda e qualquer ideia ou ponto de vista que possa desempenhar algum papel nas análises jurídicas, sejam estas de que espécies forem.[32] Em outras palavras, toda proposição ou conceito que sirva a uma discussão de problemas e que leve à busca de uma solução adequada para o caso concreto pode ser considerado como *topoi*.

Um defensor do pensamento tópico, Gerhard Struck, em seu estudo *Topische Jurisprudenz*, põe em evidência a importância dos *topoi* tanto na legislação quanto na jurisprudência. Para tanto, enumera 64 pontos de vista, dentre os quais, apenas exemplificativamente, citaremos alguns: a) *Lex posterior derogat legi priori* (Lei posterior revoga a lei anterior); b) *Lex specialis derogat legi generali* (Lei especial derroga lei geral); c) *Res judicata pro veritate habetur* (coisa julgada é tida como verdade); d) *In dúbio pro reo in dúbio pro libertate* (em caso de dúvida, a favor do réu ou da liberdade); e) as exceções têm interpretação estrita etc.[33]

Em nosso entender, os *topoi são argumentos materiais de que se utilizam os práticos do direito, para tentar oferecer uma solução adequada ao problema posto. Procuram, através dos topoi*, fundamentar a justa decisão. Nesse sentido, seriam *topoi* constitucionais, pois, todo e qualquer ponto de vista que sirva à solução da controvérsia que envolva a Constituição – por exemplo, decisões do Supremo Tribunal Federal, proposições jurídicas da dogmática constitucional, *et al.*

2.3 Meditação pré-lógica

Segundo Viehweg, o raciocínio do operador do direito pode ser dividido em dois momentos distintos: um pré-lógico, de busca de premissas; outro, propriamente lógico, de conclusão a partir daquelas premissas.

A tópica é um momento anterior à lógica, pois consiste a mesma na busca de premissas, ao passo que o raciocínio lógico as toma e trabalha com elas. A tópica trabalha com a invenção; a lógica com a conclusão. Desta forma, caracterizamos o raciocínio tópico como uma forma de meditação pré-lógica. É a tópica, no dizer de Viehweg, um procedimento de busca de premissas.[34] A lógica cuida da demonstração das premissas inventadas pela tópica.

---

32. *Metodologia da Ciência do Direito*, p. 203.
33. *Apud* Chaim Perelman, *Lógica Jurídica*, pp. 121-125.
34. *Tópica e Jurisprudência*, p. 39.

Mediante a discussão, isto é, um procedimento de perguntas e respostas orientadas por pontos de vista adequados e pertinentes ao problema, procuramos as premissas com as quais trabalharemos na busca da solução do caso concreto.

Analisando a relação entre tópica e lógica, parte Ballweg da contraposição entre ciência e prudência e de adscrever ao campo desta segunda o raciocínio jurídico. O método da ciência, para esse autor, há de ser lógico, porquanto a ciência operaa com resultados empiricamente demonstráveis. Neste campo a lógica atua como guia. Ao revés, o modo de proceder tópico, que impera no raciocínio prudencial, não pode ser definido como um método, pois a relação coerente não aparece como consequente e plausível enquanto conclusão lógica, senão como resultado de um proceder apreendido pelo hábito.[35]

Urge ressaltar que prudência significa capacidade de discernimento. Discernir é saber sopesar argumentos, tendo em vista uma solução justa, ou, dito de outro modo, é saber distinguir o certo do errado. Nisto consiste o pensamento tópico, quer dizer, sopesar pontos de vista vinculados a um determinado problema posto, objetivando buscar premissas que ofereçam uma solução justa para o caso concreto.

2.4 Legitimação das premissas

O quarto e último elemento característico da tópica é a legitimação das premissas. Estas se legitimam pela aceitação do interlocutor. Cada ponto de vista posto em discussão e aceito pelo interlocutor é legitimado como premissa.

Explica Viehweg que tudo "o que é aceito sempre e em toda parte considera-se como fixado, como não discutido e, pelo menos neste âmbito, até mesmo como evidente". E, mais adiante acrescenta:

> o debate permanece, evidentemente, a única instância de controle e a discussão de problemas mantém-se no âmbito daquilo que Aristóteles chamava dialético (arte do diálogo). O que em disputa ficou provado, em virtude de aceitação, é admissível como premissa.[36]

---

35. Ottmar Ballweg, "Science, Prudence et Philosophie du Droit", in *Archiv für Rechts- und Sozialphilosophie-ARSP*, p. 552, *apud* Juan Antonio Garcia Amado, *Teorías de la Tópica Jurídica*, p. 176.
36. *Tópica e Jurisprudência*, p. 42.

As premissas legitimadas é que irão servir para solucionar o caso concreto; os pontos de vista que não foram aceitos pelo interlocutor são excluídos da discussão.

3. Tópicos sobre "Tópica e Jurisprudência"

A tópica é um estilo de pensar que se orienta para o problema, desenvolvido pela retórica; é a *techne* do pensamento problemático. Pretendemos através da tópica, descrever o pensamento do jurista prático. Este pensamento se estrutura da seguinte forma: a) fixação do problema; b) pontos de vista próximos; c) pontos de vista contrários e; d) solução.

Quatros são os elementos característicos do estilo de pensar tópico: a) o problema; b) os *topoi* (tópicos); c) meditação pré-lógica e; d) legitimação das premissas.

O problema está à frente de tudo, até mesmo das normas jurídicas. Definimos os problemas como uma questão que comporta mais de uma solução. Esta, no entanto, não é definitiva, em razão de o problema ser sempre permanente. O Direito gira em torno de um único problema: a aporia fundamental da justiça (o que é o justo aqui e agora). A justiça é um problema que o Direito nunca irá pôr fim, pois, resolvido o problema do que seja o justo aqui e agora, perde-se a razão de ser do Direito. Este se encontra a serviço da justiça, pretende dar uma resposta adequada (justa) a cada questão problemática.

Para oferecer uma resposta justa a cada problema (caso jurídico) posto, o estilo de pensar problemático requer um outro elemento: os *topoi*. Estes são argumentos materiais, de natureza funcional, que servem a uma discussão de problemas. É através dos *topoi* que se procura a fundamentação para uma decisão justa. Os pontos de vista estão vinculados ao problema, e dele recebem seu sentido. Qualquer conceito ou proposição que sirva à discussão do problema pode ser utilizado como *topoi*; noutras palavras, tudo aquilo que ajude a encontrar uma solução adequada para o caso jurídico pode ser utilizado como *topoi*.

Outros dois elementos que terminam por caracterizar a tópica é a meditação pré-lógica e a legitimação das premissas.

A tópica não se opõe a todo tipo de sistema, mas apenas ao do tipo axiomático-dedutivo, ou seja, um sistema fechado, que se caracteriza pela coerência, completude e independência dos axiomas. Mesmo num sistema deste tipo, afirma Viehweg que a tópica não está totalmente alheia, pois determinar quais são os princípios objetivos que serão selecionados é, do ponto de vista lógico, algo claramente arbitrário. O mesmo se pode dizer dos conceitos fundamentais. Trata-se de uma tarefa da invenção.[37]

Para Viehweg, não há, e nunca houve, um sistema jurídico no sentido lógico, embora sua existência seja pressuposta em nosso ordenamento jurídico. Viehweg aponta quatro pontos de irrupção da tópica no sistema jurídico. Para este autor, o tecido jurídico total é formado por uma indefinida pluralidade de sistemas, cujo alcance é muito diverso e cuja relação não é estritamente comprovável. Em razão desta pluralidade de sistemas, torna-se possível a produção de contradições, sendo necessário um instrumento que as elimine, que, para Viehweg é a interpretação. Esta tem por tarefa eliminar as contradições oriundas da pluralidade de sistemas. A tópica se infiltra pela interpretação, e esta há de mover-se dentro do estilo da tópica. "Sem interpretação não há jurisprudência!".[38]

O segundo ponto de irrupção da tópica no sistema dá-se quando da aplicação do direito. Para Viehweg há casos em que não estão compreendidos pelo sistema jurídico, mas que requerem uma solução. Esta pode ser obtida mediante uma "interpretação adequada que modifique o sistema através de uma extensão, redução, comparação, síntese, etc.".[39]

A linguagem natural é, segundo Viehweg, o terceiro ponto de irrupção da tópica no sistema. As palavras são ambíguas, vagas, indeterminadas, o que de per si requer uma discussão a respeito do seu significado. "A linguagem apreende incessantemente novos pontos de vista inventivos, à maneira tópica".[40]

O quarto e último ponto de irrupção da tópica no sistema é a interpretação do simples estado de coisas que, em qualquer, caso, parece necessitar de tratamento jurídico. É preciso compreende-lo previamente com o propósito de torna-lo manejável no sentido jurídico.

> Para conduzi-lo ao sistema jurídico, o estado de coisas tem de ser provisoriamente interpretado mediante um panorama prévio aproximativo, o que novamente ocorre à maneira da tópica.[41]

37. Ibidem, p. 77.
38. Ibidem, p. 63.
39. Ibidem, p. 81.
40. Ibidem, p. 82.
41. Idem, ibidem.

Por tudo isto, a estrutura da Jurisprudência *é tópica, pois, do sistema jurídico lógico,*

não resta já quase nada e o que resta não é suficiente para satisfazer, sequer de um modo aproximado, as modernas aspirações sistemático--dedutivas.[42]

Por fim, conclui Viehweg que

a jurisprudência precisa ser concebida como uma permanente discussão de problemas e que, portanto, sua estrutura total deve ser determinada a partir do problema, buscando pontos de vista para sua solução"

resultando daí que seus conceitos e suas proposições têm de estar ligadas ao problema, de modo especial.[43]

4. Tópica na interpretação constitucional

Inicialmente, devemos chamar a atenção do leitor para um problema que vemos constantemente acontecer e que passa despercebido por muitos que têm por objeto de estudo a influência da tópica na interpretação constitucional. Há, apenas a título de exemplo, constitucionalistas de porte que costumam pôr em suas obras os seguintes subtítulos: "O método tópico de interpretação constitucional",[44] ou "O método tópico-problemático".[45] A questão reside no seguinte: é a tópica um método?

Consoante os ensinamentos de Theodor Viehweg, precursor do pensar problemático na contemporaneidade, a tópica não é um método, mas um estilo de pensar orientado para o problema. Para este autor, só podemos denominar de método "um procedimento que seja lógico e rigorosamente verificável e crie um nexo unívoco de fundamentos, quer dizer, um sistema dedutivo." Conclui em seguida, que

ela tem, como qualquer outro estilo, muito de arbítrio amorfo e muito pouco de demonstração rigorosa. Com alguma aptidão, este estilo é imitável e praticável, alcançando, como atitude espiritual que se exercita um

---

42. Ibidem, p. 83.
43. Ibidem, p. 92.
44. Paulo Bonavides, *Curso de Direito Constitucional*, p. 446.
45. J. J. Gomes Canotilho, *Direito Constitucional e Teoria da Constituição*, p. 1.137; v. tb. Inocêncio Mártires Coelho, p. 89.

alto grau de confiabilidade. Porém, só o projeto de um sistema dedutivo poderia fazer deste estilo um método.[46]

Aliás, o próprio conceito de interpretação não comporta ser definido como um método, mas como uma técnica. A Hermenêutica Jurídica, porquanto ciência, possui um método próprio[47] e, por sua vez, utiliza-se de várias técnicas interpretativas para chegar aos resultados cientificamente pretendidos. A interpretação é a técnica mediante a qual se atribui um significado às normas jurídicas. Assim, podemos falar numa "interpretação tópica", "interpretação sistemática", entre outras, mas nunca de um "método" tópico de interpretação de normas jurídicas. Por esta razão, Viehweg define a tópica como uma "técnica do pensamento problemático", ou "estilo de pensar voltado para os problemas." Desta feita, optamos por intitular o presente item do modo como lá se encontra.

Feitas estas considerações preliminares, importa, no momento, analisarmos se a tópica, tal como desenvolvida por Viehweg, pode ser vista como uma técnica adequada para se interpretar a Constituição.

Diferentemente das técnicas clássicas de interpretação, que partem da norma para o problema (modelo subsuntivo-dedutivo), a tópica faz o caminho inverso, parte do problema para a norma, ou seja, do particular para o geral. Percebe-se, desde logo, que o pensamento tópico é do tipo indutivo (particular → geral), ao passo que o pensamento sistemático é dedutivo (geral → particular). Isto faz com que a tópica coloque o problema a frente de tudo, é dizer, o caso concreto é o ponto de partida do pensamento problemático, e é a partir deste problema que a norma recebe seu sentido.

Certamente, só conhecemos o verdadeiro sentido de uma norma quando posta frente a um caso concreto, pois o direito existe para regular a realidade, dela não podendo se desprender, sob pena de perder sua

---

46. *Tópica e Jurisprudência*, p. 71. Ao prefaciar esta obra, explica Tércio Sampaio Ferraz Jr. que a "tópica não é propriamente um método, mas um estilo. Isto é, não é um conjunto de princípios de avaliação da evidência, cânones para julgar a adequação de explicações propostas, critérios para selecionar hipóteses, mas um modo de pensar por problemas, a partir deles e em direção deles. Assim, num campo teórico como o jurídico, pensar topicamente significa manter princípios, conceitos, postulados, com um caráter problemático, na medida em que jamais perdem sua qualidade de tentativa" (ob. cit., p. 3).

47. Método, no dizer de Karl Larenz, é o modo de proceder de cada ciência, no sentido da obtenção de respostas às questões por ela suscitadas (*Metodologia da Ciência do Direito*, p. 1). Segundo o Aurélio, devemos entender por método o "modo de proceder; maneira de agir; meio".

função normatizadora do real. De nada adianta interpretar uma norma desvinculada do caso concreto, haja vista que cada caso comporta suas especificidades, de modo que de um só texto legal possa derivar tantas normas quantas forem os casos jurídicos a serem resolvidos, pois cada problema possui suas peculiaridades, e estas devem ser levadas em conta quando da interpretação da norma. Preciosos são os ensinamentos de Konrad Hesse ao afirmar que

> o intérprete tem que pôr em relação com dito problema a norma que pretende entender, se quer determinar seu conteúdo correto aqui e agora. (...) Não existe interpretação constitucional desvinculada dos problemas concretos.[48]

A interpretação tópica dá-se mediante um processo aberto de discussão dos problemas. Este processo argumentativo desenvolve-se mediante a utilização de *topoi*,

> instrumentos auxiliares que o intérprete em presença do problema poderá empregar ou deixar de fazê-lo, conforme a valia ocasional eventualmente oferecida para lograr a solução precisa.[49]

Eis a aporia fundamental da utilização da tópica na interpretação constitucional: o que pode ser utilizado como *topoi*?

Vimos acima que todo e qualquer elemento que sirva na discussão em busca de uma justa solução para o problema pode ser utilizado como *topoi*. Assim, na interpretação tópica da Constituição pode ser utilizado como *topoi* tanto as normas constitucionais como outro ponto de vista qualquer, que ajude a encontrar uma solução adequada – por exemplo, um argumento doutrinário. Em consequência, ocorre que poderemos utilizar (se assim acharmos adequado à solução do caso) até de argumentos ou pontos de vista contrários às normas constitucionais, pois estas são apenas *topoi* como os outros, que podem ser adequados ou inadequados na busca da solução do caso concreto. Isto, sem dúvida alguma, contraria o conceito formal de Constituição, que é passada para trás perdendo toda

---

48. *Escritos de Derecho Constitucional*, p. 42, trad. livre do autor. É bom frisar que a posição de Hesse é distinta da de Viehweg, embora a sua teoria tenha origem na tópica. Cf. tb. Inocêncio Mártires Coelho, para quem a determinação do conteúdo de uma norma só se revela efetivamente na solução de casos concretos (*Interpretação Constitucional*, p. 37).

49. Paulo Bonavides, *Curso de direito Constitucional*, p. 453.

sua hierarquia ou hegemonia normativa.⁵⁰ Também não resta dúvida que, consoante esta técnica interpretativa, teríamos de adotar a tese das normas constitucionais inconstitucionais, posição esta bastante perigosa para a estabilidade jurídica e social.

Mais uma vez é preciso deixar claro que quando falamos de Constituição, referimo-nos à sua acepção formal, pois do contrário, adotando o seu conceito material (a Constituição é definida pelo conteúdo de suas normas), certamente nossa posição seria outra, em razão da tópica ser um estilo de pensamento voltado para a teoria material do direito, mais precisamente aqui, da teoria material da Constituição.

Outro problema que surge é o seguinte: o que caracterizamos como materialmente constitucional? Sendo o intérprete último da Constituição o Poder Judiciário, ficaria ao seu arbítrio dizer o que é conteúdo constitucional e o que não é, ou seja, o que é direito e o que não é direito, ou o que é justo ou injusto.⁵¹ De certo modo, há um mínimo com o que todos estamos de acordo em reconhecer como substancialmente constitucional – por exemplo as normas que dispõem sobre a estrutura e a competência dos órgãos superiores do Estado e as que traçam limites à sua ação através do respeito mínimo às garantias fundamentais.⁵²

50. Em Paulo Bonavides encontramos o que pode acontecer à Constituição se for utilizado o estilo tópico na interpretação das normas constitucionais: "Sendo a Constituição aberta, a interpretação também o é. Valem para tanto todas as considerações e pontos de vista que concorram ao esclarecimento do caso concreto, não havendo graus de hierarquia entre os distintos *loci* ministrados pela tópica.

"A Constituição com a metodologia tópica perde até certo ponto aquele caráter reverencial que o formalismo clássico lhe conferira. A tópica abre tantas janelas para a realidade circunjacente que o aspecto material da Constituição, tornando-se, quer se queira quer não, o elemento predominante, tende a absorver por inteiro o aspecto formal.

"A invasão da constituição formal pelos *topoi* e a conversão dos princípios constitucionais e das próprias bases da Constituição em pontos de vista à livre disposição do intérprete, de certo modo enfraquece o caráter normativo dos sobreditos princípios, ou seja, a sua juridicidade. A Constituição, que já é parcialmente política, se torna por natureza politizada ao máximo com a metodologia dos problemas concretos, decorrentes da aplicação da hermenêutica tópica" (ob. cit., p. 453).

51. Pertinentes são as indagações de Chaim Perelman, a saber: "Terá o juiz a liberdade de dar a conhecer, a propósito disso, sua apreciação subjetiva do justo e do injusto, seja qual for sua fonte de inspiração, e motivar sua decisão com considerações morais, políticas ou religiosas, para desempenhar de modo satisfatório a missão que lhe foi confiada? Poderá ignorar a lei e pretender, mesmo assim, que está cumprindo sua missão de dizer o direito?" (*Lógica Jurídica*, p. 96).

52. Cf. Celso Ribeiro Bastos, *Curso de Direito Constitucional*, p. 43. Karl Lowenstein fala em um "mínimo irredutível" de uma autêntica Constituição. Para este

A Constituição é norma conformadora e conformada pela sociedade, não podendo ficar à mercê do intérprete o que seja ou não constitucional. Em um país de terceiro mundo, subdesenvolvido como o nosso, a Constituição há de espelhar necessariamente aquela noção de instrumento escrito voltado para garantir os direitos fundamentais e limitar o exercício do poder político. As nossas instituições não são ainda sólidas, de modo que nós não temos um Poder Judiciário forte, autônomo e independente dos demais Poderes. Ao revés, o Judiciário, a quem cabe em última instância a guarda da nossa Constituição, assemelha-se mais a um vilão do que a um verdadeiro guardião. Quantos golpes o Supremo Tribunal Federal já não desferiu contra a Constituição, muitas vezes contra a própria letra do texto constitucional, camuflados sob o manto de pseudo-interpretações constitucionais, para atender a fins e a conveniências políticas. E isto, feito, devemos sempre lembrar, sob os olhares da própria Constituição formal, norma hierarquicamente superior do ordenamento jurídico, e a quem todos devem obediência. O que aconteceria, então, se atribuíssemos competência ao Judiciário para dizer, arbitrariamente, o que é constitucional. Se o órgão julgador não obedece ao texto constitucional, imaginem se fosse autorizado a julgar além da Constituição, ou mesmo desprezando-a. Seria o caos, ou o governo dos juízes.

Admirador do "método tópico" e das suas várias ramificações, Paulo Bonavides adverte-nos que

> No campo constitucional, a importância da tópica é decisiva na medida em que produz uma reorientação básica da doutrina. Mas corre ela o grave risco de tomar na esfera do Direito Constitucional uma dimensão metodológica cujos reflexos, impelida a teoria aos últimos efeitos, seriam ruinosos para a normatividade da Constituição.
>
> "Fazendo do 'problema' o seu eixo e da 'inventio' uma tarefa implicitamente lícita ao intérprete, a tópica parece não traçar limites à criatividade."[53]

Outro aspecto que achamos relevante mencionar é o que se denomina de interpretação. Ora, no uso do estilo tópico, o exegeta pode

---

autor, uma Constituição deve conter a técnica da separação de poderes, um mecanismo de *checks and balances* que estabeleça a cooperação dos diversos detentores do poder, com a finalidade de evitar que um deles, em caso de não produzir-se a cooperação exigida pela Constituição, resolva o impasse por seus próprios meios, submetendo o processo do poder numa direção autocrática; um método racional de reforma constitucional e; por fim, o reconhecimento dos direitos individuais e liberdades fundamentais (*Teorías de la Constitución*, p. 153).

53. *Curso de Direito Constitucional*, p. 455.

A TÓPICA E A INTERPRETAÇÃO CONSTITUCIONAL   49

utilizar como *topoi* qualquer coisa que sirva à discussão do problema e, consequentemente, à solução justa. Assim, podemos utilizar como *topoi* apenas as normas constitucionais, como também podemos utilizar apenas argumentos doutrinários ou decisões jurisprudenciais. Caso não utilizemos norma alguma, inobstante tenhamos encontrado uma solução justa para o caso através de outros *topoi*, onde podemos dizer que houve uma interpretação da norma constitucional? Ora, não utilizamos norma alguma.[54] Nem tocamos na Constituição formal. Então, não há por que falarmos de interpretação constitucional quando não utilizamos como *topoi* as normas da Constituição.

O problema da aplicação da tópica, tal como proposta por Viehweg, no campo constitucional, reside justamente no fato da não vinculação da interpretação à Constituição, podendo revelar-se uma poderosa arma para o uso da arbitrariedade que, logicamente, não se coaduna com o Estado Social e Democrático de Direito que é o Brasil.

---

54. Utilizamos aqui o conceito de "norma" no sentido de norma geral e abstrata, e não individual e concreta, pois se houve uma solução para o caso concreto, obviamente houve uma atribuição de sentido à norma de decisão.

Capítulo III
A NOÇÃO DE DIREITO PÚBLICO SUBJETIVO

CELSO ANTÔNIO BANDEIRA DE MELLO

1. É sabido e ressabido, que no Estado de Direito, a Administração só pode agir sob a lei. A Administração não apenas está proibida de agir *contra legem* ou *praeter legem*, mas só pode atuar *secundum legem*.[1] Por isso se diz, generalizadamente, como o fez Renato Alessi, que a Administração, além de estar proibida, como qualquer, de atuar em desacordo com a lei, demais disso, só pode emitir atos jurídicos em conformidade com lei que a habilite a tanto.[2]

Esta é lição cediça que pode ser encontrada também em qualquer autor nacional. Cite-se, em guisa de exemplo, Hely Lopes Meirelles, o qual, com precisão averbou:

> Enquanto na administração particular é lícito fazer tudo aquilo que a lei não proíbe, na Administração Pública só é lícito fazer o que a lei permite".[3]

No Direito Administrativo estas noções correspondem à tradução de regras constitucionais explícitas. Assim, o art. 37, *caput*, estabelece, entre os princípios cardeais a que está sujeita a Administração, o princípio da legalidade. O art. 84, VI, dispõe que mesmo os atos administrativos mais conspícuos, como os expedidos por decreto e nominadamente os regulamentos, só podem ser produzidos pelo Chefe do Poder Executivo para fiel

---

1. Michel Stassinopoulos, *Traité des Actes Administratifs*, Paris, Sirey, 1954, p. 69.
2. *Sistema Istituzionale del Diritto Amministrativo Italiano*, A. Giuffrè Ed., 3ª ed., 1960, pp. 9 e 1.
3. *Direito Administrativo Brasileiro*, 42ª ed., São Paulo, Malheiros Editores, 2016, p. 91

execução das leis. Assim também, o art. 5º, II, estatui que ninguém será obrigado a fazer ou deixar de fazer alguma coisa senão em virtude de lei.

2. Por que existe tal sujeição da Administração à legalidade? Qual a razão que levou os povos civilizados a extremar ditas limitações?

O motivo é óbvio.

Eduardo García de Enterría, bem o enuncia:

"La legalidad de la Administración no es así una simple exigencia a ella misma, que pudiese derivar de su condición de organización burocrática y racionalizada: es también, antes que eso, *una técnica de garantizar la libertad*. Toda acción administrativa que fuerze un ciudadano a soportar lo que la Ley no permite no solo es una acción ilegal, es una agresión a la libertad de dicho ciudadano. De este modo la oposición a un acto administrativo ilegal es, en último extremo, una defensa de la libertad de quien ha resultado injustamente afectado por dicho ato".[4]

Em suma, o principio da legalidade não visou simplesmente à mera estruturação formal de um aparelho burocrático tendo em vista balizar, de fora, mediante lei, sua composição orgânica e seus esquemas de atuação. O que se pretendeu e se pretende, à toda evidência, foi e é sobretudo estabelecer em prol de todos os membros do corpo social uma proteção e uma garantia. Quis-se outorgar-lhes, em rigor, uma dupla certeza, a saber:

(*a*) de um lado, que ato administrativo algum poderia impor *limitação, prejuízo ou ônus aos cidadãos*, sem que tais cerceios ou gravames estivessem previamente autorizados em lei e que ato administrativo algum poderia *subtrair ou minimizar vantagens e benefícios* que da lei resultariam para os cidadãos se esta fosse observada;

(*b*) de outro lado, que todos os cidadãos tivessem, dessarte – por força mesmo do que acima se indicou – *a garantia de um tratamento isonômico*, pois é a lei, como norma geral e abstrata (em contraposição ao ato administrativo, disposição individual e concreta) que, por suas características inerentes, enseja um tratamento uniforme, igual para todos .

3. Com efeito, embora se trate de algo óbvio, é bom relembrar sempre que a própria legalidade – valor alçado à categoria de bem extremamente prezável – impôs-se como característica do Estado de Direito, sobretudo como meio especificamente apto para preservar *outro valor*; justamente aquele que se pretendia, acima de tudo, consagrar: o da *igualdade*.

---

4. Eduardo García de Enterría e Tomas-Ramón Fernández, *Curso de Derecho Administrativo*, 2ª ed., Madri, Civitas, 1981, p. 48.

Não por acaso o lema da Revolução Francesa foi "Liberté, *Egalité*, Fraternité", ao invés de "Liberté, Legalité, Fraternité".

É que o Estado de Direito abomina os casuísmos, as ofensas à isonomia, pois estas atacam fundo um objetivo básico que se visou a preservar através do princípio da legalidade. Deveras, por via dele, almejou-se que houvesse uma regra só, a mesma para todos os colhidos por sua abrangência e efeitos, embargando-se então as perseguições e favoritismos, vale dizer, *o arbítrio, cuja eliminação é precisamente o objetivo máximo do Estado de Direito.*

Em suma: quem ofende o princípio da igualdade ofende, *ipso facto*, a razão de ser do princípio da legalidade, pois, como disse Black, em seu monumental *Handbook on the Construction and Interpretation of Laws*,[5] "tanto é parte da lei o que nela está explícito, quanto o que nela está implícito" ("It is a rule of construction that which is implied in a statute is as much a part of it as what is expressed"). Assim, também, o que está implícito em um princípio integra-o com a mesma força com que o integra o que nele está explícito.

4. Aliás, este valor – a isonomia – que a ordem normativa pretende colocar a bom recato, está estampado no Texto Constitucional do País, *não apenas na implicitude que advém do princípio da legalidade, mas por consagração expressa* tanto na própria abertura do titulo relativo aos "Direitos e Garantias Fundamentais" (art. 5º), como especificamente na qualidade de cânone básico regedor da Administração, no art. 37, ao se consagrar ali o princípio da *impessoalidade*. Constitui-se, pois, em causa autônoma de proteção aos administrados e, portanto, base de per si suficiente para legitimar subjetivamente quem quer que, tendo sofrido agravos decorrentes de sua violação por parte de algum ato administrativo, pretenda insurgir-se judicial ou extra judicialmente contra o sobredito gravame.

5. Visto que a legalidade e a isonomia não foram concebidas para deleite da Administração ou para exibir uma aparência de modernidade das instituições jurídico-administrativas de um País, mas, precisamente, *para proteger as pessoas* contra os malefícios que lhes adviriam se inexistissem tais limitações à Administração, cumpre sacar disto pelo menos as conclusões mais óbvias.

A primeira delas, e que ressalta por sua evidência, é que se a restauração ou a correção das violações à legalidade e à isonomia não pudessem ser judicialmente exigíveis pelos agravados em quaisquer hipóteses nas

---

5. West Publishing Co., 1896, p. 67

quais fossem ofendidos *contra jus*, ambos os princípios, muito pouco valeriam. Seriam inúmeras vezes fictícios.

Eduardo García de Enterría, referindo-se à impropriedade de considerar existentes direitos subjetivos apenas nas hipóteses em que tais direitos se apresentassem com a mesma feição estrutural com que se apresentam no direito privado, averbou que:

> (...) en la práctica, ello significaría que tal legalidad, al no poder su aplicación ser exigida por ningún otro sujeto, se reduciría a una simple regla moral para la Administración, que ella sola seria libre (a lo sumo bajo control parlamentario, no bajo del juez, a quien nadie podrá poner en movimiento) de acatar o violar.[6]

6. A compreensão de que não se pode desembocar em semelhante absurdo comporta apenas duas soluções, quando se esteja perante quebra da legalidade ou da isonomia, sem que compareça em favor do agravado situação idêntica à que engendrou a noção de direito subjetivo, construída que foi à vista de relações de direito privado. A saber:

(*a*) ou bem se atribui dimensão apropriada ao conceito de direito subjetivo, de maneira a ser realmente noção de teoria geral do direito, isto é, prestante, funcional, tanto na esfera do direito privado quanto na esfera do direito público ou

(*b*) outorga-se proteção a estas situações que se apresentam com caráter específico na órbita do direito público, designando-as sob outra rotulação, como ocorre no direito italiano, responsável pela introdução da nomenclatura "interesse legítimo".

7. Como se sabe, na Itália, há dualidade de jurisdição, o que de resto ocorre também em inúmeros países do continente europeu. Mas, na Itália, a repartição de competências jurisdicionais entre o Poder Judiciário e a Justiça Administrativa faz-se exata e precisamente com assento na distinção entre "direito subjetivo" (concebido pelo mesmo corte que tem no direito privado) e "interesse legítimo". Disse Enzo Capaccioli, eminente administrativista italiano, em seu precioso *Diritto e Processo*:[7]

> Como referi supra, a doutrina formula o critério de discriminação das competências das duas jurisdições do seguinte modo: quando se controverte sobre direitos subjetivos, a decisão assiste ao juiz ordinário; quando se trata de interesses legítimos, assiste ao juiz administrativo.

6. Ob. cit., p. 38
7. CEDAM, 1980, p. 357.

Assim, se está em pauta um "direito subjetivo", delineado na conformidade da visão tradicional, que se montou a partir de perspectiva privatista, o juiz competente é o do Poder Judiciário e *não pode anular o ato gravoso*, mas apenas conceder reparação patrimonial. Pelo contrário, se se está perante "interesse legítimo", o juiz competente é o da Jurisdição Administrativa, o qual – ele sim – *pode anular o ato*, mas *não é a sede própria para conceder reparação patrimonial*.[8] Há exceções a esta impossibilidade de condenar a uma reparação patrimonial nos casos da chamada *competência especial exclusiva*, nos casos taxativamente indicados em lei, nos quais a Justiça Administrativa também conhece de direitos subjetivos.[9] O certo é que tanto os "direitos subjetivos" quanto os interesses legítimos recebem igualmente proteção, embora sob esta forma complexa e pouco prática.

8. Na França, por exemplo, ambas as situações caem como regra na esfera de competência da Justiça Administrativa e não do Poder Judiciário. Entretanto, no seio da Justiça Administrativa, são discriminados os contenciosos de "plena jurisdição" e de "anulação".[10] Embora o direito francês não haja trabalhado com a mesma nomenclatura do direito italiano, isto é sobre a distinção explícita entre "direito subjetivo" e "interesse legítimo", entende-se que no contencioso de plena jurisdição a questão versa sobre uma situação individual subjetiva e que no de anulação o ponto controvertido versa sobre a objetiva legalidade e por isso só pode preordenar-se à anulação do ato lesivo (não sobre indenização).[11] Contudo, a ressaltar a especiosidade da distinção, o certo é que também nestes casos se exige que o autor tenha um "interesse" em movimentar dito contencioso, isto é, sua situação não se equipara à de um autor popular.

9. O que se quis ressaltar, entretanto, é que, de toda sorte, sistema jurídico algum recai no absurdo de impor o princípio da legalidade e renegá-lo ao mesmo tempo. Cada qual constrói suas próprias soluções operacionais para fazê-lo efetivo.

---

8. Cf. ao respeito Guglielmo Roherssen, *La Justicia Administrativa in Italia*, Buenos Aires, Depalma, 1986, tradução de Jesus Abad Hernando, p. 115
9. Cf. Pietro Virga, *Diritto Amministrativo*, vol 2, 4ª ed., Giuffrè, 1997, pp. 251 e ss.
10. Cf. Francis Paul Benoît, *Le Droit Administratif Français*, Dalloz, 1968, p. 374.
11. Cf. A. de Laubadère, *Traité Élémentaire du Droit Administratif*, vol. I, 3ª ed., LGDT, 1963, pp. 431 e ss.

Note-se que, inexistindo uma Jurisdição Administrativa nos países de Jurisdição única, em que o Poder Judiciário tem competência universal – como é o caso do Brasil –, seria simplesmente ridículo importar disseptações conceituais estrangeiras, concebidas à vista das particularidades de seus direitos positivos, pois isto conduziria a contrassensos, a resultados disparatados, incoerentes e até mesmo grotescos.

É o que sucederia exatamente se, no Brasil, fosse acolhida a distinção entre direito subjetivo e interesse legítimo para fins de reconhecer-se legitimação à defesa contra violações da legalidade. Veja-se que, a adotar-se tal expediente, se a Administração abrisse um certame licitatório, para atender objeto cujo vulto demandasse concorrência, realizando-o por tomada de preços ou por mero convite, os interessados em participar da disputa não poderiam impugnar judicialmente a providência, pois não teriam direito subjetivo a postular e sim *mero interesse legítimo* já que nada asseguraria que, participando, viessem a ganhar o certame. Idem no caso de editais dirigidos que excluem por antecipação possíveis ofertantes.

Assim também, se fosse aberto, em pretenso cumprimento ao art. 37, II, da Constituição, um "concurso público" para provimento de cargo público, reservando-se entretanto a inscrição apenas aos indivíduos maiores de 60 anos, ou àqueles cujos nomes começassem pela letra "Y", os demais interessados em dele participarem não estariam legitimados a postular a anulação do sobredito edital de concurso ou as respectivas inscrições porque teriam apenas um "interesse legítimo"!

10. É claro que, em todos estes casos, se tal se desse na Itália, na França ou em outros países europeus, *em que há dualidade de jurisdição*, obviamente o Poder Judiciário inadmitiria a demanda. Os interessados teriam que recorrer à Jurisdição Administrativa na qual o princípio da legalidade, o primado dela, se efetuaria. Mas, no Brasil, se o Judiciário fosse recorrer à sobredita distinção, *sub color* de que (*a*) a norma invocada foi posta no interesse geral e não no interesse individual ou (*b*) que se trata de norma em que o direito não pode ser fruído por alguém em caráter exclusivo, senão apenas em concorrência com outros em igual situação ou (*c*) que o que está em causa é uma norma de ação e não uma norma de relação – que são distintos critérios entre os quais oscila a doutrina italiana para distinguir interesse legítimo e direito subjetivo[12] – desembocaria em inomináveis absurdos, ao menos se pretendesse manter posição coerente em todos os casos em que se reproduzisse a mesma tipologia conceitual.

12. Cf. ao respeito, entre tantos, Landi-Potenza, *Diritto Amministrativo*, vol. I, CEDAM, 1989, pp. 251 e ss.

Foi isto o que, delicadamente, o eminente jurista Jose Carlos Barbosa Moreira, demonstrou em voto lapidar, proferido no Tribunal de Justiça do Rio de Janeiro:[13]

(...) a) Ante a inexistência, entre nós, de uma "justiça administrativa", à qual competisse velar pelas situações rotuladas como interesses legítimos não é possível importar de modo completo a sistemática vigente na Itália e em outros países. Mas, então, de duas uma: *ou se admite que no Brasil as aludidas situações se submetem ao conhecimento dos órgãos do Poder Judiciário, como as que põem em causa "direitos subjetivos" na acepção restrita, ou se veda pura e simplesmente em relação a elas qualquer perspectiva de controle jurisdicional.* Ora, a optar-se pelo primeiro termo da alternativa, ter-se-á eliminado, ao menos do ponto de vista da acionabilidade, toda a relevância prática da distinção, na qual, em última análise, se afigura preferível não insistir. Já a opção pelo segundo termo, essa seria francamente melancólica na medida em que deixaria ao total desamparo interesses para os quais, até pela denominação mesma de "legítima" que se lhes aplica, **não é razoável nem lógico** reservar sorte tão madrasta.

11. Nestas considerações se vê que nada pior do que transplantar doutrinas alienígenas e que resultam da especificidade do direito alheio sem conhecer seu contexto ou sem atinar para ele. Com efeito, adotar-lhes esquemas conceituais, como o que se traduz no aludido discrímen, redundaria – ao contrário do que se passa no direito de origem – em desacertos constrangedores. Seria como vestir um traje de um estrangeiro desconhecido, de estatura muito menor, e inobstante sobrarem braços e pernas descobertos, persistir imaginando que, se com ele se vestia o proprietário, pode muito elegante e apropriadamente vestir-se quem lhe tomou de empréstimo a roupa...

Bem por isso, tirante algumas raras exceções infelizes, nossos Tribunais tem-se guardado de recusar proteção a direitos que, em outros países, seriam considerados como interesses legítimos. Recebem suas postulações como pretensões à defesa de direitos subjetivos. É o que se vê em inúmeros julgados, como em geral ocorre, *verbi gratia*, perante impugnações de editais de licitação viciosos, ou quando o certame se desenrola ilegitimamente, ou ao serem contendidos concursos públicos instaurados ou desenvolvidos em descompasso com a legalidade ou a isonomia.

13. ApCiv 24.449, *RDA* 156.

Sirvam de exemplo os REs 73.544 (*RDA* 119/107 e ss.) e 71.798 (*RTJ* 62/193 e 144) ou as seguintes decisões do TJSP: ApCiv 65.937 (*RT* 225/42), Recurso de Revista nº 85.399 (RT 312/262); AC nº 168.230 (RT 398/169); ApCiv 171.189 (*RT* 413/136); ApCiv 165.152 (*RT* 427/76) e ApCiv 244.790 (*RT* 483/93), todas estas últimas referidas no mencionado acórdão do TJRJ ApCiv 24.449, em que foi relator o alumiado ex-desembargador Barbosa Moreira.

12. Em suma: uma vez que a legalidade tem caráter protetor dos indivíduos resulta que estes ***têm direito a ela*** e *pessoal interesse em sua restauração sempre que a quebra da ordem jurídica implicar agravo ou subtração de uma vantagem (ou de acesso a ela) que os atinja individualmente, ainda quando o agravo ou subtração da vantagem atinja uma generalidade de indivíduos.*

Daí que, ao menos em países onde não há dualidade de jurisdição, como no Brasil, deve-se considerar que está em pauta arguição de direito subjetivo: quando (*a*) a ruptura da legalidade cause ao administrado um agravo pessoal do qual estaria livre se fosse mantida íntegra a ordem jurídica ou (*b*) lhe seja subtraída uma vantagem a que acederia ou a que se propõe nos termos da lei a aceder e que pessoalmente desfrutaria ou faria jus a disputá-la se não houvesse ruptura da legalidade.

Parte II
(AS)SIMETRIAS NO FEDERALISMO BRASILEIRO

Capítulo IV
(AS)SIMETRIAS NO FEDERALISMO BRASILEIRO

MAURO LUIZ CAMPBELL MARQUES

Introdução. O que é federalismo? Características do federalismo. Finalidades do federalismo. Federalismo simétrico ou assimétrico: realidade brasileira. Implantação efetiva dos ideais federalistas no Brasil, tendo em vista as diferenças sociais, geográficas e econômicas. Poder Judiciário no desenvolvimento da República Federativa do Brasil: o princípio da simetria como instrumento para a unidade federalista. Conclusão. Bibliografia.

Introdução

Todos os parâmetros contidos no ideal de federalismo orbitam na relação entre autonomia e centralização. Não existe Estado federal sem a existência de um poder soberano central (comumente denominado União, tal como ocorre no Brasil) e de estados-membros autônomos.

Conforme se verá, o objeto do presente trabalho é consequência da busca da devida proporção entre o poder soberano da União e a autonomia dos Estados-membros brasileiros.

Apesar de o federalismo ser um tema muito intrigante, reconhece-se a impossibilidade de esgotar todas as questões a ele inerentes nos limites formais do artigo científico.

"O federalismo é um fenômeno político recente na história das nações" (uma vez que surgiu no desenvolvimento da história dos Estados Unidos já independente) e ainda demanda grande desenvolvimento teórico e prático. Por isso, deixa-se clara a pretensão deste estudo: a análise jurídica das assimetrias fáticas e das simetrias jurídicas no ordenamento jurídico brasileiro.

Atualmente é possível encontrar definições de assimetria e simetria bastante claras na doutrina, mas nem por isso o tema deixou de demandar análises mais profundas. Afinal, saber o que se entende por assimetria ou simetria no federalismo não resolve as falhas normativas inerentes ao princípio federativo. Sobre isso, destaca-se o trabalho de Paulo Bonavides no intuito de formar uma visão crítica do ideal federalista na comunidade jurídica.

Para que seja possível a transmissão dessa visão crítica da realidade federalista brasileira, é necessário ter prévio conhecimento das premissas básicas que compõe o próprio federalismo.

Por isso, este trabalho exporá o conceito de federalismo, as suas características e as suas finalidades. Tudo isso antes de adentrar na questão de assimetria e de simetria no Estado brasileiro.

Em seguida, tratará das ideias doutrinárias que buscam efetivar o princípio federalista como meio de redução das mazelas econômicas e sociais causadas pelas diferenças regionais.

Por fim, destacará o papel do Poder Judiciário na defesa do Estado Federativo por meio do princípio da simetria, construído pela jurisprudência do Supremo Tribunal Federal, que visa a garantir a unidade do País.

O que é federalismo?

O federalismo é um ideal teórico desenvolvido nos Estados Unidos da América depois de sua desvinculação da Inglaterra. Ou seja, o federalismo é inerente à formação do Estado Americano independente.

Porém, há de se considerar que o federalismo é consequência de uma contraproposta ao Estado Confederado. A princípio, as treze colônias inglesas formaram os Estados Unidos da América como uma confederação. Mas a ausência de justificativa capaz de manter um poder central, sem o risco de eliminar a autonomia dos estados-membros em razões de suas fragilidades, ensejou a formação de um Estado federalista. Nesse sentido, afirma Paulo Roberto Barbosa:

> Portanto, o modelo de Estado confederativo fracassou nos Estados Unidos porque não conseguiu encontrar uma fórmula política capaz de justificar o exercício pleno e eficiente do poder central, sem que isso ferisse as suscetibilidades dos Estados que formavam essa organização política, os quais não admitiam, em hipótese alguma, tornar-se um poder secundário diante de poderes principais a serem concedidos ao poder central, tudo por conta de suas características óbvias de fragilidade.[1]

1. *Revista de Informação Legislativa*, (49) 193/23.

Em destaque a possibilidade de saída de um membro. A solução ao impasse confederativo foi tornar o poder central soberano. Os Estados que compunham os Estados Unidos não perderam sua autonomia, mas não podiam cogitar desagregações. Por isso surgiu o ideal federalista, no qual

> os poderes são divididos entre um governo geral, que em certas matérias é independente dos governos dos estados associados e, por outro, governo estaduais que em certas matérias são, por sua vez, independentes do governo geral.

Dessa forma, pode-se conceituar o federalismo como a forma de Estado em que existe um poder central soberano responsável pelo desenvolvimento e pela unidade de toda a nação, mas que é formado por Estados-membros não soberanos, mas com autonomia suficiente para atender demandas regionais. Tem-se, então, que

> o federalismo é uma sociedade de Estados autônomos com aspectos unitários porque é, enquanto Estado Federal, uma unidade territorial, unidade de representação e unidade nacional.

No âmbito brasileiro, o Brasil é uma Federação desde a proclamação da República em 1889. Essa forma de Estado sempre esteve presente nas Cartas pátrias, apesar do momento ocorrido na ditadura militar em que o federalismo brasileiro tornou-se apenas referencial normativo.

Aqui chama-se atenção a uma peculiaridade brasileira. Quando da Proclamação da República em 1889, o Brasil Império formava um Estado unitário, no qual as Provinciais eram submetidas ao Poder Central que era regulado, em última instância, pelo Poder Moderador do Imperador. O Estado Federativo Brasileiro não surgiu, então, da união de Estados-membros, mas do desmembramento de um Estado imperial e unitário.

Atualmente, a forma de Estado federal surge como um dos princípios fundamentais da República brasileira (artigo 1º da Constituição Federal de 1988). A esse respeito, bem lembra Marco Aurélio Marrafon que, sendo

> tema sempre presente na agenda política pátria, o federalismo surge na Constituição de 1988 como um princípio estruturante da ordem jurídico-institucional do Estado brasileiro (preâmbulo e art. 1º da CF/1988) e também como cláusula pétrea (art. 60, § 4º, I, da CF/1988).

Características do federalismo

A partir da busca de um ente central soberano e nacional sem o prejuízo de entidades locais autônomas, o Ministro do Supremo Tribunal Federal Enrique Ricardo Lewandowski aponta que uma federação depende de quatro pilares básicos: I) autonomia política e administrativa para todos os entes da federação; II) competências privativas para cada um desses entes; III) existência de dotação financeira privativa para cada um desses entes; e IV) possibilidade dos entes locais em participar das atividades da União por meio de um órgão próprio (no caso brasileiro, o Senado Federal). Nesse mesmo contexto, Paulo Roberto Barbosa Ramos destaca que:

> Em linhas gerais, qualquer sistema federal deve, pelo menos, apresentar a maioria das seguintes características (De Vergottini, 1985, p. 269): a) constituição escrita e rígida; b) duas ordens jurídicas: central e parciais, sendo estas últimas dotadas de autonomia, quer dizer, competências próprias, possibilidade de auto-organização e de escolha de seus governantes e membros do poder legislativo, os quais terão competência para legislar sobre as matérias fixadas na constituição federal, além dos recursos necessários para fazer frente às suas responsabilidades; c) indissolubilidade do vínculo federativo; d) vontades parciais representadas na elaboração da vontade geral por meio do Senado Federal, que deve guardar a isonomia dentre as vontades parciais; e) existência de um Tribunal Constitucional como guardião das competências e f) possibilidade de intervenção federal (Araújo, 1995, p. 50).

Em verdade, os Estados-membros não podem ser considerados autônomos se não possuírem uma esfera de atuação privativa de forma independente da União. Ademais, cabe salientar que a atuação estatal demanda custos; por essa razão, a autonomia passa pela a existência de recursos financeiros próprios.

Por razão das autonomias política e administrativa, percebe-se um ente federativo perto das necessidades locais com capacidade de decidir o que deve ser feito na região. Isso, conforme declara Marco Aurélio Marrafon, fomenta a participação política dos cidadãos, uma vez que possibilita o controle popular das políticas públicas locais. Vê-se:

> A teoria federalista impulsiona também importantes avanços democráticos, já que, para além da divisão clássica dos poderes horizontais – Legislativo, Executivo e Judiciário –, promove um corte vertical, fortalecendo a separação dos poderes nos diferentes âmbitos de competência

federativa (daí sua íntima ligação com o constitucionalismo), instituindo o sistema de freios e contrapesos entre os entes federativos e, entre estes e a população, que se vê mais próxima das instâncias decisórias e com maiores possibilidades de controle do poder político. Fomenta-se, dessa maneira, um aumento de participação política.

Ademais, torna-se evidente a valorização da descentralização política na teoria federalista por meio da autonomia conferida aos Estados-membros, que não dependem da máquina administrativa de outros Estados ou da União para atuar. É isso que torna o estado federal diferente dos estados unitários. Nesse sentido, importante salientar:

> Ao conceituar federação, Kelsen escreveu que apenas o grau de descentralização diferencia um Estado unitário dividido em províncias autônomas de um Estado federal.
> Segundo o ilustre doutrinador, o Estado federal caracteriza-se pelo fato de o Estado componente possuir certa medida de autonomia constitucional. O órgão legislativo de cada Estado componente tem competência em matérias referentes à constituição dessa comunidade, de modo que modificações nas constituições destes Estados podem ser efetuadas por estatutos dos próprios Estados componentes.

O ideal federal também não se confunde com o ideal de confederação. Nesse aspecto, convém lembrar algumas das notas de Darcy Azambuja que diferenciam esses dois institutos: I) enquanto a confederação é simples pessoa de direito público, a federação é um Estado soberano; II) a atividade da confederação limita-se a questões externas, enquanto a atividade federativa se relaciona à questões internas e externas; III) a nacionalidade dos indivíduos da confederação é a de seu estado-membro, mas a nacionalidade dos indivíduos da federação é uma só, independente da região ou divisão das entidades federativas; IV) a confederação se justifica por meio de um tratado de Direito Internacional, já a federação é derivada de uma Constituição; V) os Estados-membros de uma confederação guardam o direito de secessão, ao passo que a união dos Estados federativos é indissolúvel .

No âmbito da história brasileira, a autonomia dos Estados-membros foi enfatizada após o término da ditadura militar com a promulgação da Carta de 1988. Para tanto, basta observar que as competências da União federal, dos Estados-membros, do Distrito Federal e dos Municípios estão bem definidas nas normas constitucionais vigentes. Também merecem destaque as normas constitucionais de repartição das receitas tributárias como meio necessário à autonomia dos entes federativos brasileiros.

Todavia, é inegável a presença de uma atual política de centralização do poder na União. No governo Fernando Henrique Cardoso, houve as reformas administrativa e previdenciária, que tolheram a competência de os Estados legislarem sobre essa matéria. Por sua vez, durante o mandato de Luís Inácio Lula da Silva, destaca-se a reforma no Poder Judiciário que reduziu a atuação estadual com a criação de Súmulas Vinculantes e do próprio Conselho Nacional de Justiça. Notam-se aqui limitações legislativas (no campo do Direito Administrativo e do Direito Previdenciário), limitações judiciais com as súmulas vinculantes, e limitações administrativas com a atuação do CNJ (órgão federal) no cotidiano dos tribunais de justiça estaduais. Pode-se frisar, também, a existência de uma limitação financeira dos Estados-membros a partir do momento em que a União passou a ter competência para criar contribuições sociais, cujas receitas não são partilhadas com outros entes federativos.

Finalidades do federalismo

O povo de um estado federal pode ser formado a partir da junção de culturas diferentes, como, por exemplo, o Canadá (nesse país há dois idiomas oficiais, o inglês e o francês). Da mesma forma, o território de um estado federal pode ser constituído por diversas formações geográficas capazes de implicar diversas adaptações das populações que nele vivem. Ou seja, dentro de um estado pode haver diversas necessidades específicas que não adotam um caráter nacional.

Os Estados adotam a forma federal como meio necessário para atender aos desídios federais sem descuidar das peculiaridades das regiões que lhe dão forma. Sobre essa questão, Marco Aurélio Marrafon esclarece que:

> Deve ser considerada, também, a dimensão propriamente sociológica que faz com que o arranjo político da Nação se desenvolva de modo a diminuir as desigualdades regionais (art. 3º, III, da CF/1988) e a preservar a diversidade cultural, econômica e social no interior do país, sem admitir a desintegração da estrutura institucional estabelecida.

Além disso, considerando a participação popular incrementada pela forma federal de Estado, verifica-se que o federalismo também tem por fim o aperfeiçoamento da Democracia em função da proximidade do povo com os seus governantes.

Federalismo simétrico ou assimétrico: realidade brasileira

O ideal federalista teve início na formulação de duas esferas próprias de atuação estatal, uma de caráter central e outra local. Essa premissa inicial formou o que se chama de federalismo dual e foi aplicada nos Estados Unidos no início de sua história federativa. Entretanto, essa premissa fracassou em razão da tendência inevitável de o poder central adentrar nas competências dos estados membros:

> O centro da reconstrução da Federação Constitucional reside na repartição de competências, para redefinir as áreas da atuação da União Federal, dos Estados-membros e de outros níveis de Governo. A Federação projetada para o futuro requer repartição de competências ajustada a tal objetivo. A repartição clássica, que fomos buscar no Federalismo norte-americano dos fins do Séc. XVIII, deve ser abandonada. Ela conduziu à centralização dos poderes federais e à negação dos poderes locais.

O federalismo dual evoluiu, então, para a ideia de federalismo cooperativo, que é mais adaptável ao progresso e à necessidade social. A propósito, esclarece o Ministro Ricardo Lewandowski:

> (...) é que não se pode ignorar que se instaurou, em todos os estados federais, o chamado "federalismo cooperativo" ou de "integração". Neste, não obstante sejam as competências e rendas compartilhadas em certa medida entre a União, os estados e os municípios, o planejamento sobretudo no campo da economia e das finanças, opera a partir do centro, refletindo o crescente intervencionismo governamental nos mais diversos setores da vida social, imprescindível, hoje, para enfrentar os desafios de um mundo globalizado e plural.

Ou seja, a concepção moderna de federalismo vai além da simples existência de esferas autônomas. Em verdade, o federalismo cooperativo possibilita uma maior integração nacional na busca da correção de desigualdades sociais e econômicas que compõe a "assimetria de fato" entre os entes federativos. Uma forma de sanar as "assimetrias fáticas" é a formulação de uma "assimetria de direito", por meio da qual um determinado ente federativo será tratado desigualmente, na medida de suas desigualdades, de forma legítima por meio do Ordenamento Jurídico. Sobre essa questão, Augusto Zimmermann assevera que:

> Um dos pontos fundamentais para o êxito do federalismo é o referente à compreensão dos desníveis socioeconômicos, ou mesmo das dimensões territoriais, dentre os entes políticos federados. Por isso, faz-se

necessário um certo balanceamento empírico das diferenças naturalmente existentes, para que uma eficaz fórmula jurídica seja encontrada, na busca desta correlação da divisão vertical do poder político com os elementos naturais mais gravosos à sobrevivência do pacto federativo. Estes são, portanto, os arranjos de assimetria julgados necessários à eficácia do sistema federativo.

Com efeito, a assimetria "de direito" contida em uma federação poderá ser permanente, tendo em vista, por exemplo, a existência de diversas etnias em um país soberano. Isso não significa que todas as federações terão normas assimétricas para sempre. O que determina a necessidade de tratamento desigual é realidade entre os componentes de cada federação. A noção de federalismo, visto sob um prisma de assimetria, busca reduzir as desigualdades passíveis de nivelamento, tais como o desnivelamento econômico.

Nesse ponto, cabe salientar que os Estados federais assimétricos devem evitar que o tratamento desigual proposto acarrete a perda de autonomia de seus Estados-membros. Percebe-se: o tratamento desigual será funcional toda vez que reduzir as desigualdades entre os Estados-membros, mas será disfuncional quando um Estado-membro ajudado se acomoda com o tratamento recebido e passa a não buscar sua autonomia.

No Brasil, a existência de assimetrias fáticas é inegável. Não há como afastar a existência de peculiaridades culturais de cada região brasileira. Os costumes nordestinos não se confundem com os costumes dos pampas gaúchos. Por sua vez, esses não se confundem com a vida dos nortistas. Não bastassem as peculiaridades culturais, há as econômicas (indiscutivelmente, a riqueza de São Paulo não se assemelha com a pobreza de outros estados brasileiros) e as geográficas (há regiões favorecidas com o litoral ou com solo fértil, porém há outras inviáveis para a agropecuária).

Essas assimetrias fáticas devem ser consideradas na evolução do pacto federativo brasileiro para efeito de uma melhor governança. Na concepção federalista vigente, a Carta de 1988, com seu caráter centralizador, manteve os Estados-membros em uma igualdade jurídica sem considerar, suficientemente, as peculiaridades locais. A República brasileira é, infelizmente, uma falsa federação simétrica. A propósito, Raul Machado Horta declara:

> A análise da Federação Brasileira conduz a uma conclusão praticamente unânime, a da crise aguda do Federalismo brasileiro, em fase agônica, antecipadora do desenlace fatal.

Isso foi causado pela adoção do federalismo centrípeto e a edificação de um estado centralizado com a ditadura presidencial.

Por tudo isso, Paulo Bonavides ressalta a necessidade de uma reforma constitucional para que seja adotado um federalismo real no Brasil. Ele não convoca apenas a participação dos juristas, mas também a de sociólogos para aproximar, ao máximo possível, o fato à lei em uma

> reforma que prescreva os abusos pessoais da autoridade executiva, e mostre ao mesmo passo que o intervencionismo não implica necessariamente o fortalecimento unilateral da União, a expensas do Estado-membro.

Atento ao descompasso entre a realidade brasileira e a disposição normativa do ordenamento pátrio, Paulo Bonavides adverte que o exercício do poder constituinte originário no País não poderá se manter ao largo dos problemas sociais, cada vez mais evidentes na atualidade. Contudo ele também salienta que,

> se toda centralização excessiva traz o bacilo do autoritarismo, também todo o regionalismo cultivado em formas extremas contém os germes da rebeldia e da secessão.

Ressalta-se, portanto, a preocupação manifestada por Bonavides pela impossibilidade de adoção de qualquer conduta extremista na moldagem do pacto federativo.

Implantação efetiva dos ideais federalistas no Brasil, tendo em vista as diferenças sociais, geográficas e econômicas

Apesar da realidade assimétrica, não se deve afastar a busca do ideal federativo no Brasil. A evolução do País demanda um pacto federativo verdadeiramente concatenado à realidade da sociedade brasileira. A propósito:

> Quando apontamos a mazela estrutural desse nosso federalismo, tornamos a insistir que o que se deve acabar não é com a Federação em si; esta é perpétua e indissolúvel, conforme se deduz do § 4º do art. 60 da Constituição, onde se aloja, de maneira explícita e ostensiva, a garantia suprema de sua continuidade. Deve-se acabar, sim, com a composição formalmente dualista do sistema, a dualidade de União-Estado-membro, por estorva-lhe os mecanismos funcionais debaixo do constante açoite de uma realidade nacional perante a qual o modelo, já exaurido, se curva impotente, contraditório, ultrapassado.

Considerando as necessidades fáticas impostas pela assimetria brasileira, há quem defenda a melhor distribuição de competências entre a União e os Estados-membros como meio de encontrar um equilíbrio no sistema federal. Nesse sentido, Raul Machado Horta:

> A União Federal ampliou os poderes enumerados, explicitou os poderes implícitos e esse processo de dilatação e de concentração dos poderes federais acabou reduzindo cada vez mais o volume dos poderes reservados aos Estados. O processo de dilatação dos poderes federais é intenso nos Estados de mudança constitucional frequente, como é o caso do Brasil. A reconstrução do Federalismo brasileiro reclama a reformulação da repartição de competência. É necessário encontrar uma fórmula de equilíbrio, que não sacrifique os poderes nacionais e soberanos da União, mas que, ao mesmo tempo, seja capaz de oferecer aos Estados maiores fontes para exercício de sua competência legislativa.

De fato, não há como definir uma federação sem a definição de atribuições dos entes federativos. Se o ordenamento não estipular a área de atuação da União e dos Estados-membros não haverá segurança e a autonomia dos entes federativos não será mais do que história de ninar.

Contudo, a delimitação de atribuições de cada ente federativo não significa a estrita necessidade de discriminação específica de competências; a ideia de taxatividade pertence mais ao federalismo dual, que já demonstrou a sua fragilidade. Sobre a questão Paulo Bonavides já compartilhou sua preocupação nos seguintes termos:

> Temos visto, em congressos de Direito, juristas impacientes tomarem a palavra para denunciar os abusos da União por haver destroçado o sistema federal e reduzido a nada a autonomia dos Estados.
>
> É de causar desassossego (...) a indigência de conceitos dos que sustentam a esta altura o federalismo clássico da idade liberal.
>
> Deslembrados ficam, por completo, de que um mundo novo de problemas diferentes demanda soluções diferentes. Quando lhes ouvimos os protestos, fica-nos a impressão de que nada ajuntam ao esclarecimento de um tema, como o federalismo, que preconceitos obscurantes tornam aparentemente insolúveis.

Além da divisão de competências, que garanta uma melhor atuação dos Estados-membros ao mesmo tempo que permita a atuação integrativa com a União, Paulo Bonavides chama atenção para outra proposta de solução das assimetrias de fato brasileiras. Tal como os Municípios tornaram-se mais fortes com sua aglutinação em um Estado-membro, os

Estados seriam empoderados se formassem uma união regional com o intuito de sanar mazelas socioeconômicas comuns. Para tanto, ele defende a elevação dessas regiões à categoria de ente federativo, conforme se observa a seguir:

> De qualquer forma – reiteremos – o processo de constitucionalização regional já foi desencadeado, tomando dimensão jurídica com a Carta de 1988. Mas a Região não logrou ainda elevar-se à altura federativa do Estado-membro ou do Município, na Federação. Se foi possível transformar o município numa peça do sistema federativo, como o fez a Constituição de 1988, é de esperar que, de futuro, a reforma do sistema institucional brasileiro contemple também as Regiões, dando-lhes, quanto antes, a dimensão federativa adequada.
>
> Da mesma maneira como se converteu em realidade o chamado "poder municipal", nada obsta a que se produza numa reforma constitucional mais profunda, a quarta instância política da Federação, que seria no caso o "poder regional", provido de autonomia e erigido em eixo político de promoção e defesa de todos os interesses regionais.
>
> A nova instância, no mais alto grau de *self government* compatível com a relação federativa, longe de enfraquecer os Estados-membros, representaria o órgão de competência legítima para conduzir e executar a política de provimento das necessidades comuns da Região. (...).
>
> Assim como os municípios são mais fortes pela sua aglutinação num Estado-membro, do mesmo modo os Estados teriam mais força e expressão se seu vínculo se fizesse mediante a união regional, provida esta também de autonomia.

É fato que o deslumbre político federativo dificulta o combate instaurado contra o descompasso socioeconômico das assimetrias brasileiras, mas ele não pode impedir a aplicação da igualdade material nos dias atuais.

Isso porque, independente das discussões políticas e sociológicas inerentes ao sistema federal brasileiro, cabe ressaltar que os conflitos de atribuições que chegam ao Poder Judiciário não esperam por uma melhor divisão de competências e nem por um desenvolvimento de federalismo de regiões.

Poder Judiciário no desenvolvimento da República Federativa do Brasil: o princípio da simetria como instrumento para a unidade federalista

As unidades federativas são dependentes de preceitos e princípios limitadores da Constituição Federal. Isso não quer dizer que os entes federativos, com exceção da União, estejam incapacitados. Na verdade, cabe a todos os entes federativos buscar o desenvolvimento social, mas com a devida observação das estruturas administrativa, legislativa e judicial propostas pela própria Carta de 1988.

Na busca de uma sistematização, José Afonso da Silva aponta três elementos objetivos que devem ser observados na atuação concreta dos Estados-membros. Seriam eles: I) elementos limitativos – referentes aos direitos sociais e trabalhistas que não podem ser ampliados; II) elementos orgânicos – atinentes à forma republicana, às regras eleitorais e a outras de repetição obrigatória; e III) elementos socioideológicos – que podem ser regulados com maior discricionariedade (política urbana e agrícola, saúde, educação, cultura, desporto, tecnologia, ciência e meio ambiente).

Apesar das normas constitucionais que estabelecem as competências de cada unidade federativa, não demanda grande esforço (melhor dizendo, não gera esforço nenhum) encontrar um exemplo de leis locais declaradas inconstitucionais pelo Supremo Tribunal Federal.

Muito comum os Estados-membros, mesmo que bem-intencionados, invadirem esfera de competência legislativa da União. E aí surge o papel do Judiciário brasileiro, em especial o do Supremo Tribunal Federal, de garante do pacto federativo.

Independentemente de uma melhor divisão de competências entre as unidades federativas em um momento futuro, o sistema federativo demanda um instrumento capaz de reforçar os laços federativos e de impedir a invasão de competências de entes federativos.

O Judiciário é o poder preparado constitucionalmente para impedir o desrespeito aos limites federativos. Para isso, já criou um instrumento hermenêutico balizador das atuações administrativas ou legislativas (no campo das atuações judiciais, existem leis específicas que visam à manutenção da coesão judiciária).

Esse instrumento é o princípio da simetria, cuja ideia foi concebida a partir do artigo 25 da Constituição Federal e do artigo 11 do Ato das Disposições Constitucionais Transitórias.

Mas cabe um adendo: o princípio da simetria não significa apenas uma repetição de normas constitucionais federais em constituições estaduais ou em leis orgânicas municipais – afinal, normas constitucionais federais devem ser observadas pelas outras unidades federativas independentemente de repetição no sistema jurídico local. Em verdade, o princípio da simetria deve ser um instrumento garantidor da sistematização do ordenamento jurídico em todo País:

Noutras palavra, não é lícito, senão contrário à concepção federativa, jungir os Estados-membros, sob o título vinculante da regra da simetria, a normas ou princípios da República cuja inaplicabilidade ou inobservância local não implique contradições teóricas incompatíveis com a coerência sistemática do ordenamento jurídico, com severos inconvenientes políticos ou graves dificuldades práticas de qualquer ordem, nem com outra causa capaz de perturbar o equilíbrio dos podres ou a unidade nacional. A invocação de uma decisão arbitrária ou imotivada do intérprete.

Ante a tudo que foi exposto, conclui-se que a assimetria fática impõe a evolução do federalismo brasileiro, que ainda está configurado simetricamente. Além disso, frisa-se que cabe ao Poder Judiciário zelar pela unidade nacional.

Isso ao reafirmar os limites constitucionais da atuação dos entes federativos sem invadir a discricionariedade conferida a eles.

Conclusão

O artigo procurou expor o conceito, as características e as finalidades do Federalismo como meio necessário à compreensão de que os Estados-membros brasileiros devem ser tratados desigualmente, na medida de suas desigualdades.

Com efeito, a finalidade do Federalismo é possibilitar o fortalecimento de um Estado soberano sem descuidar das peculiaridades locais existentes na comunidade. Por isso, cada ente federativo tem autonomia, porém a soberania é garantida somente à União.

Tendo em vista a preocupação dos anseios locais, não é possível ignorar as diferenças culturais, geográficas e econômicas que existem no Brasil. Por isso, há de se declarar a existência de assimetrias dentro do Estado brasileiro. Uma vez reconhecidas, ressalta-se a importância de políticas públicas, de normas jurídicas e de efetiva atuação administrativa na busca de atender as necessidades da população brasileira.

Assim, o Federalismo com características simétricas adotado no Brasil – onde os Estados-membros são tratados de forma igual pela Constituição de 1988, independentemente de suas características próprias – deve ser visto com cautela. Tratar de forma igual os desiguais pode gerar descompassos sociais ao invés do desenvolvimento dos brasileiros.

Mas essas assimetrias não podem acarretar a quebra da unidade que faz do Brasil um país soberano. Cabe ao Poder Judiciário a análise da validade das normas estaduais que podem ocasionar a quebra da unidade nacional com base no princípio da simetria. Esse princípio (que não se confunde com Federalismo simétrico) é a criação jurisprudencial que torna o Poder Judiciário capaz de aferir quando uma norma jurídica local não observa as premissas constitucionais que estruturam a própria República Federativa do Brasil.

Referências bibliográficas

AZAMBUJA, Darcy. *Teoria Geral do Estado*. 1ª reimp. da 4ª ed. São Paulo, Globo, 2011.

BONAVIDES, Paulo. *A constituição aberta – Temas políticos e constitucionais da atualidade, com ênfase no Federalismo das Regiões*. 3ª ed. São Paulo, Malheiros Editores, 2004.

_____. *Constituinte e Constituição – A Democracia, o Federalismo, a crise contemporânea*. 3ª ed. São Paulo, Malheiros Editores, 2010.

_____. *Curso de Direito Constitucional*. 31ª ed. São Paulo, Malheiros Editores, 2016.

_____. *Teoria Geral do Estado*. 10ª ed. São Paulo, Malheiros Editores, 2015.

BRANCO, Paulo Gustavo Gonet; MENDES, Gilmar Ferreira. *Curso de Direito Constitucional*. 10ª ed. São Paulo, Saraiva, 2015.

BULOS, Uadi Lammêgo. *Curso de Direito Constitucional*. 9ª ed. São Paulo, Saraiva, 2015.

HORTA, Raul Machado. "Estrutura da Federação". *RT* 81. São Paulo, janeiro-março 1987. Ano XX. In CLÈVE, Clèmerson Merlin; BARROSO, Luís Roberto (Coords.). *Doutrinas Essenciais – Direito Constitucional*, vol. II – *Teoria Geral do Estado*. São Paulo, Ed. RT, 2011.

LEWANDOWSKI, Enrique Ricardo. "Considerações sobre o federalismo brasileiro". *Justiça & Cidadania*. Rio de Janeiro, Editora JC, 2013, 157. Mensal.

MARRAFON, Marco Aurélio. "Federalismo brasileiro: reflexões em torno da dinâmica entre autonomia e centralização". In CLÈVE, Clèmerson Merlin (Coord.). *Direito Constitucional Brasileiro – Organização do Estado e dos Poderes*. São Paulo, Ed. RT, 2014.

MORAES, Oswaldo de. "Formação do Estado Federal Brasileiro". In CLÈVE, Clèmerson Merlin; BARROSO, Luís Roberto (Coords.). *Doutrinas Essenciais – Direito Constitucional*, vol. II – *Teoria Geral do Estado*. São Paulo, Ed. RT, 2011.

LENZA, Pedro. *Direito Constitucional Esquematizado*. 14ª ed. São Paulo, Saraiva, 2010.

RAMOS, Dircêo. "Federação e República". In: MARTINS, Ives Gandra da Silva Martins; MENDES, Gilmar Ferreira; NASCIMENTO, Carlos Valder do (Coords.). *Tratado de Direito Constitucional 1*. São Paulo, Saraiva, 2010.

RAMOS, Paulo Roberto Barbosa. "Federalismo – Condições de possibilidade e características essenciais". *Revista de Informação Legislativa*. Brasília, Senado Federal, 1-2010, 193. Trimestral.

SILVA, José Afonso da. *Curso de Direito Constitucional Positivo*. 38ª ed. São Paulo, Malheiros Editores, 2015.

SOUZA, Adalberto Pimentel Diniz de. "A mecânica do federalismo". *Revista de Informação Legislativa*. Disponível em: <http://www2.senado.leg.br/bdsf/bitstream/handle/id/317/R165-15.pdf?sequence=4>. Acesso em 30 de novembro de 2015.

ZIMMERMANN, Augusto. *Curso de Direito Constitucional*. 4ª ed. Rio de Janeiro, Lumen Juris, 2006.

Capítulo V
FEDERALISMO, CENTRALIZAÇÃO E PRINCÍPIO DA SIMETRIA

CLÈMERSON MERLIN CLÈVE
PEDRO HENRIQUE GALLOTTI KENICKE

1. Estados federais simétricos e assimétricos no mundo. 2. Centralização e federalismo juridicamente simétrico e faticamente assimétrico no Brasil. 3. O princípio da simetria e a jurisprudência do Supremo Tribunal Federal. 4. Considerações finais. Bibliografia.

1. Estados federais simétricos e assimétricos no mundo

A federação está presente em todos os continentes. Com sua origem estabelecida na América, passou pela Europa e pela África e, também, pela Ásia e Oceania. Nos dias que correm, segundo o *Forum of Federations*, há, aproximadamente, 25 Estados federais que representam 40% da população mundial. São eles: África do Sul (a partir 1996), Alemanha, Argentina, Austrália, Áustria, Bélgica (desde 1993), Bósnia e Herzegovina, Brasil, Canadá, Comores, Emirados Árabes Unidos, Espanha, Estados Unidos, Etiópia (a partir de 1995), Índia, Malásia, México, Micronésia, Nepal (desde 2008), Nigéria (a partir de 1999), Paquistão, Rússia, São Cristóvão e Nevis, Suíça e Venezuela. Segundo o estudo, Iraque e Sudão caminham para a adoção do modelo federativo. Muitos desses Estados federais foram constituídos a partir de um processo de desagregação, como mais recentemente aconteceu com Etiópia e Nepal.

A federação, conceitualmente, reclama a existência de coletividades personalizadas descentralizadas dotadas de autonomia política. A autonomia dos entes federados, que não se confunde com a soberania, congrega específicas capacidades derivadas da arquitetônica da distribuição de competências definidas na Lei Fundamental, tais como: (*i*) auto-organização, através de Constituição própria, obra do Poder Constituinte decorrente; (*ii*) autogoverno, autorizando a escolha pelo próprio povo de seus representantes na Casa Legislativa, bem como do Chefe do Executivo, que ostenta competências submetidas unicamente às ordens constitucionais federal e estadual, sem qualquer subordinação de natureza hierárquica com as autoridades federais; (*iii*) legislativa própria; e (*iv*) autoadministração, o que supõe poder de disposição sobre a administração de seus serviços e pessoal administrativo. A autonomia reclama, por outro lado, um mínimo de recursos financeiros para o ente federado, arranjados em virtude de poder impositivo próprio, da exploração de seus bens ou por meio de transferência de rendas arrecadadas pela União.

As federações variam muito. Sabe-se que a norte-americana não ostenta as mesmas características que o Estado Federal alemão, e as especificidades da Federação nigeriana não se confundem com as encontradas no Estado argentino. Há uma multiplicidade de tipos possíveis de modelos federativos que podem ser classificados em simétricos e assimétricos. Num Estado federal simétrico, todas as coletividades de um mesmo nível exercem idênticas competências, organizando-se da mesma maneira. Por seu turno, no Estado federal assimétrico as diferenças econômicas, sociais, demográficas e culturais entre os entes federados (Estados, Departamentos, Províncias etc.), justificam, do ponto de vista constitucional, a existência de singularidades no pacto federativo, especialmente naquilo que envolve a organização ou a distribuição de competências.

Nesse sentido, muitos Estados federais possuem composições que envolvem elementos do federalismo simétrico combinados com assimetrias fáticas. Em princípio, podem ser classificados como Estados federais juridicamente simétricos: África do Sul; Alemanha; Argentina; Áustria; Brasil; Comores; Emirados Árabes Unidos; Estados Unidos; Etiópia; México; Micronésia; Nepal; Nigéria; Paquistão; São Cristóvão e Nevis e Venezuela. Contudo, de acordo com Raul Machado Horta, o federalismo assimétrico não é apenas fático, mas

> pressupõe a criação normativa, a existência de regra no ordenamento jurídico federal, em contraste com os fundamentos normativos do federalismo simétrico. (...) Não conhecendo Constituição Federal totalmente assimétrica, é possível, entretanto, localizar regras assimétricas no corpo de Constituição Federal.

Segundo Michel Burgess, o federalismo assimétrico manifesta-se expressamente em determinadas regras do ordenamento jurídico de países como o Canadá, em especial por conta do Québec; a Bélgica, tendo em vista as regiões com culturas singulares derivadas das línguas germânica, francesa e flamenga; a Índia, por conta das regiões de Jammu, Caxemira e do Punjabe; a Malásia, desde a Constituição de 1963, por causa das regiões de Sabah e Sarawak; a Suíça, por conta de Jura; a Espanha, em alguma medida, especialmente por causa das comunidades autônomas da Catalunha, Euskadi Ta Askatasuna (País Basco) e Galícia; e o Iraque, em decorrência da região do povo curdo. Para Dircêo Torrecillas Ramos, o federalismo assimétrico é também encontrado na Rússia e na União Europeia. Pode-se incluir nesse rol a Bósnia e Herzegovina.

Esses países possuem aquilo que caracteriza a assimetria no federalismo: diversidades que encontram "expressão política, através dos governos componentes". Dessa forma, as idiossincrasias da unidade componente distinguem "seu relacionamento para com o sistema como um todo, para com a autoridade federal e para com outro Estado". A Bélgica, por exemplo, possui características de federalismo assimétrico a partir da revisão, por emenda, de sua Constituição, em 1993, que a transformou em monarquia federal. Chegou-se à solução contempladora do federalismo assimétrico para atender ao seu pluralismo cultural quando

> se introduziu a Comunidade e as Regiões na configuração do Estado Federal (...) Comunidades e Regiões na composição de Estado Federal sugerem sobrevivência do regionalismo e a presença de estrutura identificadora do Estado Regional.

As fronteiras entre os modelos simétrico e assimétrico não podem ser estabelecidos de maneira definitiva. Os Estados podem ter seu desenho institucional simetricamente inscrito na Constituição, embora experimentem certa assimetria fática. Também há casos de Estados unitários descentralizados que, pela autonomia conferida a seus departamentos ou regiões, se assemelham a genuínos Estados federais. Nesse caminho, pode-se notar o exemplo da França que, apesar de ser considerada um Estado unitário, passou por reformas territoriais que reconfiguraram seu modelo a ponto de ostentar certas características de um Estado regional, como a Espanha e a Itália. A França se apresenta como uma República "indivisível", porém descentralizada segundo uma ordem de autonomia classificada em (*i*) coletividades da metrópole (O Hexágono e a Córsega); (*ii*) coletividades ultramarinas (Guiana, Martinica, Guadalupe e La Réunion, que são departamentos); e (*iii*) outras coletividades como a Polinésia Francesa, as Ilhas Wallis e Futuna, Mayotte e Saint-Pierre-et-Miquelon e a Nouvelle-Calédonie. Em 2003, essa organização foi reformada com vistas a conferir maior autonomia para as coletividades territoriais, tanto no respeitante ao exercício do poder regulamentar, quanto para consagrar o princípio da subsidiariedade nas decisões sobre assuntos de interesse local, o "que é comum na União Europeia e em certos Estados federais como a Alemanha".

Em 2015 a República Francesa passou por uma reforma territorial. Sob o mote de se atingir "l'efficacité de l'action publique", o governo de Hollande e Valls reconfigurou o território francês ao reduzir número de regiões de 22 para 13. A partir daí, foram definidas novas capitais (chefs- -lieux), as quais passarão a coordenar a organização administrativa do território. Ademais, a reforma ampliou a repartição de competências no bloco comunal, isto é, entre comunas e, nelas, agrupamentos, ainda que haja maior exigência, por parte do governo da República, de transparência no orçamento dessas coletividades.

Embora a nova organização não tenha agradado a todos, uns mais a favor de uma maior centralização, sem a existência de tantas regiões, outros a defender maior autonomia a ponto de que um projeto de Estado federal francês fosse considerado, o fato é que a França se tornou um Estado que não pode mais ser classificado como unitário clássico, adentrando no quadro de um "Estado intermediário".

Dessa maneira, pelo sistema francês que está a tomar corpo, com medidas que relaxam as restrições unitárias das competências administrativas e legislativas dos departamentos, é preciso atentar para o fato de que muitos Estados federais realizaram o caminho contrário. Trata-se de uma tendência à centralização, muitas vezes derivada da busca pela implantação de um Estado de bem-estar social, organização política que pode mitigar a funcionalidade da classificação que apartava os "Estados Federais de tendência unitária" dos "Estados Federais de tendência confederal". A partir disso, o Estado Federal, com maior ou menor intensidade, aproxima-se do que se convencionou chamar de "Estado Federal Cooperativo". O Brasil não é exceção.

O Brasil, em específico, é um Estado federal simétrico construído pela desagregação das antigas Províncias do Império. Pela dinâmica das forças políticas internas no decorrer do século XX, o país passou por momentos de centralização e descentralização político-administrativa. Contemporaneamente, o país volta a experimentar um processo de centralização com o fortalecimento da União, razão pela qual a discussão sobre a resiliência do pacto federativo é cada vez mais oportuna.

2. Centralização e federalismo juridicamente simétrico e faticamente assimétrico no Brasil

A doutrina é unânime ao afirmar que a Constituição de 1988 restabeleceu a Federação. Afinal, com ela, os entes federados dispõem de mais autonomia do que no contexto da vigência da Constituição de 1967 e sua Emenda n. 1, de 1969. Esta contemplava

> auto-organização dos Estados, mas limitava-lhes extensamente esse poder, obrigando-os ao respeito de inúmeras regras, preordenando sua organização (EC n. 1/69, art. 13), além de incorporar-lhes grande parte do Direito Federal (EC n. 1/69, art. 200).

O modelo federativo foi, portanto, usurpado pelo regime civil-militar e pela Constituição 1967 sob o nome de "federalismo de integração".

Com o início da redemocratização em 1985, percebeu-se que a força dos governadores eleitos determinou maior descentralização do poder e influenciou o Congresso Constituinte de 1987-1988, especialmente no que concerne à divisão de competências entre os entes regionais e a União. Ademais, também por essa razão, o Constituinte tratou das Regiões na Constituição de 1988 (art. 43), o que condicionou a possibilidade de a União agir, por meio de práticas próprias, no combate às desigualdades sociais e econômicas no país a partir da composição de geometria variável conforme as regiões a serem definidas.

Para Paulo Bonavides, a inserção das regiões na Carta de 1988, ainda que meramente administrativa e de forma tímida, sob regulamentação de lei complementar federal, foi um grande passo no caminho de um "federalismo das regiões". Já antes da Constituinte de 1987/1988, Bonavides vinha sustentando o federalismo regional que substituiria um federalismo supostamente dual que estava em "crise unitarista", tendo em vista a centralização do poder nas mãos da União. Sob clara influência de Celso Furtado, que legou ideias de planejamento estatal e criação de organismos regionais com o objetivo de coordenar e promover o desenvolvimento nas regiões – uma maneira de descentralizar o poder –, como a SUDENE e a SUDAM, Bonavides sustentou que as regiões deveriam ser parte da federação, uma espécie de quarto ente federativo. Para ele, um poder regional congregaria as autonomias dispersas e fracas dos Estados-membros na defesa dos interesses regionais.

> Assim como os municípios são mais fortes pela sua aglutinação num Estado-membro, do mesmo modo os Estados teriam mais força e

expressão se seu vínculo se fizesse mediante a união regional, provida esta também de autonomia.

Há que se levar em conta, porém, que a simetria normativa na federação brasileira iguala entes muito distintos no mundo da vida. Assim, o estatuto constitucional dos Municípios, por exemplo, não estabelece diferenças formais entre certo Município industrial do Sudeste e um Município agrário do Norte. Isso dificulta a gestão pública. O Brasil, por isso, reclama uma reordenação territorial que contemple suas assimetrias fáticas.

"Quem diz Federação ou Estado Federal diz, consequentemente, no plano teórico, sociedade de iguais que abrangem, em esfera de paridade e coordenação, Estados desiguais pelo território, pela riqueza, pela densidade populacional", afirma Bonavides. Porém, o modelo federativo brasileiro parece ignorar as assimetrias. A Constituição, por isso mesmo, enfatiza a simetria normativa entre as unidades federadas.

Apesar de a Constituição revigorar a Federação, chegando mesmo a incluir os Municípios entre os entes federados, no fundo algo singular e desnecessário, cuidando da divisão de competências, administrativas e legislativas, e conferindo relativa autonomia financeira aos entes componentes, verifica-se, atualmente, a retomada de um processo, a um tempo, formal e informal, de gradual centralização de poderes na União. A influência no modo de atuação de tal força centrípeta dos órgãos federais em questões conflituosas sobre o pacto federativo pode ser facilmente constatada. A jurisprudência do Supremo Tribunal Federal, por exemplo, tem revelado, mormente nos casos de controle de constitucionalidade, ser mais uma Corte da União do que da Federação.

Esses fatores obstam a formação de um equilíbrio no pacto federativo brasileiro. Logo, aquilo que se observa é um federalismo de integração, mais do que de cooperação, com intersecções entre governos e parlamentos, em seus trabalhos conjuntos, mas isso não afasta as forças centralizadoras. É verdade, que, historicamente, no Brasil, ao contrário de outros países, o processo centralizador serviu para libertar, democratizar, levar a modernidade para os cantos governados pelo atraso. Hoje, porém, não é possível dizer que a centralização está atendendo aos mesmos propósitos. Talvez tenha chegado o momento de se discutir esta prática, tudo com o sentido de oxigenar o âmbito de ação das coletividades federadas, admitindo certa dose de experimentalismo na adoção de políticas voltadas à satisfação do interesse público.

3. O princípio da simetria na jurisprudência do Supremo Tribunal Federal.

É tão forte o federalismo simétrico entre nós, que, não bastassem as disposições pré-ordenadoras dos Estados e Municípios residentes na Constituição, a tal ponto presentes que é possível dizer que as Cartas Estaduais já estão, de algum modo, quase inteiramente desenhadas na Lei Fundamental, nós fomos além com a formulação de um princípio de constrangimento do desenho institucional. Está-se a referir ao assim designado princípio da simetria. O referido princípio emergiu no controle de constitucionalidade das Constituições, leis e atos normativos estaduais. Cuida-se de construção jurisprudencial derivada da interpretação realizada pelo Supremo Tribunal Federal do artigo 25 da Constituição e do artigo 11 do ADCT. Com esse princípio, além das normas de reprodução obrigatória e daquelas que preordenam ou organizam os entes federados como um todo na Constituição Federal, a jurisprudência da Corte inaugurou outra limitação à autonomia dos Estados-membros.

Segundo Raul Machado Horta, a quantidade de normas constitucionais federais projetadas nos ordenamentos estaduais varia muito. O maior ou menor volume delas revela tendência centralizadora ou descentralizadora da Constituição Federal, o que altera o tipo do federalismo. Como se viu, o Brasil adotou desenho institucional, em 1988, reafirmando o federalismo simétrico. A jurisprudência da Excelsa Corte, indo além dos termos expressos no documento constitucional, aprofunda os parâmetros federais de modo a comprimir a margem de manobra do Constituinte e do Legislador estaduais. A simetria tem servido à Suprema Corte, de acordo com Gonet Branco,

> para designar a obrigação do constituinte estadual de seguir fielmente as opções de organização e de relacionamento entre os poderes acolhidos pelo constituinte federal.

E ainda que não se entenda o princípio da simetria como absoluto, muitos foram os julgados fundamentados no princípio da simetria de maneira a considerar a estrutura da União como modelo para restringir qualquer experimentalismo do poder constituinte estadual.

De acordo com Léo Ferreira Leoncy, a Suprema Corte,

> sem explicitar a origem, a natureza ou mesmo o significado de tal "princípio", (...) aproveitou-se reiteradamente desse "fundamento" para tornar sem efeito uma série de leis e atos normativos dos poderes públicos

locais, sem falar em incontáveis atos concretos das mesmas autoridades igualmente nulificados por "desconformidade" com o referido postulado.

Ademais, quando o STF se depara com casos envolvendo a autonomia dos Estados, duas posições são pensáveis: *i*) uma primeira supondo "uma valorização das autonomias locais" e *ii*), outra, calcada em particular leitura de dispositivos da Constituição Federal (art. 25, da CF e art. 11, do ADCT), exigindo, no âmbitos estadual e local, a reprodução dos modelos federais. Entre nós, a segunda posição tem predominado.

Uma das primeiras decisões cuidando do princípio da simetria foi proferida no RE 74.193, de 1973, de relatoria do Ministro Aliomar Baleeiro. Ali foi sustentada a exigência de simetria na organização espacial do poder desde a vigência da Constituição de 1946. Sabe-se que a Constituição de 1967, e mais intensamente após a EC n. 1/1969, centralizou como pôde a federação brasileira, chegando ao ponto de impor, expressamente, a incorporação automática das normas constitucionais federais "ao direito constitucional legislado dos Estados" (art. 200). Todavia, não era esse o fundamento do seu entendimento. A justificativa do Min. Baleeiro ia além, alcançando a federação estabelecida pela Constituição de 1946.

Em 1989, sob a égide da vigente Constituição, questão cuidando do princípio da simetria foi enfrentada novamente pela Suprema Corte. Na ADI 56, o Governador da Paraíba alegava a inconstitucionalidade de dispositivos de lei estadual decorrentes de emendas parlamentares e requeria fosse deferida medida cautelar. O Governador sustentou que as emendas da Assembleia Legislativa aumentavam as despesas e violavam, portanto, os arts. 61, II, *a* e *b*, e 63, I, da Constituição Federal. O relator, Min. Célio Borja, indeferiu a liminar porque "não indica a petição qual o dispositivo da Constituição que torna obrigatória para os Estados a observância das normas dos seus artigos 61, II, *a* e *b*, e 63, I". Para o relator, "tal omissão decorre da inexistência, na lei fundamental em vigor, das numerosas regras de simetria compulsória entre as ordens jurídicas da União e dos Estados que repontavam na Carta de 1967, na redação de sua Emenda n. 01/69".

A decisão monocrática permaneceu por 13 anos, vindo a ser o mérito julgado em 2002, sob a relatoria do Min. Nelson Jobim. Nesse momento posterior, o Supremo já não tinha mais dúvidas quanto à possibilidade de iniciativa de lei, pelo Chefe do Poder Executivo, referente ao regime jurídico de servidores públicos. No intervalo entre a apreciação da medida cautelar e a decisão de mérito, alguns precedentes foram construídos em torno da simetria a partir da discussão sobre a divisão horizontal do poder, conquanto não houvesse qualquer disposição expressa capaz de constranger a atuação do Constituinte estadual nas matérias referidas. Nesse sentido, as ADIs 231, 245 e 864, as quais tiveram como relator o Min. Moreira Alves. Veja-se que em seu voto, na ADI 231, o relator tinha como assentada a jurisprudência da Corte quanto à exclusividade de Governador para a iniciativa das leis tendo em vista o art. 13 da EC n. 1/1969.

No entanto, "a atual Constituição não mais declarou que, dentre outros princípios estabelecidos no texto constitucional federal, deveria ser respeitado o processo legislativo", limitando-se a citar o respeito, pelos Estados-membros, aos "princípios desta Constituição" (art. 25). Para Moreira Alves, o atendimento ao processo legislativo, tal como está disposto na Constituição Federal, é compulsório, daí, portanto, permanecer aplicável "a orientação que esta Corte firmou em inúmeros julgamentos" anteriores a 1988. No mesmo sentido foi o Acórdão prolatado na ADI 1060-MC, *DJU* 23.9.1994, rel. Min. Carlos Velloso, que determinou a observância compulsória, pelos Estados-membros, das normas básicas do processo legislativo.

Aliás, importa ressaltar que os Ministros Moreira Alves e Carlos Velloso foram os que mais contribuíram para a constância de decisões a favor da simetria entre os modelos estadual e federal. Por outro lado, o Min. Sepúlveda Pertence foi crítico da aplicação constante a partir de uma "inspiração mítica de um princípio universal de simetria".

Mais recentemente, o Min. Cezar Peluso lembrou, na medida cautelar da ADI 4.928, que o "princípio ou regra da simetria" serve para

garantir, quanto aos aspectos reputados substanciais, homogeneidade na disciplina normativa da separação, independência e harmonia dos poderes, nos três planos federativos.

No entanto, se a regra dá proteção ao esquema jurídico-constitucional da Federação, "é preciso guardar, em sua formulação conceitual e aplicação prática, particular cuidado com os riscos de descaracterização da própria estrutura federativa que lhe é inerente", uma vez que, não é lícito, senão contrário à concepção federativa, jungir os Estados-membros, sob o título vinculante da regra da simetria, a normas ou princípios da Constituição da República cuja inaplicabilidade ou inobservância local não implique contradições teóricas incompatíveis com a coerência sistemática do ordenamento jurídico, com severos inconvenientes políticos ou graves dificuldades práticas de qualquer ordem, nem com outra causa capaz de perturbar o equilíbrio dos poderes ou a unidade nacional. A invocação da regra da simetria não pode, em síntese, ser produto de uma decisão arbitrária ou imotivada do intérprete.

Ora, cumpre reconhecer que determinadas decisões do Supremo Tribunal Federal tornam, praticamente, sem efeito a autonomia conferida aos Estados pelo Constituinte. Em tais circunstâncias, como antes foi afirmado, o STF acaba por cumprir o papel de um "Guarda da União", ao invés de ser um "Tribunal da Federação". Casos apontando existência de vício formal de iniciativa no processo legislativo e exigência de respeito à "sistemática ditada pela Constituição Federal" em processo legislativo são recorrentes na jurisprudência pautada pelo princípio da simetria. Há muitos casos também cuidando de leis que regem o regime dos servidores públicos, civis ou militares, ou tratando de temas ligados à organização administrativa do Estado-membro, de iniciativa, conforme a jurisprudência do STF, do Governador do Estado.

Outra situação que se tornou paradigma no uso do argumento da simetria foi a discussão sobre a hipótese de dispensa de licença da Assembleia Legislativa para a ausência do Governador do território do Estado quando o prazo da viagem fosse menor do que 15 (quinze) dias. Regra análoga está inscrita na Constituição Federal, pois para o caso do Presidente da República se ausentar acima do prazo descrito, a licença do Congresso Nacional se impõe (art. 83). Diante disso, muitas Constituições Estaduais trataram da matéria de modo semelhante. Não obstante, algumas foram além ao considerarem que a ausência do Governador, por qualquer prazo, necessitava de licença da Assembleia Legislativa. Os julgados do STF têm buscado padronizar essas regras, ao restringir a liberdade das Assembleias Legislativas, impondo a adoção compulsória do modelo federal.

Em outras situações também aparece a simetria como parâmetro para o exercício da fiscalização da constitucionalidade, como, por exemplo, envolvendo *i*) o controle externo dos Tribunais de Contas dos Estados; e *ii*) a estrutura e funcionamento das Comissões Parlamentares de Inquérito (CPIs). No entanto, também podem ser encontrados julgados reafirmando a autonomia estadual. É o caso do reconhecimento *i*) da liberdade na definição, pelas Constituições Estaduais, dos legitimados ativos para propositura de ações do controle abstrato de constitucionalidade no âmbito estadual, vedada a atribuição de agir a um único órgão; e *ii*) obedecidas as regras básicas (substantivas) do processo legislativo no âmbito da União (CF, artigo 62), a possibilidade de os Estados-membros editarem medidas provisórias.

André Ramos Tavares, ao discorrer sobre o que chamou de "obrigação geral implícita de simetria", põe em dúvida sua legitimidade, justamente porque a Constituição Federal ressaltou a autonomia dos Estados-membros e dos Municípios ao lhes impor obrigações explícitas. O art. 125, § 2º, por exemplo, impõe a criação da representação de inconstitucionalidade nos Estados, mas proíbe a definição da legitimidade ativa para apenas um único órgão, o que implica a possibilidade de simetria com a sistemática da União. Porém, a simetria não pode, para o autor,

> significar a redução ou eliminação da autonomia do ente federado, que é constitucionalmente reconhecida de maneira expressa. Ou seja, a simetria não pode sobrepor-se à autonomia.

Tavares nota que para o STF as "características dominantes" ou "normas centrais" da Constituição Federal deverão estar presentes nas Constituições Estaduais e Leis Orgânicas Municipais. Ocorre que, se a pretensa simetria comprimir demasiadamente a autonomia proclamada pela Constituição, interpretações "danosas" poderão tornar o "Estado Federal brasileiro, juridicamente simétrico", em um "Estado unitário meramente descentralizado".

Veja-se que, para dar força aos julgamentos baseados na simetria federativa, os meios processuais são amplos, eis que, além da Reclamação, o STF admite o manejo do Recurso Extraordinário contra decisão de Tribunal de Justiça que admite a constitucionalidade *in abstracto* de leis em face da Constituição Estadual, quando for o caso de observância do princípio da simetria.

Todavia, sendo certo que a Suprema Corte, "ao fundamentar suas decisões no princípio da simetria", assume "estar diante de um problema de lacuna, ao qual tenta responder, embora sem o reconhecer claramente, com elementos típicos do raciocínio por analogia", há questões que merecem ser discutidas sobre possíveis exageros na definição do seu (da simetria) alcance.

Há, por outro lado, ocasiões em que o Estado-membro, para atender aos reclamos de simetria, supondo fazer corresponder sua ação normativa ao modelo federal, é tolhido pelo entendimento da Suprema Corte. O processo de investidura dos Procuradores-Gerais de Justiça, chefes dos Ministérios Públicos estaduais, é exemplo disso.

Em algumas Constituições Estaduais, o respectivo Poder Constituinte decorrente dispôs sobre a possibilidade de o Poder Legislativo participar do processo de escolha do Chefe do Ministério Público, subordinando a nomeação pelo Governador à aprovação da Assembleia Legislativa, como praticado no plano federal (art. 128, § 1º, da CF). Quando há mecanismos que possibilitem a participação dos demais poderes nessa escolha, há relevante medida integrante do sistema de freios e contrapesos. Contudo, embora o procedimento, em princípio, não desafie maiores críticas, o STF passou a entender ser inconstitucional o agravamento do sistema bifásico previsto na norma originária por inobservância da normativa paramétrica federal.

Um dos argumentos centrais é, justamente, a não aplicação do princípio da simetria, uma vez que o Legislador originário não dispôs sobre a autorização da Assembleia Legislativa no art. 128, § 3º, enquanto que, em seu § 1º, há expressa referência à necessidade de aprovação por maioria absoluta dos membros do Senado Federal. Aqui, para o STF, não se trata de uma lacuna que permita a livre manifestação do Poder Constituinte decorrente, mas, antes, de uma regra que dispensa a participação do Poder Legislativo estadual na escolha do Chefe do Ministério Público Estadual.

Cumpre, no momento, portanto, repensar a jurisprudência do Supremo Tribunal Federal a propósito da matéria, especialmente diante de um contexto que, desmentindo os propósitos federalistas da Constituinte, tem se qualificado pela manifestação de preocupante tendência centrípeta no nosso sistema federativo, o que autoriza indagar se somos ainda, verdadeiramente, uma Federação.

4. Considerações finais

Os Estados Federais estão presentes em todos os Continentes. Entretanto, várias federações vêm passando por um preocupante processo contínuo de centralização que se manifesta de modo quase imperceptível a curto prazo, embora com consequências devastadoras no tempo longo.

O Brasil é um deles. E os três Poderes, sem exceção, têm contribuído para isso. A história constitucional do País apresenta momentos de tensão e distensão entre os entes federados, tendo sido a centralização manejada, com frequência, para justificar uma organização estatal comum e permitir a modernização da sociedade e a racionalidade das ações estatais. É preciso pensar se não estamos indo, agora, longe demais. Não bastassem as várias Emendas à Constituição transferindo competências estaduais para a União, vemos, nos últimos anos, atos normativos baixados pelo Poder Executivo, leis federais e decisões do Supremo Tribunal Federal contribuindo para o preocupante robustecimento do processo. É oportuno lembrar que a divisão espacial de poder não supõe apenas forma de racionalização das tarefas estatais. Mais do que isso, a divisão espacial do poder, assim como a orgânica, substancia mecanismo valioso de controle do poder e veículo de manifestação da liberdade de associação política dos cidadãos. O Estado é, e deve ser, antes de tudo, uma associação política entre cidadãos livres e iguais. Sendo assim, quanto mais próximo está o cidadão do poder, mais ativa se apresenta a cidadania. O Brasil de hoje parece estar se esquecendo desta lição.

Bibliografia

AFFONSO, Rui de Britto Álvares. "Descentralização e reforma do estado: a federação brasileira na encruzilhada". In *Economia e Sociedade* 14, Campinas, jun./2000, pp. 127-152.

BARROSO, Luís Roberto. *Direito constitucional brasileiro: o problema da federação*. Rio de Janeiro, Forense, 1982.

BERCOVICI, Gilberto. *Dilemas do estado federal brasileiro*. Porto Alegre, Livraria do Advogado Editora, 2004.

BONAVIDES, Paulo. *Curso de direito constitucional*. 31ª ed. São Paulo, Malheiros Editores, 2016.

_____. *A constituição aberta: temas políticos e constitucionais da atualidade*. 3ª ed. São Paulo, Malheiros Editores, 2004.

_____. *Constituinte e constituição: a democracia, o federalismo, a crise contemporânea*. 3ª ed. São Paulo, Malheiros Editores, 2010.

BRANCO, Paulo Gustavo Gonet; MENDES, Gilmar Ferreira; COELHO, Inocêncio Mártires. *Curso de direito constitucional*. 5ª ed. São Paulo, Saraiva, 2009.

BRASIL. SAE. "Concepção da política regional". Disponível em: <http://www.sae.gov.br/pg-concepcao/>. Acesso em: 11.11.2015.

BURGESS, Michel. "Le fédéralisme en Afrique: un essai sur les effets de la diversité culturelle, du développement et de la démocratie". Québec, jan./2012. Disponível em: <http://ideefederale.ca/documents/Afrique.pdf>. Acesso em: 27.1.2015.

_____. *Comparative federalism: theory and practice*. Abingdon, Routledge, 2006.

BUZAID, Alfredo. *O Estado Federal Brasileiro*. Brasília, Ministério da Justiça, 1971.

COUTO E SILVA, Golbery do. *Conjuntura política nacional: o Poder Executivo & a Geopolítica do Brasil*. 3ª ed., Rio de Janeiro, José Olympio, 1981.

CLÈVE, Clèmerson Merlin. *Temas de direito constitucional*. 2ª ed. rev., atual., ampl. Belo Horizonte, Fórum, 2014.

_____. "O ministério público e a reforma constitucional". In *RT* 692, jun. 1993.

EUROPE ÉCOLOGIE LES VERTS. "Réforme territoriale: EELV pour des régions fortes et dotées de réelles compétences". 16.6.2014. Disponível em:

< http://eelv.fr/2014/06/16/reforme-territoriale-eelv-pour-des-regions-fortes-et-dotees-de-reelles-competences/> Acesso em: 28.1.2015.

FAVOREU, Louis (Org.). *Droit constitutionnel*. 12ª ed. Paris, Dalloz, 2009.

FERRAZ, Anna Cândida da Cunha. *Poder constituinte do estado-membro*. São Paulo, Ed. RT, 1979.

FERREIRA FILHO, Manoel Gonçalves. *Curso de direito constitucional*. 35ª ed. São Paulo, Saraiva, 2009.

_____. *Direito constitucional comparado*. vol. l, *O Poder Constituinte*. São Paulo, Buschatsky, 1974.

FORUM OF FEDERATIONS. "Federalism by country". Disponível em: <http://www.forumfed.org/en/federalism/federalismbycountry.php>. Acesso em: 21.1.2015.

FRANÇA. "La Réforme Territoriale". Disponível em: <http://www.gouvernement.fr/action/la-reforme-territoriale>. Acesso em: 28.1.2015.

FURTADO, Celso. *A operação nordeste*. Rio de Janeiro, ISEB/MEC, 1959.

HAMON, Francis; TROPER, Michel. *Droit constitutionnel*. 30ª ed. Paris, LGDJ, 2007.

HÉLIA, Aurélien. "Les Verts veulent utiliser la réforme territoriale pour pousser leur 'fédéralisme différencié'". *Le Courrier*, 24.6.2014. Disponível em: <http://www.courrierdesmaires.fr/37033/les-verts-veulent-utiliser-la-reforme-territoriale-pour-pousser-leur-federalisme-differencie/>. Acesso em: 28.1.2015.

HORTA, Raul Machado. *Direito constitucional*. 4ª ed. Belo Horizonte, Del Rey, 2003.

KELSEN, Hans. *Teoria Pura do Direito*. Coimbra, Armênio Amado Editor, 1979.

LECOURS, André. "L'état du fédéralisme dans le monde 2010". Québec, *L'idée fédérale*, mai./2010. Disponível em: <http://ideefederale.ca/wp/?p=830>. Acesso em: 3.1.2015.

LEONCY, Léo Ferreira. "Uma proposta de releitura do 'princípio da simetria'". In Revista *Consultor Jurídico*, 24.11.2012. Disponível em: <http://www.conjur.com.br/2012-nov-24/observatorio-constitucional-releitura-principio-simetria>. Acesso em: 27.1.2015.

_____. *"Princípio da simetria" e argumento analógico: o uso da analogia na resolução de questões federativas sem solução constitucional evidente*. Tese. São Paulo, USP, 2011.

KRELL, Andreas J. *Leis de normas gerais, regulamentação do Poder Executivo e cooperação intergovernamental em tempos de reforma federativa*. Belo Horizonte, Fórum, 2008.

MARROU, Louis. "Régions: les découpes a la loupes". *Libération*, 3.9.2015. Disponível em: <http://www.liberation.fr/france/2015/09/30/regions-les-decoupes-a-la-loupe_1394428>. Acesso em: 28.1.2015.

MAUÉS, Antonio G. Moreira. "O federalismo brasileiro na jurisprudência do Supremo Tribunal Federal (1988-2003)". In ROCHA, Fernando Luiz X.; MORAES, Filomeno (Coords.). *Direito Constitucional Contemporâneo: estudos em homenagem a Paulo Bonavides*. Belo Horizonte, Del Rey, 2005.

PRÉLOT, Marcel. *Institutions politiques et droit constitutionnel* (revue et mise a jour par Jean Boulouis). Paris, Dalloz, 1984.

RAMOS, Dircêo Torrecillas. *O federalismo assimétrico*. 2ª ed. Rio de Janeiro, Forense, 2000.

SALDANHA, Nelson. *O poder constituinte*. São Paulo, Ed. RT, 1986.

SILVA, José Afonso da. *Curso de direito constitucional positivo*. 39ª ed. São Paulo, Malheiros Editores, 2016.

TAVARES, André Ramos. *Curso de direito constitucional*. 9ª ed. São Paulo, Saraiva, 2011.

TRIGUEIRO, Oswaldo. *Direito constitucional estadual*. Rio de Janeiro, Forense, 198.

UNITED NATIONS. "Peace mediation essentials: federalism and peace mediation". Disponível em: <http://peacemaker.un.org/sites/peacemaker.un.org/files/FederalismMediation_Swisspeace.pdf>. Acesso em: 27.1.2015.

Capítulo VI
DO ESTADO... AO (FIM DO) ESTADO![1]

JOSE LUIS BOLZAN DE MORAIS

Desde quando Paulo Bonavides publicou a primeira edição de *Do Estado Liberal ao Estado Social*, temos presente como a dinâmica das instituições políticas experimenta transformações constantes, muitas das quais lhes impõe novidades que, como diz o mestre, leva ao "museu da Teoria do Estado" algumas delas, o que não lhes retira a importância e o papel histórico que desempenharam, porém exigem a renovação e a adequação do conhecimento. Tais transformações põem à prova a capacidade de praticarmos o "desapego", sabendo o momento no qual aquilo que tínhamos como solidamente estabelecido "desmancha no ar", como, aliás, já apontou K. Marx.

De um tempo para cá – desde muito tempo – não só algumas das fórmulas parciais têm sido questionadas, algumas abandonadas, outras criadas – como o próprio Estado, a maior de todas as instituições políticas modernas –, tem sofrido questionamentos que vão desde o repensar de sua ossatura até mesmo o abandono completo por sua superação.

Com isso, o nomeado "Museu da Teoria do Estado" vem aumentando o seu acervo.

Porém, este é um assunto ainda em aberto, Não há consenso, a não ser aquele que reconhece vivermos tempos de crise,[2] tempos interessantes, tempos que exigem criatividade.

---

1. Este título tenta dialogar com aquele de Paulo Bonavides, no livro *Do Estado Liberal ao Estado Social*, publicado em meados do século passado, onde o autor mostra as transformações experimentadas pelo Estado a partir de sua adjetivação como "Social".
2. A noção de "crise" não necessariamente carrega uma marca negativa, de fim, de destruição, de ruína. Pode, isto sim, aportar o novo, e este como momento inaugural

De nossa parte, temos tentado contribuir com este debate, desde que adotamos "as crises do Estado" como objeto de pesquisa, ao publicarmos, já em 1996, um pequeno estudo a partir de uma conferência apresentada em evento realizado pelo, à época existente, Mestrado em Integração Latino-americana (MILA), da Universidade Federal de Santa Maria (UFSM).[3]

Neste trajeto, como indicado acima, tenho tido a companhia de grandes autores, inclusive, muito honradamente, a do homenageado nesta obra.

Por isso, propomos a seguir algumas reflexões que dialogam com as preocupações de Paulo Bonavides, aqui focando, em especial, sua afetação por um processo de fragmentação – perda de seus limites – o que identifiquei como *crise conceitual,* e por um processo de reconfiguração interna – o que nomeei como *crise funcional.*[4]

Para isso vou propor um diálogo, buscando estabelecer uma reflexão crítica, com dois autores italianos que, de 2012 para cá, publicaram, pontualmente, dois trabalhos interessantes que tratam da perda dos limites do Estado. Cada um, à sua maneira, parece indicar que é preciso tomar a sério o Estado, a sua territorialidade e a sua funcionalidade.

De um lado, Stefano Rodotà[5] e seu *Il diritto di avere diritti*, cuja primeira edição apareceu em 2012, e no qual o autor busca descortinar uma "era dos direitos" – parafraseando N. Bobbio[6] – que se interroga a si

---

onde tudo está "à disposição". Como anota Peter Pál Pelbart, ancorado em François Tosquelles: "El momento de la crisis, dice él, es aquel en el que ya nada parece posible. Pero también es el momento en que se cruzan muchas transformaciones... Es decir, la crisis es conjunción del 'nada es posible' y del 'todo es posible'" (v. "Una crisis de sentido es la condición necesaria para que algo nuevo aparezca", in Amador Fernández-Savater, *Fuera de Lugar. Conversaciones entre crisis e transformación*, Madri, Acuarela y Machado Grupo de Distribución, 2013, pp. 45 e 46).
    3. V. "As crises do Estado contemporâneo", in Deisy de Freitas Lima Ventura (Org.), *América Latina. Cidadania, Desenvolvimento e Estado*, 1ª ed., vol. 1, Porto Alegre, Livraria do Advogado, 1996, pp. 37-50
    4. V. Jose Luis Bolzan de Morais, *As crises do Estado e da Constituição e a transformação espaço-temporal dos direitos humanos*, Col. Estado e Constituição, n. 1, 2ª ed., Porto Alegre, Livraria do Advogado, 2011. Também, mais suscintamente, v. Jose Luis Bolzan de Morais e Lenio Luiz Streck, *Ciência Política e Teoria do Estado*, 8ª ed., Porto Alegre, Livraria do Advogado, 2012
    5. Stefano Rodotà é professor emérito de Direito Civil da *Università di Roma La Sapienza* e foi um dos autores da Carta Europeia de Direitos Fundamentais, entre outras referências acadêmicas e profissionais.
    6. Norberto Bobbio, *L'età dei diritti*, Turim, Einaudi. Esta é uma obra de ampla circulação no Brasil, ao lado de outras deste mesmo autor.

mesmo – "L'età dei diritti è al tramonto?" (p 42), seria o ocaso desta? –, partindo do reconhecimento dos influxos contraditórios da globalização por sobre os direitos que, como refere o autor, sem um lócus próprio, vagam no mundo global à procura de um constitucionalismo também global que lhes ofereça um "porto seguro" e garantias, como se lê em passagens que inauguram o livro.[7] E, a partir deste suposto inaugural, traz à tona o debate acerca desta nova ambiência dos direitos, dos "novos" direitos, dos riscos e transformações, cuja exigência – ou expectativa final, veremos na sequência – se confronta com o "riconoscimento dell'autodeterminazione informativa a una effettiva redistirbuzione del potere in rete" (p. 426), baseado no reconhecimento de que a "questione centrale può essere riassunta facendo riferimento a quello che è stato definito il passagio dalla 'judicial review' ala 'judicial legislation'".[8]

De outro, Luciano Violante,[9] e um pequeno livro de 2014, *Il dovere di avere doveri,* no qual, desde o reconhecimento da crise da democracia – como ambiente da política moderna –, confronta a mudança paradigmática sofrida no modelo de democracia confrontada com uma "política dos direitos" em sua especificidade de estreita conexão com a atividade jurisdicional, pela imediatez dos resultados e por tornar marginal a representação democrática, diante de um quadro de "luta por direitos" como o único espaço de alternativa à invasão promovida pelo(s) mercado(s) e à fraqueza das instituições políticas.[10] Preocupado com uma "judicial dictatorship"*,* como refere (p. XIV), este autor vai por em confronto esta "lotta per i diritti " àquela de uma "età dei doveri" em uma tentativa de

---

7. Stefano Rodotà, *Il diritto di avere diritti*, Roma-Bari, Laterza, 2012. Como diz: "Diritti senza terra vagono nel mondo globale alla ricerca di un costituzionalismo anch'esso globale Che offra loro ancoraggio e garanzia. Orfani di un território che dava loro radici e affidava alla sovranità nazionale la loro concreta tutela, sembrano ora dissolversi in un mondo senza confini dove sono all'opera poteri che appaiono non controllabili" (p. 3).
8. Id. ibid., p. 64. Assim, emerge a questão da legitimidade do juiz que "non deriva da uma investitura proveniente dalla sovranità popolare, ma dal fatto che essi contribuiscono ala complessiva tenuta dell'ordine democrático" (p. 64).
9. Luciano Violante é professor de Direito Público na *Università di Roma La Sapienza* e foi parlamentar italiano, também entre outras atividades universitárias e políticas.
10. Luciano Violante, *Il dovere di avere doveri*. Turim, Einaudi. 2014. Como refere: "L'espansione tendenzialmente illimitata dei diritti, separata dalla valorizzazione dei doveri, e potenziata dalla crescente giurisdizionalizzazione, non costituiscono un rimedio, ma rappresentano le manifestazioni piú evidenti delle difficoltà della democrazia costituzionale. Si affiancano altre manifestazioni patologiche, quali la ricerca demagogica del consenso, il populismo, la spettacolarizzazione" (p. XIV).

fazer reequilibrar a "balança" democrática entre direitos e deveres e, assim, se projetando por sobre as relações entre o ambiente da política e o da jurisdição, na sua experiência contemporânea de deslocamento de atribuições ou de sua rearticulação "em favor" desta última.

Embora operando, de regra, em perspectivas distintas e partindo de supostos diferentes, parece relevante, não apenas pelo confronto aparente presente nos títulos das duas obras, retomar estas discussões para por em pauta o futuro do Estado Democrático de Direito como expressão última de um projeto político-institucional moderno, cujos espaços (territorialidade) e mecanismos decisórios (democracia política) parecem não responder adequadamente aos influxos contemporâneos, experienciando as tais "crises" de que temos tanto falado.

De uma banda, os seus limites geográficos já não se compatibilizam com a espacialidade característica da contemporaneidade. O Estado Nação se vê frente a uma reconfiguração conceitual – posto que seus elementos identificadores já não lhe permitem dar a conhecer com integridade.[11] De outra, a sua funcionalidade parece confrontar, como alerta L. Violante, a construção de uma sociedade comprometida com o bem-estar de todos, fundamento de legitimação da mesma autoridade pública, constitucionalmente expresso em muitas das Cartas Políticas contemporâneas.[12]

De qualquer sorte estes autores trazem dois universos reflexivos importantes para todos aqueles que têm esta "luta pelo(s) direito(s)"[13] como um campo aberto à promoção da igualdade e à construção de uma sociedade livre, justa e solidária (CRFB/1988, art. 3º, I), além de, em alguns momentos, dialogarem sobre questões emergentes, do tipo: qual o papel dos juízes hoje – em tempos de judicialização da política? Qual o espaço decisório privilegiado – o da política ou o da jurisdição? Quais os aspectos aí presentes? Além, é claro, de ter assimilado o problema da teoria das fontes do Direito, hoje em permanente confronto com novos espaços de produção e novas expressões de autoridade decisória, "vagan-

---

11. Jose Luis Bolzan de Morais, *As crises do Estado e da Constituição*..., cit., *passim*.
12. Neste sentido não é sem interesse lembrar que a Constituição brasileira de 1988 – dita "Constituição Cidadã", nas palavras do então Dep. Ulisses Guimarães – traz como fundamentos da República, erigida como Estado Democrático de Direito (art. 1º), a erradicação da pobreza e a redução das desigualdades regionais (art. 3º), entre outros.
13. Como afirma S. Rodotà: "La lotta per i diritti è l'única, vera, grande narrazione del millennio appena iniziato" (ob. cit., p. 94).

do" de um monismo, nunca alcançado, para um pluralismo *sconfinato*, para utilizar o termo de S. Rodotà para indicar a perda de "limites" que caracteriza a sociedade contemporânea em sua complexidade.

E, desse confronto de ideias, podem emergir outras tantas que nos ajudem a compreender o futuro do Estado Democrático de Direito em seu projeto civilizacional, como de longa data tem chamado à atenção Paulo Bonavides,[14] nosso homenageado.

1. Em S. Rodotà, a questão que emerge, e que pauta esta obra deste jurista italiano, poderia ser sintetizada, para os objetivos deste texto, a partir de sua preocupação de pensar uma "outra" globalização, uma cujo objeto central fossem os direitos e não a economia – o mercado, como ressalta.[15]

Para ele estamos diante de um novo momento histórico que põe em evidência, de um lado, a "revolução da igualdade" e, de outro, a "revolução da dignidade", inaugurando uma "nova antropologia" e dando origem, em consequência, a uma "revolução dos bens comuns", além de uma "revolução da internet", na qual o direito vem, sempre, profundamente implicado.[16]

Cada uma dessas "revoluções" põe em pauta aspectos inéditos que afetam inovadoramente o direito e seus atores – inclusive, dos seus *loci* de produção e origem –, tendo presente que tal se dá não pela perda do próprio direito, de sua ausência, mas da consciência em torno de sua busca constante, de sua "novidade".

Neste quadro – de uma "outra globalização possível" – chama a atenção para as transformações que se operam, sobretudo com a perda dos "confins" ou dos limites tradicionalmente reconhecidos. Fala, assim, de um "fim da geografia", o qual implica pensá-los – os direitos – "in una dimensione sconfinata",[17] tendo presente que um e outro não se excluem, mas evidenciam sua coimplicação, neutralizando os limites excludentes

---

14. Ver, exemplificativamente: Paulo Bonavides, *Do Estado Liberal ao Estado Social*. 11ª ed., 2ª tir., São Paulo, Malheiros Editores, 2014; Paulo Bonavides, *Do País Constitucional ao País Neocolonial. A derrubada da Constituição e a recolonização pelo golpe de Estado institucional*, 4ª ed., São Paulo, Malheiros Editores, 2009. Como alerta, neste livro: "à fé púnica dos globalizadores neoliberais opõe-se o humanismo do Estado Social e sua filosofia do bem comum e do poder legítimo" (p. 21).

15. "I diritti fondamentali in tal modo diventano il tramite di um'altra connessione possibili, e per la quale si deve politicamente lavorare, racchiusa nella formula 'globalizzazione attraverso i diritti, non attraverso i mercati'" (ob. cit., p. 14).

16. S. Rodotà, ob. cit., pp. 14 e 15.

17. Id. ibid., pp. 22 e 23.

dos "confins" – como limites territoriais (geográficos) ou simbólicos – próprios da estatalidade moderna. Pare ele, o fenômeno mais visível é aquele dos contínuos atravessamentos ou do cancelamento/redefinição dos limites...[18]

Desde este "reconhecimento", evidenciado, particularmente, pela "revolução da internet"[19] – que, descentralizando o mundo, transforma a linguagem da política – o autor vai enfrentar o que identifica como o "mundo novo dos direitos", tendo presente que, mesmo neste quadro referencial, não se pode perder de vista o papel do direito, ou melhor, dos direitos.[20] E tal tem seu ponto de sustentação no reconhecimento de que "experienciamos/experimentamos" uma "reinvenção" que põe em pauta aqueles que, com ela, pretendem liberar-se do "peso" dos direitos e os que pensam ser possível fazer frente a isso "fechando-se na sua antiga cidadela".

Para sair desta encruzilhada, chama atenção o autor, é preciso ter presente, desde logo, que não se pode falar de uma única "era dos direitos", mas, sim, de pensá-la – pensá-las, portanto – no plural, ou seja, como "eras" dos direitos, tanto diacrônica quanto sincronicamente.[21]

18. Como diz: "il fenomeno più appariscente è certo quello dei continui attraversamenti o della cancellazione/ridefinizione dei confini, sia per individuare la condizione dei soggetti, sia per stabilire come le continue 'delocalizzazzioni' incidano sulla definizzione, la portata e la garanzia dei diritti" (ob. cit., p. 26)
19. Veja-se, em particular, a terceira parte do seu livro (*La macchina*, pp. 312 e ss.) e, na segunda parte, o item VIII, que trata do "direito à verdade" (pp. 211-231).
20. Como diz S. Rodotà, p. 42: "È ingenua, e per molti versi sorprendente, la tesi que vede i diritti inservibili in um mondo ormai prigionero della lógica econômica".
21. "Sappiamo che l'invenzione dei diritti appartiene alla modernitá occidentale, che stretta è la sua connessione con le rivendicazioni individualiste e proprietarie della borghesia vittoriosa, che l'evoluzione successiva, sul continente europeo soprattutto, invece è tutta legata all'irruzione di um altro soggetto, la classe operaia, che impone la modifica del quadro costituzionale, conduce addirittura verso uma nuova forma di Stato che, per il ruolo assunto dai diritti sociali, si conviene de definirre 'Welfare State', 'Stato sociale', 'Sozialstaat', 'État-providence'. Nella modernità, dunque, insediamento e forza dei diritti sono parte integrante della vicenda dei 'soggetti storici' della trasformazione política, economica, sociale, che proprio ai diritti affidano l'innovazione e il suo consolidamento.
"Ma che cossa accade quando quei soggetti si trasformano, mutano ruolo e funzione, non sono più quelli che danno il tonno al tempo vissuto? Quando è il volto anônimo dell'economia a identificare i tratti del mondo globale, quando si insiste sul fatto che i mercati 'votano' e le istituzioni finanziare 'giudicano', e quindi si appropriano di funzioni che appartengono alla democrazia e sembrano ridurre all'unica loro misura tutti i diritti? Quando la tecnologia spinge verso le frontiere del post-umano,

Portanto, o que vivemos contemporaneamente é uma "nova" era dos direitos, na qual há que se prestar atenção aos novos fatores que condicionam as fórmulas tradicionais sem, contudo, fazê-las desaparecer. E, para um novo momento histórico, se exige respostas compatíveis com suas circunstâncias.

Entre o fim da experiência moderna e uma nova fase, dominada pela lógica de mercado, põe-se outra possibilidade, uma nova era dos direitos. Aquela dos "diritti come 'patrimonio comune dell'umanità'",[22] que, ao mesmo tempo em que se inaugura em uma era da pós-geografia, traz questões inéditas: novos sujeitos históricos, novas formas de dominação – entre condensação (guerra humanitária) e fragmentação ("babelização" da linguagem dos direitos). Uma era na qual ainda se vive entre identidades locais produtoras de culturas próprias e em competição, ao mesmo tempo que se lhes toma como um "terreno comum" a partir das diversidades que viabilizam "il radicamento di ciascuno nel comune del mondo".[23]

Assim, pode-se dizer, com S. Rodotà que um dos temas "preferenciais" desta "Nova Era" – afinal "ogni tempo conosce al suo interno una própria età dei diritti"[24] – diz respeito aos "novos" direitos[25] e seus *loci* de produção, realização e garantia.

e quindi immdiatamente ci si domanda se davvero possano sopravvivere diritti non a caso definiti, anche nel linguaggio giuridico, 'umani'? (ob. cit., pp. 42-43).
22. Ob. cit., p. 43. Para S. Rodotà, "i beni comuni delineano l'opposto dell'individualismo – uma società nella quale sono continui gli scambi e le interazioni tra individuale e sociale, dove appunto la ricostruzione del legame sociale diviene tema centrale" (pp. 122-123). Esta questão ganha outra perspectiva na obra: M. Hardt e A. Negri, *Comune. Oltre il privato e il pubblico*, Milão, Rizzoli, 201.
23. Id. ibid., p. 44. Este tema pode ser evidenciado quando se enfrenta a questão da cidadania. Esta deixa de ser um elemento de exclusão do outro, passando a funcionar como meio de reconhecimento. Um exemplo desta transição pode ser percebido na tentativa do Brasil em abandonar uma legislação da época da ditadura militar, como aquela do Estatuto do Estrangeiro (Lei 6.815/1980), baseada na soberania, segurança e no interesse nacional, com a proposição de uma Lei de Migrações, cujo fundamento está na hospitalidade, no acolhimento e no reconhecimento e atribuição de direitos. Sobre isso ver a proposta de nova legislação apresentada pela Comissão de Especialistas, da qual fizemos parte, ao Ministro da Justiça do Brasil em agosto de 2014 (www.iri.usp.br). Para S. Rodotà: "Stiamo passando a uma situazione nella quale il riconoscimento dei diritti era unicamente affidato a costituzioni e dichiarazioni dei diritti, che tuttora mantengono un elevato valore anche saimbolico, a una nella quale quel che conta sono sempre meno le classiche 'istituzioni della normazione' e sempre più le 'istituzioni del rispetto e dell'attuazione'" (ibidem, p 47)
24. Ibidem, p. 103
25. "L'espressione 'nuovi diritti', infatti, dev'essere considerata, a un tempo, accativante e ambígua. Ci seduce com la promessa di uma dimensione dei diritti

E, aqui, emerge outro aspecto trazido e tratado pelo autor: as relações entre democracia e direito. Como chama a atenção, a construção de um patrimônio comum e global de direitos fundamentais parece deslocar os procedimentos da democracia representativa, concentrando-se no ambiente judiciário, nas instituições de garantia, utilizando a terminologia de L. Ferrajoli.[26]

Assim, mais uma vez vem à tona um tema caro à discussão contemporânea em torno do processo de judicialização da política, como tem sido a perspectiva brasileira desde há algum tempo, quando o recurso à jurisdição e à decisão jurisdicional em substituição à decisão política tem ganhado uma dimensão cada vez mais ampla, seja justificada pela omissão do legislador, seja na do gestor ou na insuficiência/deficiência de políticas públicas para a realização "satisfatória" de direitos sociais, em especial.[27]

Ou seja, transparece aqui, mais uma vez, sob referências diversas, o problema da relação entre legislação e jurisdição, pondo em pauta a dúvida quanto à substituição, nos termos do autor, do constitucionalismo pela jurisdicionalização do cotidiano.

Tomando em conta tal circunstância, apresenta-se, novamente, o problema das novas condições históricas que afetam os instrumentos tradicionais da ordem político-institucional da modernidade, o que, ao mesmo tempo, põe em cena o debate acerca da repercussão deste processo de "global community of courts" nos limites tradicionais dos Estados Nacionais e mesmo nas estruturas supranacionais estruturadas organicamente.

---

sempre capace di rinnovarsi, di incontrare in ogni momento uma realtà in continuo movimento (...). Al tempo stesso, però, lascia intravvedere uma contrapposizione tra diritt vecchi e diritti nuovi come si il tempo dovesse consumare quelli più lontani, lasciando poi il campo libero a um prodotto più aggiornato e scintillante, con un voluto e pricoloso travisamento sul quale già si è richiamata l'attenzione.
"Ma il mondo dei diritti vive pure di accumulazione, non di sostituzioni (...)" (S. Rodotà, ob. cit., p. 71).
26. Nesta perspectiva, v. Luigi Ferrajoli, *Pricipia Iuris. Teoria del diritto e della democrazia,* vol. II, Roma-Bari, Laterza. 2007.
27. Como chama à atenção S. Rodotà: "Non è soltanto il sistema delle fonti a essere profondamente modificato, con la perdita di peso della legislazione parlamentare, ma appare vulnerato l'equilibrio tra i poteri attraverso la 'montée em puissance des juges'. Ma, di nuovo, il problema è se sia possibile analizzare la realtà che abbiamo di fronte con le categorie, storicamente, costitutive e perciò ritenute irrinunciabili, di un passato dal quale non sembra possibile distaccarsi senza intaccare i fondamenti stessi dell'ordine democrático" (p. 47).

2. Em *Il dovere di avere doveri*, Luciano Violante, professor de Direito Público da Università La Sapienza, de Roma, retoma o conceito de "dever" como meio para (re)construir a ideia de Democracia, a qual exige, para ele, um sentido de cidadania alicerçado na obrigação política e em uma rede de relações cívicas e não apenas em direitos em torno dos quais se constrói uma disputa excludente.

Assim, põe em discussão, em um outro sentido, a questão da crescente demanda por direitos sem nenhum vínculo com deveres que, entre outras questões, legitima o egoísmo individual.

Para Luciano Violante:

> L'espansione tendenzialmente illimitata dei diritti, separata dalla valorizzazione dei doveri, e potenziata dalla crescente giurisdizionalizzazione, non costituiscono un rimedio, ma rappresentano le manifestazioni piú evidenti delle difficoltà della democrazia costituzionale (...).[28]

Diante disso pretende demonstrar a necessidade de superar, com a valorização dos "deveres constitucionais" a fragmentação individualística da sociedade, defendendo a democracia política diante da "ditadura judicial".[29]

A partir desses pressupostos desenvolve seu argumento, o qual, centralmente, rediscute a *política dei diritti* como judicialização da política, quando a jurisdição oferece resultados imediatos, tornando, de regra, marginal a atividade política, sobretudo como Democracia representativa, apresentando-se como alternativa seja frente à invasão da economia – do mercado, em especial –, seja em face da fragilização das instituições políticas, de sua inação ou fraqueza.

E tal discussão tem como ponto de inflexão a apropriação dos direitos e a *lotta per i diritti* como estratégia individualística e egoísta de satisfação de interesses.

O texto vem estruturado em sete capítulos, nos quais, em primeiro lugar busca demonstrar as características do que toma como a luta pelos

---

28. V. Luciano Violante, *Il dovere di avere doveri*, Turim, Einaudi, 2014, p. XIV.
29. "(...) attraverso la valorizzazione dei doveri costituzionali, la frantumazione individualistica della società e di difendere la democrazia política da quella che è stata chiamata icasticamente 'judicial dictatorship'. I diritti diventano strumenti di democrazia e di soddisfacimento di legitime pretese individuali quando possono contare sull'unità politica e sui doveri di solidarietà come valori che fondano il processo di civilizzazione del paese e ne garantiscono lo sviluppo. Altrimenti diventano fattori di egoísmo individuale, rottura sociale e arretramento civile" (pp. XIV e XV).

direitos desde uma perspectiva de crise das instituições políticas e da própria sociedade e a emergência de um "governo de juízes" para, na sequência, discutir a repercussão de uma tal atitude em face da "desaplicação" da lei na base de uma interpretação constitucional em nome de direitos orientados por pretensões individuais e desvinculados de deveres.

No terceiro capítulo busca mostrar a necessária vinculação da unidade política a deveres e sua conexão a uma ética republicana que permita um equilíbrio entre direitos e deveres, o que vem tratado no quarto capítulo. Nos demais desenvolve a tese de uma *età dei doveri* alicerçada na tradicional especialização de funções e na responsabilidade no exercício dos direitos por parte dos cidadãos.

Com isso, discutindo os riscos desta "irresponsável" e "individualista" luta por direitos, sustentada por um redesenho de atribuições públicas estatais em favor de uma judiciarização da tomada de decisões, pretende demonstrar a vinculação da cidadania a deveres.

Para L. Violante, a *politica dei diritti*[30] emerge como resultado do neoconstitucionalismo,[31] uma vez que

> è assunta il compito di rimediare alla stanchezza delle democrazie attraverso la valorizzazione estrema di ogni tipo di diritto e un forte impiego delle risorse della magistratura per il loro riconoscimento.[32]

Neste quadro, os juízes assumem, segundo o autor, uma nova roupagem: para além de garantidores de direitos passam a criadores destes, contribuindo, com isso para aquilo que se passou a nomear, por alguns

---

30. "La política dei diritti è partita dalla tutela dei diritti fondamentali, ma si estende oggi nella teoria e nella prassi a ogni tipo di diritto, da quelli tradizionali sinon ai cosidetti 'nuovi diritti' (...). Alcuni di questi diritti fanno parte indiscutibile del patrimonio umano. Ma spingere il campo dei diritti al confine dei desideri, costituisce il tentativo di dare uma veste giuridica a opzioni individuali o a orientamenti politici, spesso legati a valori costituzionali, 'ma che non possono essere assimilabili a diritti soggettivi con il rigore scientifico che occorrerebbe'" (L. Violante, ob. cit., p. 14).

31. "Il neocostituzionalismo sembra non avere alcuna fidúcia nella lotta política, nelle possibilita di cambiamento delle maggioranze, nell'impegno dei cittadini per obiettivi politici di carattere generale. Eppure la democrazia si nutre di questa tensione ed è viva con i suoi valori quando le parti del mondo político si confrontano e si misurano sugli obbiettivi del paese e quando i cittadini dell'una o dell'altra opinione le seguono condividendo o opponendosi. Non è compito del costituzionalismo, vechio o nuovo, sollecitare il conflitto politico. Ma nelle riflessioni sulla democrazia dovrebbero essere riconosciuti i limiti strutturali del diritto e della giurisdizione, la funzione democrática del conflitto e gli effeti di sterilizzazione della democrazia che avrebbe uma delega illimitata ai giudici per il riconoscimento di nuovi diritti" (ob. cit., p. 146).

32. Id. ibid., p. 1.

de seus sustentadores, como *costituzione infinita* (p. 18) e pondo em xeque a forma de governo, subtraindo as políticas públicas das maiorias parlamentares, eleitas e responsáveis e transferindo-as para a *tecnocracia das jurisdições*.[33] Violante faz a crítica desta "evangelica semplicità" (p. 23) que transforma a teoria da democracia, redefinindo as relações entre política e jurisdição, sem atentar para uma perspectiva social mais ampla, mas, ao invés disso, pretende fazê-lo por

> la via breve della proclamazione di singoli diritti da parte di singoli giudici, senza la complicazione delle decisioni politiche, lunghe, defatiganti e dall'esito incerto.[34]

Há, aqui, para o autor, uma reprodução do que a globalização gera a partir do primado do econômico, agora em favor da jurisdição que, do mesmo modo daquele, atua privada de qualquer responsabilidade política.

Nesta perspectiva emerge o que indica como uma "política delle libertà individuali" que o leva a questionar acerca das condições que cercam a atuação dos Sistemas de Justiça na aplicação e/ou na "desaplicação" da lei, sobretudo quando isto se faz em razão de sua consideração acerca da "qualidade" do texto legislado, a partir de critérios os mais variados, desconsiderando, seguidamente, os mecanismos de controle que o mesmo sistema estabelece.

Tais atitudes levam, muitas vezes, a uma disputa individual ou corporativa descomprometida com sua ambiência coletiva de solidariedade, própria dos Estados Constitucionais contemporâneos, reproduzindo a velha perspectiva liberal que inaugura o Estado resultante das revoluções liberais onde

> i cittadini si muovono come monadi isolate e rissose, perdono l'idea di appartenere a una comunità; ciascuno agisce nel próprio esclusivo interesse avvallendosi dei propri diritti sogettivi come arma puntata contro l'altro (p. 65).

É preciso, afirma, retomar o equilíbrio entre direitos e deveres, o que não significa um antagonismo com a política dos direitos, porém se apresenta

---

33. Para L. Violante, a "politica dei diritti", que se inaugura como uma preocupação pelos "destinos" da democracia, "si conclude con soluzioni ispirate a una sorta di neogoverno globale dei tecnici, questa volta giuristi e no economisti, non compatibile con i principi dela democrazia politica" (p. 19).
34. Ibidem, p. 24.

come complesso di scelte che integrano la prima per una visione fedele alla intera costituzione del rapporto fra cittadini e Republica, fra i cittadini tra loro, e permetta la creazione di condizioni per le quali ciascuno possa realizzare il pieno sviluppo della própria personalità nell'ambito delle comunità nelle quali vive (p. 81).

Nessa perspectiva, para o autor, há que se promover um "encontro" entre *rigidez constitucional* e *rigor constitucional*, significando isso a coerência entre deveres e comportamentos, seja de cidadãos, seja de instituições, a partir de uma *ética republicana* que promova uma *integração* no interior mesmo de um Estado pluralista, o que não pode estar alicerçado em uma intervenção do juiz que, favorecendo aquele que demanda, priva todos os demais que se encontram, inclusive, nas mesmas condições.

Assim, resumida, a preocupação do autor pode vir traduzida pela preocupação em torno do problema da legitimidade democrática.

Come risolvere il problema dell'assenza di una legittimazione democrática di giudici ai quali viene riconosciuto il potere di effettuare scelte discrezionali proprie dela politica? (p. 41).

Preocupa-se, assim, com o desequilíbrio que se produz entre direitos e deveres, bem como nas relações entre as funções características da organização estatal moderna, na fórmula tripartite.

Por um lado, a perspectiva dos deveres busca superar o que o autor nomeia como *partecipazione opositiva*, que vem marcada por um "egoísmo contingente". Por outro, enfrenta o *policentrismo anarchico* onde

nessuno ha il potere di dire la parola finale, ma tutti hanno il potere di impedire che altri la dica (p. 149).

Disso resulta uma liberdade que se fixa apenas na convivência e não na construção de finalidades gerais, da mesma forma que reforça a perspectiva individualista em detrimento da comunidade.

Para L. Violante, é preciso ter em conta, nesta toada,

i rischi del costituzionalismo irenico, che si limita a celebrare i trionfi dei diritti fondamentali grazie alle giurisdizioni, e tornare al costituzionalismo polemico, capace di misurarsi con tutti i problemi del potere (p. 154).

De certo modo esta é a questão que se apresenta para os autores. Ambos estão preocupados com o transbordamento das instituições político-jurídicas modernas. Ambos desenvolvem – com vieses próprios, evidentemente – a emergência de problemas decorrentes das circunstâncias e arranjos atuais, buscando reconhecer a necessidade de respostas novas para uma "nova" *era dos direitos* (S. Rodotà) ou justificando a necessidade de um reforço das esferas próprias de decisão, sobretudo do espaço da política como ambiente adequado para a disputa em torno daquilo que ainda não foi objeto de consenso político (L. Violante).

3. As referências tomadas emprestadas destes autores permitem, ainda, pensar novos arranjos, não ficando, como indica S. Rodotà, preso a "esquemas" clássicos, que já não respondem adequadamente às circunstâncias contemporâneas. Muitos são os problemas e distintas são as características da "sociedade complexa" atual, a exigir dos juristas, no particular, a construção de novas fórmulas que, ao mesmo tempo em que assegurem e expandam as conquistas da tradição, estejam aptas a confrontar e dar vazão ao "novo" que se lhes apresenta.

Nesta linha, pode-se elencar, como, aliás, o fazem a sua maneira os autores aqui tratados, alguns temas que emergem, tais como os "novos/ novíssimos" direitos que, confirmando a assertiva de N. Bobbio,[35] nascem das também inéditas condições e circunstâncias de vida atuais, conectados, para o bem e para o mal, às novas tecnologias, aos novos riscos sociais e a uma temporalidade diversa – acelerada – e que se contrapõe aos mecanismos decisórios da modernidade cujo tempo (diferido) é muito lento para a emergência que caracteriza a contemporaneidade.

Ainda, reconhecer uma "nova geografia" – *sconfinata*, como diz S. Rodotà – que desconstitui a pretensão – e que nunca deixou de ser apenas isso – monista moderna desde uma ordem soberana única exercida territorialmente e "imposta" sobre um grupo de pessoas identificadas por uma cidadania artificial e diferenciadora definida por este mesmo poder. Há que se ter presente que se vive um ambiente de pluralismos que repercutem nos campos do direito e da política e de suas institucionalidades. Pluralismos de instâncias, de atores e, em especial, de ordens normativas que "dialogam" transversal e, muitas vezes, tensionadamente.

Tudo isso não pode passar despercebido para os juristas, impondo-lhes, na esteira de S. Rodotà, não apenas reconhecer este "novo ambiente" como ter a capacidade de, percebendo-o, reagir criativa e habilmente na construção de respostas, tendo presente que, parte do enfrentamento desse problema, passa pela análise da ascensão e do de-

---

35. V., a respeito, o seu *A Era dos Direitos*, como já referido antes.

clínio – parafraseando Martin van Creveld[36] – do Estado, sua concepção e sua funcionalidade.

Na esteira de Giorgio Agamben, ao invés de ficar preso ao "museu de institucionalidades", profanar um conjunto de "verdades" para fazer um uso novo das mesmas,[37] tendo presente, como alertou Paulo Bonavides, que tais peças que vão compondo o "Museu da Teoria do Estado" em muito contribuíram para formar o acervo tentado de construção de um projeto civilizatório.

E, dentre tantas "sacralidades", como indicado, em outro contexto, por Paulo Bonavides, estão, ainda, a forma e o modelo organizacional do Estado, a exigir, como indicado por S. Rodotà, novas construções. O trabalho está em aberto... e a história continua!

Referências

AGAMBEN, Giorgio. *Profanações*. Tradução de Selvino J. Assmann. São Paulo, Boitempo, 2007.

BOBBIO, Norberto. *L'età dei diritti*. Turim, Einaudi.

BOLZAN DE MORAIS, Jose Luis. *As crises do Estado e da Constituição e a transformação espacial dos direitos humanos*. 2ª ed. Col. Estado e Constituição, n. 1. Porto Alegre, Livraria do Advogado, 2011.

_____; NASCIMENTO, Valéria Ribas do. *Constitucionalismo e cidadania: por uma jurisdição constitucional democrática*. Porto Alegre, Livraria do Advogado, 2010.

_____; SALDANHA, Jânia Maria Lopes; VIEIRA, Gustavo Oliveira. "O Constitucionalismo e a Internacionalização dos Direitos Humanos". In BOLZAN DE MORAIS, Jose Luis; COPETTI NETO, Alfredo (Org). *Estado e Constituição: a internacionalização do direito a partir dos direitos humanos*. Ijuí-RS, UNIJUI, 2013.

_____; STRECK, Lenio Luiz. *Ciência política e teoria do Estado*. 8ª ed. Porto Alegre, Livraria do Advogado, 2012.

BONAVIDES, Paulo. *Do Estado Liberal ao Estado Social*. 11ª ed., 2ª tir. São Paulo, Malheiros Editores, 2014.

_____. *Do País Constitucional ao País Neocolonial. A derrubada da Constituição e a recolonização pelo golpe de Estado institucional*. 4ª ed. São Paulo, Malheiros Editores, 2009.

36. V. Martin van Creveld, *Ascenção e Declínio do Estado*, São Paulo, Martins Fontes, 2004.

37. *Profanar* remete ao ideal romano de retirar do templo algo que lá foi guardado como sacralizado, retirado da vida comum. Significa fazer novo uso de algo que, anteriormente, foi blindado contra os seres humanos. V. Giorgio Agamben, *Profanações*, tradução de Selvino J. Assmann, São Paulo, Boitempo, 2007.

CREVELD, Martin van. *Ascensão e Declínio do Estado*. Tradução de Jussara Simões. São Paulo, Martins Fontes, 2004.

FERNÁNDEZ-SAVATER, Amador. *Fuera de lugar. Conversaciones entre crisis e transformación*. Madri, Acuarela y Machado Grupo de Distribución. 2013.

FERRAJOLI, Luigi. "Constitucionalismo principialista e constitucionalismo garantista". Tradução de André Karam Trindade. In FERRAJOLI, Luigi *et al* (Orgs.). *Garantismo, hermenêutica e (neo)constitucionalismo: um debate com Luigi Ferrajoli*. Porto Alegre, Livraria do Advogado, 2012, pp. 13-56.

_____. *Democracia y garantismo*. Tradução de Perfecto Andrés Ibáñez. Madri, Trotta, 2008.

_____. *Principia iuris: Teoria del diritto e della democrazia*. Bari, Laterza, 2007.

HARDT, M.; NEGRI, A. *Comune. Oltre il privato e il pubblico*. Milão, Rizzoli, 2010.

LEFORT, Claude. *L'Invention Démocratique. Les limites de la domination totalitaire*. Paris, Fayard. 1981.

RODOTÀ, Stefano. *Il diritto di avere diritti*. Roma-Bari, Laterza. 2012.

SASSEN, Saskia. *Critique de l'État: Territoire, autorité et droits. De l'époque médiévale à nos jours*. Paris, Le Monde Diplomatique, 2011.

VERDÚ, Pablo Lucas. *Materiales para un museo de antigüedades y curiosidades constitucionales*. Madri, Dykinson, 2011.

VIOLANTE, Luciano. *Il dovere di avere doveri*. Turim, Einaudi. 2014.

Capítulo VII
FEDERALISMO FISCAL COOPERATIVO NO BRASIL

FERNANDO FACURY SCAFF

I. Posição da questão. II. Notas sobre federalismo fiscal. III. A distribuição da competência tributária e patrimonial ou discriminação pela fonte das receitas. IV. A repartição do produto arrecadado. V. Retenções e desonerações de tributos. Conclusões.

I. Posição da questão

1. O objetivo deste trabalho é homenagear o professor Paulo Bonavides, decano dos constitucionalistas brasileiros e emérito defensor do federalismo, sistema no qual a vertente fiscal se insere.

É de todos conhecida a vigorosa defesa realizada por Paulo Bonavides da autonomia municipal, que a redação original de Constituição de 1988 o fez considerar como sem igual ao longo do mundo.

No mesmo sentido, sua defesa apaixonada da introdução de mais um nível federativo no Brasil, que seria o das Regiões, as quais foram completamente ignoradas no âmbito constitucional até 1988, quando foi inserida disposição referente às mesmas no art. 43 da Constituição, no Capítulo sobre a Administração Pública. Da forma como ocorreu, apenas "para efeitos administrativos", não foi considerada como um nível federativo, mas apenas uma fórmula de coordenação das ações públicas em um mesmo complexo geoeconômico e social. Todavia, mesmo não tendo sua tese logrado pleno êxito, Bonavides afirmou que a fórmula adotada já representava significativo "avanço ou abertura", já tendo sido desencadeado o processo que vai elevar futuramente as Regiões a mais um nível federativo no Brasil.

É com essas considerações, e partindo para uma análise do sistema de federalismo fiscal na Constituição brasileira atual, que presto esta homenagem ao Prof. Paulo Bonavides.

II. Notas sobre federalismo fiscal

2. Com o advento da Constituição de 1988, foi mantido o sistema federativo de organização do Estado, dividido entre União, Estados, Distrito Federal e Municípios.

O Município é a menor fração das unidades federativas, e usualmente congrega núcleos urbanos concentrados em uma sede administrativa. Atualmente o Brasil possui mais de 5.500 municípios que têm personalidade jurídica própria, podendo criar leis que atendam aos seus peculiares interesses e com prerrogativa para criar tributos. Possuem Poder Executivo e Poder Legislativo, com eleições diretas a cada quatro anos.

Os Estados (também chamados de Estados-membro) se constituem em outra fração do Estado Nacional e contém Municípios em seu território. Atualmente existem 26 Estados no Brasil, divididos em 5 grandes regiões: Sul, Sudeste, Centro-Oeste, Nordeste e Norte. Cada Estado possui Poder Executivo e Poder Legislativo com membros eleitos a cada 4 anos, e também Poder Judiciário, ao qual, como regra geral, cabe julgar todos os litígios de direito comum, excetuados, os que envolverem o âmbito federal de governo, bem como, por óbvio, as causas que digam respeito ao Estado Nacional.

O único Distrito Federal se assemelha a um Estado, com Poder Executivo e Legislativo, e é onde se encontra a Capital do Brasil, Brasília. O Judiciário é mantido pela União, com iguais competências estabelecidas aos Estados. Não é fracionado em Municípios, sendo todas suas funções atribuídas ao governo distrital.

A União é a esfera federal de governo e também cumpre as funções de Estado Nacional. O Poder Executivo é exercido por um Presidente eleito para um mandato de 4 anos, admitida uma única reeleição para o período subsequente. O parlamento é bicameral, com 513 Deputados Federais na Câmara dos Deputados, cada qual com mandato de 4 anos, e 81 Senadores com mandato de 8 anos, renovável a cada quatro. O Poder Judiciário é autônomo.

A estrutura da União também representa o Estado Nacional, sendo as normas que edita válidas para toda a Nação (leis complementares), ou apenas para a esfera federal de governo (leis ordinárias federais).

3. O Estado brasileiro se financia principalmente através de receitas tributárias e patrimoniais, estas decorrentes da exploração de seu patrimônio mineral e petrolífero.

O termo Federalismo Fiscal implica fórmulas financeiras para o rateio espacial das receitas públicas visando à sua melhor distribuição entre os diversos entes subnacionais. Trata-se de um critério político, que envolve aspectos financeiros, visando à melhor atender a população nos mais diversos rincões do território de um país. Como ensina Regis Fernandes de Oliveira, o federalismo fiscal,

> significa a partilha dos tributos pelos diversos entes federativos, de forma a assegurar-lhes meios para atendimento de seus fins. Não só dos tributos, no entanto, mas também das receitas não tributárias, como as decorrentes da exploração de seu patrimônio (preço), da prestação de serviços decorrentes da concessão ou da partilha do produto da produção, de energia elétrica e da produção mineral, na forma do § 1º, do art. 20, da CF.

Assim, o conceito de federalismo fiscal envolve a partilha da receita tributária e patrimonial entre entes federados, seja por meio da repartição das fontes de receita, seja pela repartição do produto da arrecadação, podendo ser utilizado o sistema de fundos financeiros especiais para sua implementação.

Na verdade, quem pode exigir o pagamento de receitas públicas é o Estado (*lato sensu*), que, por técnicas jurídicas, distribui tanto o poder de cobrar (competências) quanto o valor arrecadado (receita transferida) entre os diversos entes subnacionais. Daí o exemplo brasileiro, em que a Constituição atribui competência tributária diferenciada entre União, Estados, Distrito Federal e Municípios. E também estabelece que o produto arrecadado deve ser dividido entre esses entes federados.

O federalismo fiscal atua sobre o território politicamente considerado, pois sobre o espaço geográfico superpõem-se os desdobramentos político-administrativos, rateando as receitas públicas.

4. Existem várias fórmulas para se realizar o rateio espacial de receitas entre diversos entes federados. José Maurício Conti nos relata que esse é um mecanismo que:

> visa assegurar um equilíbrio federativo, tanto em relação às próprias entidades descentralizadas entre si, como também na relação destas com o poder central, de forma a permitir que cada uma delas possa, com recursos disponíveis, realizar as atividades que lhe foram atribuídas.

Para a implementação dessa descentralização *interna corporis* ao Estado nacional para com seus entes subnacionais, qualquer que seja seu *nomen juris* (Estados-membros, municípios, províncias, regiões, comunidades autônomas etc.), e independente de ser formalmente adotado o sistema federativo de governo, os mecanismos mais comuns de divisão dos recursos arrecadados são:

1) Discriminação pela Fonte, que pode ser estipulada de duas formas diferentes:

1-a) atribuindo competência impositiva privativa a um ente subnacional, como é o caso, no Brasil, onde se atribuiu competência tributária própria para cada ente federativo;

1-b) ou por meio de competência impositiva compartilhada entre diferentes entes subnacionais, sendo atribuída uma parte da alíquota a um ente federado e outra parte a outro.

2) Discriminação pelo Produto, que ocorre quando há obrigatoriedade de transferência do valor arrecadado, ou de parte dele, de uma unidade federada a outra. Pode ocorrer de duas formas:

2-a) direta, quando o produto arrecadado, ou parte dele, é transferido de uma unidade federada para outra, em face de direta correlação com o evento econômico nela ocorrido;

2-b) ou indireta, quando existe uma fórmula de divisão dos valores arrecadados, sem exata correlação com o evento econômico ocorrido na unidade subnacional recebedora dos valores.

5. Ainda pode haver cooperação vertical e horizontal. Essa expressão advém da ideia de federalismo cooperativo, que deve ter por escopo o desenvolvimento conjunto das unidades federadas, de modo que todos tenham iguais condições de participar das oportunidades apresentadas no jogo econômico e de poder, e não de concorrência predatória, o que pode descambar em guerra fiscal. Incumbe ao federalismo cooperativo a redução das desigualdades regionais, a fim de que as pessoas possam efetivamente ter maiores oportunidades para o desenvolvimento de suas capacidades. Com melhor distribuição geográfica desses recursos financeiros, pressupõe-se que os entes federados tenham a possibilidade de utilizar essa receita pública em prol da população que reside em seu território, permitindo-lhes exercitar suas aptidões e ter melhor qualidade de vida.

Portanto, sob a ótica da divisão do produto da arrecadação, pode-se distinguir entre critérios de partição verticais e horizontais.

a) Haverá partilha vertical quando as transferências forem entre os entes federativos maiores e menores. É a usual no Brasil, considerada "de cima para baixo", pois a União é quem arrecada e partilha com Estados e Municípios; ou ainda, os Estados arrecadam e partilham com os Municípios. Nada obsta que essa regra seja operacionalizada de forma contrária, de baixo para cima.

b) Haverá partilha horizontal quando as unidades federadas de mesmo grau partilharem os recursos entre si, tal como ocorre na Alemanha, segundo nos informa Maurício Conti.

Esta forma de cooperação pode ocorrer através de alguns tipos de Fundos:

1) Fundos de Participação, cuja finalidade é permitir a divisão dos recursos de forma geográfica, consoante critérios políticos estabelecidos em lei;

2) Fundos de Destinação, cujo objetivo é a vinculação de receitas para atender a determinadas finalidades socialmente relevantes, tais como para financiar os gastos com saúde e educação.

3) Fundos de Equalização, que podem servir tanto para repartição quanto para destinação de recursos, equalizando os recursos a serem transferidos com os que o próprio ente já arrecada de forma direta, dentre outras fórmulas possíveis, a partir do desenho institucional que vier a ser realizado.

Existem ainda as transferências voluntárias, através das quais um ente federativo aporta capital em projetos ou programas específicos de outro ente, visando a desenvolver aquela atividade de modo mais eficaz.

Considerado o quadro teórico traçado acima, passa-se a expor a estrutura do sistema brasileiro de federalismo fiscal.

III. *A distribuição da competência tributária e patrimonial ou discriminação pela fonte das receitas*

6. A Constituição estabeleceu várias espécies de tributos que podem ser cobrados no Brasil pelos diversos entes federados. Existem:

a) os impostos, espécie tributária, cuja cobrança decorre exclusivamente do poder de império do Estado. Este é o principal motivo pelo qual é discriminada na própria Constituição a competência impositiva de cada ente federado, pois, caso contrário, poderiam ser criados impostos sobre todo e qualquer fato econômico ou não;

b) as taxas, que decorrem do exercício do poder de polícia ou da prestação de serviços públicos específicos e divisíveis prestados ao contribuinte ou colocados à sua disposição;

c) as contribuições de melhoria, que decorrem da realização de obra pública que ocasione valorização imobiliária; e

d) contribuições, que podem ser subdivididas em:

d-1) contribuições previdenciárias, instituídas para o custeio do sistema público de previdência, que podem ser cobradas sobre os trabalhadores da iniciativa privada, ou de servidores públicos;

d-2) contribuições sociais, que são instituídas visando à realização de certas finalidades sociais;

d-3) contribuições de intervenção no domínio econômico, que podem ser instituídas para viabilizar a atuação do Estado Nacional na economia de determinado setor;

d-4) contribuições no interesse de categorias profissionais ou econômicas, instituídas como instrumento de atuação do Estado Nacional junto a estas corporações;

d-5) contribuições gerais, destinadas ao custeio de determinados encargos transitórios para os cofres públicos; e

d-6) contribuição de iluminação pública, para custeio desse serviço público.

e) Empréstimos compulsórios, cuja arrecadação está vinculada às causas que ensejaram sua criação e que devem ser devolvidos, pois se caracterizam como empréstimos públicos.

7. Foi estabelecido pela Constituição que os três níveis federados de governo possuem competências arrecadatórias, dividindo-as entre tributárias e patrimoniais.

À União foi atribuída a seguinte competência impositiva tributária:

1) Tributos sobre a Renda:

1-a) Imposto de Renda, que incide sobre Pessoas Físicas (IRPF) e Pessoas Jurídicas (IRPJ);

1-b) Contribuição Social sobre o Lucro Líquido (CSLL).

2) Impostos sobre o comércio exterior:

2-a) Imposto de Importação (IImp);

2-b) Imposto de Exportação (IExp).

3) Imposto sobre operações relativas à crédito, câmbio e seguro, ou relativas a títulos e valores mobiliários (IOF).

4) Imposto sobre a produção de Produtos Industrializados (IPI).

5) Impostos sobre a Propriedade:

5-a) Imposto sobre a Propriedade Territorial Rural (ITR), cuja cobrança pode ser transferida aos Municípios, caso estes demonstrem interesse em fazê-lo;

5-b) Imposto sobre Grandes Fortunas, até hoje não implementado (IGF).

6) Taxas, que podem ser cobradas em duas situações:

6-a) Pela prestação de serviços públicos;

6-b) Pelo exercício do poder de polícia.

7) Contribuições previdenciárias:

7-a) Para custeio do sistema geral de aposentadorias e pensões;

7-b) Para o sistema próprio dos servidores públicos da União.

8) Contribuições sociais, que são diversas e que podem incidir sobre:

8-a) Faturamento: como o Pis e a Cofins; ou

8-b) Folha de salários: como o Salário Educação.

9) Contribuições gerais, para custeio de encargos transitórios que impactem os cofres federais;

10) Contribuição de Intervenção sobre o Domínio Econômico (CIDE), instituídas para regular determinado setor econômico, como a CIDE-Petróleo;

11) Contribuições no interesse de categorias profissionais ou econômicas, como a contribuição para os Conselhos Profissionais, como a OAB-Ordem dos Advogados do Brasil ou o Conselho Federal de Medicina.

12) Contribuições de melhoria, quando ocorrerem obras públicas que gerem valorização de imóveis particulares;

13) Empréstimos compulsórios.

Ainda no âmbito tributário a União possui com exclusividade duas outras permissões constitucionais para a criação de impostos, quais sejam:

14) Para a instituição de impostos extraordinários, na iminência ou no caso de guerra externa.

15) E remanesce na União a competência residual, a qual permite que sejam criados outros impostos, desde que sejam não cumulativos e não tenham fato gerador ou base de cálculo próprios dos discriminados na Constituição.

Compete ainda à União a arrecadação de receitas relativas ao patrimônio que a Constituição lhe atribuiu, conhecidas de forma geral como royalties, mas que possuem denominações específicas, como se vê adiante:

1) Compensação Financeira pela Exploração Mineral (CFEM);

2) Compensação Financeira pela Exploração de Recursos Hídricos (CFURH);

3) Royalties do Petróleo, que se dividem em:

3-a) Royalties;

3-b) Participações Especiais.

7. Aos Estados foi atribuída, pela Constituição, competência impositiva tributária para cobrar:

1) Imposto sobre a Circulação de Mercadorias e os Serviços de Transporte interestadual e intermunicipal, e serviços de comunicação (ICMS);

2) Imposto sobre a Propriedade:

2-a) Imposto sobre Transmissão *Causa Mortis* e Doações, de quaisquer bens ou direitos (ITCMD);

2-b) Imposto sobre a Propriedade de Veículos Automotores (IPVA).

3) Taxas, que podem ser cobradas em duas situações:

3-a) pela prestação de serviços públicos;

3-b) pelo exercício do poder de polícia.

4) Contribuições previdenciárias para custeio do sistema próprio de aposentadoria e pensões dos servidores públicos de cada Estado.

8. Aos Municípios, a Constituição atribuiu competência impositiva tributária para cobrar:

1) Imposto sobre a Prestação de Serviços em geral (ISS).

2) Imposto sobre a Propriedade Predial e Territorial Urbana (IPTU).

3) Imposto sobre a Transmissão *inter vivos*, a qualquer título, por ato oneroso, de bens imóveis (ITBI).

4) Taxas, que podem ser cobradas em duas situações:

4-a) pela prestação de serviços públicos;

4-b) pelo exercício do poder de polícia.

5) Contribuição para custeio do serviço de iluminação pública (CIP);

6) Contribuições previdenciárias para custeio do sistema próprio de aposentadoria e pensões dos servidores públicos de cada Município.

9. O Distrito Federal acumula as competências tributárias de Estados e Municípios.

10. O ICMS, tributo estadual, recebeu também um tratamento federativo, de modo a permitir a redução das desigualdades regionais, que são muito grandes no Brasil. Portanto, nas operações interestaduais entre empresas que não sejam consumidores finais das mercadorias, a regra é a seguinte:

1. A despeito de ser um tributo de competência estadual, nem toda competência impositiva foi atribuída a apenas um Estado, pois, se fosse atribuída toda a receita do ICMS ao Estado do qual se originam as mercadorias, isso transformaria os Estados menos desenvolvidos em verdadeiros feudos dos Estados mais desenvolvidos. Em face da desigualdade existente entre as regiões do País, a Constituição atribuiu ao Senado Federal (art. 155, § 2º, IV) poderes para estabelecer as alíquotas que incidiriam nas operações interestaduais de ICMS, as quais foram estabelecidas com critérios diferenciados de apropriação da receita a partir da origem das mercadorias (Resolução 22/1989):

1-a) Regra geral: O Estado de origem da mercadoria fica com 12% e o de destino com 5%;

1-b) Regra dos desiguais: Mercadorias oriundas do Sul e Sudeste (regiões mais desenvolvidas e industrializadas do Brasil) para as demais regiões do país: o Estado de origem fica com 7% e o de destino com 10%;

Assim, a regra geral é que nas transações interestaduais entre não consumidores finais, a maior parte do ICMS fique no Estado de origem, onde está localizado o vendedor (12%), e a menor no Estado de destino, onde está localizado o comprador (5%).

Todavia, partindo-se da constatação de que a maior parte da produção brasileira ocorre nos Estados das Regiões Sul e Sudeste, a regra geral acima é modificada, adotando o que se denomina de regra dos desiguais, através da qual, quando as mercadorias são originadas dos Estados localizados nas regiões Sul e do Sudeste para as demais regiões do país, os mais desenvolvidos ficam com a menor parte, (7%), enquanto o do destino das mercadorias ficará com a maior parte (10%) do ICMS.

Essa regra comporta exceções para produtos específicos, como os derivados de petróleo e energia elétrica, para as quais a cobrança de ICMS será integralmente no Estado de destino desses produtos.

11. A regra é distinta nas operações que destinem bens a consumidor final localizado em outro Estado, quando o ICMS será dividido entre os dois Estados, privilegiando paulatinamente o Estado de destino, até que a receita tributária seja integralmente atribuída a esse, no ano de 2019.

Essa alteração foi realizada em 2015 para contemplar as transações comerciais realizadas por meios eletrônicos, o que gerava grande desequilíbrio na distribuição geográfica da arrecadação fiscal decorrente dessas vendas, pois as mercadorias usualmente saíam dos Estados localizados nas regiões Sul e Sudeste para o restante do País, e a receita ficava integralmente no Estado de origem. Com a alteração realizada, paulatinamente essa receita pública será apropriada pelos Estados de destino das mercadorias, até que em 2019 essa arrecadação lhes será integralmente atribuída.

12. Muito embora existam competências tributárias próprias de cada ente federativo, a liberdade para a criação das incidências nas unidades subnacionais não é plena, uma vez que a Constituição Federal, em seu art. 146, estabelece a necessidade de Lei Complementar para várias situações, sempre visando a harmonizar a cobrança desses tributos. Uma dessas normas é o Código Tributário Nacional.

Além de determinação geral, a própria Constituição estabelece para o ICMS, tributo estadual, a necessidade de uma lei complementar específica, que estabeleça vários parâmetros para sua cobrança.

No mesmo sentido, o ISS, tributo municipal, necessita de lei complementar para sua harmonização, em face das incontáveis possibilidades de diversidade entre os mais de 5.500 municípios brasileiros.

13. Verifica-se que no Brasil a competência tributária foi extremamente dividida entre os entes federados, remanescendo muitas possibilidades impositivas na União, em especial no âmbito das contribuições. Como cada qual desses tributos deve ser criado por lei ordinária (ato do Poder Legislativo) de cada ente federado, analisar em concreto todas as incidências tributárias para cada atividade econômica que venha a ser desenvolvida em uma ou mais unidades federadas é um trabalho hercúleo, que demanda análise detalhada da legislação impositiva estabelecida localmente.

Além disso, observa-se que o sistema é disfuncional, pois atribui aos Estados, entes subnacionais, competências impositivas para tributar a circulação de mercadorias entre as Unidades Federadas, o que gera um sem número de problemas, em especial quando o Estado de onde se origina a mercadoria reduz a carga tributária para atrair novas empresas e investimentos, o que desequilibra o pacto federativo e gera uma disputa entre os Estados, conhecida pelo nome de *guerra fiscal*.

Não existe no Brasil um tributo nacional semelhante ao IVA – Imposto sobre Valor Agregado, usual em vários países europeus. No Brasil, como acima exposto, a tributação sobre a circulação de mercadorias é de âmbito estadual (ICMS), a tributação sobre a prestação de serviços é de competência municipal (ISS), e a tributação sobre a produção é de competência federal (IPI). E existem diversas incidências sobre a atividade econômica realizadas pela União através de contribuições, que incidem sobre o faturamento (Pis e Cofins) ou sobre a folha de salários (salário educação), o que reforça a disfuncionalidade do sistema.

Muitas propostas de reforma tributária já foram apresentadas ao Congresso Nacional desde a promulgação da Constituição, mas sem êxito, quase sempre em função da pressão dos Governadores (Chefes do Poder Executivo estaduais) que temem perder receita ou a competência arrecadatória

A carga tributária, como regra, estabelecida através de leis ordinárias de cada nível federativo, em 2014 chegou a 35% do PIB brasileiro, ou seja, alcançou o montante de R$ 1,9 trilhão, aproximadamente 600 bilhões de euros, considerando todos os níveis da Federação.

IV. A repartição do produto arrecadado

14. A arrecadação de alguns dos impostos acima mencionados não é totalmente apropriada pela Unidade da Federação que o arrecada, pois é repartida com os demais entes federativos, caracterizando-se como um federalismo participativo ou cooperativo. Existem duas espécies de redistribuição de recursos:

1) Repartição direta, através da qual se redistribui o que foi recebido diretamente por uma unidade federada à outra:

1-a) da arrecadação do ITR (patrimônio rural) a União transfere 50% para os Municípios onde estão localizados os imóveis ou 100% quando o município for responsável por arrecadar e fiscalizar.

1-b) da arrecadação do IOF (operações financeiras) sobre o ouro quando utilizado como ativo financeiro ou instrumento cambial, a União transfere 70% para o Município de origem do metal e 30% para o Estado-membro onde está localizado aquele Município.

1-c) da arrecadação do IPVA (propriedade de veículos) os Estados-membro transferem 50% para os Municípios onde os veículos são licenciados.

2) Repartição indireta, através da qual se redistribui o que foi recebido para outras unidades federadas, através de um sistema denominado de Fundos de Participação:

2-a) da arrecadação do IPI (Imposto sobre Produtos Industrializados) e do IR (Imposto de Renda) a União transfere 49% aos Estados e Municípios, da seguinte forma:

a) 21,5% para os Estados;

b) 24,5% para os Municípios.

2-b) Somente da arrecadação de IPI, 10% para os Estados Exportadores proporcionalmente ao valor de suas exportações;

2-c) da arrecadação do ICMS (circulação de mercadorias) os Estados transferem 25% para os Municípios, considerando predominantemente para o rateio o valor adicionado em seu território;

2-d) da arrecadação da Contribuição de Intervenção sobre o Domínio Econômico (CIDE) incidente sobre a exploração e comercialização de derivados de petróleo, a União transfere: 29% para os Estados, os quais deverão repassar aos Municípios 25% do que receberem.

Este sistema de Fundos de Participação é definido por um conjunto de leis complementares que visa a promover o equilíbrio socioeconômico entre Estados e Municípios, e que toma por base a relação entre população e riqueza de cada ente federativo, para melhor distribuir a arrecadação efetuada. Compete ao Tribunal de Contas da União proceder ao cálculo do valor a ser distribuído a cada ente federativo, através de um sistema de cotas.

15. É a Lei Complementar 62/1989, alterada pela Lei Complementar 143/2013, que regula a distribuição da parcela do Imposto sobre a Renda e do IPI para os Estados, denominado Fundo de Participação dos Estados (FPE). Os Estados da Região Norte, Nordeste e Centro Oeste, que possuem menor desenvolvimento econômico, ratearão entre si 85% dessa arrecadação; e os Estados do Sul e Sudeste, mais desenvolvidos, ficarão com os 15% restantes.

O rateio entre os Estados, considerada a divisão acima pré-estabelecida, obedecerão a duas variáveis: 1) a população e 2) o inverso da renda domiciliar per capita.

Essa Lei Complementar 62/1989 foi objeto de uma lide interfederativa de grandes dimensões, pois seus critérios originais de rateio foram estabelecidos apenas para os anos de 1990 e 1991, devendo ser editada nova lei que ajustasse esses mecanismos financeiros de distribuição entre os Estados, o que não ocorreu. Em face da omissão do Congresso Nacional os Estados do Rio Grande do Sul, Paraná, Santa Catarina (ADI 875) e Mato Grosso do Sul (ADIs 2.727 e 3.243) levaram a questão até o STF, que decidiu pela inconstitucionalidade da norma, mas modulou sua decisão, atribuindo-lhe efeitos futuros. O Congresso finalmente editou a Lei Complementar 143/2013 que alterou a sistemática de rateio, mantendo-a muito semelhante à que antes existia. Justamente pela semelhança com os critérios anteriores é que foi proposta a ADI 5069 pelo Estado de Alagoas, cuja relatoria no STF está a cargo do Ministro Dias Toffoli.

16. A distribuição dos recursos do Imposto sobre a Renda e do IPI para os Municípios é regulada pela Lei Complementar 91/1997, que rege o Fundo de Participação dos Municípios (FPM), que estabelece índices diferenciados por Municípios, de acordo com o número de habitantes que possuem, excetuados aqueles que se constituem em capitais dos Estados e Brasília, capital do País. As capitais rateiam entre si 10% do montante arrecadado, e os demais Municípios rateiam o saldo de 90%, sempre considerada a população.

17. Existe também o rateio federativo dos valores patrimoniais arrecadados pela União, a título de royalties decorrentes de petróleo, gás, minério e os potenciais de energia elétrica, o que ocorre de forma muito mais complexa, com alíquotas e bases de cálculo diversas para cada qual desses bens. No âmbito do petróleo e gás, o rateio federativo dos valores arrecadados é regido pela Lei 12.734/2012 e decorre das seguintes variantes:

a) em razão do tipo de contrato de exploração de petróleo e gás que vier a ser estabelecido (exploração através do sistema de concessão ou pelo sistema de partilha de produção);

b) do local onde ocorre esta exploração (em terra ou no mar);

c) E ainda, nos contratos de concessão, deve-se distinguir entre a parcela obrigatória de 5% e parcela variável entre 5% e 10% de *royalties* a ser cobrado.

Registra-se a existência de um enorme litígio interfederativo no Supremo Tribunal Federal discutindo a constitucionalidade da Lei 12.734/12 (ADIs propostas pelos Estados do Rio de Janeiro, Espírito Santo e São Paulo, ADIs 4.916, 4.917, 4.918 e 4.920), cuja relatora é a Ministra Cármen Lúcia, ainda sem previsão para encerrar.

V. Retenções e desonerações de tributos

18. A Constituição brasileira adotou duas técnicas tributárias para evitar disputas interfederativas: criou retenções que permitem aos entes federados que não são titulares da competência (critério da fonte) para arrecadar determinado tributo, retivessem o produto de sua arrecadação; e criou também uma desoneração constitucional interfederativa, através da qual um ente federado fica impedido de cobrar impostos dos demais.

19. Através da primeira, os Estados e os Municípios ficam autorizados a manter em seus cofres o Imposto sobre a Renda retido na fonte sobre a remuneração que pagam a seus servidores públicos. A despeito de o Imposto sobre a Renda não estar inserido na competência de Estados e Municípios, mas na competência da União, consoante o critério de fonte, a Constituição nos arts. 157, I, e 158, I, permitiu que os valores retidos na fonte a título de Imposto sobre a Renda não fossem transferidos à União. Trata-se de nítida técnica arrecadatória que visa a reduzir a possibilidade de lides entre os entes federados. Utilizada essa técnica tributária estabelecida pela Constituição, o risco de disputas entre os entes federados fica reduzido, pois não há a obrigatoriedade de recolhimento dessa parcela retida aos cofres públicos federais. Trata-se de uma técnica de tributação própria do federalismo cooperativo.

Observam-se aqui alguns problemas financeiros concretos, tais como a obrigação da União de restituir o Imposto sobre a Renda aos servidores públicos estaduais ou municipais, mesmo que não tenha recebido nem um centavo a título desse imposto, pois o valor que foi retido não foi repassado aos cofres públicos federais.

Outro problema é de competência normativa e de foro para litigância administrativa, pois, embora o Imposto sobre a Renda Retido na Fonte tenha se transformado em receita pública estadual e municipal, a legislação aplicável é a federal, e eventual má aplicação ou interpretação das normas federais pelo fisco estadual ou municipal, fará com que a lide administrativa seja discutida perante as cortes administrativas federais. Porém, caso seja necessário que o servidor público do ente subnacional complemente o pagamento do Imposto sobre a Renda, esse recolhimento será realizado para os cofres públicos federais, e não mais para os subnacionais, pois não se tratará de retenção na fonte.

20. Outra técnica que visa à redução de impasses federativos é conhecida por *imunidade recíproca*, através da qual cada ente federado fica impedido de exercer sua competência tributária para a cobrança de impostos sobre a propriedade, os bens e os serviços uns dos outros. Essa técnica desonerativa consta do art. 150, VI, "a", da Constituição.

Assim, embora os Municípios tenham competência para cobrar impostos sobre a propriedade imobiliária, não podem exercê-la sobre os bens da União ou dos Estados. Outros exemplos nesse sentido podem ser expostos, sempre no sentido de impedir que um ente federado cobre impostos sobre o patrimônio, bens ou serviço dos demais.

É permitido ocorrer a cobrança de outras espécies tributárias, como taxas ou contribuições.

VI. Dilemas do Sistema

21. O sistema atual de federalismo fiscal cooperativo entre as unidades federadas no Brasil vive com alguns dilemas que, em breves palavras, passa-se a expor, apenas para identificar os futuros passos a serem dados para seu aperfeiçoamento.

Alguns problemas se destacam nesse contexto:

a) O desvio da arrecadação federal através do manejo de tributos não compartilhados;

b) a renúncia fiscal dos tributos compartilhados;

c) a guerra fiscal entre as unidades federadas subnacionais.

22. A questão do desvio de arrecadação dos tributos compartilhados ocorreu fortemente durante certo período, no qual a necessidade de aumento da arrecadação federal foi efetuada através do aumento das alíquotas e das incidências das contribuições, tributo que não era compartilhado com os demais entes subnacionais. Ao invés do manejo dos impostos compartilhados, como o Imposto sobre a Renda ou o IPI, o governo federal aumentou a incidência de contribuições como o PIS, a Cofins e a Contribuição Social sobre o Lucro Líquido, o que gerou diversas manifestações dos entes subnacionais denunciando a medida de política fiscal adotada.

A lógica era que o custo político do aumento de tributos devesse ser integralmente arcado pelo ente federado que seria beneficiado pela arrecadação, e não compartilhado com os demais entes. Assim, ao invés de aumentar impostos cuja arrecadação seria levada apenas parcialmente para os cofres federais, houve a majoração da incidência de contribuições, levando toda a arrecadação para aquele nível de governo que assumiu o ônus político da medida.

Certamente isso se caracteriza como uma opção política, mas que feriu a lógica do sistema de federalismo fiscal cooperativo adotado pela Constituição, pois a arrecadação federal aumentou sem o compartilhamento federativo. Não se tratou de uma medida que pudesse ser submetida ao controle jurisdicional, mas foi duramente criticada, e permanece até os dias atuais.

23. Situação semelhante ocorre quando, em face da adoção de medidas econômicas anticíclicas ou para atração de investimentos, um ente federado decide reduzir a incidência de certo tributo cuja arrecadação é compartilhada com outros entes federados.

Uma isenção parcial ou temporária para certos produtos industrializados adotada pelo governo federal impacta diretamente na arrecadação do IPI, imposto cuja arrecadação é compartilhada com Estados e Municípios, através do sistema de Fundos de Participação, acima explicitado Daí que um benefício fiscal concedido por um ente federado impacta na arrecadação transferida a outro ente.

O assunto foi judicializado e pende de análise por parte do Supremo Tribunal Federal, sob alegação de quebra do federalismo fiscal traçado pela Constituição. Existem também projetos de lei ordinária em trâmite no Congresso Nacional buscando fórmulas financeiras pelas quais os entes federados prejudicados venham a receber compensações em razão desse procedimento.

24. Outro dilema diz respeito à guerra fiscal entre os entes subnacionais, que decorre da existência de um sistema de tributação de operações interestaduais centrado nos entes subnacionais, através do ICMS, semelhante ao IVA europeu. Como uma parte da arrecadação pertence aos Estados de onde se origina a operação, e outra para o Estado de destino, existe larga margem de renúncia fiscal das receitas próprias dos Estados de origem visando à atração de novos investimentos para seu território, deslocando o eixo da desigualdade regional. Como acima referido, os Estados do Sul e do Sudeste brasileiro são mais desenvolvidos que os do Norte, Nordeste e Centro Oeste, o que faz com que estes desenvolvam uma política mais agressiva de renúncias fiscais em face dos demais.

Existe uma Lei Complementar que veda esse tipo de procedimentos (LC 24/175), e o STF rotineiramente declara inconstitucionais os atos normativos estaduais que a violam. Todavia, tão logo uma norma é declarada inconstitucional, outra é editada pelo ente subnacional e a guerra fiscal prossegue.

O Parlamento nacional busca alternativas financeiras para o término da guerra fiscal através da modificação do regime de partilha do ICMS, concedendo menos recursos para os Estados de onde se originam as mercadorias e mais para aqueles as quais se destinam. Trata-se de um debate parlamentar ainda em curso.

25. Existem vários outros dilemas federativos fiscais no Brasil, envolvendo vários âmbitos, como: 1) a efetiva desoneração das exportações,

que remanescem oneradas pelos Estados, que não devolvem os créditos acumulados de ICMS; ou 2) questões envolvendo o endividamento dos entes subnacionais; 3) ou a limitação federativa para a realização de gastos públicos rígidos, como as despesas com os servidores públicos. A análise de tais questões, contudo, fugiriam ao objetivo deste trabalho, que é o de dar um panorama geral do sistema brasileiro de federalismo fiscal cooperativo.

Conclusões

26. O federalismo fiscal cooperativo brasileiro foi construído pela Constituição de 1988 através do rateio de fontes de arrecadação (competência impositiva) e de partilha do produto arrecadado (através de um sistema de fundos financeiros), além de peculiaridades como fórmulas de retenção de tributos na fonte e de imunidade tributária recíproca.

A despeito dessa construção funcionar de forma adequada, existem dilemas em sua dinâmica que precisam ser aperfeiçoados, visando torná-lo mais funcional e permitir maior distribuição da receita pública visando reduzir as desigualdades regionais e dar melhores condições de vida para cada habitante do vasto território brasileiro.

PARTE III
JURISDIÇÃO CONSTITUCIONAL E DEMOCRACIA

Capítulo VIII

A QUESTÃO INTERPRETATIVA QUE PERMEIA A RELAÇÃO TEXTO E NORMA

LENIO LUIZ STRECK

1. A relação direito e lei – O papel pioneiro de Paulo Bonavides. 2. Texto e norma e crise paradigmática. 3. As limitações da sintática e da semântica. 4. Como descobrimos que a lei não carrega o direito? 5. Concluindo: o problema do embate "objetivismo-subjetivismo" e a necessidade de uma teoria da decisão. Referências.

1. A relação direito e lei – O papel pioneiro de Paulo Bonavides

Ao perceber os limites do paradigma positivista na teoria do direito, Paulo Bonavides adotou uma postura pioneira na renovação da ciência do direito. Foi a partir da atuação de juristas como ele que novas matrizes teóricas ganharam espaço no ambiente acadêmico brasileiro, fornecendo um vasto e excelente material para o amadurecimento teórico de nossas pesquisas. Entre as diversas contribuições de Bonavides, podemos citar a nova compreensão a respeito da relação entre o direito e a lei, obscurecida, durante muito tempo, por juristas que continuavam apegados a uma espécie de positivismo primitivo muito em voga nas Faculdades de Direito. Era uma situação que, inclusive, dificultava a necessária distinção entre positivismo exegético e positivismo normativista. Kelsen e o velho exegetismo eram vistos como elementos pertencentes à mesma corrente do positivismo. Dessa forma, a superação do velho paradigma – tanto o exegético, quanto o normativista – tornava-se uma tarefa extremamente complicada.

É nesse momento que Bonavides introduziu as importantes formulações teóricas de Friedrich Müller no ambiente acadêmico brasileiro. Na vasta obra de Bonavides, principalmente em seu *Curso de Direito Cons-*

titucional, é possível encontrar os primeiros apontamentos das investigações críticas de Müller, que, no caso, se destacam ainda hoje no âmbito da metodologia, da teoria do direito e da Constituição. Desde as décadas de 1960 e 1970 o jurista alemão já vinha se afastando inteiramente das correntes formalistas, apontando as insuficiências do positivismo no que tange à fundamentação do direito. Suas pesquisas buscavam organizar uma teoria material do direito e, mais tarde, acabaram vindo ao encontro das reflexões também realizadas por Bonavides.

A teoria estruturante do direito continua a exercer uma enorme influência entre aqueles que buscam a superação do paradigma positivista, pois possui como base a ideia fundamental de que a norma jurídica não se identifica com o texto da lei ou da Constituição. Segundo Bonavides,

> o método racionalista e concretista de Müller tem (...) a boa intenção de vir em socorro da Constituição, para fazê-la compreendida em face do espaço real que lhe fugia, trazendo-o de volta ao âmbito da regulação constitucional, consideravelmente estreitado pelo formalismo.[1]

É nesse sentido que a "Metódica Jurídica" de Müller se constitui como uma teoria da práxis, assumindo uma compreensão mais ampla de método, já que a interpretação passa a levar em consideração certos aspectos materiais completamente desconsiderados no passado. A partir dessa nova posição teórica, a normatividade deixa de ser analisada como uma virtude da codificação e passa a ser vista como resultado de um processo real de construção. Com isso, a dualidade do ser e do dever-ser, mantida pelo positivismo kelseniano, perde a razão de sua existência, e a norma jurídica passa a ser considerada enquanto uma noção composta, ficando impossibilitada a existência de um dever-ser puro, como estava presente na *Teoria Pura do Direito*.

A teoria estruturante do direito foi bem recebida no Brasil, e um número significativo de juristas brasileiros tem recorrido a ela para fortalecer teses mais modernas e abertas com relação à aplicação e interpretação constitucionais. No Brasil, a abertura para essa nova forma de compreensão do fenômeno jurídico foi apontada por trabalhos como os de Bonavides, que em seus constantes e profícuos diálogos teóricos mantidos com Müller, ajudou-nos a avançar significativamente na superação do paradigma positivista.

---

1. Paulo Bonavides, *Curso de Direito Constitucional*, 31ª ed., São Paulo, Malheiros Editores, 2016, p. 514.

2. Texto e norma e crise paradigmática

Como superar a crise paradigmática que atravessa o direito? De que maneira podemos superar os resquícios do senso comum teórico?[2] A que devemos debitar esse processo de "coagulação dos sentidos jurídicos"? Essas perguntas deveriam estar na ordem do dia, escritas na lousa das salas de aula dos cursos jurídicos de *terrae brasilis*.

De há muito tenho buscado a explicação para essa crise. Nas idas e vindas de minhas investigações, há um ponto que pode ser considerado como o de "estofo", onde confluem os diversos caudais doutrinário-jurisprudenciais: trata-se do modo como a teoria do direito tem compreendido a viragem do fenômeno do positivismo exegético para as novas formas de ir-além-do-velho-formalismo, que dominou as práticas jusfilosóficas desde o século XIX.

As respostas a tais questionamentos são tarefas da teoria do direito. Este é ponto central da reflexão jurídica: a necessidade de uma teorização, que decorre do caráter alográfico do direito, como diz Eros Roberto Grau.[3] Isto quer dizer que o direito necessita de um *medium interpretandi*. Para ser mais claro: sem teoria, não há direito. Não é qualquer pessoa que pode ou que sabe interpretar a lei. Mesmo que um dispositivo legal esteja formulado na mais simples linguagem ordinária,[4] ainda assim a sua interpretação não pode ser feita afastada daquilo que se pode chamar de campo jurídico.[5]

---

2. Senso comum teórico é utilizado no sentido desenvolvido por Luis Alberto Warat.

3. Cf. Eros Roberto Grau, *Por que tenho medo dos juízes*, 7ª ed. (refundida do *Ensaio e discurso sobre a interpretação/aplicação do direito*), São Paulo, Malheiros Editores, 2016, pp. 25 ss.

4. Aqui é necessário remeter o leitor à discussão acerca do surgimento do neopositivismo lógico, no início do século XX. Os filósofos – e só depois essa questão chegou no direito – estavam preocupados com a linguagem da ciência. Para eles, a linguagem ordinária era insuficiente para traduzir o que a ciência queria. A ambiguidade e a vagueza (vejam como tardiamente os juristas "descobriram" isso) poderiam obstaculizar os enunciados científicos. Consequentemente, propuseram a construção de uma linguagem técnica, lógica. A partir da sintaxe e da semântica – excluindo, portanto, a pragmática –, nasceu o neopositivismo lógico ou empirismo contemporâneo. Mas, para isso, sugiro a leitura de L. L. Streck, *Hermenêutica Jurídica e(m) crise* (11ª ed., Porto Alegre, Livraria do Advogado, 2011), assim como a literatura ali citada, como os textos de Luis Alberto Warat e Leonel Severo Rocha.

5. Campo jurídico pode também ser entendido como "imaginário" dos juristas. É o modo como os jogadores do jogo jurídico se localizam e pensam o jogo a partir do próprio jogo, cujas regras estão pré-fixadas, assim como o seu modo de interpretação. Remeto assim à introdução de *Hermenêutica Jurídica em Crise*, 11ª ed., 2013.

As palavras da lei somente adquirem significado a partir de uma teorização, que já sempre ocorre em face de um mundo concreto. Do mesmo modo, as palavras no nosso cotidiano também só têm sentido a partir de um contexto e de uma tradição (ou, para usar a terminologia hermenêutica, de um *a priore* compartilhado). Ou seja, a teoria é a condição de possibilidade desse "dar sentido". Esse sentido "exsurge" de uma fusão de horizontes (*Horizontverschmelzung*).[6] Não há um "sentido evidente" (ou imanente). As palavras da lei não contêm um "sentido em si". Os sofistas foram os primeiros a perceber que entre palavras e coisas não há uma imanência. Isso pode ser visto no primeiro grande livro sobre filosofia da linguagem, *Crátilo*, de Platão. O poder da cisão entre palavras e coisas, entre palavras e o sentido "em si", pode ser visto na influência que os sofistas tiveram nas tragédias gregas, valendo citar *As Troianas*, de Eurípedes. Ali, o sentido da (palavra) guerra se altera profundamente. A guerra não é mais algo épico, heroico. A guerra, nas *Troianas*, é vista pelo olhar feminino. O extremo sofrimento. As mulheres troianas (vencidas) feitas prisioneiras-escravas. Veja-se a eloquência com que Eurípedes relata a tragédia das mulheres na guerra. A rainha Hécuba, lamentando a morte de seu neto Antiânax, filho de Heitor, atirado do alto de um edifício para morrer espatifado. A criança é a ela entregue sobre o escudo de Heitor:

>Pousai no chão o escudo de meu filho, guardas! Ah! Como seus adornos são agora tristes e sem encantos para os meus olhos![7]
>Membros meus muito frágeis! Levai-me, conduzi-me na marcha forçada. Comecemos a triste jornada até nosso cruel cativeiro.[8]

Definitivamente, o sentido da palavra guerra mudara...!

Um exemplo de Paulo Barros de Carvalho ajuda para compreender melhor essa questão: se uma lei diz que três pessoas disputarão uma cadeira no senado da República, nem de longe se pode pensar que três pessoas disputarão o móvel (cadeira) do Senado. Não fosse assim e o marceneiro poderia ser jurista, muito embora a recíproca possa ser verdadeira...!

Procurando ser mais claro: se a interpretação/aplicação – porque interpretar é aplicar (*applicatio*) – fosse uma "questão de sintaxe" (análise sintática), um bom linguista ou professor de português seria o melhor

---

6. Nesse sentido, ver Streck, *Hermenêutica Jurídica*, ob. cit.
7. Hécuba, lamento ao receber o corpo do neto.
8. Hécuba, na cena final, em meio ao incêndio de Tróia.

jurista. Seria o império dos "conceitos" sem coisas. Só que as coisas (fatos, textos, fenômenos em geral) não existem sem conceitos (ou nomes). Diante disso Eros Grau vai dizer que:

> O intérprete discerne o sentido do texto a partir e em virtude de um determinado caso [Gadamer]. A interpretação do direito consiste em *concretar a lei* em cada caso, isto é, na sua *aplicação* [Gadamer]. Assim, existe uma equação entre interpretação e a aplicação; não estamos, aqui, diante de dois momentos distintos, porém frente a uma só operação [Marí]. Interpretação e aplicação consubstanciam um processo unitário [Gadamer], superpondo-se.[9]

Aliás, se não se compreender o direito a partir de uma adequada teoria, pode-se sempre cair em armadilhas, tanto ligadas a uma perspectiva objetivista como a uma perspectiva subjetivista (no sentido filosófico dessas palavras). Há um equívoco nas duas posições, como venho insistindo em dizer há tantos anos.

Vejamos o exemplo do conceito de contrato. A tradição especifica que

> contrato é um acordo estabelecido por duas ou mais pessoas com capacidade jurídica para praticar os atos da vida civil, com forma prescrita ou não defesa em lei e objeto lícito, possível, determinado ou determinável.

Isso quer dizer que um menino de dez anos não pode comprar um saco de pipoca? Claro que pode e isto porque o conceito não abarca todas as hipóteses de aplicação. Isso acontece com o conjunto das palavras que compõem o universo da legislação. Elas não esgotam a realidade. Na palavra "Nilo" não está a água do Rio Nilo e nem na palavra "rosa" está o seu perfume...! A palavra "borboleta" não tem asas (permito-me fazer esta ironia). A palavra água não molha... e não pinga!

Do mesmo modo, o tipo penal "subtrair coisa alheia móvel" não contém a "essência" do significado do furto. Há milhões de hipóteses de furto. A "regra" "subtrair" não consegue "dar conta" da complexidade do ato de subtrair. No enunciado "constranger mulher a praticar sexo" não está contida a "essência da 'estuprez'". Tampouco o enunciado "não compete ao STF conhecer de 'habeas corpus' impetrado contra decisão do relator que, em 'habeas corpus' requerido a tribunal superior, indefere a liminar" (Súmula 691) contém todas as hipóteses aplicativas, bastando, para tanto, ver como o próprio Supremo Tribunal Federal confessa isso,

---

9. Eros Roberto Grau, *Por que tenho medo dos juízes*, 7ª ed., cit., p. 47.

ao suplantar o nível meramente sintático-semântico do referido enunciado sumular, ao conceder liberdade a Paulo Maluf e seu filho.

Outro exemplo pode melhorar o nosso entendimento. Trata-se do clássico exemplo de Recaséns Siches, que vou aqui tornar mais complexo. Se há uma lei que proíbe que se levem cães na plataforma do trem, a pergunta que se põe é: seria possível levar um urso? Afinal, apenas os cães estão proibidos... O que não é proibido está permitido... Ocorre que a palavra "cães" não esgota o sentido da regra. Neste caso, a partir da reconstrução da história institucional do direito pelo "método hermenêutico",[10] chega-se à conclusão de que, onde está escrito cães, deve-se ler "animais perigosos", isto é, os animais que podem colocar em risco os passageiros. Ainda, assim, a reconstrução institucional deve continuar. Afinal, que tipo de animal está proibido? O que seria um animal perigoso? Quem define essas "coisas" (animais) que devem se compatibilizar com o conceito de "perigosos"? É o juiz? É ele quem escolhe, de forma discricionária (arbitrária)? Ou ele consultará um dicionário? Há uma listagem de animais perigosos à disposição na literatura jurídica (ou não jurídica)? E, se houvesse tal lexicografia, o conceito de "animal perigoso" estaria condizente com o contexto de aplicação (caso concreto), isto é, "a plataforma de um trem"? Afinal, um conceito "abstrato" de "animais perigosos" pode ser aplicado à selva ou ao interior de uma escola, mas não a uma plataforma de trem, pois não?

E, atenção: nem mesmo a palavra "cães" segura o "seu próprio sentido", uma vez que não se poderia aplicar a proibição a um cego levando o seu cão guia (o que parece óbvio). E assim por diante. Se a *holding* está assentada em "animais perigosos", todo tipo de cão não perigoso não estaria fora da proibição da regra? Veja-se, desde já – problemática que voltarei mais adiante –, a questão da relação "texto-norma". Mais do que isso, está-se diante da necessidade de uma teoria da decisão. Como se decidem os casos, eis a questão que procuro responder em *Verdade e Consenso*.[11]

Na especificidade do exemplo de Siches, se a resposta fosse simplesmente "sim, pode levar um urso", estar-se-ia em face de uma decisão "raso-positivista-exegética" (positivismo primitivo). Já se a resposta fosse "não, porque onde está escrito cães, leia-se animais perigosos", em tese

---

10. O que é o método hermenêutico? Para isso, remeto o leitor, mais uma vez, ao meu *Hermenêutica Jurídica e(m) crise*, cit., (Livraria do Advogado, 2011) na Introdução, onde explico essa "metodologia".

11. Lenio Luiz Streck, *Verdade e Consenso*, 4ª ed., São Paulo, Saraiva, 2011.

estar-se-ia em face de uma análise pós-positivista, isto é, uma análise que superaria o positivismo exegético. Entretanto, o final da história, isto é, a resposta acerca de como poderia ser classificada a segunda resposta advirá do tipo de decisão. Se for discricionária a resposta, sem uma reconstrução da história institucional do direito, poderemos estar em face de uma resposta positivista do tipo pós-exegético-voluntarista.

Isso quer dizer que a interpretação da lei não pode se limitar à lei (à súmula ou ao "verbete"). Mas, atenção: ao ir "além" da lei, cresce o grau de complexidade. É neste ponto que muitos juristas pensam que, pelo simples fato de superarem o positivismo exegético (*lato sensu*, as posturas formalistas do direito), já se encontram em território pós-positivista. Ledo engano, uma vez que o positivismo tem várias faces.

3. *As limitações da sintática e da semântica*

O ponto mais simples é a constatação – elementar – de que a lei não contém a resposta em si mesma. Essa é a constatação primeira que deve ser feita. Óbvia desde *Antígona* até *As Aventuras de Gulliver*,[12] passando por *Medida por Medida* (Shakespeare). Todavia, embora a obviedade disso, não é difícil perceber a forma como os juristas se apegam às discussões (meramente) sintáticas. Trata-se de uma tentação na qual os juristas caem cotidianamente, bastando para tanto ver o modo como se discute o que quer dizer uma súmula vinculante, como se fosse possível fazer uma "antecipação dos sentidos da complexidade da multiplicidade de casos concretos". A ex-Ministra do Supremo Tribunal Federal, Ellen Gracie, chegou a dizer que a súmula vinculante não era algo passível de

12. Em *As Aventuras de Gulliver* (Jonathan Swift)) há passagens magníficas acerca da interpretação da lei, valendo lembrar a questão principiológica envolvendo o salvamento da imperatriz levada a cabo por Gulliver. O palácio estava em chamas e a imperatriz encurralada. Não havia água próxima. Os bombeiros fracassaram. Gulliver, em *ultima ratio*, urinou sobre o palácio e em menos de três minutos apagou o incêndio. Tempos depois, Gulliver foi acusado por crime de lesa majestade, por ter infringido a lei que proíbe "verter água" nas proximidades do palácio real. Gulliver, condenado à morte por inanição (fornecimento de alimentos reduzido dia a dia), além de pena auxiliar de ter seus olhos cegados, resolve deixar o país. Qual é a diferença entre a "cega" aplicação da regra (lei) pelo *establishment* de Lilliput e a condenação de um camponês por estar portando, sem autorização, uma espingarda em seu sítio? Qual é a diferença entre a condenação de Gulliver e a condenação, pelo crime de apropriação indébita, do cidadão que não devolveu três DVD's em uma locadora de vídeo de São Paulo? Recordo, aqui, uma antiga frase de Paulo Bonavides: regras vigem, princípios valem! Como insisto em dizer em *Verdade e Consenso*, princípios são a enunciação da regra; princípios são o mundo prático que penetra nas fissuras das regras.

interpretação, pois deveria ser suficientemente clara para ser aplicada sem maior tergiversação. Uma frase que caberia muito bem no século XIX... Vejamos: por vezes, firma-se posição acerca da "literalidade" da lei ou do enunciado sumular (ou de algum verbete jurisprudencial). Nestas hipóteses, acredita-se que os conceitos são isomórficos, como se a palavra representasse a própria coisa (ainda que não se saiba de que "coisa" se trate). Já na sequência, dependendo da subjetividade do intérprete (podemos chamar a isso de "vontade de poder"), a "literalidade" perde o valor e importância, inclusive com citações doutrinárias do tipo "é obvio que a letra da lei não contém o direito" ou "já não se pode falar do adágio *in claris cessat interpretatio*" etc.

Nesses casos, por razões de baixa densidade hermenêutica, os intérpretes (tribunais etc.) lançam mão de ampla discricionariedade,[13] do livre convencimento e de outros adágios do senso comum teórico. Como os tribunais não estão acostumados a julgar por princípios e, sim, por política(s), acaba predominando um "jogo interpretativo *ad hoc*", que pode ser assim resumido: quando lhes interessa, vale a palavra da lei, a sua sintaxe, o verbo nuclear etc.; e quando não lhes interessa, as palavras são fugidias, líquidas, amorfas... Aí então se busca a vontade da norma,[14] a vontade do legislador,[15] a ponderação de valores,[16] enfim, os mais diversos álibis teóricos que visam a confortar a decisão.

13. Discricionariedade: refere-se à ideia do poder de *escolha* que possui o intérprete no julgamento de um caso. Considero a discricionariedade a principal característica do positivismo pós-exegético (especialmente, as propostas de Kelsen e Hart). Neste sentido, faço uso da noção de *discricionariedade em sentido forte*, trabalhada por Dworkin em seu *Levando os direitos a sério*, na crítica ao positivismo de Herbert Hart. Em *terrae brasilis*, existe um infindável terreno onde o poder discricionário dos juízes é aplicado, mormente sob a perspectiva de defesa de maiores poderes ao juiz, objetivando superar o modelo de direito formal☐exegético; ou como uma aposta no protagonismo judicial, em que o juiz julga com base em critérios não jurídicos, a partir de um ato de vontade, sendo a discricionariedade compreendida, portanto, como poder imanente à tarefa jurisdicional, diante das vaguezas e ambiguidades dos textos normativos. A partir de uma teoria da decisão – fundada na exigência de respostas corretas no direito – refuto integralmente o poder discricionário dos juízes (cf. Streck, *Verdade e Consenso*, ob. cit., p. 39).
14. Já tenho escrito muito sobre a "vontade da lei ou vontade da norma". Trata-se de um artifício que pode ser chamado de objetivismo interpretativo (objetivismo, é claro, no sentido filosófico da palavra, isto é, realismo filosófico). Ora, norma só tem vontade quando for uma senhora que aceite um determinado convite...
15. Um aluno me perguntou: o que é que o legislador quis dizer aqui? Dei-lhe uma moeda, sugeri que fosse a um telefone público (na época em que ocorreu o episódio, não havia celulares) e ligasse para o legislador. Se, por acaso essa figura mítica chamada "o legislador" já tivesse morrido, a solução é "invocar o seu espírito"

4. Como descobrimos que a lei não carrega o direito?

Nesta altura, antes de criticar esse "jogo *ad hoc*" descrito acima, cabe insistir na "crítica primeva" que move o presente texto: efetivamente, a lei não "carrega" o direito. E como descobrimos isso, de forma definitiva? A resposta é induvidosa: a partir da superação dos paradigmas essencialista--clássicos e da filosofia da consciência (ou de suas vulgatas voluntaristas). Isto é, a partir da viragem ontológico-linguística, a linguagem é alçada à condição de condição de possibilidade. Eu não possuo a linguagem. É ela que me tem. Heidegger dizia: a linguagem é a casa do ser; nessa casa mora o homem; os poetas e os pensadores são os vigilantes (os curadores) dessa casa. E, acrescento: tudo o que sei é graças às palavras que sei. E tudo o que (ainda) não sei é em face das palavras que desconheço. As coisas que não sei estão "cobertas" pela linguagem, a qual ainda não tenho acesso, porque não a descobri. Por isso, o ser se vela e se desvela. Palavra é como uma *"pá-que-lavra"*. Ela é abertura (*Erschlossenheit*), descobrimento (*Entdeckenheit*) e desvelamento (*Unverborgenheit*).

A lei é construída por palavras, circunstância que aparece como evidente. Ocorre que uma palavra não consegue abranger de antemão as diferentes possibilidades de sentido. A frase "você é um cão" pode ser afetuosa, dando ênfase à fidelidade do amigo ou extremamente ofensiva. Warat usava o seguinte exemplo para demonstrar esse viés pragmático que a filosofia da linguagem ordinária trouxe ao direito: é proibido fazer (ou usar) *topless* na praia pode ter um sentido diametralmente oposto se o enunciado se referir à praia de Ipanema ou de nudismo. Wittgenstein, em sua segunda fase (*Investigações Filosóficas*), demonstrou que é o contexto de uso que dá sentido às palavras. E isso foi muito útil, embora não suficiente,[17] para a construção de uma crítica à teoria tradicional do direito.

(*sic*)... Ora, são inúmeros os artifícios retóricos para justificar soluções de caráter subjetivista. Basta escolher um...!

16. Observe-se como o Google não é confiável, demonstrando a farsa que é a "pós-modernidade" (palavra dotada de anemia significativa, para usar uma expressão de Luis Alberto Warat). Coloquei "princípio da ponderação" e apareceram quase 43.700 incidências; já a "regra da ponderação" gerou 6.540 eventos. A maioria vence? Ledo engano. Não acredite na internet. A ponderação – essa "pedra filosofal da hermenêutica" *fake* –, na sua versão alemã (Alexy), é uma "regra" produzida depois de um procedimento. Portanto, não bastassem os problemas acarretados pelo uso indiscriminado dessa "fórmula mágica", ainda nos deparamos com o fenômeno da multiplicação equivocada do conceito via redes sociais.

17. Por que não foi suficiente? Pelo fato de que o deslocamento do "fator de sentido" em direção ao contexto de uso pode obnubilar os limites sintático-semânticos

A tentativa de colocar no "interior" do texto – como se a lei tivesse um lugar "oco" para "carregar" coisas – as futuras possibilidades de aplicação tem sua origem tanto nas perspectivas objetivistas quanto nas posturas subjetivistas (insisto: no sentido filosófico das palavras "objetivismo" e "subjetivismo"). Ou seja, historicamente os juristas aposta(ra)m no mito do dado, no sentido de que, feita/posta a lei, bastaria "acoplar" o caso. É o fenômeno da subsunção (vejam como isso ainda é corrente, hoje). Explicando isso melhor: mesmo nas correntes que busca(ra)m superar essa perspectiva objetivista, também nelas há essa aposta metafísica, na medida em que constroem um sentido arbitrário, que, em um segundo momento, passa a ser aplicado, pelos próprios adeptos do subjetivismo, de forma subsuntiva (as súmulas são um bom exemplo disso). Nada mais positivista do que isso: o positivismo discricionarista constrói o seu próprio objeto de conhecimento. Por isso é possível ver abordagens – sincréticas – nas quais o intérprete (operacionalidade do direito *lato sensu*) por vezes é subjetivista ou adepto de alguma corrente realista e, em segundo momento, transforma-se em um objetivista, para defender o conceito que ele mesmo produziu (ou que a doutrina produziu).

Assim, quando afirmo que é o caso concreto que definirá o sentido de uma determinada lei e que, no direito, não pode existir "conceito sem coisa", quero apenas insistir na tese de que não há essências ou conceitos universais. Mas, se os sentidos se dão a partir da concretude, enfim, das situações de aplicação (*applicatio*), isto não significa que não haja algo antes do caso concreto.

Tentando ser bem específico, para evitar mal-entendidos: não basta dizer que a lei não contém o direito. Não basta "descolar" a norma do texto ou a palavra da coisa. Por sinal, isso não é novo. Os sofistas sofreram uma crítica contundente de Sócrates, no diálogo *Crátilo*, escrito por Platão. Se o simples convencionalismo (a não imanência entre palavras e coisas, entre significantes e significados) bastasse, os bravos sofistas já teriam resolvido esse problema mais de cinco séculos antes de Cristo.

Mas, o que sobra disso? Simples: quando o intérprete dá o sentido que mais lhe convém, está-se diante de uma "neosofismização". Na verdade, já – então – não há(verá) direito; há(verá), apenas, o direito dito pelo intérprete. Por isso, o direito não pode ser aquilo que os juízes e tribunais dizem que é, enunciado tão caro aos realistas. Essa concepção, além de cética e sofística (veja-se, neste caso, a crítica de um positivista do texto. Isso ocorreu, por exemplo, com o positivismo fático, representado pelas correntes do realismo americano e escandinavo.

como Herbert Hart à concepção cética), mostra-se antidemocrática. Os realistas norte-americanos e os realistas psicologistas escandinavos é que defendiam (e muitos ainda defendem, como, por razões de análise econômica do direito, Richard Posner) a tese de que o direito é *aquilo que os juízes dizem que é*. Isso fica evidente no texto *The path of the Law*. E, ritmando com aqueles que contemporaneamente sustentam que a interpretação é um ato de vontade e que sentença vem de *sentire*, Holmes diz o que entende por direito:

> *I am much of this mind. The prophecies of what the courts will do in fact, and nothing more pretentious, are what I mean by the law.*[18]

Aliás, Posner filia-se à doutrina realista de Oliver Wendell Holmes, sob o fundamento de que a atuação judicial baseada no instinto do intérprete transcende a uma análise teórica do caso. Utilizando argumentos *de fato* (que considera, por exemplo, na discussão sobre a constitucionalidade do aborto, a situação de que ele já vem sendo praticado pelas mulheres com maior poder aquisitivo), Richard Posner afirma que sua proposta é menos arriscada do que a teoria totalizante de Ronald Dworkin (centrada na preocupação de que o direito não mude conforme se altere a composição da Corte). Isso porque, segundo Posner, poucos juízes estão habilitados a compreender ou criar teorias políticas, ao passo que sempre poderão se guiar por seus instintos.[19]

Ora, é possível contestar as teses voluntaristas-pragmaticistas de Posner de vários modos. Aqui me contento em dizer que uma decisão não pode ser fruto da "vontade" ou da "intuição" (essa crítica não se aplica apenas a Posner, é claro). Para além disso, não há grau zero de sentido. Ou, como diz Gadamer, não existe a primeira palavra. O direito necessita de uma certa "dogmática", um modo de compreender os institutos jurídicos, cujos elementos são construídos naquilo que podemos chamar de campo jurídico. Já vemos, aqui, que, embora a lei não contenha o direito, isso não quer dizer que "não haja algo antes do exsurgimento do direito na sua concretude".

Assim, o grande salto para (um)a teoria do direito (pós-positivista) é a recepção correta (adequada) dos pressupostos teóricos advindos da

---

18. Oliver Wendell Holmes Jr., "The path of the Law", in Steven J. Burton (Editor), *The path of the Law and its influence. The legacy of Oliver Wendell Holmes Jr.*, Cambridge, Cambridge University Press, 2007, p. 336.
19. Cf. Richard A. Posner, "Legal reasoning from the top down and from the bottom up: the question of unenumerated constitutional rights", *The University of Chicago Law Review*, vol. 59, n. 1, pp. 433-450, Chicago, winter/1992, pp. 446-448.

fenomenologia hermenêutica. Minimamente, todos nós sabemos o que é "legítima defesa". Todavia, não podemos imaginar as múltiplas possibilidades em que se dá a legítima defesa. Ou seja, conclui-se disso que o legislador não trata das legítimas defesas, mas, sim, de um conteúdo "dogmático" de legítima defesa, que busca servir de bússola para as hipóteses aplicativas. É fundamental que se entenda isso. Do texto exsurgem normas, pois. Afinal, a norma é sempre o resultado da aplicação do texto. No fundo, é aquilo que Gadamer chama de *Sinngebung* (dar sentido).

Dizendo de outro modo: a palavra "giz" não traduz as diversas barras de giz existentes no mundo. Na verdade, como bem aponta Heidegger, o que determina o significado que se atribui à palavra "giz" são as diversas formas de nos relacionarmos com seu significado. Trata-se de uma determinação que se descobre no ser-um-com-o-outro, plasmado no modo como nos comportamos com relação ao ente significado. No exemplo do filósofo: o enunciado "o giz é branco" funda sua significação em nosso ser junto a esse ente por si subsistente. Ainda que tomemos apenas duas pessoas entre nós, esse giz nunca será igual. Há um modo de se relacionar específico que emerge em cada uma dessas circunstâncias fáticas.[20]

Desse modo, o que podemos dizer a respeito do conceito de legítima defesa é que ele é o mesmo conceito (*mesmidade*) que se esgrime nas diversas situações possíveis existentes no mundo da vida; todavia essa sua utilização, o comportar-se diante desse conceito nunca se exprime numa relação de igualdade. Uma legítima defesa "só é" em uma dada situação concreto-aplicativa. O conceito de legítima defesa é poroso. Insuficiente. Anêmico. É a concretude que lhe dará (preencherá) o sentido.

Pois é exatamente a partir da hermenêutica jurídica – em especial, a que advém da Crítica Hermenêutica do Direito[21] –, que se pode dizer que as regras são compreendidas como porosas, abertas, pela simples razão de que o seu sentido depende da *applicatio*.[22] Quando o legislador estabelece

---

20. Martin Heidegger, *Introdução à Filosofia*, São Paulo, Martins Fontes, 2008, pp. 90 e ss.
21. Cf. L.L. Streck, *Hermenêutica Jurídica e(m) crise*, ob. cit., e *Verdade e Consenso*, ob. cit.
22. A partir de Gadamer, não há cisão entre interpretar e aplicar. Quando interpreto – porque antes compreendo – estou já sempre aplicando. Não interpreto *in abstrato*. De uns tempos para cá, tornou-se lugar comum repetir essa máxima de Gadamer: interpretar é aplicar. Só que parcela considerável dos juristas que assim procedem continuam incorrendo no dualismo que Gadamer superou. Quando ele faz a crítica às três *subtilitates* (*subtilitas intelligendi*, *explicandi* e *applicandi*, mostrando que nós sempre estamos na *applicatio*), ele está afirmando que quando interpreto, já está comigo o caso. Não há conceito e caso. Não há essa separação. Portanto, não

a regra do furto, parece simples compreendê-la. Afinal, trata-se do ato de subtrair coisa alheia móvel. Ocorre que – e isso deveria ser evidente – o legislador não está pretendendo "cuidar" dos milhares de modos em que um furto pode ocorrer (imaginemos, só para começar, o problema do valor da coisa subtraída). A porosidade da regra do furto será preenchida pelos princípios. São os princípios que preenchem as faltas, os silêncios, as lacunas e as demasias da "letra da regra" (ou do preceito em geral). A porosidade da regra convoca a densidade dos princípios. Trata-se, aqui, do fenômeno da transcendência do ôntico ao ontológico, como explicito em *Verdade e Consenso*. Por isso, não há regra sem princípio; e não há possibilidade de aplicação de um princípio sem uma regra. Ou seja, não há texto sem norma; assim como não há norma sem texto.

Veja-se como sempre voltamos ao problema fundante, inaugural da teoria do direito: o positivismo exegético é que tinha a intenção de firmar a tese de que o direito já está contido na lei. Ali, o texto continha a norma. É a partir dos anos 1960 do século XX que começamos a explicitar melhor essa diferença entre o texto (legal) e a norma (o sentido da lei). Foi Friedrich Müller[23] quem melhor desenvolveu essa tese. Para o pai do pós-positivismo, a norma (sentido do texto) é sempre parcialmente pré-existente (no texto, no enunciado). Ao interpretar esse texto, o intérprete já estará aplicando. E atribuindo sentido. E isso sempre a partir de um dado caso, quando será produzida a norma individual.

Müller mostrou o modo pelo qual deveria ser superado o positivismo exegético (o velho positivismo formalista). Ele deixou claro que texto e norma não poderiam ser a mesma coisa. Eis a grande superação do velho positivismo.

Quando das pesquisas para o livro *Hermenêutica Jurídica (e)m Crise*, descobri que a relação texto-norma constante em Friedrich Müller e depois retrabalhada por Eros Grau em *terrae brasilis*, poderia ser compreendida também a partir de um dos teoremas fundamentais da hermenêutica: a diferença ontológica (a outra é o círculo hermenêutico).[24] Isto

adianta dizer que interpretar é aplicar se cai no dualismo, como se pode perceber em parcela da dogmática jurídica (até mesmo na crítica do direito isso aparece). No livro *Hermenêutica Jurídica* procuro explicar isso, no *pós-posfácio*.
23. Em especial *Strukturierende Rechtslehre*, Berlim, Ducker und Humblot, 1994, e *Methodik, Theorie, Linguistik des Rechts*, Berlim, Ducker und Humblot, 1997.
24. Muitos autores, a partir de um indevido sincretismo, buscam colocar o círculo hermenêutico para explicar os diversos modos de interpretar. Há juristas que defendem, de forma rasa, o esquema sujeito-objeto (ou seja, sem se darem conta) e "não abrem mão" do círculo hermenêutico. Despiciendo fazer críticas a esse tipo de sincretismo.

porque, para Heidegger, o ser é sempre um ser do ente (nada há com o ser, dizia Heidegger). Eis o enigma. Os fenômenos se manifestam. Exsurgem. Põem-se à mão, por intermédio da linguagem. Daí os dois teoremas: a diferença ontológica (*ontologische Differenz*) e o círculo hermenêutico (*hermeneutische Zirkel*). O ser é sempre o ser do ente (atenção: não é ser "doente"). O ente só é no seu ser. Por isso não há cisão entre ser e ente. E não há cisão-cesura entre palavra e coisa; entre fato e direito.²⁵

Daí a construção que fiz, colocando a relação texto-norma no contexto da diferença ontológica. Como diz Heidegger, o ser não pode ser visto; ele serve para dar sentido aos entes. Portanto, o ser não é um ente. Diria então que *kein Text ohne Norm; keine Norm ohne text* (não há texto sem norma; e não há norma sem texto).

5. Concluindo: o problema do embate "objetivismo-subjetivismo" e a necessidade de uma teoria da decisão

A literatura pode nos ajudar a entender os grandes dilemas contemporâneos sobre a interpretação da lei e do direito. Veja-se que, em pleno século XXI, ainda não conseguimos superar o embate "objetivismo--subjetivismo" (no sentido filosófico, é claro), razão e vontade, como decidir etc.

Shakespeare, no início do século XVII, antecipou a discussão hermenêutica que será o centro das preocupações dos juristas do século XIX até os nossos dias. Entre as várias peças, há uma em especial, escrita por volta de 1604, chamada *Medida por Medida*.²⁶ Nela, o protagonista Ângelo, que assume o comando da cidade em lugar do Duque, vai do extremo objetivismo ao completo subjetivismo. Qual é o pior dos Ângelos? O I ou o II? Ou seja, duzentos anos antes das críticas de Ihering à juíza Pórcia de *O Mercador de Veneza* – outro exemplo de juiz solipsista shakespeariano – essa discussão já estava posta pelo bardo. Tenho usado muito essa peça shakespeariana nas aulas. Já há varias dissertações por mim orientadas que tratam de *Medida por Medida*. Todas elas buscam desvendar esse mistério entre o mito do dado e o voluntarismo, entre concepções objetivistas e subjetivistas e, fundamentalmente, buscando construir respostas para esse dilema entre Ângelo I e II. Sim, a teoria do direito tem respostas para isso.

---

25. Cf. Lenio Luiz Streck, *Hermenêutica Jurídica e(m) crise*, ob. cit., *passim*.
26. Aos interessados, já realizamos um Direito & Literatura sobre a obra, que pode ser encontrado em <http://unisinos.br/direitoeliteratura>.

Insisto: direito e filosofia, crítica e direito, *não* são coisas que anda(ra)m juntas desde o Império brasileiro. No início do século XIX, Tobias Barreto censurava duramente os *acomodados juristas* da época, que, no dizer dele, ocupavam-se em pensar simplesmente sobre "questiúnculas forenses", desconsiderando a importância que certos ramos do saber como a Filosofia possuíam no direito:

> Um médico filósofo parece coisa mais tolerável aos olhos da gente *sensata* do que um bacharel em direito. Parece que este só deve se ocupar do que diz respeito ao *Corpus Iuris*. Se ousa um instante olhar por cima dos muros destas velhas e hediondas prisões, chamadas Côrrea Telles, Lobão, Gouveia Pinto etc., ai dele, que vai ser punido por tamanho desatino!

Vejam a atualidade das críticas de Tobias Barreto:

> Como quer que seja, a verdade é que o pobre bacharel limitado aos seus chamados conhecimentos jurídicos sabe menos das necessidades e tendências do mundo moderno, sente menos a infinitude dos progressos humanos, do que pode ver de céu azul um preso através das grades do calabouço.

Esses dois séculos foram forjando esses processos de calcificação do raciocínio dos juristas. Sentido comum teórico: esse é o imaginário no qual se sustenta o pensamento médio dos juristas de *terrae brasilis*. No âmbito do sentido comum teórico, ocorre a ficcionalização do mundo jurídico-social.

Há uma tese antiga, que foi desenvolvida nos anos 80-90 do século XX por José Eduardo Faria, que apontava para uma crise paradigmática no direito, pela qual os juristas, preparados para o enfrentamento de conflitos interindividuais, não estavam preparados para a superveniência de conflitos sociais de índole transindividual. Não descerei a fundo em tais questões neste pequeno espaço. Basta apenas que se dê uma olhada na produção *standard*, no ensino jurídico e na qualidade das decisões judiciais, pareceres, petições etc. E basta olhar também as estatísticas que mostram a crise *stricto sensu*: no direito penal, as prisões estão lotadas de pobres. Por quê? Porque cometeram delitos de cariz interindividual. E aqueles que cometeram crimes de cariz transindividual, como colarinho branco etc.... Onde estão? Estava certo Faria, pois.

Hoje, ninguém quer assumir posições que não sejam "críticas". Todos querem "manejar princípios". Até mesmo a subsunção parece estar "derrotada", uma vez que alguns adeptos do neoconstitucionalismo principialista reservam-na para os casos fáceis (como se a própria distinção casos fáceis-casos difíceis já não fosse um "caso difícil"). A questão é tão complexa que, quando se diz que o juiz boca da lei (esse, da subsunção e da dedução) está superado, temos que dar uma "parada reflexiva", para não tropeçar na teoria do direito.

Explico: é perigoso (para não dizer, precipitado) pensar que a subsunção "acabou" ou que o exegetismo (formalismo jurídico) não mais vigora... Ora, todos os dias somos brindados com decisões "subsuntivas". Observe-se que mesmo aqueles juristas/doutrinadores que dizem que "o positivismo exegético morreu", ao mesmo tempo defendem a subsunção para os "casos simples" (ou fáceis). Trata-se de uma contradição insolúvel. Quem sustenta a subsunção é, efetivamente, um positivista exegético (ou um "meio-positivista",[27] se fosse possível fazer esse corte epistemo-caricatural). Quem se recusa a aplicar a jurisdição constitucional para resolver, por exemplo, casos envolvendo a aplicação de princípios como da insignificância (casos de furto, apropriação indébita, estelionato), da presunção da inocência (crimes de porte ilegal de arma desmuniciada ou em lugar ermo), não escapa da velha questão positivista da equiparação (lei = direito) entre texto e norma.

Mas o pior de tudo é que os positivistas desse jaez só o são em alguns casos. Sim, porque, em outros, quando o pragmati(ci)smo assim exigir, transformam-se em positivistas-voluntaristas, com filiações implícitas na velha jurisprudência dos interesses ou na jurisprudência dos valores (quero dizer que os modelos teóricos que apostam no subjetivismo judicial – onde se esconde a discricionariedade – são também positivistas; não são mais positivistas primitivo-exegéticos, é verdade; entretanto, são, agora positivistas de "nova cepa", porque apostam no poder discricionário, isto é, houve um deslocamento do poder discricionário na passagem de modelos).[28] Um singelo exemplo confirma essa minha advertência: para

---

27. Acreditar na distinção (ou cisão) *easy-hard cases* e que os primeiros possam ser solucionados por subsunção é, efetivamente, a confissão da crença de que existem "conceitos gerais que abarcam a realidade". Ou seja, quem acredita que os casos fáceis são solvidos por subsunção pensa que existem "casos com conceitos em si". Isto quer dizer que, se o legislador se "esforçasse mais" para elaborar leis mais "completas" e que abarcassem as diversas hipóteses fáticas, o direito teria mais casos fáceis? Ou seja, a problemática do direito se resumiria à sintática e à semântica? Poderia a linguagem abarcar a realidade? Ora, essa era a pretensão da tese da "filosofia como espelho da natureza". Por isso, o surgimento do "mito do dado". Por tais razões, a hermenêutica dá um salto para além da dicotomia *easy-hard cases*. E também por isso a hermenêutica não acredita na existência de subsunções.

28. Esta complexidade explico em *Verdade e Consenso*, ob. cit., *passim*.

não aplicar a pena abaixo do mínimo, o STJ apega-se à "letra da lei"; já no caso da aplicação do art. 212 do CPP, a "letra da lei" nada vale.[29] Entretanto, veja-se o HC 102.472, do STF, em que está assentada a literalidade do art. 112 da LEP. Já no julgamento do ACO 1.295 AgR-segundo/SP, ficou acertado que "a literalidade do art. 102, I, "f", da Constituição não indica os municípios no rol de entes federativos aptos a desencadear o exercício da jurisdição originária deste Tribunal". Entretanto, para decidir sobre a união estável homoafetiva, o Supremo Tribunal Federal ignora os limites semânticos das palavras homem e mulher. Limites semânticos entendidos, é claro, no sentido daquilo que se entende em uma dada tradição acerca dos limites hermenêuticos de uma palavra.

Tudo "muito interessante", mormente se lembrarmos o artigo 111 do Código Tributário Nacional, pelo qual *"Interpreta-se literalmente a legislação tributária que disponha sobre...(...)."* Novamente um problema: há decisões que o aplicam "literalmente" (perdoem a superposição); há outras que não. Por que a literalidade se aplicaria (apenas) nestes casos? Quem decide essa "discricionariedade" acerca do que deve ser "literal"? E o que dizer da não menos bizarra previsão do art. 108, que estabelece que, na ausência de disposição expressa, *a autoridade competente para aplicar a legislação tributária utilizará sucessivamente, na ordem indicada: I – a analogia; II – os princípios gerais de direito tributário; III – os princípios gerais de direito público; IV – a equidade.*

Tudo isso em pleno paradigma constitucional. De que princípios gerais se estão tratando? O que a teoria do direito tem a dizer a respeito? São, enfim, sintomas dos tempos de sincretismo teórico que vivemos. Nada a estranhar. Afinal, Savigny escreveu sua metodologia para o direito privado não codificado no século XIX. Passado mais de 150 anos ainda é possível ver a invocação daqueles métodos, considerados como "a moderna metodologia de interpretação das normas jurídicas..." (REsp 192.531). O que o Tribunal quer dizer com "moderna metodologia"? Pode ser "moderna" no sentido do que representa a "modernidade" (com Descartes surge a modernidade...), mas, com certeza, não é contemporânea. Mas, o que fazer?

No fundo, a doutrina e a jurisprudência (parcelas expressivas delas) ainda se movimentam no entremeio das concepções objetivistas e subjetivistas (no sentido filosófico das expressões). Salta-se da "razão" para a "vontade" (de poder), sem que se consiga construir condições para o

---

29. Para tanto, ver meu *Aplicar a letra da lei é uma atitude positivista?* Disponível em: <http://www6.univali.br/seer/index.php/nej/article/view/2308>.

controle dessa vontade. Ao contrário: para muitos – e cito por todos o Min. Marco Aurélio (STF) –, a interpretação é um ato de vontade, questão que nos remete de volta ao 8º Capítulo da *Teoria Pura do Direito* de Hans Kelsen. O que seria esse "ato de vontade"? A resposta parece simples: vontade de poder, a velha *Wille zur Macht*. Ela não tem limites. E esse é o perigo. Aliás, Kelsen, com seu pessimismo moral, também achava isso. Por isso é que se cunhou a expressão "decisionismo kelseniano". Pensemos nisso.

Numa palavra: em *Medida por Medida*, Ângelo I e Ângelo II representam metaforicamente dois modelos de decisão. Nenhum dos dois nos serve. No direito contemporâneo, nossa tarefa é encontrar um caminho intermediário. Esse *tercius genus* pode estar na construção de uma teoria da decisão. Por isso, corro atrás das palavras que possam me mostrar esse caminho. Todos os dias.

Referências

BONAVIDES, Paulo. *Curso de Direito Constitucional*. 31ª ed. São Paulo, Malheiros Editores, 2016.

GRAU, Eros Roberto. *Por que tenho medo dos juízes*. 7ª ed., refundida do *Ensaio e discurso sobre a interpretação/aplicação do direito*. São Paulo, Malheiros Editores, 2016.

HEIDEGGER, Martin. *Introdução à Filosofia*. São Paulo, Martins Fontes, 2008.

MÜLLER, Friedrich. *Methodik, Theorie, Linguistik des Rechts*. Berlim, Ducker und Humblot, 1997.

_____. *Strukturierende Rechtslehre*. Berlim, Ducker und Humblot, 1994.

POSNER, Richard A. "Legal reasoning from the top down and from the bottom up: the question of unenumerated constitutional rights". *The University of Chicago Law Review*, vol. 59, n. 1, pp. 433-450, Chicago, 1992.

SÓFOCLES. *Antígona*. 6ª ed. Lisboa, Fundação Calouste Gulbenkian, 1992.

STRECK, Lenio Luiz. *Verdade e Consenso*. 4ª ed. São Paulo, Saraiva, 2011.

_____. *Hermenêutica jurídica e(m) crise*. 11ª ed. Porto Alegre, Livraria do Advogado, 2011.

Capítulo IX

DESAFIOS DA JURISDIÇÃO CONSTITUCIONAL BRASILEIRA CONTEMPORÂNEA[1]

GLAUCO SALOMÃO LEITE
MARCELO CASSEB CONTINENTINO

1. A força normativa da Constituição e a expansão da jurisdição constitucional. 2. Reinvenção do Poder Judiciário e da jurisdição constitucional. 3. Desafios na contemporaneidade: 3.1 O desenvolvimento de novas técnicas de decisão e a superação do dogma "inconstitucionalidade/ nulidade"; 3.2 Diálogo institucional, supremacia constitucional e supremacia judicial. 4. Considerações finais. 5. Referências.

1. A força normativa da Constituição e a expansão da jurisdição constitucional

É bastante sintomático, nos dias de hoje, a centralidade que a jurisdição constitucional exerce nos sistemas políticos ocidentais. Já de longa data, os autores vêm sinalizando a expansão do Poder Judiciário nos modernos arranjos institucionais consagrados nas diversas Constituições,[2] além da própria institucionalização da jurisdição constitucional como modalidade específica de proteção da ordem constitucional. Configura-

---

1. Os autores do presente texto rendem suas homenagens ao Prof. Paulo Bonavides, que tem sido um guia intelectual seguro e fonte inspiradora para todos os que acreditam na possibilidade de um Direito Constitucional efetivamente fundado na dignidade humana, nas liberdades individuais e no combate a toda sorte de autoritarismo estatal.

2. Cf. C. Neal Tate; Torbjörn Vallinder, "The global expansion of judicial power: the judicialization of politics", in Neal Tate; Torbjörn Vallinder (Orgs.), *The Global Expansion of Judicial Power*, Nova York e Londres, New York University Press, 1995, p. 1.

-se, portanto, aquilo que se pode denominar "mundialização da justiça constitucional".[3]

Essa mesma centralidade, hoje, deixa-se revelar no próprio conceito de "jurisdição constitucional". De fato, em sua acepção mais antiga, "jurisdição constitucional" revelava uma noção mais abrangente: significava o ato de expor, de dizer o direito que estava na constituição e, portanto, englobava a noção de controle da constitucionalidade, que tanto poderia ser exercido por instâncias políticas (extrajudiciais) quanto jurídicas. Além de assumir a expressão institucional do controle das leis e atos normativos, o termo "jurisdição constitucional" tradicional e semanticamente se ligava a outras modalidades de solução de conflitos, a exemplo dos processos de resolução de litígios entre órgãos do Estado e de apuração da responsabilidade constitucional de agentes políticos.[4]

Contemporaneamente, contudo, a ideia de jurisdição constitucional corresponde a um tipo particular de defesa da constituição realizada por órgãos judiciais ou órgãos específicos (*v.g.*: tribunais constitucionais) para resolução dos conflitos sociais e políticos, à luz de normas constitucionais. Sua história conceitual, portanto, tende a revelar que a própria garantia da Constituição está cada vez mais associada às múltiplas formas do exercício da função judicial vinculadas, especialmente, ao controle de constitucionalidade das leis e atos do Poder Público, à proteção dos direitos fundamentais e à tutela das regras do jogo democrático.

Essa mudança paradigmática, que gerou o deslocamento da Constituição para o eixo do sistema jurídico, fez com ela tenha se despedido do topo do ordenamento jurídico, em sua convencional estrutura hierárquica e piramidal tal qual imaginada por Hans Kelsen.[5] Nesta concepção, apesar de a Constituição ocupar o ponto mais elevado da cadeia normativa, o que simbolizaria sua superioridade, a existência de níveis distintos de hierarquia também significa que uma norma inferior retira seu fundamento de validade de outra que lhe seja *imediatamente* superior até chegar-se à Constituição em um percurso ascendente de

---

3. Francisco Fernández Segado, *La justicia constitucional ante el siglo XXI: la progresiva convergencia de los sistemas americano y europeu-kelseniano*, México, Universidad Nacional Autónoma de México, 2004, p. 6.
4. Cf. J. J. Gomes Canotilho, *Direito constitucional e teoria da Constituição*, 3ª ed., Coimbra, Almedina, 1999, pp. 823-839.
5. Para Kelsen, "a Constituição representa o escalão de Direito positivo mais elevado", isto é, assenta-se no topo da estrutura escalonada hierarquicamente do ordenamento jurídico e estabelece as regras de produção das demais normas jurídicas (cf., Hans Kelsen *Teoria pura do direito*, trad. João Baptista Machado, 7ª ed., São Paulo, Martins Fontes, 2006, pp. 246 e ss.).

escalões jurídico-normativos. Logo, um conjunto de atos vincula-se apenas à *legalidade estrita*, não sofrendo o influxo direto das normas constitucionais, ao passo que, basicamente, apenas as leis e atos normativos primários, porque situados imediatamente abaixo da Constituição, sujeitam-se ao crivo da justiça constitucional.

A metáfora da ordem jurídica como um círculo em cujo centro encontra-se a constituição denota uma significação mais profunda do seu sentido e de sua utilidade com consequências práticas insofismáveis. É que, se antes a Constituição figurava apenas como uma Carta Política instituidora de princípios e diretrizes meramente políticos e programáticos, no qual dificilmente se poderia imaginar a força normativa dos princípios constitucionais ser invocada para barrar a aplicação de normas que malferissem a própria Constituição, agora, compreende-se que qualquer interpretação jurídica é necessariamente uma interpretação constitucional, de maneira que todo processo de interpretação e aplicação jurídica revela, ainda que implicitamente, um trabalho que parte da Constituição e se deixa irradiar por todas as veredas do direito positivo.

Na doutrina brasileira, Paulo Bonavides foi um dos principais precursores na reconstrução da teoria (material) da Constituição, sobretudo a partir das novas luzes que lançou sobre a natureza e eficácia dos princípios constitucionais, bem como sobre a hermenêutica constitucional. Como bem disse, em passagem precisa:

> (...) a teoria dos princípios chega à presente fase do pós-positivismo com os seguintes resultados já consolidados: a passagem dos princípios da especulação metafísica e abstrata para o campo concreto e positivo do Direito, com baixíssimo teor de densidade normativa; a transição crucial da ordem jusprivatista (sua antiga inserção nos Códigos) para a órbita juspubliscística (seu ingresso nas Constituições); a suspensão da distinção clássica entre princípios e normas; o deslocamento dos princípios da esfera da jusfilosofia para o domínio da Ciência Jurídica; a proclamação da sua normatividade; a perda de seu caráter de normas programáticas; o reconhecimento definitivo de sua positividade e concretude por obra sobretudo das Constituições; a distinção entre regras e princípios, como espécies diversificadas do gênero norma e, finalmente, por expressão máxima de todo esse desdobramento doutrinário, o mais significativo de seus efeitos: a total hegemonia e preeminência dos princípios.[6]

6. Paulo Bonavides, *Curso de Direito Constitucional*, 31ª ed., São Paulo, Malheiros Editores, 2007, p. 294.

Diante da expansão dos elementos substantivos da Constituição, especialmente através da irradiação dos princípios constitucionais, alarga-se, também, a atuação da jurisdição constitucional. Nesse sentido, mesmos nos sistemas que adotam o modelo concentrado de controle de constitucionalidade, enfraquece-se a tradicional distinção entre jurisdição constitucional e jurisdição ordinária, como se a primeira se voltasse para o plano da constitucionalidade e a segunda, em um mundo apartado daquele, para o âmbito da mera legalidade. A força normativa da Constituição, de onde se extrai o caráter expansivo de seus preceitos, e a unidade do ordenamento jurídico não autorizam essa ortodoxa cisão. Como ressaltado pelo Tribunal Constitucional espanhol, em decisão de 5 de maio de 1984, nem a jurisdição ordinária pode, ao interpretar e aplicar a lei, olvidar a existência da Constituição, nem pode a jurisdição constitucional dispensar a análise crítica da aplicação que a jurisdição ordinária faz da lei, quando tal análise for necessária para determinar se foi vulnerado ou não algum dos direitos fundamentais ou liberdades públicas cuja salvaguarda lhe está atribuída.[7]

Se o antagonismo entre jurisdição constitucional e jurisdição ordinária não encontra apoio firme sequer nos países em que se acolhe o modelo concentrado, por razões mais consistentes ela não resiste onde há o modelo difuso, como ocorre no Brasil. Isso se dá porque, estando todos os juízes e tribunais investidos na competência para pronunciar a inconstitucionalidade das leis e atos normativos, ainda que essa competência esteja restrita ao caso concreto e deva ser exercida considerando a questão de inconstitucionalidade como *pré-judicial*, o fato é que todo juiz também se torna, desse modo, *juiz constitucional*. A existência do modelo difuso assegura, dessa maneira, uma participação mais sólida de todos os juízes e tribunais na implementação da Constituição.

7. Cf. Landelino Lavilla, "Constitucionalidad y legalidad. Jurisdicción constitucional y poder legislativo", in Antonio López Pina (Org.), *División de poderes e interpretación: hacia una teoría de la praxis constitucional*, Madri, Tecnos, 1987, pp. 57-57. Posicionamento semelhante se observa com Pablo Perez Tremps: "Com efeito, inclusive naqueles sistemas de justiça constitucional em que existe um órgão *ad hoc* de justiça constitucional, este atua como fechamento do sistema ou, como muito, como titular exclusivo de alguma competência. Mas a ideia de que a Constituição deve se aplicar a todo tipo de relações jurídicas, e, portanto, a todo tipo de juízo, é uma ideia que foi se tornando realidade e que converte, ao menos potencialmente, qualquer órgão jurisdicional em juiz constitucional" ("La justicia constitucional en la actualidad. Especial referencia a América Latina", in *Revista Brasileira de Direito Constitucional*, São Paulo, Escola Superior de Direito Constitucional (ESDC), n. 1, p. 35, jan.-jul./2003, nossa tradução).

Desse modo, a constituição se amplia. Está presente em todos os recantos do ordenamento jurídico, em particular por influxo de suas disposições principiológicas. Tão vasto o campo que tais normas passaram a ocupar nos ordenamentos constitucionalizados, que Paulo Bonavides se refere a um Estado *principial,* caracterizador de uma nova fase de transformação do Estado de Direito.[8] Como consequência, em tese, qualquer controvérsia jurídica pode suscitar uma questão constitucional cujo resultado final estaria por resolver-se definitivamente na Corte Suprema, ou, no caso brasileiro, no Supremo Tribunal Federal. Logo, ampliando-se a Constituição, amplia-se a competência dos órgãos habilitados à sua aplicação e interpretação, o que gerará, como de fato tem gerado, conflitos e tensões no arranjo de divisão dos poderes.

2. Reinvenção do Poder Judiciário e da jurisdição constitucional

A mutação conceitual que sofreu a Constituição no curso da história brasileira, especialmente com o advento da Constituição Federal de 1988 (CF/88), revelou um impacto profundo na teoria e no processo de sua interpretação. Esse aspecto é de crucial importância, pois, como apontou Gustavo Just,[9] às teorias da interpretação é inerente a historicidade de cada uma delas, de tal sorte que é extremamente necessário compreender que as teorias, também elas, são concebidas e moldadas dentro de contextos históricos e sociais específicos, atendendo às expectativas mais ou menos definidas dentro de certo horizonte jurídico de possibilidade.

Nesse sentido, Tércio Sampaio Ferraz Jr.[10] apontou que, no paradigma do Estado Liberal de Direito, em que se consagraram as ideias-força do Estado mínimo não interventor, neutro e imparcial, que se contentava com o respeito aos princípios da propriedade, legalidade e igualdade (formal), o consenso dos juristas girava em torno da concepção de que a interpretação da Constituição exigia uma "função de bloqueio", decorrente de "procedimentos interpretativos de bloqueio", permitindo-se, pois, que a iniciativa privada estivesse plenamente livre no âmbito da esfera individual, em que todos seriam livres e iguais.

A liberdade atingiu seu ápice, e a função primordial do Estado e das leis seria limitar-se a regular aquilo que fosse minimamente necessário ao

---

8. Cf. Paulo Bonavides, *Curso de Direito Constitucional*, cit., p. 293.
9. Cf. Gustavo Just, *Interpretando as teorias da interpretação,* São Paulo, Saraiva, 2014, pp. 17 e ss.
10. Cf. Tercio Sampaio Ferraz Jr. *et ali, Constituição de 1988: legitimidade, vigência e eficácia, supremacia,* São Paulo, Atlas, 1989, pp. 9 e ss.

convívio social. A propriedade, tutelada pelo Estado, ganhou contornos sacrossantos e de intangibilidade.[11]

A hermenêutica constitucional liberal, contudo, sofreu profundas transformações estruturais quando o paradigma liberal de Estado atravessou o processo de transição para o Estado Social de Direito, o Estado do Bem-Estar Social,[12] período esse historicamente marcado pelo advento das Constituições do México, de 1917, e da Alemanha (Weimar), de 1919; e, no Brasil, pela Constituição de 1934. Mais uma vez, a alteração do contexto histórico-social não ocorreria sem repercussão no campo jurídico-dogmático. No tempo histórico inaugurado pelas Constituições sociais, o tempo do *Welfare State*, um novo estatuto hermenêutico foi reclamado para a interpretação constitucional, cuja função ganharia ares mais combativos e dinâmicos, de modo que ela se convolaria em "procedimentos interpretativos de legitimação de aspirações sociais",[13] que estariam consagrados na própria Constituição.

A transição paradigmática para o Estado Social de Direito faria com que a própria Constituição, sofrendo uma mutação conceitual, fosse percebida de maneira distinta daquela até então predominante, como condição lógica e necessária à sua própria realização. Por conseguinte, clamava-se do Estado, o grande responsável pela efetivação da democracia e dos direitos individuais, em particular do Poder Judiciário, peculiar protagonismo no que tange à função transformadora da realidade social pela Constituição. Essa mudança de paradigmas modifica a atividade desempenhada pelo Poder Judiciário. Com efeito, o estabelecimento de metas e programas sociais, veiculados por leis vagas e imprecisas, acarretou maior liberdade na interpretação jurídica por parte do juiz. Isso representou o alargamento da discricionariedade interpretativa, com a possibilidade de incremento da criação judicial do direito. Como anota Cappelletti, a estrutura aberta dessas leis é a "poderosa causa da acentuação que, nessa época, teve o ativismo, o dinamismo e, enfim, a criatividade dos juízes".[14] Tem-se, portanto, um Estado provedor e paternalista, que, substituindo-se aos próprios cidadãos, se encarregaria de

---

11. Cf. Paulo Bonavides, *Do estado liberal e ao estado social*, 11ª ed., 2ª tir., São Paulo, Malheiros Editores, 2014.

12. Cf. Jürgen Habermas, *Facticidad y validez. Sobre el derecho y el estado democrático de derecho en términos de teoría del discurso*, 3ª ed., trad. de Manuel Jimenez Redondo, Madri, Trotta, 2001, pp. 469-532.

13. Cf. Tercio Sampaio Ferraz Jr. *et al.*, *Constituição de 1988*, cit., p. 11.

14. Mauro Cappelletti, *Juízes legisladores?*, trad.de Carlos Alberto Alvaro de Oliveira, Porto Alegre, Sergio Antonio Fabris, 1999, p. 42.

assegurar o pleno gozo dos direitos por parte dos cidadãos, que deteriam créditos exigíveis contra esse mesmo Estado.

É certo que os direitos socioeconômicos vieram para ficar e representam uma das mais relevantes conquistas na luta pela efetividade da igualdade substantiva e pela ampliação das próprias liberdades individuais. O constitucionalismo social, contudo, não logrou pleno êxito. O Estado de Bem Estar Social, que adquiriu uma conotação acentuadamente paternalista, não conseguiu cumprir todas as promessas constitucionais, que se revelaram superiores às suas possibilidades institucionais de efetivação, além de haver gerado um custo significativo em termos de restrição aos direitos fundamentais individuais, como mostrou a história em diversos países.[15]

Por outro lado, conforme se verá no próximo item, as funções da hermenêutica constitucional fariam com que as normas constitucionais se tornassem mais do que simples regras de abstenção para assegurar um Estado mínimo e de não intervenção, no qual a Constituição assumiria o caráter defensivo e estático. A transformação paradigmática "Estado Liberal-Estado Social" se deixaria revelar, no que tange à metódica de interpretação, com a assunção da premissa segundo a qual as normas constitucionais estabelecem aspirações sociais, respaldadas em valores compartilhados pela comunidade, cujo objetivo é realizar-se politicamente e transformar a própria realidade.

Em outras palavras, a Constituição despede-se de sua estrutura normativo-jurídica de regra de limitação do Estado para assumir-se como instrumento de conformação política e transformação social. Por essa razão, a fixação prévia dos conteúdos e programas prioritários para a ordem constitucional acaba diminuindo a amplitude da liberdade de conformação do legislador. Na visão de Canotilho,

> identificar democracia com liberdade incondicional do legislador, é abrir o caminho para a redução das leis a simples produtos da organização do domínio [*razão pela qual a*] especificação da tarefa normativo-
> -constitucional possibilita melhor o conhecimento da dignidade material da constituição do que um "não-dito".[16]

15. Cf. Jürgen Habermas, *A inclusão do outro (estudos de teoria política)*, trad. de George Sperber e Paulo Astor Soethe, São Paulo, Loyola, 2002, pp. 285-297. V., ainda, Jürgen Habermas, *Facticidad y validez*, cit., pp. 488 e ss.; Lenio Luiz Streck e José Luis Bolzan de Morais, *Ciência politica e teoria do Estado*, 5ª ed., Porto Alegre, Livraria do Advogado, 2006, pp. 148 e ss.
16. Cf. José Joaquim Gomes Canotilho, *Constituição dirigente e vinculação do legislador: contributo para a compreensão das normas programáticas da Constituição*, 2ª ed., Coimbra, Coimbra Editora, 2001, pp. 22-23.

Dessa forma, a hermenêutica constitucional, cujas raízes se alimentam de seu contexto histórico específico, legitimaria o intérprete a assumir maior protagonismo e a avançar em posturas e decisões que revolucionariam a tradição teórica do constitucionalismo eurocêntrico, herdado pelos países ibéricos e posteriormente pelo Brasil.[17] O Poder Judiciário, destarte, fortalecido institucionalmente, passou a ser cobrado por sua falta de legitimidade democrática e, em correlato, pelos excessos eventualmente cometidos, consoante se vem tentando denunciar pela apropriação no discurso constitucional brasileiro do conceito de "ativismo judicial",[18] na medida em que avançou fronteiras antes inimagináveis.

A CF/88, sem se afastar dos elementos caracterizadores dos paradigmas liberal e social, aprofundou esses dilemas referentes aos próprios limites e paradoxos do constitucionalismo social, ao ampliar o leque de direitos sociais.[19] Portanto, se de um lado a vigente Constituição ensejou a continuidade de certas estruturas e tradições, de outro, representou uma ruptura porque estabeleceu as bases para inaugurar uma nova era constitucional, que pode ser compreendida a partir do paradigma do Estado Democrático de Direito, em que se tentou (e tenta) sintetizar as duas tradições essenciais do constitucionalismo: Estado de Direito e Democracia.[20]

Essa nova compreensão da Constituição e do Estado, que na pena de Willis Santiago Guerra Filho,[21] recebeu uma de suas primeiras analises

17. Cf. Marcelo Casseb Continentino, *História do controle da constitucionalidade das leis no Brasil: percursos do pensamento constitucional no Século XIX (1824-1891)*, São Paulo, Almedina, 2015, pp. 112-136.

18. Cf. Glauco Salomão Leite, *Separação de Poderes e ativismo judicial no Supremo Tribunal Federal: do guardião da Constituição ao diálogo institucional*. Tese de Doutorado, Universidade Federal de Pernambuco, 2014 (no prelo); Marcelo Casseb Continentino, "Ativismo judicial: proposta para uma discussão conceitual", *Revista de Informação Legislativa*, vol. 49, n. 193, jan.-mar./2012, pp. 141-149; Flávia Santiago Lima, *Jurisdição constitucional e política: ativismo e autocontenção no STF*, Curitiba, Juruá, 2014.

19. Sobre o tema, v. Bruno Galindo, *Direitos Fundamentais: análise de sua concretização constitucional*, Curitiba, Juruá, 2003; André Vicente Pires Rosa, *Las omisiones legislativas y su control constitucional*, Rio de Janeiro, Renovar, 2006, pp. 286 e ss.

20. Cf. Jürgen Habermas, *A inclusão do outro*, cit., pp. 285-297. Para uma visão sintética no Brasil, vide: Menelick de Carvalho Netto, "Controle de constitucionalidade e democracia", in Antônio G. Moreira Maués (Org.), *Constituição e Democracia*, São Paulo, Max Limonad, 2001, pp. 215-232.

21. Cf. Willis Santiago Guerra Filho, *Ensaios de teoria constitucional*, Fortaleza, Imprensa Universitária da UFC, 1989; *Teoria processual da Constituição*, São Paulo, Celso Bastos, 2007.

doutrinárias no Brasil, viria a significar que, na realidade, a CF/88 foi decisiva para o advento de uma sociedade política de cidadãos livres e iguais, em que os direitos da esfera pública e os direitos da esfera privada devem igualmente ser respeitados e garantidos.

Em outras palavras, como diria Habermas, no tempo histórico do Estado Democrático de Direito, as tradições do constitucionalismo e da democracia fundem-se e estabelecem as condições de possibilidade para sua realização. Há uma relação paradoxal e complementar entre as tradições do constitucionalismo ("liberdade dos modernos") e da democracia ("liberdade dos antigos") em que, a um só tempo, ambos os direitos se pressupõem reciprocamente, de modo que o grande desafio posto hoje ao Estado contemporâneo reside em garantir os direitos dos cidadãos em sua autonomia pública e privada sem que, para tanto, restrinja a esfera própria da cidadania.

É preciso destacar, contudo, que a tradição do constitucionalismo, do "governo das leis", de certo modo, encontrou no Poder Judiciário sua mais adequada expressão institucional, ao passo que a tradição da Democracia, do "governo do povo", veria, no Legislativo e Executivo, refletir-se sua moldura institucional. Nesse contexto, a jurisdição constitucional representa o momento de ápice da tensão fundante e constitutiva do Estado Democrático de Direito, justamente porque porá em rota direta de colisão as duas tradições, do constitucionalismo e da democracia, representadas pelo Poder Judiciário e Legislativo, respectivamente.

Por consequência, o grande esforço, hoje, considerado o tempo do império do Estado Democrático de Direito, tem sido empreendido justamente para possibilitar a legítima conciliação entre os espaços da política e do direito, do indivíduo e da coletividade, da sociedade e do Estado. Sobretudo, porque, conforme têm apontado alguns constitucionalistas, em cujo grupo é comumente lembrado o nome de Gilmar Ferreira Mendes,[22] a Constituição de 1988 optou por estabelecer parâmetros de garantias constitucionais particularmente ancorados na instituição do Poder Judiciário, como deixaria entrever o complexo e exauriente sistema de controle da constitucionalidade das leis.

É possível reconhecer, nesses termos, que o debate constitucional atual sobre a jurisdição constitucional perpassa a discussão, conforme já mencionado acima, sobre os parâmetros e os limites de atuação do Poder

---

22. Cf. Gilmar Ferreira Mendes, "O Poder Executivo e o Poder Legislativo no controle de constitucionalidade", *Revista de Informação Legislativa*, vol. 34, n. 134, abr.-jun./1997, pp. 11-39.

Judiciário, uma vez que, ao lado da garantia dos direitos que expressa a melhor tradição do constitucionalismo, e que tem na jurisdição constitucional seu interlocutor privilegiado, há de preservar-se outro elemento constitutivo desse conceito, precisamente o da Democracia, cujas vestes melhor se materializam nos Poderes Legislativo e Executivo, tentando-se manter um razoável equilíbrio entre ambas as tradições, conforme se analisará no próximo item.

3. Desafios na contemporaneidade

Dentre as evidências que se podem constatar à luz desse tempo novo do Estado Democrático de Direito, há duas, em termos específicos da atuação do Poder Judiciário, sobre as quais se deterá na presente reflexão: uma, o desenvolvimento das técnicas de decisão de inconstitucionalidade pelo STF; outra, a recepção, em alguma medida, das teorias de cooperação institucional pelo Judiciário como forma de conceber a jurisdição constitucional como elemento de diálogo institucional, traçando-lhe desenhos e efeitos consentâneos com o paradigma do Estado Democrático de Direito.

3.1 O desenvolvimento de novas técnicas de decisão e a superação do dogma "inconstitucionalidade/nulidade"

No Brasil, especialmente após a CF/88, o controle de constitucionalidade assumiu uma estrutura bem complexa, comparativamente às demais Constituições brasileiras e de diversas outras democracias constitucionais. Além do controle *político*, exercido pelos Poderes Executivo e Legislativo, está previsto o controle judicial que se caracteriza como *misto*, por haver incorporado elementos dos sistemas norte-americano e austríaco.[23]

Em ambos os casos, tradicionalmente, a declaração de inconstitucionalidade fulminava a norma editada com eficácia retroativa (*ex tunc*). A diferença residia na dimensão subjetiva dos efeitos da decisão, em que, no controle concentrado/abstrato, abrangia todos os destinatários do ato normativo declarado inconstitucional (efeitos *erga omnes*), equiparando-se o tribunal a um *legislador negativo*,[24] enquanto, no controle difuso, os efeitos se restringiriam às partes do processo (*inter partes*).

---

23. Cf. Clèmerson Merlin Clève, *A fiscalização abstrata da constitucionalidade no direito brasileiro*, 2ª ed., São Paulo, Ed. RT, 2000, pp. 57-91.
24. Cf. Hans Kelsen, *Quien debe ser el defensor de la constitución?*, trad. de Roberto J. Brie, 2ª ed., Madri, Tecnos, 1999, pp. 36-39.

Essa convencional distinção, que talvez hoje somente se justifique para fins didáticos, tem sido constantemente mitigada e sofrido desdobramentos na jurisprudência do STF, o que revela, conforme já alertado acima, que a CF/88, ao aprofundar as bases do constitucionalismo social e, ao mesmo tempo, acenar para um Estado Democrático de Direito, tem exigido que se pensem soluções e teorias novas para se acomodarem as exigências de efetivação da Constituição com participação democrática da população e num cenário de elevada complexidade social.

Com efeito, independentemente do tipo de controle a ser realizado, em virtude, sobretudo, da forte herança haurida da tradição norte-americana do controle difuso, no Brasil, consoante apontou Gilmar Ferreira Mendes,[25] a declaração de inconstitucionalidade habitualmente importa uma "categoria unitária, indissolúvel de nulidade", de modo que a decisão de inconstitucionalidade trouxera consigo o *dogma da inconstitucionalidade-nulidade* das leis.

Como resultado, diversas têm sido as técnicas de decisão, independentemente de serem utilizadas em sede difusa ou concentrada, que foram gradualmente incorporadas à dinâmica da Corte para atender às singularidades das controvérsias constitucionais que se lhe apresentavam. Nesta perspectiva, a fórmula binomial ("nulidade-inconstitucionalidade"), sobre a qual a práxis judicial brasileira foi construída, sofreu várias críticas porque a complexidade das questões de constitucionalidade que se levavam à Suprema Corte, não raro, exigia novos modelos decisórios que tendessem a amoldar as peculiaridades do caso sob exame aos parâmetros constitucionalmente fixados. Não por outro motivo, não seria de todo incomum que a Corte mantivesse, em sede de controle abstrato, a vigência da lei, a despeito de sua flagrante inconstitucionalidade, tendo em vista que decisão noutro sentido geraria uma situação *ainda mais inconstitucional*.[26]

Outra técnica decisória que tem merecido especial olhar da doutrina é a "apelação ao legislador", que já revela uma tendência de conciliação institucional entre os Poderes Judiciário e Legislativo, na linha de con-

---

25. Cf. Gilmar Ferreira Mendes, *Controle de constitucionalidade: aspectos jurídicos e políticos*, São Paulo, Saraiva, 1990, pp. 13 e ss. Afirmando a superação da "fórmula apodítica constitucionalidade/nulidade", que se baseia num "silogismo tautológico", vide o voto do ministro Gilmar Mendes na ADI 2.240-BA (j. 9.5.2007, *DOU* 17.5.2007), no qual entendeu que, no caso em questão, o princípio da nulidade abria espaço ao da segurança jurídica.
26. Cf. Gilmar Ferreira Mendes, *Jurisdição constitucional*, 4ª ed., São Paulo, Saraiva, 2004, pp. 352-354.

vergência das tradições do constitucionalismo e da democracia. Através dela, o Tribunal reconhece que a lei ou a omissão normativa é *ainda constitucional* e que se encontra num *processo de transição de inconstitucionalidade* e lança mão da técnica de *apelação ao legislador*, na medida em que reclama expressamente ao legislador a adoção das medidas necessárias à correção da mácula de inconstitucionalidade.

Tais técnicas se evidenciaram no emblemático caso "Luís Eduardo Magalhães",[27] em que se discutia a validade de lei estadual que instituíra novo município em contrariedade aos requisitos constitucionais estabelecidos pela EC 15/1996, sobretudo a exigência de lei complementar federal para dispor sobre o período de criação de novos municípios. Seguindo a tradição doutrinária brasileira, caberia ao Tribunal declarar a inconstitucionalidade da lei baiana, com efeitos *ex tunc*, o que provocaria a desconstituição do referido município. Porém, considerou-se que, apesar da evidente inconstitucionalidade da lei estadual, foi erguida toda uma estrutura político-administrativa, de modo que o Município de Luís Eduardo Magalhães já existia de fato há mais de seis anos, circunstância que não poderia ser desprezada pela Corte. Dessa maneira, reconhecendo a *força normativa dos fatos*, a Corte, sem pronunciar a nulidade da lei, manteve sua vigência por mais vinte e quatro meses. O Tribunal levou em conta que, dada a consolidação fática de um ente federativo, seria inadequada a declaração imediata de nulidade da lei estadual, por acarretar graves transtornos de ordem prática.

Ao mesmo tempo, a Corte estava a apreciar a inconstitucionalidade por omissão, imputada ao Congresso Nacional, por este não ter, ao longo de vários anos, editado a lei complementar exigida no preceito constitucional do art. 18, § 4º, da CF/88.[28] Adotando o entendimento que já vinha se consolidando em sua jurisprudência a respeito da atuação da Corte na fiscalização da inércia legislativa, o Tribunal fixou o prazo de dezoito meses para o Congresso Nacional elaborar a lei complementar. Vê-se, com isso, que o esperado pela Corte era que o Congresso Nacional exercesse sua função legislativa, criando tal lei complementar dentro do prazo de dezoito meses, cabendo-lhe, ainda, oferecer solução legislativa aos municípios instituídos irregularmente até aquele momento, como era o caso do Município de Luís Eduardo Magalhães. Por outro lado, a situação jurídica do Município estaria salvaguardada, em razão da sobrevida de vinte e quatro meses que o Tribunal lhe concedera, prazo, portanto,

---

27. V. ADI 2.240, rel. Min. Eros Grau, *DJU* de 3.8.2007.
28. ADI 3.682, rel. Min. Gilmar Mendes, *DJU* de 5.5.2007.

maior que aquele determinado para o Poder Legislativo aprovar a citada lei complementar.

No final de 2008, foi promulgada a Emenda Constitucional 57, alterando o art. 96 do Ato das Disposições Constitucionais Transitórias. Por essa emenda, basicamente ficaram "convalidados" os municípios criados irregularmente, conforme se depreende do seu texto:

> Ficam convalidados os atos de criação, fusão, incorporação e desmembramento de municípios, cujas leis tenham sido publicadas até 31.12.2006, atendidos os requisitos estabelecidos na legislação do respectivo Estado, à época de sua criação.

Apesar do movimento ativista da Corte, fixando um prazo para o legislador editar a lei faltante, até o presente momento o Congresso Nacional não criou a lei complementar. Em vez disso, optou pelo caminho procedimental mais difícil, aprovando uma emenda constitucional. A decisão do Tribunal, nesse caso, serviu para estimular alguma reação legislativa célere. Porém, o resultado foi diverso do pretendido pela Corte, o que demonstra que as discussões sobre a regulamentação da criação de novos municípios ainda não estão bem equacionadas entre os parlamentares ou que a não criação da lei complementar reflete uma decisão política para evitar a profusão de novos municípios.[29] Ensaiou-se, com isso, uma tentativa de diálogo institucional, cujo resultado deveria ser a resposta do Congresso Nacional com a edição da citada lei complementar.

Por fim, a sentença aditiva, outra técnica decisória que tem recebido um desenvolvimento significativo no âmbito da jurisprudência do STF e pode ser constatada na matéria relacionada ao direito de greve dos servidores públicos e seu reconhecimento em sede de mandado de injunção. No MI 107-3 QO-DF, sob a relatoria do min. Moreira Alves, o STF fixou a tese de que o mandado de injunção teria seu objeto limitado à constituição da mora legislativa, sem, contudo, efetivar o exercício do direito no caso concreto. Assim, no MI 20-4-DF, decidiu que os servidores públicos não poderiam legitimamente exercer o direito de greve. Quase vinte anos

---

29. Deve-se destacar ainda que, quando o Congresso Nacional conseguiu chegar ao difícil consenso em duas oportunidades distintas, mediante a aprovação do Projeto de Lei Complementar do Senado (PLS) 98/2002 e do PLS 104/2014, a Presidente da República vetou os referidos projetos em outubro de 2013 e agosto de 2014, respectivamente, com o argumento de que contrariavam o interesse público, vez que as novas estruturas municipais impactariam o aumento dos gastos públicos sem a correspondente geração de receitas.

depois,[30] o STF reverteu o entendimento anteriormente manifestado e reconheceu a legitimidade do direito de greve não só para o impetrante, mas também para todas as categorias de servidores públicos. Nessa decisão, o STF autorizou que aos servidores públicos seria aplicada, com algumas ressalvas, a Lei 7.783, de 28.7.1989, que dispõe sobre o direito de greve dos trabalhadores de serviços ou atividades consideradas essenciais, até que fosse editada a lei exigida pelo art. 37, VII, da Constituição Federal, solvendo a omissão legislativa.

Nesse contexto, o Tribunal se distanciou radicalmente da concepção mais ortodoxa, segundo a qual, sendo o art. 37, VII, da Constituição uma norma de eficácia limitada, o exercício do direito nela positivado estaria a depender da intermediação legislativa, o que, na prática, propiciou uma larga discricionariedade para o Poder Legislativo agir quando julgasse conveniente. Passou-se a enxergar que não compete ao Congresso Nacional *criar*, por meio de lei ordinária, o direito de greve dos servidores públicos, pois tal direito já foi instituído por decisão política do constituinte originário. Assim, uma vez firmada competência do STF não só para rever os atos do legislador, mas também suas omissões nos casos em que a Constituição impõe um dever de agir, o Tribunal acolheu uma fórmula alternativa para o mandado de injunção. Para o Min. Eros Grau, a controvérsia não era mais saber se o artigo 37, VII, era dotado de eficácia, mas

> importa verificarmos é se o Supremo Tribunal Federal emite decisões ineficazes; decisões que se bastam em solicitar que o Poder Legislativo cumpra o seu dever, inutilmente.

Nota-se, com isso, que a Corte abandonou a posição inicial, que se restringia a pronunciar a inércia do legislador, cientificando-o da mora legislativa. A reiterada omissão legislativa revelou que esse modelo de decisão não era satisfatório para assegurar o exercício de direitos fundamentais não regulados. Em outros termos, diante da eficácia limitada de preceitos constitucionais que exigiam norma integradora, o STF também produzia decisões ineficazes. O estado de anomia, portanto, subsistia. Porém, ao se promover uma guinada em sua jurisprudência, a Corte firmou sua competência para suprir o vazio normativo, permitindo o exercício do direito subjetivo, inicialmente no caso concreto. O ápice desse movi-

30. Cf. MI 670-9-ES, rel. Min. Gilmar Mendes, j. 25.10.2007; MI 708-0-DF, rel. Min. Gilmar Mendes, j. 25.10.2007 e MI 712-8-PA, rel. Min. Eros Grau, j. 25.10.2007.

mento se deu com o reconhecimento da eficácia *erga omnes* das decisões em mandado de injunção, perfazendo um ciclo que eleva os poderes do STF, afastando-o, cada vez mais, da imagem do "legislador negativo".[31]

A assunção de novas estratégias decisórias pelo STF tem sido acompanhada, não raras vezes, por uma atitude reveladora de seu protagonismo institucional. Com isso, destaca-se uma ampliação de seus poderes político-normativos em detrimento de espaços antes ocupados por outros atores estatais. O avanço da Corte não significa, necessariamente, uma forma de usurpação ilegítima de funções pertencentes a outros poderes, como usualmente se enxerga qualquer prática ativista. No caso das omissões inconstitucionais, a guinada jurisprudencial parece revelar que a Corte subutilizava as potencialidades do mandado de injunção e da ação direta por omissão, o que faz transparecer que, nos primeiros anos que se seguiram à vigência da CF/88, o Tribunal adotou posição acanhada, senão constitucionalmente inadequada, na maneira como deveria decidir tais ações.

Além disso, a circunstância de se adotarem técnicas que preservam os diplomas legais vigentes no sistema não representa, obrigatoriamente, uma forma de deferência às opções políticas do legislador democrático. Por vezes, a despeito da manutenção do *texto legal*, são acrescentados novos sentidos sequer pretendidos pelo legislador, bem como outras possibilidades interpretativas do texto podem sofrer restrições, alargando ou diminuindo, conforme o caso, o âmbito de aplicação da lei.

Sendo assim, com a ampliação de seus poderes decisórios, aumenta-se também a exigência de fundamentos legitimadores de sua nova práxis. Ostentar o papel de defensor da Constituição não autoriza o Tribunal a decidir de qualquer forma e em qualquer direção, sem o mínimo de *accountability* que o Estado Democrático de Direito exige.

3.2 Diálogo institucional, supremacia constitucional e supremacia judicial.

O desenvolvimento das técnicas de decisão pela doutrina constitucional brasileira, bem como pela própria jurisprudência do STF tem mostrado evidenciado, de um lado, que a dogmática constitucional tem oferecido algumas respostas a demandas sociais cada vez mais complexas

---

31. Para um balanço dessa trajetória jurisprudencial, cf. Glauco Salomão Leite, "Inércia legislativa e ativismo judicial: a dinâmica da separação dos Poderes na ordem constitucional brasileira", in *Direito, Estado e Sociedade*, n. 45, jul.-dez./2014, pp.10-31.

e delicadas, para as quais a simples compreensão de que uma decisão de inconstitucionalidade acarretaria invariavelmente a nulidade da lei desde sua edição (efeitos *ex tunc*) não mais se adequaria a diversidade das situações concretadas analisadas pela jurisdição constitucional.

Se essa complexidade conduziu, por um lado, a uma resposta em termos de desenvolvimento de técnicas de decisão de inconstitucionalidade, conforme visto no item anterior, o que, na prática representou um distanciamento e/ou fragmentação do mito kelseniano de "legislador negativo", por outro lado, tem suscitado questionamentos diversos quanto aos limites no exercício da jurisdição constitucional e, até mesmo, sobre a própria legitimidade da jurisdição constitucional. De uma maneira geral, pode-se resumir essa crítica ao fato de que, ao possuir a competência de – diante de uma situação de inconstitucionalidade – o juiz poder escolher uma dentre várias técnicas decisórias, na prática, ele teria o poder de dispor sobre o próprio conteúdo da lei (substituindo-se ao legislador), seja para suspender sua eficácia, seja para anulá-la, seja para impedir uma dada interpretação, seja para atribuir-lhe uma intepretação determinada, seja para estender seu âmbito de aplicação, seja para restringir, seja para solicitar/determinar aos Poderes Executivo ou Legislativo que adotem as providências necessárias em face do caso concreto. Assim, o papel de guardião da Constituição passaria por um processo de deturpação, chegando a uma espécie de "assenhoramento" do texto constitucional pelo Tribunal. Nesse sentido, o reconhecimento da supremacia normativa da Constituição levaria à supremacia do órgão incumbido de defendê-la ("supremacia judicial").[32] Aparentemente, o constitucionalismo contemporâneo teria como consequência nefasta a proeminência das Cortes e a jurisprudencialização da Constituição.

Contra essa linha de entendimento, várias objeções democráticas foram lançadas para atacar as próprias bases de sustentação da jurisdição constitucional, acentuando a propalada dificuldade contramajoritária da *judicial review*.[33] Afinal, se uma lei que contraria a Constituição é nula (*void*), na conhecida formulação de Alexander Hamilton e John

---

32. Sobre a distinção entre supremacia judicial e supremacia constitucional, v. Marcelo Casseb Continentino, *Revisitando os fundamentos do controle de constitucionalidade: uma crítica à prática judicial brasileira*, Porto Alegre, Sérgio Fabris, 2008, pp. 152-174; Glauco Salomão Leite, "Supremacia constitucional *vs.* supremacia judicial: a possibilidade de diálogos institucionais na interpretação da Constituição", in *Revista do Instituto de Hermenêutica Jurídica*, ano 13, n. 17, jan.-julho/2015, pp. 37-51.

33. Cf. Alexander M. Bickel, *The least dangerous branch: the Supreme Court at the Bar of Politics*, Indianapolis, Bobbs-Merrill, 1962.

Marshall, por que tolerar uma decisão da Suprema Corte que igualmente viola a Constituição? Tais críticas revelam, portanto, um ceticismo em relação às potencialidades da jurisdição constitucional na concretização dos direitos fundamentais e dos demais valores incorporados pela Constituição, bem como repudiam uma intensa fiscalização judicial do legislador democrático. Dessa maneira, a alternativa ao protagonismo das Cortes seria a retirada da Constituição de seu domínio, devolvendo-a aos legítimos representantes do povo, ou, ao menos, a mitigação dos poderes judiciais.[34]

Por outro lado, como observam Robert Post e Reva Siegel, o pêndulo osciou bastante: de uma excessiva confiança a um excessivo desprezo das Cortes.[35] Em busca de uma terceira via, tem-se iniciado um profícuo debate sobre as teorias que rediscutem a supremacia judicial e que propõem um diálogo institucional com os demais poderes. Ao contrário do que se consolidou na teoria constitucional, controle de constitucionalidade não significa supremacia judicial.

A metáfora do "diálogo", presente, em particular, nos debates entre acadêmicos norte-americanos e canadenses, serve para designar as possíveis relações a serem estabelecidas entre Cortes e instâncias políticas majoritárias na construção coordenada dos significados constitucionais. Como ponto de partida, entende-se que nenhuma instância de poder tem a prerrogativa de se apropriar da Constituição, assumindo o monopólio ou exclusividade da sua interpretação. Esse pressuposto tem como consequência afastar posições tanto a favor da supremacia parlamentar, quanto da supremacia judicial. A virada para uma teoria dos diálogos tem sido apontada como um caminho equilibrado que, sem desconsiderar a relevância da jurisdição constitucional, não lhe outorga um papel hegemônico na concretização da Constituição.[36] Como destacado por Mark Tushnet, o

---

34. Cf. Mark Tushnet, *Taking the constitution away from the courts*, Princeton University Press, 1999; Larry D. Kramer, *The people themselves: popular constitutionalism and judicial review*, Oxford University Press, 2004; Jeremy Waldron, *Law and disagreement*, Oxford-Nova York, Clarendon Press-Oxford University Press, 1999.
35. Robert Post e Reva Siegel, "Roe Rage: Democratic constitutionalism and backlash", in *Yale Law School, Research Paper* 131, p. 2.
36. Cf. Louis Fisher, *Constitutional dialogues: interpretation as political process*, Princeton, Princeton University Press, 1988; Dennis Baker, "Not quite Supreme: the Courts and coordinate constitutional interpretation", Montreal, McGill-Queen's University Press, 2010; J. Mitchell Pickrill, *Constitutional deliberation in Congress: the impact of judicial review in a separated system*, Duke University Press, 2004.

conceito de diálogo se tornou uma questão central do pensamento constitucional contemporâneo acerca da jurisdição constitucional.[37]

No Brasil, o STF tem feito referência expressa não apenas à possibilidade, senão à necessidade de construção de soluções resultantes desse tipo de diálogo.[38] No julgamento da polêmica ADI 4.650, proposta pelo Conselho Federal da OAB, em que se questionava o modelo em vigor de financiamento de campanhas eleitorais e de partidos políticos (Leis 9.096/1995 e 9.504/1997), o Min. Luís Roberto Barroso reconheceu que a discussão sobre essa temática perpassaria o princípio da separação dos poderes e o papel de cada um ao longo de toda a vigência da Constituição de 1988. Porém, ressaltou que competia ao Congresso Nacional, por excelência, a tomada de decisões políticas, destacando que ao STF caberia desempenhar duas funções em tal controvérsia: a função contramajoritária, pela qual se estaria a declarar a inconstitucionalidade de lei aprovada por pessoas escolhidas pelas maiorias políticas; e a representativa, ao concretizar anseios da sociedade que estariam paralisados no processo político majoritário. Ao final, sugeriu, de maneira clara, um diálogo institucional com o Congresso Nacional.

> Mas existe uma outra competência que Cortes Constitucionais desempenham – e que, no caso brasileiro, se tornou importante em muitas situações – que, ao lado da função contramajoritária, é uma função representativa, é a função de interpretar e procurar concretizar determinados anseios da sociedade que estão paralisados no processo político majoritário. Porque o processo político majoritário, que é o que se desenrola no Congresso, muitas vezes, encontra impasses, encontra dificuldades de produção de consenso; não é só no Brasil, é no mundo inteiro.
>
> E é por essa razão que, nas situações que envolvam proteção de minorias, ou nas situações que envolvam certos impasses que emperram a história, acaba sendo indispensável a intervenção do Supremo Tribunal Federal, não contramajoritária, mas representativa. É para fazer andar a história, quando ela tenha parado. (...)
>
> Eu acho que, neste momento, é isso que legitima o nosso papel de avançar nesta questão e me leva à parte final do meu voto, que é uma posição de não apenas acompanhar o Ministro Luiz Fux, declarando a inconstitucionalidade dessas normas, nos termos do pedido, *mas também*

---

37. Cf. Mark Tushnet, "Dialogue and constitutional duty", in *Public Law & Legal Theory Working Paper Series* 12-1, Harvard Law School, p. 2.
38. Cf. Glauco Salomão Leite, *Separação de poderes e ativismo judicial no Supremo Tribunal Federal: do guardião da Constituição ao diálogo institucional*, Tese cit., pp. 180 e ss.

deflagrar ou endossar um debate institucional, um diálogo institucional entre o Supremo Tribunal Federal e o Congresso Nacional a propósito da concretização de regras do jogo democrático. Não são simples opções políticas. (destaque nosso)

Já o Procurador-Geral da República, no Parecer proferido no MI 4.733, impetrado pela Associação Brasileira de Gays, Lésbicas e Transgêneros (ABGLT), também mencionou a possibilidade de diálogo institucional, ao cobrar do Congresso Nacional a devida apreciação do Projeto de Lei 122/2006, que criminaliza a homofobia.

O Supremo Tribunal Federal traduz demandas sociais que se articulam judicialmente, enquanto o Congresso Nacional eventualmente enfrenta demandas semelhantes que se articulam politicamente. A contribuição do Poder Judiciário ao processo de construção normativa, nos casos de omissões inconstitucionais, pode ser percebida pelo Legislativo, que responde de acordo com a lógica própria do parlamento. *Possibilita-se desse modo firme disposição para o diálogo institucional entre os poderes.* Vejam-se exemplos dessa interlocução: a criação de municípios (MI 1.818-DF), a greve no serviço público (MI 670-ES, 708-DF e 712-PA), a aposentadoria do servidor público que exerceu trabalho sob condições especiais (MI 795-DF), o aviso prévio proporcional ao tempo de serviço (MI 943-DF e MI 1.010-DF). (destaque nosso).

Essa viabilidade de diálogo institucional entre os poderes, é bom que se diga, não configuraria novidade alguma nas relações entre os Poderes Judiciário e Legislativo brasileiros, pois no caso da legitimidade da realização de interrogatórios através videoconferência, o STF acabou deflagrando uma interação com o Poder Legislativo, sem que um se colocasse na posição de rival do outro. Com efeito, no HC 88.914,[39] o STF reconheceu a nulidade do interrogatório realizado através de videoconferência previsto por uma lei estadual de São Paulo e fixou parâmetros hermenêuticos que deveriam ser observados por eventual lei cujo objetivo fosse autorizar a realização desse tipo de procedimento. De acordo com a decisão, seriam necessárias a previsão em lei federal, e não em lei estadual, o respeito ao devido processo legal e ao princípio da razoabilidade.

Os congressistas, nesse contexto, consoante testemunha o PLS 679/2007, que deu origem à Lei federal 11.900, de 2009, entenderam ser importante autorizar o interrogatório virtual e regulamentaram a matéria, observando as diretrizes constitucionalmente fixadas na referida decisão

39. Rel. Min. Cezar Peluso, j. 14.8.2007.

do STF. É de se destacar que, na própria Justificativa do PL 679/2007, seu autor expressamente citou e analisou os fundamentos do HC 88.914 para deixar claro que sua proposição atendia às diretrizes apontadas pela Corte. Nessa situação, portanto, foi revelado que a jurisdição constitucional, de fato, exerceu um papel mediador e possibilitador da realização de diálogo institucional entre os Poderes Legislativo e Judiciário, em que predominou o respeito, a harmonia e a cooperação entre as instâncias judiciária e legislativa.

É bem verdade, entretanto, que em muitos casos ou o Poder Legislativo simplesmente se mantém inerte ou solenemente ignora os fundamentos da decisão do STF. Um exemplo dessa última hipótese estaria estampado no caso do reconhecimento da união estável homoafetiva. Como se sabe, a Corte definiu que as uniões estáveis entre pessoas do mesmo sexo também constituem entidade familiar para fins de proteção jurídica do Estado, retirando esses casais do limbo jurídico onde até então se encontravam. No entanto, a própria Corte percebeu que o mais adequado, especialmente por razões de segurança jurídica nas relações familiares, seria a aprovação de uma lei disciplinando os vários aspectos das uniões homoafetivas. Por isso, seguindo o modelo de uma jurisdição constitucional dialógica, a atuação do STF não significou o desfecho de uma questão constitucional, como se este fosse o único "porta-voz" da Constituição. Como afirmou o então Min. Carlos Ayres Britto, "a nossa decisão (...) é um abrir de portas para a comunidade homoafetiva, mas não é um fechar de portas para o Poder Legislativo".[40]

Apesar disso, o Congresso Nacional ensaiou uma reação antagônica à decisão judicial através do Projeto de Lei 6.583, de 16.10.2013, de autoria do Deputado Federal Anderson Ferreira (PR-PE), que pretende instituir o chamado "Estatuto da Família", proibindo o reconhecimento do casamento e da união estável entre pessoas do mesmo sexo. No parecer apresentado pela Comissão Especial, constituída para analisar referido projeto de lei na Câmara Federal, seu relator, Deputado Ronaldo Fonseca (PROS-DF), sustentou a sua constitucionalidade. Curiosamente, embora este parlamentar se refira de modo expresso à posição do STF, não enfrentou os argumentos que compõem a *ratio decidendi* de seus precedentes. Em outros termos, não assume o ônus político (e argumentativo) de tentar mostrar os equívocos da decisão da Corte. Em vez disso, desenvolveu uma linha de raciocínio baseada em argumentos anacrônicos, como a suposta preordenação do casal à procriação ou que refletem particula-

---

40. V. ADI 4.277-DF, rel. Min. Ayres Britto, *DJU*, de 5.5.2011.

rismos religiosos, numa errônea compreensão da liberdade religiosa. Desse modo, o parecer reproduz um fundamentalismo religioso tendente a suprimir direitos e liberdades de terceiros.

A decisão do STF, nesse cenário, simboliza um importante passo no combate à discriminação e na defesa das liberdades públicas, reforçando os compromissos libertários e emancipatórios plasmados na Constituição. A reação parlamentar, expressada no "Estatuto da Família", além de inviabilizar o diálogo institucional, na medida em que sequer busca revelar eventuais desacertos na decisão judicial, veicula não mais que uma visão religiosa que se pretende espraiar ilegitimamente pelo ordenamento constitucional.

Portanto, ao fincar-se em razões públicas, a Corte buscou interagir com o legislador, que deveria levá-las em conta e, caso pretendesse rebatê-las, deveria apresentar argumentos mais consistentes e qualificados.

4. Considerações finais

As mudanças paradigmáticas no Direito e no Estado permitiram superar a concepção segundo a qual as Constituições se limitam a documentos essencialmente políticos, com disposições programáticas que fixavam diretrizes de atuação para o legislador ordinário. A fórmula estrutural do Estado Democrático de Direito, desenhado no contexto da segunda quadra do século passado, promoveu sensíveis alterações no conceito de Constituição, com evidentes repercussões tanto para a dogmática constitucional, quanto para o funcionamento concreto das instituições políticas. No Brasil pós-88, viu-se que um dos principais reflexos desse novo momento histórico tem sido a consolidação e o fortalecimento da jurisdição constitucional como mecanismo específico de proteção da ordem constitucional. Se as constituições normativas exigiram uma função jurisdicional renovada em sua estrutura organizacional e modo de atuação, também é certo que novas tensões emergiram no esquema da separação dos poderes.

A transição do Estado de Direito Liberal para o Estado Democrático de Direito significou, de um lado, a quebra do dogma da infalibilidade da lei e da superioridade política das instâncias majoritárias, e por outro, a projeção da jurisdição constitucional, especialmente o STF, como nova arena de disputa política e reivindicação de direitos numa sociedade marcada por um elevado grau de complexidade. Assim, ao ter que enfrentar controvérsias constitucionais mais delicadas, foi preciso repensar modelos e teorias tradicionais acerca da legitimidade e da natureza das decisões proferidas pela jurisdição constitucional. A fórmula convencional do "legislador negativo" foi perdendo força, na medida em que os órgãos de justiça constitucional, sobretudo as Cortes Supremas e os Tribunais Constitucionais, passaram a adotar técnicas de decisão que não se limitavam mais ao binômio "inconstitucionalidade/nulidade". Cada vez mais protagonistas, é preciso que a dogmática constitucional acompanhe a dinâmica de atuação de tais Cortes, especialmente buscando traçar os limites de sua atuação e os critérios minimamente objetivos de decisão. Do contrário, o arbítrio dos monarcas e presidentes despóticos correrá o risco de vir a ser substituído pelo arbítrio dos juízes.

Em um cenário onde se desenvolveram críticas contundentes acerca da legitimidade das Cortes na fiscalização do legislador democrático, bem quanto a eventuais atitudes reputadas ativistas, gradualmente passou a serem discutidas as ideias em torno de uma jurisdição constitucional dialógica, capaz de conciliar os ideais de constitucionalismo e democracia. Assim, sem menosprezar a importância das Cortes para a proteção dos direitos fundamentais e das regras do jogo democrático, não se lhes atribui uma função sobranceira na ordem constitucional. A perspectiva dialógica afasta tanto a supremacia judicial, quanto a supremacia das instâncias majoritárias e reivindica um modelo de atuação em que cada um dos Poderes estatais possui um grau de responsabilidade político-institucional na construção coordenada de soluções para problemas constitucionais os mais complexos. Assim, o constitucionalismo dialógico, sem excluir a jurisdição constitucional, permite o resgate da política, fomentando interações construtivas entre Cortes e Parlamentos. As expressões concretas do modo de efetivação dos diálogos institucionais e os reflexos dessa engenharia na separação dos Poderes constituem um dos principais desafios contemporâneo da teoria constitucional.

5. Referências

BAKER, Dennis. *Not quite supreme: the courts and coordinate constitutional interpretation*. Montreal, McGill-Queen's University Press, 2010.

BICKEL, Alexander M. *The least dangerous branch: the Supreme Court at the Bar of Politics*. Indianapolis, Bobbs-Merrill, 1962.

BONAVIDES, Paulo. *Curso de direito constitucional*. 31ª ed. São Paulo, Malheiros Editores, 2016.

_____. *Do estado liberal e ao estado social*. 11ª ed., 2ª tir. São Paulo, Malheiros Editores, 2014.

CANOTILHO, José Joaquim Gomes. *Constituição dirigente e vinculação do legislador: contributo para a compreensão das normas programáticas da constituição*. 2ª ed. Coimbra, Coimbra Editora, 2001.

_____. *Direito constitucional e teoria da Constituição*. 3ª ed. Coimbra, Almedina, 1999.

CAPPELLETTI, Mauro. *Juízes legisladores?*. Trad. Carlos Alberto Alvaro de Oliveira. Porto Alegre, Sergio Antonio Fabris, 1999.

CARVALHO NETTO, Menelick de. "Controle de constitucionalidade e democracia". In MAUÉS, Antônio G. Moreira (Org.). *Constituição e Democracia*. São Paulo, Max Limonad, 2001, pp. 215-232.

CLÈVE, Clèmerson Merlin. *A fiscalização abstrata da constitucionalidade no direito brasileiro*. 2ª ed. São Paulo, Ed. RT, 2000.

CONTINENTINO, Marcelo Casseb. *História do controle da constitucionalidade das leis no Brasil: percursos do pensamento constitucional no Século XIX (1824-1891)*. São Paulo, Almedina, 2015.

_____. "Ativismo judicial: proposta para uma discussão conceitual". *Revista de Informação Legislativa*, vol. 49, n. 193, jan.-mar./2012, pp. 141-149.

_____. *Revisitando os fundamentos do controle de constitucionalidade: uma crítica à prática judicial brasileira*. Porto Alegre, Sérgio Fabris, 2008.

FERRAZ JR., Tercio Sampaio, et al. *Constituição de 1988: legitimidade, vigência e eficácia, supremacia*. São Paulo, Atlas, 1989.

FISHER, Louis. *Constitutional dialogues: interpretation as political process*. Princeton, Princeton University Press, 1988.

GALINDO, Bruno. *Direitos Fundamentais: análise de sua concretização constitucional*. Curitiba, Juruá, 2003.

GUERRA FILHO, Willis Santiago. *Ensaios de teoria constitucional*. Fortaleza, Imprensa Universitária da UFC, 1989.

_____. *Teoria processual da Constituição*. São Paulo, Celso Bastos, 2007.

HABERMAS, Jürgen. *A inclusão do outro (estudos de teoria política)*. Trad. George Sperber e Paulo Astor Soethe. São Paulo, Loyola, 2002.

_____. *Facticidad y validez. Sobre el derecho y el Estado Democrático de Derecho en términos de teoría del discurso*. 3ª ed. Trad. Manuel Jimenez Redondo Madri, Trotta, 2001.

KELSEN, Hans. *Quien debe ser el defensor de la constitución?*. Trad. Roberto J. Brie. 2ª ed. Madri, Tecnos, 1999.

_____. *Teoria pura do direito*. Trad. João Baptista Machado. 7ª ed. São Paulo, Martins Fontes, 2006.

KRAMER, Larry D. *The people themselves: popular constitutionalism and judicial review*. Oxford University Press, 2004.

LEITE, Glauco Salomão. "Inércia legislativa e ativismo judicial: a dinâmica da separação dos poderes na ordem constitucional brasileira". In *Direito, Estado e Sociedade*, n. 45, jul.-dez./2014, pp. 10-31.

_____. "Supremacia constitucional *vs.* supremacia judicial: a possibilidade de diálogos institucionais na interpretação da Constituição". In *Revista do Instituto de Hermenêutica Jurídica*. Belo Horizonte, Fórum, ano 13, n. 17, jan.-julho/2015, pp. 37-5.

_____. *Separação de poderes e ativismo judicial no Supremo Tribunal Federal: do guardião da Constituição ao diálogo institucional*. Tese de Doutorado. Universidade Federal de Pernambuco, 2014 (no prelo).

LIMA, Flávia Santiago. *Jurisdição constitucional e política: ativismo e autocontenção no STF*. Curitiba, Juruá, 2014.

LAVILLA, Landelino. "Constitucionalidad y legalidad. Jurisdicción constitucional y Poder Legislativo". In LÓPEZ PINA, Antonio (Org.). *División de poderes e interpretación: hacia una teoría de la praxis constitucional*. Madri, Tecnos, 1987, pp. 53-68.

MENDES, Gilmar Ferreira. *Jurisdição constitucional*. 4ª ed. São Paulo, Saraiva, 2004.

_____. *Controle de Constitucionalidade: Aspectos Jurídicos e Políticos*. São Paulo, Saraiva, 1990.

_____. "O Poder Executivo e o Poder Legislativo no controle de constitucionalidade". *Revista de Informação Legislativa*, vol. 34, n. 134, abr.-jun./1997, p. 11-39.

PICKRILL, J. Mitchell. *Constitutional deliberation in Congress: the impact of judicial review in a separated system*. Duke University Press, 2004.

ROSA, André Vicente Pires. *Las omisiones legislativas y su control constitucional*. Rio de Janeiro, Renovar, 2006.

STRECK, Lenio Luiz e MORAIS, José Luis Bolzan de. *Ciência política e teoria do estado*. 5ª ed. Porto Alegre, Livraria do Advogado, 2006.

TATE, C. Neal e VALLINDER, Torbjörn. "The global expansion of judicial power: the judicialization of politics". In TATE, C. Neal e VALLINDER, Torbjörn (Orgs.). *The Global Expansion of Judicial Power*. Nova York--Londres, New York University Press, 1995.

TREMPS, Pablo Perez. "La justicia constitucional en la actualidad. Especial referencia a América Latina". *Revista Brasileira de Direito Constitucional*, São Paulo, Escola Superior de Direito Constitucional (ESDC), n. 1, jan.--jul./2003, pp. 29-39.

TUSHNET, Mark. *Taking the constitution away from the courts*. Princeton University Press, 1999.

_____. "Dialogue and constitutional duty". In *Public Law & Legal Theory Working Paper Series* n. 12-1.Harvard Law School, p. 2.

WALDRON, Jeremy. *Law and disagreement*. Oxford-New York, Clarendon Press-Oxford University Press, 1999.

Capítulo X
A TERMINOLOGIA DO PROCESSO CONSTITUCIONAL E O NOVO CÓDIGO DE PROCESSO CIVIL (2015)

Ivo Dantas
Livia Dias Barros
Gina Gouveia

1. Colocações preliminares 2. A questão no CPC de 2015. 3. Princípio do devido processo legal no Brasil e em alguns modelos do direito estrangeiro. 3.1 O devido processo nos sistemas espanhol, italiano e português. 4. Referências.

1. Colocações preliminares

A expressão *processo constitucional* utilizada no título deste estudo, é tomada no sentido de matriz ou paradigma contemporâneo dos atuais estudos processuais, visto que, apesar de sempre terem sido considerados os *princípios constitucionais*, só recentemente, esta posição foi tornada explícita.

Cândido R. Dinamarco, entre os autores brasileiros e no livro *A Instrumentalidade do Processo*,[1] doutrina que

> É natural que, como instrumento, o sistema processual guarde *perene* correspondência com a ordem constitucional a que serve, inclusive acompanhando-a nas mutações por que ela passa. Em princípio, o processo acompanha as opções políticas do constituinte, as grandes linhas ideológicas abrigadas sob o pálio constitucional.

---

1. 15ª ed., São Paulo, Malheiros Editores, 2013, p. 32.

Esta realidade, ou seja, o conteúdo constitucional-ideológico do processo na época contemporânea se reflete, até mesmo na consagração, por um lado, de normas constitucionais que visam à garantia processual da própria Constituição, e por outro, de garantias constitucionais em relação ao processo e ao procedimento. Ademais, a existência de ações que tem matiz e natureza constitucionais fez surgir, em nível doutrinário e já com extensa bibliografia, o hoje denominado, por alguns, de Direito Constitucional Processual, enquanto outros preferem a expressão Direito Processual Constitucional, chegando Paulo Bonavides a escrever que

> É de assinalar que com a "publicização" do processo, por obra de novas correntes doutrinárias do Direito Processual contemporâneo, os laços do Direito Constitucional com o Direito Processual se fizeram tão íntimos e apertados, que dessa união parece resultar uma nova disciplina em gestação: o Direito Processual Constitucional.[2]

Sua compreensão é necessária para que possamos discutir o conteúdo ideológico do processo o qual se encontra determinado na razão direta da estrutura do próprio poder político. Em outras palavras, a ideologia que orienta o exercício do poder (em princípio, regime democrático-liberal ou autoritário-autocrático) responde a uma indagação fundamental: o exercício do poder político respeita a área de direitos e garantias individuais?[3]

Vale uma observação importante: a forma pela qual são escolhidos os governantes independe da forma como eles exercem o poder. Exemplo: o governante pode ser escolhido pelos governados (regime democrático) e no exercício do mandato fazê-lo de forma autoritária, como, p.ex., através de medidas provisórias ou instituto análogo, apesar de denominação diferente. Neste esquema, o governante poderá ser escolhido autocraticamente (herança, cooptação) e, no entanto, o exercício do poder ser liberal.

No caso do processo, nos sistemas autoritários um dos primeiros itens a serem limitados por estes governantes é a suspensão de alguns direitos essenciais à liberdade e às garantias constitucionais, tal como aconteceu, entre nós, por meio da redação dada ao texto de 1967, com a EC n. 1 (1969), na qual, em sua parte permanente consagrava o mandado de segurança e o *habeas corpus*, mas, logo a seguir, limitava seus exer-

---

2. *Curso de Direito Constitucional*, 31ª ed., São Paulo, Malheiros Editores, 2016, p. 44.
3. Dentre muitos outros temas que tratam do assunto, vejam-se Alexandre Mário Pessoa Vaz, *Direito Processual Civil – do Antigo ao Novo Código*, Coimbra, Almedina, 1998, pp. 127 e ss.; Araken de Assis, *Processo Civil Brasileiro*, vol. I, *Parte Geral: Fundamentos e Distribuição de Conflitos*, São Paulo, Ed. RT, 2015, pp. 276 e ss.

cícios de forma que o que o dito no primeiro momento, não se mantinha no segundo momento. Senão vejamos:

Em nosso livro *Do Mandado de Segurança – alguns aspectos da Lei 12.016/09*[4] escrevemos:

> A Emenda Constitucional n. 1/69 (art. 153, § 21) trouxe uma modificação que ampliava o âmbito de aplicabilidade do MS: o qualificativo individual já não mais consta da presente redação, restando apenas que se esteja diante de um direito líquido e certo não amparado por *habeas corpus*. Desta forma, nos seus precisos termos: Conceder-se-á mandado de segurança, para proteger direito líquido e certo não amparado por habeas corpus, seja qual for a autoridade responsável pela ilegalidade ou abuso de poder.
>
> Vale lembrar neste ponto – continuamos nós no texto referido –, que esta mesma EC n. 1/69 determinava que ficavam aprovados e excluídos de apreciação judicial os atos praticados pelo Comando Supremo da Revolução (art. 181, I e II), o que significa dizer que o conteúdo do citado art. 153 § 21, era comando apenas decorativo, para "inglês ver"... Observe-se bem: além do Mandado de Segurança, *o Habeas Corpus* também não poderia socorrer o paciente em tal hipótese.

Feitas estas colocações preliminares enfrentemos logo os princípios explícitos existentes na Lei 13.105/2015 (CPC) para, em seguida considerar alguns princípios implícitos, nem sempre reconhecidos por parte da doutrina, porém amplamente aplicados pela Magistratura Nacional.

Em livro intitulado *Principios constitucionales del derecho procesal colombiano. Investigación en torno a la Constitución política de 1991*,[5] José Fernando Ramírez Gómez nos apresenta 12 características dos princípios constitucionais do direito processual, parecendo-nos bastante oportuno trazer sua lição para o conhecimento de nossos leitores, sobretudo porque ela pode ser aplicada em relação ao nosso sistema (embora com pequenas diferenças à posição que adotamos). Ademais, nas palavras do próprio autor, "se pueden colegir algunas características que metodológicamente nos lleven a una mejor precisión del concepto, siendo elles:

> 1 – Tienen rango o reconocimiento constitucional como su misma denominación lo señala. 2 – Carácter normativo. Prescriben como se deben crear, interpretar e integrar las normas procesales. Este aspecto cobra

---

4. Belo Horizonte, Fórum, 2012, p. 45.
5. Medelin, Señal Editora, 1999.

mayor énfasis en el sistema colombiano por el carácter normativo de nuestra Constitución Política (art. 4º). **3** – Son Principios explícitamente positivos por el origen y medio de formulación (Constitución Política). **4** – Constituyen fuente formal, directa y abstracta del derecho procesal. **5** – Son políticos. Determinan el techo ideológico de la Constitución en el campo de la administración de justicia. Algunas Constituciones son expresas en esta definición como ocurre con la de Rumania de 1974, cuando en el art. 102 establece: "Con su actividad judicial, los tribunales y los juzgados defienden el régimen socialista". Igualmente, entre nosotros la declaración del art. 1º de la Constitución Política acerca de que "Colombia es un estado social de derecho...", democrático y constitucional, agregamos, tiene relevancia en la política jurisdiccional, puesto que señala en parte nuestro techo ideológico. Toda labor de creación, interpretación e integración normativa debe cumplirse a tono con la ideología, procurando la preservación del sistema. **6** – Contenido axiológico. Según se vio antes, su declaración obedece a los valores bilaterales vigentes en la sociedad, implicando el establecimiento de una categoría ordenadora como ejercicio de una opción frente a las diferentes alternativas que el momento histórico ofrezca. Optar por la presunción de inocencia frente a la posibilidad de invertir la carga de la prueba, según ejemplo aclaratorio. **7** – Son prescripciones generales de aplicación inmediata tanto para el legislador como para el juez, conforme a la definición de la Corte Constitucional. **8** – Debido al contenido axiológico *comportan una definición*, esto es, el señalamiento de *un postulado determinativo del comportamiento legal ulterior*,[6] que definitivamente tiene que acomodarse a lo preceptuado como principio. Por ejemplo, si La Constitución declara que el proceso debe ser público, la ley no puede establecer procesos privados o secretos. Ese determinismo de la función legal se torna en garantía para que la creación del derecho no sea arbitraria y a voluntad del legislador, sino que está guiada por la objetividad y la razonabilidad que imprimen los principios. El carácter que se expone si bien es definitivo en el papel del legislador, debe ser morigerado con ocasión de su aplicación al caso concreto, porque como lo dice la doctrina constitucional española en el campo de la interpretación de la Constitución no es posible pensar en valores, principios, bienes o derechos absolutos, porque en una hermenéutica sistemática todos se relacionan y se limitan mutuamente. **9** – Tienen capacidad justificatoria y explicatoria respecto de las normas. Según Karl Larenz, lo decisivo en los principios "es su actitud como causa de justificación y su acuñación en una regulación o varias" [Karl Larenz, *Derecho justo*, Madri, Civitas, 1985, p. 36]. La capacidad jurígena de cada principio se muestra porque el contiene en potencia múltiplas normas posibles. **10** – Los principios cuentan con la "dimensión de peso o importancia"

---

6. Destaque no original.

(*dimension of weight*), que el operador jurídico tiene que tener en cuenta cuando vaya a resolver un conflicto entre ellos, otorgándole al principio respectivo el correspondiente peso relativo para definir La preferencia, pero sin que ello conlleve la perdida de juridicidad para el principio descartado. Conflicto que necesariamente tiene que resolverse ponderando la importancia del principio en consideración a los valores bilaterales vigentes y por el grado de adecuación para la solución del respectivo caso. **11** – Los principios o derechos procesales son ciertos, serios y efectivos, o sea que son meramente programáticos. Los principios programáticos, dice Luis Prieto Sanchis, son aquellos que pretenden "materializar el contenido social del sistema, pero cuya articulación efectiva puede proponerse indefinitivamente según consideraciones de oportunidad, sin que en ningún caso llegue a cristalizar con la misma fuerza que las auténticas libertades". En cambio los principios procesales deben ser una realidad actual y actuante. **12** – Son universales en cuanto derechos para todas las personas, o como dice Prieto Sanchis, "cualquier persona situada en la posición descrita por la norma puede disfrutar del derecho, es decir, cuando no existe discriminación en la aplicación de la norma". Empero, algunos son derechos humanos y como tales de ejercicio limitado a la persona humana.[7-8]

2. A questão no CPC de 2015

O novo Código de Processo Civil (Lei 13.105, de 16.3.2015), em seu art. 1.046 consagra a regra geral de interpretação das leis processuais ao prescrever que

Ao entrar em vigor este Código, suas disposições se aplicarão desde logo aos processos pendentes, ficando revogada a Lei n. 5.869, de 11 de janeiro de 1973.

Oportuna é a discussão teórica e filosófica sobre os *valores* e as *normas fundamentais no novo CPC* (2015), como pressuposto para uma

---

7. Ob. cit., pp. 34-37.
8. Vale lembrar que o nosso sistema constitucional na prática determina no art. 5º, § 1º, da CF: "as normas definidoras dos direitos e garantias fundamentais têm aplicação imediata". E mais: na conformidade do § 2º, "os direitos e garantias expressos nesta Constituição não excluem outros decorrentes do regime e dos princípios por ela adotados, ou dos tratados internacionais em que a República Federativa do Brasil seja parte".
Observe-se que na configuração constitucional no modelo de 1988, nos termos do Título II – Dos Direitos e Garantias Fundamentais – abarca o Capítulo I – Dos Direitos e Deveres Individuais e Coletivos – e os Direitos Sociais (capítulo II). E mais: Capítulo III (Da Nacionalidade), Capítulo IV (Dos Direitos Políticos) e Capítulo V (Dos Partidos Políticos). É bom insistir no conteúdo do § 1º acima transcrito.

correta compreensão e consequente aplicabilidade do que determina a própria lei ao enumerar cada um dos princípios processuais.
Desta forma, diz o (CPC, 2015):[9]

Art. 1º. O processo civil será ordenado, disciplinado e interpretado conforme os valores e as normas fundamentais estabelecidos na Constituição da República Federativa do Brasil, observando-se as disposições deste Código. **Art. 2º.** O processo começa por iniciativa da parte e se desenvolve por impulso oficial, salvo as exceções previstas em lei. **Art. 3º.** Não se excluirá da apreciação jurisdicional ameaça ou lesão a direito. § 1º. É permitida a arbitragem, na forma da lei. § 2º. O Estado promoverá, sempre que possível, a solução consensual dos conflitos. § 3º. A conciliação, a mediação e outros métodos de solução consensual de conflitos deverão ser estimulados por juízes, advogados, defensores públicos e membros do Ministério Público, inclusive no curso do processo judicial. **Art. 4º.** As partes têm o direito de obter em prazo razoável a solução integral do mérito, incluída a atividade satisfativa. **Art. 5º.** Aquele que de qualquer forma participa do processo deve comportar-se de acordo com a boa-fé. **Art. 6º.** Todos os sujeitos do processo devem cooperar entre si para que se obtenha, em tempo razoável, decisão de mérito justa e efetiva. **Art. 7º.** É assegurada às partes paridade de tratamento em relação ao exercício de direitos e faculdades processuais, aos meios de defesa, aos ônus, aos deveres e à aplicação de sanções processuais, competindo ao juiz zelar pelo efetivo contraditório. **Art. 8º.** Ao aplicar o ordenamento jurídico, o juiz atenderá aos fins sociais e às exigências do bem comum, resguardando e promovendo a dignidade da pessoa humana e observando a proporcionalidade, a razoabilidade, a legalidade, a publicidade e a eficiência. **Art. 9º.** Não se proferirá decisão contra uma das partes sem que ela seja previamente ouvida. **Parágrafo único.** O disposto no *caput* não se aplica: **I** – à tutela provisória de urgência; **II** – às hipóteses de tutela da

---

9. Luiz Guilherme Marinoni, Sérgio Cruz Arenhart e Daniel Mitidieiro, no livro *Novo Código de Processo Civil Comentado* (São Paulo, Ed. RT, 2015, p. 91) ao enfrentarem o conteúdo do art. 1º do CPC escrevem com total acerto, que "O processo civil é estruturado a partir dos direitos fundamentais que compõem o direito fundamental do processo justo, o que significa dizer que o legislador infraconstitucional tem o dever de desenhá-lo a partir do seu conteúdo. Em outras palavras, o processo civil é ordenado e disciplinado pela Constituição, sendo o Código de Processo Civil uma tentativa do legislador de adimplir com o seu dever de organizar um processo justo. Vale dizer: o Código de Processo Civil constitui o direito constitucional aplicado. O Código deve ser interpretado de acordo com a Constituição e com os direitos fundamentais, o que significa que as dúvidas interpretativas devem ser resolvidas a favor da otimização do alcance da Constituição e do processo civil como meio para a tutela dos direitos".

evidência previstas no art. 311, incisos II e III; **III** – à decisão prevista no art. 701. **Art. 10.** O juiz não pode decidir em grau algum de jurisdição, com base em fundamento a respeito do qual não se tenha dado às partes oportunidade de se manifestar, ainda que se trate de matéria sobre a qual deva decidir de ofício. **Art. 11**. Todos os julgamentos dos órgãos do Poder Judiciário serão públicos, e fundamentadas todas as decisões, sob pena de nulidade. **Parágrafo único**. Nos casos de segredo de justiça, pode ser autorizada a presença somente das partes, de seus advogados, de defensores públicos ou do Ministério Público. **Art. 12**. Os juízes e os tribunais atenderão preferencialmente à ordem cronológica de conclusão para proferir sentença ou acórdão [*Redação dada pela Lei 13.256, de 4.2.2016)]*. § 1º. A lista de processos aptos a julgamento deverá estar permanentemente à disposição para consulta pública em cartório e na rede mundial de computadores. § 2º. Estão excluídos da regra do *caput*: **I** – as sentenças proferidas em audiência, homologatórias de acordo ou de improcedência liminar do pedido; **II** – o julgamento de processos em bloco para aplicação de tese jurídica firmada em julgamento de casos repetitivos; **III** – o julgamento de recursos repetitivos ou de incidente de resolução de demandas repetitivas; **IV** – as decisões proferidas com base nos arts. 485 e 932; **V** – o julgamento de embargos de declaração; **VI** – o julgamento de agravo interno; **VII** – as preferências legais e as metas estabelecidas pelo Conselho Nacional de Justiça; **VIII** – os processos criminais, nos órgãos jurisdicionais que tenham competência penal; **IX** – a causa que exija urgência no julgamento, assim reconhecida por decisão fundamentada. § 3º. Após elaboração de lista própria, respeitar-se-á a ordem cronológica das conclusões entre as preferências legais. § 4º. Após a inclusão do processo na lista de que trata o § 1º, o requerimento formulado pela parte não altera a ordem cronológica para a decisão, exceto quando implicar a reabertura da instrução ou a conversão do julgamento em diligência. § 5º. Decidido o requerimento previsto no § 4º, o processo retornará à mesma posição em que anteriormente se encontrava na lista. § 6º. Ocupará o primeiro lugar na lista prevista no § 1º ou, conforme o caso, no § 3º, o processo que: **I** – tiver sua sentença ou acórdão anulado, salvo quando houver necessidade de realização de diligência ou de complementação da instrução; **II** – se enquadrar na hipótese do art. 1.040, inciso II.

Adiante-se que, embora o nosso objetivo maior seja o de analisar os princípios e normas fundamentais enumerados no novo CPC, não ficaremos limitados ao seu texto, pois vale lembrar que, em razão do caráter de supremacia da matéria constante da Constituição Federal outros princípios que não estejam enumerados no CPC serão por nós referidos.

3. Princípio do devido processo legal no Brasil e em alguns modelos do direito estrangeiro

De todos os princípios processuais constitucionais, o *due process of law* é aquele que mais recebe e envia influência da (e para) a ideologia constitucional que termina por moldar o sentido e o conteúdo do ordenamento jurídico. Vale ressaltar que a legalidade tanto pode estar a serviço de um sistema arbitrário quanto de um sistema liberal. Dizendo de forma mais clara: o conteúdo de uma lei pode servir para amparar a arbitrariedade ou para proteger o cidadão frente ao poder do Estado, muito embora, Lopes Junior, citado por Gilson Bonato[10] entenda que não se possa tolerar "um processo penal autoritário e típico de um Estado-Policial, pois o processo deve adequar-se à Constituição e não vice-versa". Apesar de o autor referir-se ao processo penal, seu ensinamento se aplica, integralmente, ao processo civil e aos demais ramos do processo, inclusive aos remédios constitucionais (Direito Processual Constitucional).

Inicialmente, é necessária uma observação prévia: apesar da conceituação do devido processo legal possuir um caráter filosófico, sua efetivação deverá ocorrer em todas as manifestações do Poder Político do Estado, em qualquer uma de suas funções, cabendo ao Poder Judiciário, sempre que necessário, diante de um eventual desrespeito, impor seu conteúdo através de ações precisas, evidentemente que na apreciação do caso em concreto ou em abstrato (as ações de controle de constitucionalidade).

Em outras palavras: o Estado por qualquer de suas instituições e manifestações é responsável pelo respeito ao princípio do devido processo, mas seu guardião maior será sempre o Judiciário, a quem incumbirá apreciar o conteúdo (material e formal), portanto a constitucionalidade das leis, bem como dos atos, regulamentos etc., sejam da Administração Pública, do Legislativo ou do próprio Judiciário.

Uma observação preliminar se faz oportuna: a importância e o conteúdo de que é revestido o devido processo legal autorizaria ao intérprete do Direito Constitucional Processual dispensar a análise de todos os demais princípios, isto porque, em última análise, todos estes são mero desdobramentos daquele, tal como escreve Nelson Nery Junior:[11]

---

10. *Devido Processo Legal e Garantias Processuais Penais,* Rio de Janeiro, Lumen Juris, 2003, p. 108.
11. *Princípios do Processo Civil na Constituição Federal,* 5ª ed., São Paulo, Ed. RT, 1999, pp. 30-31.

Assim é que a doutrina diz, por exemplo, serem manifestações do "devido processo legal" o princípio da publicidade dos atos processuais, a impossibilidade de utilizar-se em juízo prova obtida por meio ilícito, assim como o postulado do juiz natural, contraditório e do procedimento regular.

Raquel Fernandez Perrini,[12] por sua vez, escreve:

A expressão devido processo legal encerra vasto conteúdo, não se conformando somente com a regularidade formal do processo; reclama também para sua plena eficácia a efetiva realização da justiça, por meio de outras garantias a ela relacionadas. A título exemplificativo vale ressaltar os princípios do juiz natural, da legalidade, do livre acesso à jurisdição e a própria competência, como integrantes do devido processo legal e dele decorrentes. Desde a forma embrionária até sua feição contemporânea longo caminho foi percorrido, evidenciando as modificações sofridas por esta garantia...[13] Na atualidade, o devido processo legal tem por escopo e conteúdo salvaguardar a liberdade e os bens do indivíduo, servindo-se, para tanto, dos procedimentos legalmente previstos. Constitui, pois, a mais alta garantia, quer processual, quer substancial, conferindo proteção a direitos constitucionalmente assegurados. Não obstante, tal certeza não se fez presente em todas as épocas da civilização.

Na perspectiva de análise da evolução histórica do princípio, autores há[14] que identificam seu surgimento no ano 1037, através do edito de Conrado II, ao determinar que "nisi secundum constitutionem antecessorum nostrorum et judicium parium suorum", enquanto outros indicam a *Magna Charta Libertatum*, posteriormente seguida pelo *Statute of Westminster of the Liberties of London* (Inglaterra) e pelas Declaração de Delaware, Declaração dos Direitos de Maryland, Declaração dos Direitos da Carolina do Norte, até alcançarmos as Emendas 5ª e 14 à Constituição Americana de 1787.

Referindo-se a uma dualidade de sentidos (dimensão processual e dimensão substantiva) do princípio, Paulo Fernando Silveira,[15] depois de

---

12. *Competências da Justiça Federal Comum*, São Paulo, Saraiva, 2001, p. 3.
13. V. Ricardo Maurício Freire, *Devido Processo Legal – Uma Visão Pós-Moderna*, Salvador, JusPodivm, 2008.
14. Dentre estes, Antônio Roberto Sampaio Doria, *Direito Constitucional Tributário e "due process of law"*, 2ª ed., Rio de Janeiro, Forense, 1986, p. 11, nota 7.
15. *Devido Processo Legal – Due Process of Law*, Belo Horizonte, Del Rey, 1996, p. 67.

fazer um breve histórico do instituto no Direito Americano, especialmente, a Emenda 14, de 1868, à Constituição de 1787, observa:

> Por aí se vê que o substantivo devido processo legal refere-se ao conteúdo ou à matéria tratada na lei ou no ato administrativo, ou seja, se a sua substância está de acordo com o devido processo, como cláusula constitucional garantidora das liberdades civis. Envolve desse modo, aspectos mais amplos da liberdade, como o direito à privacidade ou a uma educação igualitária. O governo tem que demonstrar uma razão imperativa antes de infringir tais liberdades. (...) A partir de então, tanto os conceitos do substantivo como do processual devido processo legal foram incorporados definitivamente ao Direito americano, não obstante virem sofrendo constantes refinamentos jurisprudenciais. Dessa forma, tanto num caso como no outro, o teste ácido da lei é a sua compatibilidade com a Constituição, apurável pelo Poder Judiciário, normalmente com base no princípio do devido processo legal.[16]

No plano de garantia internacional, seu reconhecimento se deu após a Segunda Grande Guerra, encontrando-se o instituto na Declaração Universal de Direitos do Homem (1948, art. 10) e no Pacto Internacional de Direitos Civis e Políticos (1966, art. 14), enquanto, no plano do Direito Constitucional estrangeiro, como lembra Elizabeth Maria de Moura[17]

> Em algumas Constituições o instituto do devido processo legal apresenta-se estabelecido de modo expresso; e em outras, encontramos apenas alguns dos dispositivos que o integram, podendo-se afirmar que as suas sementes estão espalhadas e encontraram solo fértil no sentimento de Justiça de muitos povos.[18]

No Brasil, o princípio foi consagrado, pela primeira vez de forma expressa, na Constituição Federal de 1988, art. 5º, incisos LIV e LV, nos seguintes termos:

16. Excelente trabalho de João Gualberto Garcez Ramos, *Evolução Histórica do Princípio do Devido Processo Legal*, disponível em <ojs.c3sl.ufpr.br/ojs/index.php/direito/article/viewFile/14975/10027> de JGG Ramos. Acesso em 14.08.2015. Igualmente, o tratameto histórico do instituto é feito por Ângelo Aurélio Gonçalves Pariz, *O princípio do devido processo legal. Direito fundamental do cidadão*. Coimbra, Almedina, 2009, pp. 75-113. Em seguida, analisa o princípio no Brasil (pp. 113-119).

17. *O devido processo legal na Constituição Brasileira de 1988 e o Estado Democrático de Direito*, São Paulo, Publicação do Instituto Brasileiro de Direito Constitucional/Celso Bastos Editor, 2000, p. 123.

18. V. Adauto Suannes, *Os fundamentos éticos do devido processo penal*, 2ª ed., São Paulo, Ed. RT, 2004.

LIV – ninguém será privado da liberdade ou de seus bens sem o devido processo legal;

LV – aos litigantes, em processo judicial ou administrativo, e aos acusados em geral são assegurados o contraditório e a ampla defesa, com os meios e recursos a ela inerentes.[19]

Examinando o princípio do devido processo legal, o Supremo Tribunal Federal, nos autos do RE 158.655-9-PA,[20] decidiu nos seguintes termos:

> Defesa – Devido Processo Legal – Inciso LV do Rol das Garantias Constitucionais – Exame – Legislação Comum. A intangibilidade do preceito constitucional assegurador do devido processo legal direciona ao exame da legislação comum. Daí a insubsistência da óptica segundo a qual a violência à Carta Política da República, suficiente a ensejar o conhecimento de extraordinário, há de ser direta e frontal. Caso a caso, compete ao Supremo Tribunal Federal exercer crivo sobre a matéria, distinguindo os recursos protelatórios daqueles em que versada, com procedência, a transgressão a texto constitucional, muito embora se torne necessário, até mesmo, partir-se do que previsto na legislação comum. Entendimento diverso implica relegar à inocuidade dois princípios básicos em um Estado Democrático de Direito – o da legalidade e do devido processo legal, com a garantia da ampla defesa, sempre a pressuporem a consideração de normas estritamente legais. Prestação Jurisdicional – Inteireza. A ordem jurídico-constitucional assegura aos cidadãos o acesso ao Judiciário em concepção maior. Engloba a entrega da prestação jurisdicional da forma mais completa e convincente possível. Omisso o provimento judicial e, em que pese a interposição de embargos declaratórios, persistindo o vício na arte de proceder, forçoso é assentar a configuração da nulidade. Isso ocorre diante da recusa do órgão julgador em emitir entendimento explícito sobre a valia, ou não, de aresto indicado, como paradigma, para efeito de conhecimento do recurso de revista – artigo 896 da Consolidação das Leis do Trabalho.

Por outro lado, vale lembrar que a referência feita pela Constituição Federal em seu art. 1º, no sentido de que "A República Federativa do Brasil, formada pela união indissolúvel dos Estados e Municípios e do Distrito Federal, constitui-se em Estado Democrático de Direito e tem como fundamentos (...)", significa a consagração de que o exercício do

---

19. V., adiante, a análise que fazemos em relação à EC 45/2004 – *Reforma do Judiciário*.
20. Rel. Min. Marco Aurélio, *DJU* 2.5.1997, Ementário a867-01.

Poder terá que ser feito de acordo com a Lei, ou seja, com respeito ao *due process of law*,[21] evidentemente, sempre respeitando a Constituição.

21. Aconselha-se a leitura de Carl Schmitt, *Legalidade e legitimidade* (Belo Horizonte, Del Rey, 2007). Sobre o tema, consultem-se: Nelson Nery Junior, *Princípios do Processo Civil na Constituição Federal*, cit.; Galdino Luiz Ramos Júnior, *Princípios constitucionais do processo – Visão crítica*, São Paulo, Juarez de Oliveira, 2000; Maria Rosynete Oliveira Lima, *Devido processo legal*, Porto Alegre, Sergio Fabris, 1999; Paulo Fernando Silveira, *Devido processo legal – "Due process of law"*, Belo Horizonte, Del Rey, 1996; Emerson Odilon Sandim, *O devido processo legal na Administração Pública com enfoques previdenciários*, São Paulo, Ltr, 1997; Carlos Augusto de Assis, *A antecipação da tutela (à luz da garantia constitucional do devido processo legal)*, São Paulo, Malheiros Editores, 2001; Gilson Bonato, *Devido processo legal e garantias processuais penais*, Rio de Janeiro, Lumen Juris, 2003; Carlos Roberto Siqueira Castro, *O devido processo legal e os princípios da razoabilidade e da proporcionalidade*, 3ª ed., Rio de Janeiro, Forense, 2005; Marco Aurélio Gonçalves Ferreira, *O devido processo legal: Um estudo comparado*, Rio de Janeiro, Lúmen Júris, 2004; Ricardo Maurício Freire, *Devido processo legal – Uma visão pós-moderna*, Salvador, Jus Podivm, 2008; Lídia Elizabeth Peñaloza Jaramillo Gama, *O devido processo legal*, Leme (SP), Editora de Direito, 2005; Fernando G. Jayme, "O devido processo legal", in *Revista da Faculdade Mineira de Direito*, Belo Horizonte, vol. 3, ns. 5-6, pp. 63-74, 1º e 2º sem./2000; Paulo Henrique Santos Lucon, "Devido processo legal substantivo", in Fredie Didier Jr. (Org.), *Leituras complementares de processo civil*, 3ª ed., Salvador, Jus Podivm, 2005; Soraya Gasparetto Lunardi, *Tutela específica no Código do Consumidor diante das garantias constitucionais do devido processo legal*, São Paulo, Juarez de Oliveira, 2002; Adhemar Ferreira Maciel, "Devido processo legal e a Constituição Brasileira de 1988 – Doutrina e jurisprudência – Direito comparado", in *Dimensões do Direito Público*, Belo Horizonte, Del Rey, 2000, pp. 253-268; Letícia de Campos Velho Martel, *Devido processo legal substantivo: razão abstrata, função e características de aplicabilidade. A linha decisória da Suprema Corte estadunidense*, Rio de Janeiro, Lumen Juris, 2005; Danielle Anne Pamplona, *Devido processo legal. Aspecto Material*, Curitiba, Juruá, 2004; Ruitemberg Nunes Pereira, *O princípio do devido processo legal substantivo*, Rio de Janeiro, Renovar, 2005; Sandra Aparecida Sá dos Santos, *A inversão do ônus da prova como garantia constitucional do devido processo legal*, São Paulo, Ed. RT, 2002; Simone Schreiber, "A norma do devido processo legal em seu aspecto procedimental e sua aplicação pelo Supremo Tribunal Federal", disponível em <http://jus2.uol.com.br/doutrina/texto.asp?id=7334>, acesso em, 26.9.2005; Paulo Fernando Silveira, *Devido processo legal. "Due process of law"*, 3ª ed., Belo Horizonte, Editora Del Rey, 2001; Humberto Theodoro Júnior, *A execução de sentença e a garantia do devido processo legal*, Rio de Janeiro, Aide, 1987; Rogério Lauria Tucci e José Rogério Lauria Tucci, *Devido processo legal e tutela jurisdicional*, São Paulo, Ed. RT, 1993.

Na perspectiva do Processo Penal, consultem-se: Maurício Antônio Ribeiro Lopes, *Princípio da legalidade penal. Projeções contemporâneas*, São Paulo, Ed. RT, 1994; Gilson Bonato, *Devido processo legal e garantias processuais penais*, Rio de Janeiro, Lumen Juris, 2003; Marco Aurélio Gonçalves Ferreira, *O devido processo legal: um estudo comparado*, Rio de Janeiro, Lumen Juris, 2004; Enrique Bacigalupo, *El debido proceso penal*, Buenos Aires, Hammurabi, 2005; Francisco Ramos Méndez,

Em decorrência, ressalte-se, de logo, que o princípio deverá ter aplicação imperativa desde o momento da produção da norma,[22] ou seja, desde o procedimento legislativo, o que significa dizer que nenhuma norma poderá ser criada senão em obediência ao conteúdo e aos procedimentos constitucionalmente determinados. Por sua vez, o sentido atual do princípio, tal como já foi dito, não deve mais ser visto, apenas e tão somente, na perspectiva processual, mas igualmente em um sentido substantivo. Daí decorre o que poderíamos denominar de duplo sentido da expressão, ou seja, o *substantive due process* e o *procedural due process*.

Em nome da verdade, seja dito que maior destaque ao princípio é dado pela Doutrina no âmbito do Processo Penal, o que é uma posição bastante incompleta, uma vez que em seu atual conceito, como já foi dito, o mandamento é visto de uma forma mais abrangente, funcionando em um sentido mais largo, ou seja, como *garantia do cidadão* (no sentido que lhe dá a CF, art. 1º, inc. II), do que como simples direito.

Nesta perspectiva, o *due process of law* não tem seu conteúdo restringido aos mencionados incisos já mencionados (CF/88, art. 5º, LIV e LV), mas ao contrário, projeta-se ele (e a repetição é necessária) em nada menos oito outros princípios consagrados na CF 88, os quais, de uma forma ou de outra, até mesmo na vigência do Direito Constitucional de Crise (arts. 136 a 141, parágrafo único) permanecerão vigentes, embora sob o manto de uma legalidade especial.[23]

Assim, são desdobramentos do devido processo legal na CF:

a) princípio da isonomia (art. 5º, *caput*, e I);

b) princípio do juiz e do promotor natural (art. 5º, XXXVII e LIII);

c) princípio da inafastabilidade do controle jurisdicional ou do direito de ação (art. 5º, XXXV);

d) princípios do contraditório e da ampla defesa (art. 5º, LV);

e) princípio da obtenção da prova ilícita (art. 5º, LVI);

f) princípio da publicidade dos atos processuais (art. 5º, LX e 93, IX);

El proceso penal. Sexta lectura constitucional, Barcelona, Bosch, 2000; Karl Heinz Gössel, *El derecho procesal penal en el Estado de Derecho*, Obras Completas, t. I, Buenos Aires, Rubinzal-Culzoni, 2007.

22. Marcelo Cattoni, *Devido processo legislativo*, Belo Horizonte, Mandamentos, 2006.

23. A propósito, consulte-se nosso livro *Da defesa do Estado e das instituições democráticas na nova Constituição (Direito constitucional de crise ou legalidade especial – Arts. 136 a 144)*, Rio de Janeiro, Aide, 1989.

g) razoável duração do processo (art. 5º, LXXVIII);
h) princípio da motivação das decisões judiciais (art. 93, IX).[24]

3.1 O devido processo nos sistemas espanhol, italiano e português

As Constituições estrangeiras não trazem de forma objetiva a garantia ao devido processo legal, valendo lembrar, como o faz Ângelo Aurélio Gonçalves Pariz[25] que

> Quando teve de definir em que consistiam as garantias do devido processo legal e da lei do país, a Corte Suprema dos Estados Unidos disse o seguinte no caso Tumey vs. State of Ohio: "Para determinar o que seja o *due process of law* das Emendas V e XIV, a Corte deve reportar-se aos usos estabelecidos, aos métodos de procedimento consagrados antes da imigração dos nossos antepassados que, não sendo inadaptáveis às suas condições civis e políticas, tenham continuado a ser aplicados por eles depois da sua fixação neste país.

Entre os espanhóis, no âmbito do direito constitucional estrangeiro contemporâneo, diversas são as expressões utilizadas para designar a garantia ora estudada, tais como *proceso debido, proceso debido según ley, juicio justo* ou *proceso justo*, valendo observar que na Constituição Espanhola de 1978, a matéria não se resume a único dispositivo, devendo--se destacar os arts. 17 e 24, dentre outros.

Assim, se lê na Constituição Espanhola:

> **17.1.** Toda persona tiene derecho a la libertad y a la seguridad. Nadie puede ser privado de su libertad, sino con la observancia de lo establecido en este artículo y en los casos y en la forma previstos en la ley. **2.** La detención preventiva no podrá durar más del tiempo estrictamente necesario para la realización de las averiguaciones tendentes al esclarecimiento de los hechos, y, en todo caso, en el plazo máximo de setenta y dos horas, el detenido deberá ser puesto en libertad o a disposición de la autoridad judicial. **3.** Toda persona detenida debe ser informada de forma inmediata, y de modo que le sea comprensible, de sus derechos y de las razones de su detención, no pudiendo ser obligada a declarar. Se garantiza la asistencia

---

24. Ao longo do art. 5º da CF alguns outros incisos poderiam ser apontados como desdobramento do devido processo. Contudo, como não chegaríamos a uma posição aceita pela maioria, ficamos nestes que são, geralmente, apontados por todos os autores.

25. *O princípio do devido processo legal. Direito fundamental do cidadão*, Coimbra, Almedina, 2009, p. 83.

de abogado al detenido en las diligencias policiales y judiciales, en los términos que la ley establezca. **4.** La ley regulará un procedimiento de "habeas corpus" para producir la inmediata puesta a disposición judicial de toda persona detenida ilegalmente. Asimismo por ley se determinará el plazo máximo de duración de la prisión provisional.

No art. 24, por sua vez, fica assegurada uma tutela jurisdicional efetiva, como se vê:

24.1. Todas las personas tienen derecho a obtener la tutela efectiva de los jueces y tribunales en el ejercicio de sus derechos e intereses legítimos, sin que, en ningún caso, pueda producirse indefensión. **2.** Asimismo, todos tienen derecho al Juez ordinario predeterminado por la ley, a la defensa y a la asistencia de letrado, a ser informados de la acusación formulada contra ellos, a un proceso público sin dilaciones indebidas y con todas las garantías, a utilizar los medios de prueba pertinentes para su defensa, a no declarar contra sí mismo, a no confesarse culpables y a la presunción de inocencia. La ley regulará los casos en que, por razón de parentesco o de secreto profesional, no se estará obligado a declarar sobre hechos presuntamente delictivos.

Por sua vez, no art. 25.1 do mesmo texto constitucional consagra a irretroatividade da lei penal, como se vê:

Nadie puede ser condenado o sancionado por acciones u omisiones que en el momento de producirse no constituyan delito, falta o infracción administrativa, según la legislación vigente en cualquier momento.

Javier Gálvez Montes ao escrever sobre o art. 17 (seguridad personal) na obra coletiva *Constitución Española de 1978*, e integrante da série publicada pela Revista de Derecho Publico, *Commentarios a las Leyes Políticas*, dirigida por Oscar Alzaga Villaamil[26] dá-nos uma lição que serve, com perfeição, ao nosso sistema. Diz-nos:

Una de las consecuencias que derivan del artículo 1.1 de la C. Española, en cuanto proclama la dignidad de la persona como fundamento del orden político, es el reconocimiento y protección de la libertad inherente a la condición humana. Esta idea viene claramente formulada en el segundo párrafo del preámbulo que figura en el Pacto Internacional de Derechos Civiles y Políticos de 19 de diciembre de 1966, en cuanto reconoce "que estos derechos se derivan de la libertad inherente a la persona

26. Madrid, EDERSA, 1984, t. II, Artículos 10 a 23, pp. 375-422.

humana". La consideración del hombre como un fin en sí mismo, como entidad que puede marcar y cumplir sus propios fines, conlleva necesariamente la reserva de una esfera de franquía o libertad del individuo. Sin embargo, aun cuando este planteamiento constitucional hubiera supuesto el reconocimiento de la libertad, nuestro legislador constituyente quiso garantizar de manera expresa el respecto y promoción de la libertad en general por medio del artículo 9º.2 de la C.

A seguir, Gálvez Montes depois de afirmar que

el Derecho no puede considerar esa esfera como ilimitada, porque la existencia social determina la necesidad de enmarcar el ámbito de la libertad[27]

é objetivo ao fixar que

el artículo 17 de la C. Española contempla el aspecto más tangible de la libertad, el que por eso se ha denominado libertad física, también conocida por libertad personal individual.[28]

Outro modelo estrangeiro contemporâneo pode ser mencionado na mesma linha de posicionamento, a Constituição Italiana de 1947-1948, a qual em sua Parte I, *Diritti e Dovere dei Cittadini, Titolo I, Rapporti Civili*, consagra vários artigos que, em seu conjunto, configuram o devido processo legal. Assim, logo no art. 13 determina que "la libertà personale è inviolabile".

Parte I – Diritti e doveri dei Citadini; Titolo I. Raporrti civili. **Art. 13.** La libertá personale è inviolabili. Non è ammessa forma alcuna di detenzione, di ispezione o perquisizione personale, nè qualsiasi altra restrizione della libertà personale, se non per atto motivato dall'autorità giudiziaria e nei soli casi e modi previsti dalla legge. In casi eccezionali di necessità ed urgenza, indicati tassativamente dalla legge, l´autorità di pubblica sicurezza può adottare provvedimenti provvisori, che devono essere comunicati entro quarantotto ore all'autorità giudiziaria e, se questa non li convalida nelle successive quarantotto ore, si intendono revocati e restano privi di ogni effetto. È punita ogni violenza fisica e morale sulle persone comunque sottoposte a restrizioni di libertà. La legge stabilisce i limiti massimi della carcerazione preventiva.[29]

27. Ob. cit., p. 379.
28. Idem, iidem.
29. Veja-se o excelente estudo que é feito por Giuliano Amato ao comentar os arts. 13-14 no *Commentario della Costituzione a cura di G. Branca* (Bologna, Zanichelli/Roma, Il Foro Italiano, *Rapporti Civili*, 1977, pp. 1-53 (art. 13) e pp. 54-79

No art. 23, por seu turno, assegura-se que

> Nessuna prestazione personale o patrimoniale può essere imposta se non in base alla legge

enquanto no artigo seguinte (art. 24), se lê:

> Tutti possono agire in giudizio per la tutela dei propri diritti e interessi legittimi. La difesa è diritto inviolabile in ogni stato e grado del procedimento. Sono assicurati ai non abbienti, con appositi istituti, i mezzi per agire e difendersi davanti ad ogni giurisdizione. Le legge determina le condizioni e i modi per la riparazione degli errori giudiziari.

Finalmente, o art. 25 é bastante incisivo:

> Nessuno può essere distolto dal giudice naturale preconstituito per legge. Nessuno può essere punito se non in forza di una legge che sia entrata in vigore prima del fatto commesso. Nessuno può essere sottoposto a misure di sicurezza se non nei casi previsti dalla legge.

Neste breve inventário, a Constituição da República Portuguesa de 1976, com a redação que lhe foi dada pelas revisões posteriores, em seu art. 20º,[30] se refere a acesso ao direito e tutela jurisdicional efetiva, enquanto no Título II – Direitos, liberdades e garantias, Capítulo I – Direitos, liberdades e garantias pessoais, existem vários artigos que merecem ser referidos.

Prescreve o art. 20º:

> **1.** A todos é assegurado o acesso ao Direito e aos tribunais para defesa dos seus direitos e interesses legalmente protegidos, não podendo a justiça ser denegada por insuficiência de meios económicos. **2.** Todos têm direito, nos termos da lei, à informação e consulta jurídicas, ao patrocínio judiciário e a fazer-se acompanhar por advogado perante qualquer autoridade. **3.** A lei define e assegura a adequada protecção do segredo de justiça. **4.** Todos têm direito a que uma causa em que inter-

---

(art. 14). Para uma análise mais objetiva, Crisafulli/Paladin, *Commentario breve alla Costituzione*, Padova, CEDAM, 1990. A análise do art. 13 se encontra às pp.79-88. A vantagem desta obra é que os autores analisam expressão por expressão, o que torna mais fácil a compreensão. Ainda: *Commentario della Costituzione a cura de G. Branca*, Bologna, Zanichelli/Roma, Il Foro Italiano, 1976, 17 vols.

    30. A última revisão ocorreu com a Lei Constitucional n. 1/2005, de 12.8.2005 (2ª ed., Coimbra, Almedina, 2014). Observe-se que a Constituição portuguesa, diferentemente da brasileira, usa o sistema ordinal em todo o seu texto.

venham seja objecto de decisão em prazo razoável e mediante processo equitativo. **5.** Para defesa dos direitos, liberdades e garantias processuais, a lei assegura aos cidadãos procedimentos judiciais caracterizados pela celeridade e prioridade, de modo a obter tutela efectiva e em tempo útil contra ameaças ou violações desses direitos.[31]

> Especificamente no tocante à legalidade penal, nossa CF/88, em seu art. 5º, consagra a conhecida legalidade penal estrita, como se vê dos incisos XXXIX e XL, que determinam, respectivamente:
>
> **XXXIX** – não há crime sem lei anterior que o defina, nem pena sem prévia cominação legal;
> **XL** – a lei penal não retroagirá, salvo para beneficiar o réu.

Pode-se falar ainda no sistema constitucional brasileiro, de outra espécie de legalidade em sentido estrito, a saber, a legalidade tributária estrita, também conhecida como limitações ao poder de tributar, e que na CF se encontra, principalmente, prevista no art. 150, I, nos seguintes termos:

> **Art. 150.** Sem prejuízo de outras garantias asseguradas ao contribuinte, é vedado à União, aos Estados, ao Distrito Federal e aos Municípios: **I** – exigir ou aumentar tributo sem lei que o estabeleça; (...).

Antes de fecharmos este parêntese, vale referir-se ao art. 150, III, *a*, *b* e *c*. Assim, diz a CF/88:

> **Art. 150.** (...)
> **III** – cobrar tributos: **a)** em relação a fatos geradores ocorridos antes do início da vigência da lei que os houver instituído ou aumentado; **b)** no mesmo exercício financeiro em que haja sido publicada a lei que os instituiu ou aumentou; **c)** antes de decorridos noventa dias da data em que haja sido publicada a lei que os instituiu ou aumentou, observado o disposto na alínea *b*.

Em todos os casos mencionados, o vocábulo *lei* está usado em seu sentido formal, ou seja, comando aprovado pelo Congresso Nacional – ou Assembleias Legislativas dos Estados-Membros; Câmara Distrital (Distrito Federal), e Câmaras Municipais – com sanção do Executivo.

---

31. Veja-se o art. 5º, inciso LXXVIII, da CF/88, acrescido pela Emenda Constitucional 45/2000, a denominada *Reforma do Judiciário*.

Na mesma linha da legalidade penal estrita, a Constituição portuguesa, em seu art. 29º, 1, determina:

> Ninguém pode ser sentenciado criminalmente senão em virtude de lei anterior que declare punível a acção ou a omissão, nem sofrer medida de segurança cujos pressupostos não estejam fixados em lei anterior.

Vale observar que

> O disposto no número anterior não impede a punição, nos limites da lei interna, por acção ou omissão que no momento da sua prática seja considerada criminosa segundo os princípios gerais de direito internacional comumente reconhecidos (art. 29º, 2).

Pelos exemplos trazidos[32] observa-se que nos sistemas constitucionais mencionados, como no sistema constitucional brasileiro, o princípio do devido processo legal deve ser buscado em vários preceitos esparsos, visto que o mesmo não se encontra completamente definido em um só comando.

Antes de concluirmos a análise do *due processo of law*, vale citarmos duas obras interessantes sobre o tema: a primeira, organizada por Ricardo Torres Lobo, Eduardo Takemi Kataoka e Flavio Galdino e intitulada *Dicionário de Princípios Jurídicos*,[33] e o *Curso de Direito Processual Civil. Fundamentação e aplicação*, de autoria de Dierle Nunes, Alexandre Ribeiro Câmara e Carlos Henrique Soares.[34] Vale a lição destes últimos, e com a qual resumimos tudo o que foi dito neste item:

> O princípio do devido processo legal (*due processo of law – giusto processo*) decorre da norma contida na Constituição no art. 5º, inciso LIV, que garante que todas as decisões sejam formal e materialmente de acordo com o texto constitucional, ou seja, todo exercício de poder público ou privado deve ter sido formado por um processo que atenda aos direitos fundamentais. Nesses termos, ninguém pode ser privado de um direito fundamental sem o devido processo legal. No atual estágio de desenvolvimento do processo constitucional o devido processo legal (*due process of Law – giusto processo*) merece destaque. Tal princípio, segundo a doutrina, tem sua origem na Magna Carta inglesa, associado ao chamado "law of the land". Esta garantia, passada aos Estados Unidos – principalmente constante de algumas Constituições das ex-colônias até

---

32. Para outros exemplos, Ângelo Aurélio Gonçalves Pariz, ob. cit., pp. 75-113.
33. Rio de Janeiro, Elsevier, 2011.
34. Belo Horizonte, Fórum, 2011.

ser consagrada na V e XIV Emendas da Constituição Federal –, significou um grande avanço na dogmática processual, representando não mais propriamente a *law of the land*, mas os usos e modos de procedimentos estabelecidos. (...) A partir do momento em que, ao lado de se configurar em uma garantia processual, passa a ser também uma garantia material, o *due process* impõe limites ao exercício dos poderes do Estado. O Judiciário não pode julgar e condenar alguém sem que a este sejam garantidos voz e meios para se defender. Doutro lado, o Legislativo (e o Executivo) não pode (*sic*) adotar medidas que venham a ferir o núcleo de direitos fundamentais do cidadão – nessa época circunscritos a direitos individuais contra a ingerência do Estado.

Apesar de os autores referidos mencionarem apenas o Legislativo e o Executivo, vale lembrar que igualmente o Judiciário deve obediência ao princípio, devendo-se chamar a atenção para o fato de a própria Constituição, homenageando o devido processo legal, em seu art. 93, inciso IX, com a redação da EC 45/2004 prescrever:

> Todos os julgamentos dos órgãos do Poder Judiciário serão públicos, e fundamentadas todas as decisões, sob pena de nulidade, podendo a lei limitar a presença em certos atos, às próprias partes e a seus advogados, ou somente a estes, em casos nos quais a preservação do direito à intimidade do interessado no sigilo não prejudique o interesse à informação.

A propósito da "fundamentação" referida no inciso IX do art. 93, escreve José Miguel Garcia Medina:[35]

> A sentença sem fundamentação "agride o devido processo legal e mostra a face da arbitrariedade, incompatível com o Judiciário democrático" (STJ, REsp 18.731-PR, 4ª T., rel. Min. Sálvio de Figueiredo Teixeira). Embora seja tratada, comumente, como hipótese de sentença nula (e assim dispõe o art. 93, IX), a sentença destituída de qualquer fundamentação deve ser considerada juridicamente inexistente já que ausente seu conteúdo, que é o ato de vontade oriundo do órgão jurisdicional. (...) Não se admitem no direito brasileiro, decisões implícitas, devendo as decisões ser fundamentadas expressamente. Decidiu-se, com acerto, que "o sistema jurídico-processual vigente é infenso às decisões implícitas (CPC, art. 458), eis que todas elas devem ser fundamentadas" (STJ, REsp 77.129-SP, 1ª T., rel. Min. Demócrito Reinaldo; no mesmo sentido, STJ, REsp 594.610-PR, 3ª T, rel. Min. Menezes Direito). A fundamentação pode ser concisa, isto é, conter apenas o que se considera essencial para a

---

35. *Constituição Federal Comentada com súmulas e julgados selecionados do STF e de outros tribunais*, São Paulo, Ed. RT, 2012, p. 348.

tomada de decisão. Assim, "não viola os arts. 165 e 458 do CPC a decisão que contém fundamentação adequada ainda que concisa" (STJ, REsp 875.323-RS, 1ª T., j. 15.5.2008, rel. Min. Denise Arruda).

Além de tudo o que foi dito sobre o *due proces of law* (e já frisamos) ele estará refletido em vários outros momentos deste capítulo, como se verá a seguir.

Vale lembrar que o exemplo mais eloquente da prática dessa publicidade (inciso X) por parte do Judiciário Brasileiro, é a presença entre nós da TV Justiça, que, transmitindo ao vivo, as reuniões plenárias do Supremo Tribunal Federal, ao mesmo tempo em que cumpre a Constituição, informa ao grande público (mesmo sendo leigo) o que se "faz no órgão máximo do Poder Judiciário e quais os entendimentos dos Ministros sobre temas relevantes", contribuindo, assim, para o aprimoramento da cidadania.

Ademais, tanto este quanto quaisquer outros princípios que inspirem o processo civil, há de buscar o *processo justo*, no exato conteúdo do art. 1º (CPC/2015).

4. Referências

ADAUTO SUANNES, *Os fundamentos éticos do devido processo penal*. 2ª ed. São Paulo, Ed. RT, 2004.

AMATO, Giuliano. *Commentario della Costituzione a cura di G. Branca*. Bologna, Zanichelli/Roma, Il Foro Italiano, *Rapporti Civili*, 1977.

ASSIS, Carlos Augusto de. *A antecipação da tutela (À luz da garantia constitucional do devido processo legal)*. São Paulo, Malheiros Editores, 2001.

BACIGALUPO, Enrique. *El debido proceso penal*. Buenos Aires, Hammurabi, 2005.

BONATO, Gilson. *Devido processo legal e garantias processuais penais*. Rio de Janeiro, Lumen Juris, 2003.

CASTRO, Carlos Roberto Siqueira. *O devido processo legal e os princípios da razoabilidade e da proporcionalidade*. 3ª ed. Rio de Janeiro, Forense, 2005.

CATTONI, Marcelo. *Devido processo legislativo*. Belo Horizonte, Mandamentos, 2006.

CRISAFULLI, Vezio, e PALADIN, Livio. *Commentario breve alla Costituzione*. Padova, CEDAM, 199.

DANTAS, Ivo. *Da defesa do Estado e das instituições democráticas na nova Constituição*. Rio de Janeiro, Aide, 1989.

_____. *Do mandado de segurança – Alguns aspectos da Lei 12.016/09*. Belo Horizonte, Fórum, 2012.

_____. *Direito constitucional comparado. Introdução. teoria e Metodologia*. 3ª ed. Curitiba, Juruá, 2010.

DORIA, Antônio Roberto Sampaio. *Direito constitucional tributário e "due process of law"*. 2ª ed. Rio de Janeiro, Forense, 1986.

FERREIRA, Marco Aurélio Gonçalves. *O devido processo legal: um estudo comparado*. Rio de Janeiro, Lumen Juris, 2004.

FREIRE, Ricardo Maurício. *Devido processo legal – Uma visão pós-moderna*. Salvador, JusPodivm, 2008.

GÖSSEL, Karl Heinz. *El derecho procesal penal en el Estado de Derecho*. Obras Completas, t. I. Buenos Aires, Rubinzal-Culzoni, 2007.

JAVIER GÁLVEZ MONTES. *Constitución española de 1978*. Madri, EDERSA, 1984, t. II, Artículos 10 a 23.

JAYME, Fernando G. "O devido processo legal". In *Revista da Faculdade Mineira de Direito*. Belo Horizonte, vol. 3, ns. 5-6, pp. 63-74, 1º e 2º sems./2000.

KARL, Larenz. *Derecho justo*. Madri, Civitas, 1985.

LIMA, Maria Rosynete Oliveira. *Devido processo legal*. Porto Alegre, Sergio Fabris, 1999.

LOBO, Ricardo Torres; KATAOKA, Eduardo Takemi; GALDINO, Flávio (Orgs.). *Dicionário de princípios jurídicos*. Rio de Janeiro, Elsevier, 2011.

LOPES, Maurício Antônio Ribeiro. *Princípio da legalidade penal. Projeções contemporâneas*. São Paulo, Ed. RT, 1994.

LUCON, Paulo Henrique Santos. "Devido processo legal substantivo". In DIDIER JR., Fredie (Org.). *Leituras complementares de Processo Civil*. 3ª ed. Jus Podivm, 2005.

LUNARDI, Soraya Gasparetto. *Tutela Específica no Código do Consumidor diante das garantias constitucionais do devido processo legal*. São Paulo, Juarez de Oliveira, 2002.

MACIEL, Adhemar Ferreira. "Devido processo legal e a Constituição Brasileira de 1988 – Doutrina e jurisprudência – Direito comparado". In *Dimensões do Direito Público*. Belo Horizonte, Del Rey, 2000.

MARTEL, Letícia de Campos Velho. *Devido processo legal substantivo: razão abstrata, função e características de aplicabilidade. A linha decisória da Suprema Corte estadunidense*. Rio de Janeiro, Lumen Juris, 2005.

MARTÍN-RETORTILLHO, Sebastián. *Estudios sobre la Constitución Española. Homenaje al Profesor Eduardo García de Enterría*. Madri, Civitas, 1991.

MEDINA, José Miguel Garcia. *Constituição Federal comentada com súmulas e julgados selecionados do STF e de outros tribunais*. São Paulo, Ed. RT, 2012.

MÉNDEZ, Francisco Ramos. *El proceso penal. Sexta lectura constitucional*. Barcelona, Bosch, 2000.

MOURA, Elizabeth Maria de. *O devido processo legal na Constituição brasileira de 1988 e o Estado Democrático de Direito*. São Paulo, Publicação do Instituto Brasileiro de Direito Constitucional/Celso Bastos Editor, 2000.

NERY JUNIOR, Nelson. *Princípios do processo na Constituição Federal*. 10ª ed. São Paulo, Ed. RT, 2010.

NUNES, Dierle; RIBEIRO CÂMARA, Alexandre; SOARES, Carlos Henrique. *Curso de Direito Processual Civil. Fundamentação e aplicação*. Belo Horizonte, Fórum, 2011.

PAMPLONA, Danielle Anne. *Devido processo legal. Aspecto material*. Curitiba, Juruá, 2004.

PARIZ, Ângelo Aurélio Gonçalves. *O princípio do devido processo legal. Direito fundamental do cidadão*. Coimbra, Almedina, 2009.

PEÑALOZA, Lídia Elizabeth; GAMA, Jaramillo. *O devido processo legal*. Leme (SP), Editora de Direito, 2005.

PEREIRA, Ruitemberg Nunes. *O princípio do devido processo legal substantivo*. Rio de Janeiro, Renovar, 2005.

PERRINI, Raquel Fernandez. *Competências da Justiça Federal comum*. São Paulo, Saraiva, 2001.

RAMIREZ GOMEZ, José Fernando. *Principios constitucionales del derecho procesal colombiano. Investigación en torno a la Constitución política de 1991*. Medelin, Señal Editora, 1999.

RAMOS JÚNIOR, Galdino Luiz. *Princípios constitucionais do processo – Visão Crítica*. São Paulo, Editora Juarez de Oliveira, 2000.

RAMOS, João Gualberto Garcez. *Evolução histórica do princípio do devido processo legal*. <ojs.c3sl.ufpr.br/ojs/index.php/direito/article/view File/14975/10027> de JGG Ramos. Acesso em 14.8.2015.

SANDIM, Emerson Odilon. *O devido processo legal na Administração Pública com enfoques previdenciários*. São Paulo, Ltr, 1997.

SANTOS, Sandra Aparecida Sá dos. *A inversão do ônus da prova como garantia constitucional do devido processo legal*. São Paulo, Ed. RT, 2002.

SCHREIBER, Simone. "A norma do devido processo legal em seu aspecto procedimental e sua aplicação pelo Supremo Tribunal Federal". Disponível em: <http://jus2.uol.com.br/doutrina/texto.asp?id=7334>. Acesso em: 26.9.2005.

SCHMITT, Carl. *Legalidade e legitimidade*. Belo Horizonte, Del Rey, 2007.

SILVEIRA, Paulo Fernando. *Devido processo legal – "Due process of law"*. Belo Horizonte, Del Rey, 1996.

THEODORO JÚNIOR, Humberto. *A execução de sentença e a garantia do devido processo legal*. Rio de Janeiro, Aide, 1987.

TUCCI, Rogério Lauria; TUCCI, José Rogério Lauria. *Devido processo legal e tutela jurisdicional*. São Paulo, Ed. RT, 1993.

VILLAAMIL, Oscar Alzagan. *Comentarios a las leyes políticas – Constitución Española de 1978*. Editorial Revista de Derecho Privado/Editoriales de Derecho Reunidas – EDERSA, 1983.

Capítulo XI

JURISDIÇÃO CONSTITUCIONAL E DEMOCRACIA

AGASSIZ ALMEIDA FILHO

Introdução; 1. A jurisdição constitucional como instrumento para o equilíbrio entre o poder político e o Direito: a prevalência da Constituição ou a vontade popular fundacional como parâmetro para o funcionamento do regime democrático. 2. Jurisdição constitucional e garantia do regime democrático: 2.1 Jurisdição constitucional, Constituição da unidade e minorias políticas. 3. A legitimidade da jurisdição constitucional (controle incidental de constitucionalidade) na concretização dos enunciados abertos da Constituição: a proteção das minorias políticas. Referências.

Introdução

Paulo Bonavides é um constitucionalista à frente do seu tempo.[1] Como poucos autores no Direito Constitucional das últimas décadas, utiliza o Direito e a Política como instrumental para entender a Constituição e convertê-la em prática vivida e sentida. No Brasil, país de forte herança autoritária, esteve sempre ao lado de "um Direito de luta e resistência", a favor da Constituição material, da participação política e do fortalecimento dos direitos fundamentais. Sua obra ajudou o país a entender a Constituição de 1988 e a adotá-la como sistema normativo de caráter material. Como Paulo Bonavides, os constitucionalistas precisam acreditar na Constituição e na Democracia; devem exercer o seu ofício de modo a abraçar o Estado Constitucional como um projeto a ser construído por várias gerações. Afinal, a Constituição nunca deixa de ser o futuro.

1. Para uma síntese do pensamento de Paulo Bonavides, cf. Dimas Macedo, *Estado de Direito e Constituição: o pensamento de Paulo Bonavides*, São Paulo, Malheiros Editores, 2010.

O presente texto, elaborado com o fim de homenagear o Professor Paulo Bonavides, tem como objeto o papel da jurisdição constitucional como órgão de integração política, harmonizando, por meio da concretização das normas constitucionais abertas, as tensões que existem entre os setores majoritários e minoritários nas sociedades plurais deste início de século. O texto apresenta o conceito de *Constituição da unidade* e aponta a jurisdição constitucional como um dos caminhos para a realização dos direitos fundamentais e a emancipação constitucional das minorias políticas. Seu propósito é chamar a atenção para o fato de que a jurisdição constitucional e todos os demais órgãos do Estado são responsáveis pela implementação e aprimoramento do regime democrático.

1. *A jurisdição constitucional como instrumento para o equilíbrio entre o poder político e o Direito: a prevalência da Constituição ou a vontade popular fundacional como parâmetro para o funcionamento do regime democrático*

O Estado Constitucional é uma criação da cultura humana para conciliar as tensões entre a Política e o Direito, dentro de um cenário histórico muito particular,[2] estabelecendo, desde as suas primeiras manifestações, que o poder político seria limitado pelo Direito. Como em todos os momentos da história, contudo, essa limitação é sempre uma tentativa e não alcança a plenitude pretendida pelas pessoas e pelos sistemas jurídicos que nela se baseiam. Nessa linha, as revoluções que construíram o Estado Constitucional não foram fatos históricos definitivos, imunes, por isso, às próprias forças da História; mas foram fatos decisivos, na medida em que promoveram a construção de um (novo) modelo de organização da vida em sociedade para os tempos modernos. Em aparente paradoxo, as grandes revoluções liberais (Inglaterra [1688], Estados Unidos da América [1776] e França [1789]), também exemplos de violência e instabilidade

---

2. Sobre o contexto por trás da formação do Estado Constitucional, cf. Rafael de Agapito Serrano, *Estado Constitucional y proceso político*, Salamanca, Ediciones Universidad de Salamanca, 1989, pp. 43 e ss. De acordo com Agapito, nesse momento impõe-se uma mudança estrutural no modo como o Estado e seus objetivos são compreendidos, incorporando, a partir de então, os interesses expressados pelos próprios indivíduos como critérios para a sua orientação racional. A finalidade do Estado, em linhas gerais, é viabilizar o desenvolvimento das diferenças que tornam os seres humanos únicos e irrepetíveis. A identidade dos indivíduos conduz à igualdade, enquanto as suas diferenças levam ao conceito de liberdade. Cf., também, agora desde a ótica do pensamento político, Muriel Rouyer, "Les promesses du constitutionnalisme", *Raisons Politiques*, Paris, Presses de Sciences Po, n. 10, 2003, pp. 11 e 12.

institucional, deram o ponto de partida, através do Estado Constitucional, para a racionalização das tensões entre Direito e Política.[3] Essa forma de resolver tais tensões, onde o jurídico vincula o político, não foi inaugurada pelo Estado Constitucional. Na verdade, a civilização ocidental moldou a sua estrutura em torno da "prioridade do Direito sobre a Política", em torno do ideal de liberdade e responsabilidade do homem,[4] embora, como é da própria tradição humana, poucos temas, como a busca da liberdade e a fuga da responsabilidade, tenham produzido tantos conflitos no decorrer do processo histórico. Ao contrário do mundo antigo, porém, com o advento da Constituição moderna a relação entre Direito e Política se torna um postulado para a transformação efetiva da realidade segundo um determinado sentido. Neste momento,

> a Modernidade aceitou discutir mais a legitimidade do poder de decidir (prescrever e sancionar) do que convocar a validade crítica do conteúdo da decisão".[5]

Em linhas gerais, o resultado desta "mudança de rumos" teve como significado principal a ascensão política do indivíduo e a difusão, nos passos das tradições pactista e contratualista, do critério segundo o qual o poder tinha origem no povo e não no monarca absoluto. Essa legiti-

---

3 "O conceito moderno de revolução – escreve Hannah Arendt (*Sobre a revolução*, São Paulo, Companhia das Letras, 2011, p. 56) –, indissociavelmente ligado à ideia de que o curso da história de repente se inicia de novo (...), era desconhecido antes das duas grandes revoluções no final do século XVIII." E mais, continua Arendt (idem, ibidem), "o fundamental para qualquer compreensão das revoluções na era moderna é a convergência entre a ideia de liberdade e a experiência de um novo início". Isto significa, para o tema em questão, que a solução encontrada entre os modernos para equilibrar as tensões entre Direito e Política foi a conquista revolucionária da liberdade e a fundação do que viria a ser o Estado Constitucional. As conclusões de Hannah Arendt também assumem a existência de um ponto de vista natural por parte dos setores envolvidos nas revoluções liberais, que consiste, basicamente, no fato de os revolucionários considerarem a estrutura de domínio anterior à revolução incompatível com os (seus) valores liberais. Nessa mesma linha, A. Castanheira Neves (*Digesta: escritos acerca do Direito, do pensamento jurídico, da sua metodologia e outros*, vol. 1, Coimbra, Coimbra Editora, 1995, p. 56) afirma que a verdadeira revolução "não se dispensará (...), até como condição de êxito da sua tentativa, de uma ordem e mesmo de um ordenamento (...)". Como todo fenômeno político, portanto, também as revoluções possuem seus próprios marcos axiológicos e expectativas de criação de uma nova ordem jurídica.
4. Idem, *Digesta*, cit., vol. 2, p. 38.
5. Idem, ibidem.

mação democrática do poder se baseava em um sistema de valores onde o equilíbrio entre o poder estatal e o Direito tinha no indivíduo a sua finalidade primordial.

A limitação da Política pelo Direito é feita, inicialmente, através da alteração do modo como se legitima o poder político. Em lugar do sistema absolutista, o Estado Constitucional parte do pressuposto de que o povo confere legitimidade ao domínio político através de uma decisão que se projeta de forma concreta na Constituição. O povo livre e soberano decide acerca do modo como vão se organizar a sociedade e o Estado. Quer dizer, a Constituição dos modernos é um elemento de caráter fundacional ligado aos valores historicamente abraçados pelos indivíduos em liberdade. Seus objetivos, entre outros, são "garantir a liberdade do indivíduo" e "estabelecer e manter freios efetivos em relação à ação política e estatal",[6] objetivos que, na prática, terminam por sucumbir parcialmente em razão do liberalismo e da identidade entre a lei (não a Constituição) e o Direito. Dito de outro modo, enquanto o Direito é sinônimo de decisão parlamentar, a Constituição figura apenas como símbolo ou ponto de partida do sistema político/parlamentar. Com isso, *grosso modo*, impõe-se a dimensão estritamente política que caracteriza a Constituição continental europeia durante todo o século XIX.

O controle racional das forças políticas, a busca da estabilidade e a proteção estatal dos direitos fundamentais constituem três dos grandes objetivos do Estado Constitucional. Alcançá-los era uma tarefa de grande envergadura para uma estrutura de domínio em plena formação, cujo propósito, de forma mais ou menos aprofundada, era criar novos marcos civilizatórios, em meio a tradições que não sofreram verdadeira solução de continuidade pelo menos desde a conquista da hegemonia política pelos príncipes territoriais. Afinal, os Estados nacionais se desenvolveram sobre a tradição de regimes políticos centralizadores – na medida do possível, quando se leva em conta, por exemplo, as condições sociais, o ambiente econômico e mesmo as possibilidades de comunicação no interior de cada reino – que giravam em torno da vontade do monarca. Com o fim do Antigo Regime, os espaços de poder existentes e as tensões entre o Direito e a Política daí resultantes foram preenchidos, a princípio, pela vontade do povo, projetada em uma Constituição ou em um sistema constitucional não escrito (caso inglês). Cada país encontrou sua própria fórmula para implantar e consolidar o projeto constitucional da era moderna.

---

6. Olivier Beaud, "Constitution et constitutionnalisme", in *Dictionnaire de philosophie politique*, Paris, PUF, 1996, p. 118.

A ineficiência administrativa do Estado Constitucional[7] e as dificuldades para a implantação do seu discurso teórico e normativo – limitação racional do poder político e proteção dos direitos fundamentais – entraram em confronto com o imaginário e o discurso constitucional cultivados durante o Iluminismo. Pouco a pouco, pressionado pelas botas de Napoleão Bonaparte e pelo complexo processo de restauração monárquica que o sucedeu, o constitucionalismo revolucionário vai perdendo as suas cores originais. Seus princípios são incorporados pelo Estado de Direito legalista dominado, prática e simbolicamente, pelos comerciantes e parlamentares burgueses.

No século XIX, o parlamento se converte em uma espécie de instituição guardiã dos princípios jurídicos e políticos característicos do ideário e das parcelas da sociedade representadas por ele.[8] Nesse cenário, artificialmente as tensões entre Direito e Política se amenizam de alguma maneira em virtude da natureza quase sacramental de que se reveste a figura da lei. Além disso, por causa da relativa homogeneidade dos interesses da sociedade burguesa, impõe-se uma certa identidade entre os que governam, os que positivam o Direito e os destinatários das normas. De fato, porém, não há um órgão de controle efetivo capaz de preservar o primado do Direito (ou da Constituição) sobre a Política.

O Estado Constitucional surge, é importante repetir, para *conciliar as tensões entre a Política e o Direito*, acrescentando a essa busca de conciliação um elemento indispensável: no Estado Constitucional, o Direito reflete os valores do constitucionalismo, o que sugere, com base no

7. A ineficiência política e administrativa do Estado Constitucional na verdade refletia as dificuldades que a centralização do poder enfrentou desde o início do Estado moderno. A base do problema estava na estrutura agrária predominante, na existência de um aparelho burocrático mais ligado, por vezes, a grupos privados que aos interesses estatais, na autonomia de fato e de direito de alguns potentados territoriais etc. J. Vicens Vives ("A estrutura administrativa estadual nos séculos XVI e XVII", in *Poder e Instituições na Europa do Antigo Regime – Coletânea de Textos*, Lisboa, Fundação Calouste Gulbenkian, 1984, p. 206), referindo-se ao século XVI, afirma que "da apologia do príncipe ao ordenamento institucional do Estado e deste mesmo ordenamento à simples prática de governo havia, no entanto, um abismo". Sobre as reivindicações por autonomia administrativa local em face do Estado prussiano no início do século XIX, cf. Vital Moreira, *Administração autónoma e associações públicas*, Coimbra, Coimbra Editora, 1997, p. 48.
8. Acerca do papel do parlamento e de outras instituições como instrumentos para a proteção da Constituição na ausência de uma jurisdição constitucional, cf. Peter Häberle, "El Tribunal Constitucional Federal como modelo de una jurisdicción constitucional autónoma", *Anuario Iberoamericano de Justicia Constitucional*, Madri, Centro de Estudios Políticos y Constitucionales, n. 9, 2005, p. 129.

postulado da limitação jurídica do poder estatal, que o poder político e a vida social devem ser conformados pela Constituição. Porém, as tensões antes mencionadas jamais foram superadas por completo. Elas deram origem ao Estado Constitucional, continuaram, em menor medida, durante o constitucionalismo liberal, e, agravadas pelas mais diversas crises que antecederam a Segunda Guerra Mundial, alcançaram também o globalizado e informatizado século XXI. Afinal, o equilíbrio entre o Direito e a Política, objetivo claramente ideal, está ligado a inúmeros fatores, conjunturas sociais, econômicas, culturais, a elementos muitas vezes afastados das esferas formais de poder. O equilíbrio entre Direito e Política depende, fundamentalmente, do homem historicamente considerado. Por isso, para se entender o papel da jurisdição constitucional é necessário conhecer o homem, a sociedade e a Constituição que ambos deram para si mesmos.

Após a Segunda Guerra Mundial, porém, as tensões entre Política e Direito passam a conviver com a ideia de que a Constituição não é apenas o resultado de uma decisão política de caráter legitimante. Ela também se impõe como sistema normativo, um marco material a orientar o funcionamento do Estado e a dinâmica social e que deve ser aplicado para resolver algumas das questões estruturantes da comunidade política no mundo contemporâneo, como a eficácia dos direitos fundamentais, a proteção do meio ambiente ou validade das normas jurídicas em geral. A partir dessa fase, em que a Constituição projeta sua *força normativa* junto ao ordenamento jurídico, o constitucionalismo e o Estado Constitucional assumem, de forma quase generalizada (indo além das experiências norte-americana [Marbury vs. Madison – 1803] e austríaca [Constituição de 1920]), a necessidade de contar com uma jurisdição especializada no equilíbrio entre Política e Direito através da Constituição.

A jurisdição constitucional, portanto, é um instituto indispensável para a forma como se estruturou o Estado Constitucional contemporâneo. Porém, Peter Häberle tem razão quando afirma que todos os órgãos constitucionais têm o dever, em igual medida, de proteger a Constituição.[9] Com base no postulado da *comunidade aberta de intérpretes da Constituição*, Häberle defende, ainda, que os cidadãos como um todo também possuem a mesma responsabilidade que os órgãos constitucionais de proteger o sistema constitucional, pois "a democracia cidadã do Estado Constitucional é contrária a posicionar um órgão como 'supremo'".[10] Trata-se de uma espécie de responsabilidade constitucional solidária. Essa perspectiva se situa no plano científico ou teórico, segundo o pró-

9. Idem, ibidem, p. 12.
10. Idem, ibidem.

prio Häberle,[11] uma vez que apenas aquelas comunidades políticas que realmente tenham incorporado o *sentimento constitucional* (Pablo Lucas Verdú), o *patriotismo constitucional* (Dolf Sternberger) ou alguma efetiva integração com o funcionamento do regime democrático são capazes de atuar de forma integrada com o propósito de transformar a ordem constitucional em realidade vivida.

Não há dúvidas de que, em uma comunidade política constitucionalmente avançada – ainda não se sabe exatamente quais os níveis adequados para a maturidade constitucional de uma comunidade política ou se o ideal da convivência democrática está ao alcance universal, sem que seja necessário eliminar as diferenças entre os povos –, a atuação da jurisdição constitucional seria menos necessária do que na atualidade, pois, de um modo ou de outro, as pessoas e os demais órgãos constitucionais adequar-se-iam naturalmente aos ditames constitucionais, contribuindo, outrossim, para a própria evolução da ordem jurídico--política. Entretanto, a experiência histórica demonstra que as pessoas e os povos muitas vezes, ainda que momentaneamente, são avessos à convivência em harmonia, à observância dos direitos fundamentais, à tolerância, aos valores constitucionais em geral, constatação que não nega a possibilidade de que países, como Noruega ou Dinamarca, *v.g.*, apresentem sistemas democráticos amplamente respaldados pelos cidadãos que compõem esses países.

Por causa disso, em democracias ainda em fase de consolidação cultural e política, a exemplo da brasileira, é necessário buscar, em termos de jurisdição constitucional, um ponto intermediário entre a hiperatividade (tendência inconstitucional de substituir as funções estatais que cabem aos representantes do povo) e a passividade funcional (submissão institucional e retração quando da concretização de enunciados normativo--constitucionais abertos). De qualquer forma, o constitucionalismo dos princípios converteu a jurisdição constitucional em um órgão estatal voltado, igualmente, para a integração política e a efetiva (com dimensão normativa e universal) realização dos direitos fundamentais.

2. *Jurisdição constitucional e garantia do regime democrático*

A jurisdição constitucional é uma das pedras de toque do constitucionalismo posterior à Segunda Grande Guerra. Isso ocorre, basicamente, devido à pretensão da Constituição contemporânea, plenamente assimi-

---

11. Idem, ibidem.

lada pelo pensamento constitucional, de traçar os marcos normativos gerais para a atuação do Estado e o funcionamento de vários aspectos da vida social.[12] O extenso rol de direitos fundamentais da Constituição de 1988, o postulado da dignidade da pessoa humana e mesmo a incorporação da proteção do meio ambiente como objeto de proteção do Estado e da sociedade, todos esses elementos têm sentido normativo – existe a real expectativa de que condicionem a realidade constitucional – porque integram um sistema constitucional de natureza jurídica e política. A Constituição apresenta conteúdo político à medida que constitucionaliza o processo político (sentido amplo) e está em contato com a realidade a fim de concretizar os enunciados normativos da Constituição. Desde a ótica jurídica, isto significa que o sistema deve conformar a vida dos particulares e do Estado, em todas as dimensões previstas por ele, o que pode dar origem, como no caso de qualquer enunciado jurídico, a situações de descumprimento e consequente falta de efetividade normativa.

O papel da jurisdição constitucional é evitar, sempre em último caso – ela só deve atuar se os demais órgãos constitucionais não conseguirem preservar a constitucionalidade no desempenho das suas funções constitucionais[13] –, que a vontade popular presente na Constituição e

12. Cf. J. J. Gomes Canotilho, *Constituição dirigente e vinculação do legislador: contributo para a compreensão das normas constitucionais programáticas*, Coimbra, Coimbra Editora, 1994, p. 14. Segundo Canotilho, os modelos constitucionais carregam imagens de sociedade e teorias da ação, que ganham forma por meio de um programa racional capaz de realizar a sociedade (inspiração iluminista) ou de um modelo de Constituição voltado para preservar os princípios jurídicos ou as regras do jogo abraçados pela sociedade (modelo sistêmico-institucionalista). Tal perspectiva parte da Constituição para a sociedade e tem como base a figura do Estado, apesar de as dificuldades da prática democrática e a internacionalização dos processos de ordenação do convívio em nível geral retirarem o protagonismo que o Estado sempre teve no contexto da decisão política (Agostino Carrino, "De la Constitution matérielle", in *L'Architecture du Droit – Mélanges en l'honneur de Michel Troper*, Paris, Economica, 2006, p. 240). Cf., também, Alessandra Silveira. "Da argumentação democrática", in *Ars Ivdicandi – Estudos em Homenagem ao Prof. Doutor António Castanheira Neves*, vol. I, Coimbra, Coimbra Editora 2008, p. 1092.
Os sistemas constitucionais trazem um modelo de sociedade porque a Constituição representa a visão de uma dada comunidade política acerca de si mesma, o que engloba a preservação de parcelas importantes das suas tradições – *princípio da continuidade dos parâmetros axiológicos* – e a uma certa expectativa de transformação da realidade. Exemplo disso é o Preâmbulo da Constituição de 1988.
13. Só a título de exemplo, o Supremo Tribunal Federal não possui atribuições normativas para interferir em qualquer tipo de decisão tomada pelos poderes Executivo ou Legislativo. Os espaços de atuação destes órgãos constitucionais são absolutamente imunes a qualquer tipo de ingerência por parte da jurisdição constitucional, *a não ser*, evidentemente, *nas situações em que haja quebra da vontade popular po-*

permanentemente sujeita à dinâmica da vida social seja descumprida pela sociedade ou pelo Estado.

Em linhas gerais, a jurisdição constitucional é um instrumento de garantia do regime democrático porque a Constituição significa o que há de mais relevante em termos de manifestação normativa da vontade popular, devido, vale a pena repetir, ao seu caráter fundacional e à sua capacidade de absorver a diversidade (uma Constituição para todos) que caracteriza as sociedades e os regimes democráticos atuais.

Ademais, em termos de *garantia da integração política*, em um primeiro momento ela supera, por causa da estrutura aberta das suas normas e dos objetivos que lhe cabem no sistema constitucional, a importância da lei e dos demais atos normativos produzidos pelo Estado. Além de tudo isso, a jurisdição constitucional também empresta validação democrática à própria representação política, uma vez que afasta o dogma da infalibilidade do legislador e da lei,[14] incompatível com os regimes democráticos atuais e o acesso à informação que lhes é inerente.

Na medida em que o juiz constitucional aplica a Constituição e afasta a incidência de uma norma infraconstitucional, sua decisão não atenta contra a democracia, ou, *v.g.*, de forma mais específica, contra a unidade do ordenamento jurídico ou o princípio da proteção da confiança. A jurisdição constitucional, nesta hipótese, atua como órgão contramajoritário, protegendo a vontade popular plasmada na Constituição frente a uma decisão inconstitucional tomada por uma maioria política de conjuntura. Neste caso, haveria alguma modalidade de tensão entre o Direito (vontade democrática constitucionalizada) e a Política (decisão dos representantes do povo, que se baseia em uma racionalidade político-partidária e que também institucionaliza a ordem jurídica infraconstitucional), em relação à qual a jurisdição constitucional deve atuar com o fim de preservar a incolumidade do regime democrático. É importante ressaltar, como afirma José de Sousa Brito, que

> a jurisdição constitucional e a decisão da maioria são dois processos de desenvolvimento da democracia, cada um dos quais tem a sua própria racionalidade.[15]

sitivada na Constituição. Não se trata, no caso brasileiro, apenas de uma decorrência lógica do princípio da divisão dos Poderes, pois o princípio comporta, em razão da velha doutrina dos freios e contrapesos, certos níveis de ingerência de uma função estatal sobre a outra. O núcleo do problema consiste na preservação/harmonização entre a vontade popular constitucionalizada e a vontade popular (dinâmica) presente no cotidiano democrático.

14. Pascal Jan, "Conseil constitutionnel", *Pouvoirs*, Paris, PUF, n. 99, 2001, p. 76.
15. José de Sousa Brito, "Jurisdição constitucional e princípio democrático", in *Legitimidade e Legitimação da Justiça Constitucional – Colóquio no 10º Aniversário do Tribunal Constitucional*, Coimbra, Coimbra Editora, 1995, p. 43.

O principal elemento em comum entre ambos os processos é a interpretação da vontade popular em sentido amplo.

O conflito entre exteriorizações distintas do sentimento ou da vontade democrática é aparente, pois, sob o aspecto jurídico-político, no Estado Constitucional há dois momentos para a aferição da vontade popular e da sua relevância normativa: a) o momento fundacional – incidência do poder constituinte; b) o funcionamento ordinário das instituições. Em virtude da supremacia constitucional e da própria lógica democrática (fundacional e ordinária), o primeiro momento prevalece, inevitavelmente, sobre o segundo. Porém, há um ponto em que ambos os processos se aproximam bastante, ainda que essa proximidade não tenha como consequência uma identificação entre eles. Esse ponto, a partir da jurisdição constitucional, está ligado ao caráter constituendo (que vai constituir algo que ainda não existe) da decisão do juiz constitucional e ao seu inevitável contato com a realidade, que ocorre diante do caso concreto ou mesmo ante o juízo concentrado de constitucionalidade. Quanto ao parlamento, o ponto de aproximação ocorre porque a ele cabe observar a Constituição (vontade democrática fundacional) quando da leitura da vontade política (popular) que está na base da lei.[16]

Uma adequada compreensão da função da jurisdição constitucional – não há dúvidas de que sua função, em uma perspectiva muito geral, é proteger o regime democrático – sempre estará atrelada ao papel a ser desempenhado pela Constituição em cada momento da História. Embora o Direito em solitário seja insuficiente para determinar o modo como uma dada sociedade vai se desenvolver, toda Constituição tem a pretensão de organizar as bases do convívio humano, incorporando à sua estrutura a herança deixada pelo constitucionalismo clássico.

16. Segundo Gilberto Bercovici (*Soberania e Constituição: para uma crítica do constitucionalismo*, São Paulo, Quartier Latin, 2008, p. 326), "a transformação dos tribunais constitucionais em atores hegemônicos da ordem constitucional" produziu um distanciamento gradativo entre "Constituição e política democrática. Quanto mais a Constituição se torna objeto de interpretação do tribunal, mais a política democrática e partidária abandona o terreno da Constituição". De fato, a existência de distorções permanentes – aquelas que não são identificadas como distorções, tendendo, por isso mesmo, à perpetuação – no regime democrático tende a enfraquecê-lo ou até a transformá-lo naquilo que ele não é. No Estado Constitucional, vale a pena repetir, não pode haver hegemonia de um órgão constitucional sobre os demais, principalmente no que diz respeito à aferição institucional da vontade popular. Para a jurisdição em geral – conclusões que também se aplicam à jurisdição constitucional – como expressão da realização do Direito, cf. A. Castanheira Neves, "O poder judicial (a jurisdição), o direito e o Estado-de-Direito", *Revista Brasileira de Direito Comparado*, Rio de Janeiro, Instituto de Direito Comparado Luso-Brasileiro, n. 37, 2009, p. 52.

A jurisdição constitucional deve se adequar aos propósitos da Constituição, alcançando, por vezes, a condição de fator de equilíbrio entre os poderes Executivo e Legislativo.[17] Também funciona como um dos pressupostos para a proteção dos direitos fundamentais e para a "tutela do funcionamento das instituições democráticas".[18] Por isso, com base na ideia de *Constituição como norma*, o papel da jurisdição constitucional deve ser analisado a partir de uma perspectiva material e democrática.[19-20] Tal conclusão implica dizer, nos passos de Lenio Streck,

> que a força normativa da Constituição (...) sempre teve uma relação direta com a atuação da justiça constitucional na defesa da implementação dos valores substanciais previstos na Lei Maior.[21]

2.1 Jurisdição constitucional, Constituição da unidade e minorias políticas

A *Constituição da unidade*[22] é uma forma de entender a Constituição que se inspira na necessidade de integração política dentro das sociedades complexas do mundo contemporâneo, notadamente em virtude das diferenças entre grupos sociais e indivíduos que vieram à tona e se multiplicaram através da possibilidade democrática de autodeterminação de cada ser humano. Seu ponto de partida teórico, baseado na obra de Rudolf Smend, é a ideia de que o núcleo substancial da dinâmica do

---

17. Luiz Pinto Ferreira, "A corte constitucional", *Revista de Informação Legislativa*, Brasília, Senado Federal, n. 95, 1987, p. 86.
18. Idem, ibidem.
19. As discussões sobre a natureza procedimental ou substantiva da Democracia despertam grande interesse teórico. No entanto, tendo em conta os estreitos limites deste capítulo e o fato de a Constituição de 1988 ter constitucionalizado a dupla dimensão da Democracia, procedimental e substantiva, tal discussão não será objeto de considerações na presente investigação. Para uma visão geral sobre a questão, cf. Lenio Luiz Streck, *Jurisdição constitucional e hermenêutica: para uma crítica do Direito*, Porto Alegre, Livraria do Advogado, 2002, pp. 127 e ss.
20. Sobre o significado material da Constituição nas suas origens liberais e as posições políticas da esquerda e da direita a respeito, cf. Eduardo García de Enterría, *La Constitución como norma y el Tribunal Constitucional*, 3ª ed., Madri, Civitas, 1994, pp. 41 e ss.
21. Lenio Luiz Streck, "La jurisdicción constitucional y las posibilidades de concreción de los derechos fundamentales sociales", *Anuario Iberoamericano de Justicia Constitucional*, Madri, Centro de Estudios Políticos y Constitucionales, n. 11, 2007, p. 372.
22. Para uma estruturação teórica mínima sobre a *Constituição da unidade*, está em vias de conclusão, por parte do autor destas linhas, o livro intitulado *Constituição da unidade: sobre a proteção das minorias no Estado Constitucional*.

Estado é a integração.[23] Como se sabe, não faltam esforços no âmbito do pensamento jurídico e político no sentido de promover a integração política[24] e o diálogo entre setores sociais e indivíduos cientes das suas particularidades e da sua condição de seres humanos portadores de uma especial dignidade.[25] Nessa linha, a *Constituição da unidade* centra-se no papel da jurisdição constitucional enquanto órgão de integração política, que cumpre suas atribuições por meio da conciliação entre os interesses, valores, direitos e modos de ser da maioria e das minorias políticas no regime democrático.

A *Constituição da unidade* depende da possibilidade de a jurisdição constitucional atuar *incidenter tantum*, de modo a fazer incidir o juízo de constitucionalidade na resolução dos casos concretos levados à sua apreciação. A partir do controle difuso de constitucionalidade e da enorme profusão de normas abertas que fazem parte do sistema constitucional, a *Constituição da unidade* procura fechar o círculo político que envolve a maioria e as minorias dentro do sistema democrático, valendo-se, para tanto, da atuação da jurisdição constitucional enquanto instância de concretização normativa da Constituição. Essa forma de pensar a Constituição parte, em primeiro lugar, da necessidade de integrar todos os membros da comunidade política no projeto de realização do discurso constitucional como um todo e dos direitos fundamentais em particular. Em segundo lugar, toma como característica do regime democrático o fato de as leis serem sempre aprovadas pela maioria política, o que, sem lugar a dúvidas, deixa sempre uma margem de exclusão, maior ou menor, em relação aos grupos minoritários derrotados na disputa político-legislativa.

A *Constituição da unidade* toma como base, portanto, os seguintes requisitos: a) a integração política como objetivo da Constituição e do

23. Rudolf Smend, *Constitución y Derecho Constitucional*, Madri, Centro de Estudios Constitucionales, 1985, p. 63.
24. Cf. Konrad Hesse, "Constitución y Derecho Constitucional", in *Manual de Derecho Constitucional*, 2ª ed., Madri, Marcial Pons, 2001, p. 3. De acordo com Hesse, a unidade política de ação denominada Estado não existe como realidade natural. A unidade estatal precisa ser construída, sobretudo nas modernas sociedades pluralistas, a partir da adesão das pessoas em relação ao Estado, que devem ser responsáveis por ele e defendê-lo. No âmbito jurídico, isso ocorre na medida em que o conteúdo do ordenamento jurídico é capaz de conciliar as diversas vontades que fazem parte da comunidade política, fato que depende da Constituição e dos direitos fundamentais previstos por ela.
25. Sobre a diversidade e a busca da identidade individual, cf. Erhard Denninger, "La reforma constitucional en Alemania: entre ética y seguridad política", in *Derechos humanos y constitucionalismo ante el tercer milenio*, Madri, Marcial Pons, 1996, p. 309.

Estado Constitucional; b) a necessidade de assegurar os direitos fundamentais das minorias quando a maioria aprova uma lei (sentido amplo) com a qual elas não se identificam; c) a grande quantidade de normas constitucionais abertas como uma das características do Estado Constitucional nas últimas décadas; d) a possibilidade de o juiz constitucional concretizar a Constituição no âmbito do controle difuso de constitucionalidade.

Como se vê, não há elementos novos na ideia de realização da *Constituição da unidade*, pois, *grosso modo*, ela consiste em levar em consideração os elementos de cada caso no momento de constituir a decisão acerca do caso concreto, e, se for necessário, em assegurar os direitos fundamentais dos segmentos políticos minoritários. Todos os requisitos aqui apontados convergem para uma jurisdição constitucional capaz de se adaptar à velha necessidade de solucionar as controvérsias com base no equilíbrio entre o Direito e os elementos fáticos que envolvem o problema jurídico levado à análise do Estado.

Não existem regime democrático ou Constituição sem integração política. Esta constatação, que remonta às primeiras manifestações do constitucionalismo revolucionário e à necessidade de integrar todos os cidadãos em torno de um mesmo sistema jurídico e político, assume uma conotação diferente nos dias de hoje. Afinal de contas, o indivíduo abstrato do Estado Liberal não se projeta no âmbito da realidade constitucional como sujeito de direitos que precisam de real efetivação e cujo descumprimento pode ensejar a intervenção do Estado para alcançar o cumprimento da norma.[26] O constitucionalismo liberal, como se sabe, contentava-se com a previsão normativa (formal) dos direitos individuais porque ela era suficiente para garantir o funcionamento da sociedade burguesa. Mesmo com a crise do liberalismo, que, segundo Eric Hobsbawm,[27] encerra seu ciclo com a eclosão da Primeira Guerra Mundial, essa realidade não sofreu mudanças acentuadas. Se o Estado Social procurava emancipar os indivíduos por meio de uma igualdade que se projetava através dos direitos econômicos, sociais e culturais, atuava de modo a proteger as esferas de direitos (ampliadas e baseadas no ideário da igualdade) do indivíduo egresso do universo liberal. A compreensão do indivíduo continuava praticamente a mesma.

26. Luís Roberto Barroso, "A doutrina brasileira da efetividade", in *Constituição e Democracia – Estudos em Homenagem ao Professor J. J. Gomes Canotilho*, São Paulo, Malheiros Editores/Faculdade Christus, 2006, p. 445.
27. Eric J. Hobsbawm, *A era dos extremos: 1875-1914*, 9ª ed., São Paulo, Paz e Terra, 2005, p. 19.

É o fim da Segunda Guerra Mundial que inaugura a fase em que o indivíduo passa a ser considerado pessoa humana e em que os direitos fundamentais assumem o objetivo concreto de emancipá-lo, levando em consideração todas as particularidades da sua condição de ser humano integrante do Estado Constitucional. Naturalmente, como se afirmou no início deste breve capítulo, isto não significa que o constitucionalismo contemporâneo tenha de fato conseguido emancipar as pessoas e posicioná-las como entes que constituem um fim em si mesmo, e que, por isso, dependem da preservação da sua especial dignidade para alcançar a condição de membros realizados do Estado Constitucional. Todavia, a virada em prol da dignidade da pessoa foi real em termos normativos, dando origem a uma certa relativização das diferenças entre maioria e minoria política, pois, independentemente da posição ocupada por alguém no espectro da decisão política (se tem ou não os seus direitos preservados pela lei), todos os indivíduos precisam gozar de igual proteção (dever de abstenção e ações positivas, por parte do Estado, da sociedade e da própria pessoa consigo mesma[28]) para se realizar como pessoa humana em sua completude.

Neste momento, é preciso estabelecer uma diferenciação – que só tem sentido nos sistemas que contam com o controle difuso de constitucionalidade – entre a concretização constitucional levada a cabo pelo Poder Legislativo e aquela operacionalizada pela jurisdição constitucional em cada caso concreto. Na primeira situação, a maioria – é importante recordar que a maioria política que aprova uma lei é potencialmente conjuntural, a não ser em situações específicas, como no caso de o Executivo (no parlamentarismo ou no presidencialismo) possuir uma maioria muito consistente no parlamento – aprova uma determinada lei que representa uma visão política particular. Esta lei, porém, por mais amplo que seja o seu alcance normativo, sempre deixa à margem os direitos fundamentais de algumas pessoas que não se identificam com ela. E,

> no quadro de uma ordem constitucional democrática, o domínio de uns homens sobre outros homens busca legitimidade na *vontade popular não uniforme*, ou seja, na vontade fundada na diferença e divergência de opiniões, interesses, aspirações.[29]

28. Ingo Wolfgang Sarlet, *Dignidade da pessoa humana e direitos fundamentais na Constituição de 1988*, 5ª ed., Porto Alegre, Livraria do Advogado, 2007, pp. 113, 114 e 116.
29. Alessandra Silveira, "Da argumentação democrática" in *Ars Ivdicandi – Estudos em Homenagem ao Prof. Doutor António Castanheira Neves*, Coimbra, Coimbra Editora, vol. I, 2008, p. 1097. Quando menciona a *vontade popular não*

A concretização normativa levada adiante pela jurisdição constitucional segue uma lógica inversa. Embora qualquer pessoa possa se dirigir ao Poder Judiciário para levar ao seu conhecimento uma pretensão resistida, para o tema aqui desenvolvido assume mais relevância o fato de alguém fazê-lo em razão de não se considerar contemplado pelo alcance normativo da legislação infraconstitucional. Para assegurar a sua posição de minoria política protegida pela Constituição, o sujeito de direitos pode se dirigir ao Poder Judiciário e requerer que determinada lei ou ato normativo não seja aplicado ao seu caso pelo fato de a sua realidade juridicamente relevante ser contrária à lei ou não ter sido abarcada por ela. A jurisdição constitucional não diferencia as pessoas umas das outras no que diz respeito às possibilidades semânticas da Constituição, devendo sempre observar o seu conteúdo garantístico e o alcance deste em relação a todos os membros da comunidade política.

A *Constituição da unidade* atribui um sentido para a existência das normas constitucionais abertas que vai além da necessidade de aprová-las em sede constituinte com o fim de alcançar o consenso político necessário, deixando para o legislador ordinário a função de atribuir sentido ao enunciado normativo no futuro. De acordo com esta perspectiva, as normas abertas também são a alternativa deixada pela Constituição para que as minorias sejam capazes de encontrar uma saída para a realização dos seus direitos fundamentais, distinta daquela prevista pela decisão do legislador ou da esfera do Estado responsável pela construção do ato normativo. Neste cenário, valendo-se das alternativas interpretativas das normas abertas, a jurisdição constitucional deve se impor como uma das principais instâncias de integração política e realização dos direitos fundamentais do Estado Constitucional. Quanto aos limites para a sua atuação, como ressalta Hans Peter Schneider, eles "são idênticos aos limites da

---

uniforme e a legitimidade criada a partir da conciliação das diferenças, a autora portuguesa (ob. cit., p. 1098) não se refere à jurisdição constitucional, mas à caracterização que o processo político deve assumir perante o regime democrático das diferenças. Alessandra Silveira procura chamar a atenção para a harmonização dos dissensos que deve existir no processo político de uma democracia pluralista. Parte da democracia discursiva de Habermas como pressuposto teórico para concluir que "a força socialmente integradora de uma solução conciliatória/compromissória/ consensual será sempre maior que uma solução maioritária (...). Daqui deriva que a vontade da maioria será praticável como a segunda melhor solução em democracia". Não há dúvidas de que a participação política é um elemento fundamental para a compreensão e o funcionamento do regime democrático no mundo atual. O que falta ainda estabelecer é o modo como essa participação deve ocorrer para que tenha condições de trazer à tona a vontade popular em cada momento da historia.

interpretação constitucional".[30] Tal afirmação seguramente não resolve o problema da atuação da jurisdição constitucional, jogando luz, entretanto, sobre os níveis de complexidade que envolve a questão.

Teórica e normativamente, portanto, a aplicação da Constituição por parte do juiz constitucional não pode figurar como uma exceção, sob pena de a jurisdição constitucional subverter o sistema de direitos fundamentais e atropelar a máxima segundo a qual no Estado Constitucional as minorias não podem ter os seus direitos atropelados pela maioria. Esta perspectiva é muito clara nos primeiros passos do constitucionalismo inglês. Segundo ressalta Rafael de Agapito Serrano, a partir do momento em que restam definidas as prerrogativas do parlamento frente ao monarca, na primeira metade do século XVIII, "o parlamentarismo inglês se define (...) como um sistema de proteção de minorias".[31] E, continua Agapito, "o respeito à minoria significa que o processo legislativo deve ter em conta todos os interesses representados".[32]

No Estado Constitucional de hoje,

> o pluralismo eleva-se à condição de princípio indissociável da dignidade humana, exigindo do Estado e da sociedade a proteção de todos os *outros diferentes* (...).[33]

Essa forma de pensar pressupõe que a proteção do Estado Constitucional às minorias não se restringe ao contexto essencialmente político, quando, em dado momento, para atender às exigências do sistema, as minorias devem ter condições reais de poder assumir a condição majoritária. Não se trata de alternância no poder, um dos mais importantes elementos da Democracia, não resta dúvida, mas de realizar os direitos das minorias políticas enquanto grupos ou indivíduos verdadeiramente minoritários. Afinal de contas, se "o governo democrático é um governo de proteção das minorias",[34] então essa proteção deve se projetar em todas as manifestações (estatais e privadas) da vida democrática.

30. Hans Peter Schneider, *Democracia y Constitución*, Madri, Centro de Estudios Constitucionales, 1991, p. 199.
31. Rafael de Agapito Serrano, *Estado Constitucional y proceso político*, cit., p. 203.
32. Idem, ibidem.
33. Raimundo Amorim de Castro, "Inclusão como sensibilidade para as diferenças: responsabilidade e solidariedade – A luta por reconhecimento no Estado Democrático de Direito", in *Constituição, Minorias e Inclusão Social*, São Paulo, Rideel, 2009, p. 101.
34. J. J. Gomes Canotilho, "Jurisdição constitucional e intranquilidade discursiva", in *Perspectivas Constitucionais nos 20 Anos da Constituição de 1976*, Coimbra, Coimbra Editora, vol. I, 1996, p. 881.

E porque essa proteção é necessária? Em primeiro lugar, porque o Estado Constitucional não distingue a força política das pessoas no momento de lhes atribuir os seus direitos fundamentais. Os direitos fundamentais são inerentes à pessoa e não à pessoa detentora de poder político. Não há condicionantes. Além disso, no plano político a inexistência de uma proteção efetiva dos direitos das minorias equivaleria a uma espécie de exclusão política, jurídica social, o que é incompatível com o projeto de civilização do Estado Constitucional. Além disso, a proteção das minorias lida também com a autopreservação da pessoa humana, uma vez que, no tipo de sociedade complexa que se consolidou nas últimas décadas, uma mesma pessoa pode figurar no grupo majoritário em relação a uma dada lei e posicionar-se como minoria em relação a outra. As identidades se tornaram rarefeitas no mundo contemporâneo porque a possibilidade de autodeterminação individual permitiu que as pessoas pudessem manifestar, viver e defender aquilo que elas realmente são, com toda a diversidade e complexidade da condição humana em liberdade. Essa tendência para a autodeterminação fez com que um mesmo indivíduo assumisse valores, interesses e condutas que, tendo o passado como referência, dariam corpo a vários indivíduos diferentes em uma só pessoa.

3. *A legitimidade da jurisdição constitucional (controle incidental de constitucionalidade) na concretização dos enunciados abertos da Constituição: a proteção das minorias políticas*

J. J. Gomes Canotilho[35] chama a atenção para a imensa profusão de textos existentes, na fase atual do constitucionalismo, acerca dos princípios constitucionais. Essa enorme produção acadêmica se justifica em razão das dificuldades de se entender a estrutura normativa dos princípios e da busca de paradigmas interpretativos (metódicos) capazes de assegurar uma aplicação adequada de tais enunciados normativos. Apesar disso, a busca da objetividade na interpretação e aplicação das normas jurídicas abertas constitui ainda um dos mais tormentosos problemas do Direito Constitucional contemporâneo.[36] Tais dificuldades não invalidam o fato de que as normas constitucionais abertas e as suas múltiplas possibilidades semânticas estão na base do constitucionalismo e foram

---

35. "Princípios: entre a sabedoria e a aprendizagem", in *Ars Ivdicandi – Estudos em Homenagem ao Prof. Doutor António Castanheira Neves*, vol. I, Coimbra, Coimbra Editora, 2008, p. 376.

36. Para uma alternativa acerca da conciliação entre a concretização dos princípios constitucionais e a segurança jurídica, cf. Agassiz Almeida Filho, *Introdução ao Direito Constitucional*, Rio de Janeiro, Forense, 2008, pp. 179 e ss.

as verdadeiras responsáveis pela renovação das discussões em torno da legitimidade da jurisdição constitucional, apesar de a possibilidade do controle de constitucionalidade das normas jurídicas já ter encontrado seus fundamentos em Marbury *vs.* Madison e na construção teórica de H. Kelsen sobre o tribunal constitucional como legislador negativo.

Não se nega, em nenhuma parte, quando presente a jurisdição constitucional, a sua prerrogativa de levar adiante o controle de constitucionalidade nas suas mais variadas modalidades. No entanto, com o advento da força normativa das normas constitucionais dotadas de abertura semântica, o tema da legitimidade ganha força porque as possibilidades de a jurisdição constitucional encontrar soluções não diretamente apontadas nos enunciados normativos da Constituição assume proporções inéditas. Os *casos difíceis* mencionados por Ronald Dworkin[37] ("quando um determinado litígio não se possa subsumir claramente em uma norma jurídica", ou seja, "quando nenhuma norma estabelecida resolva o caso") tendem a se multiplicar nas democracias pluralistas dos dias de hoje em virtude das elevadas possibilidades de autodeterminação individual que as caracteriza.

Ante a aparente insegurança jurídica e até acusações de ativismo judicial, os princípios da proporcionalidade e da razoabilidade, bem como a lógica do razoável aparecem como balizas para uma concretização aceitável das referidas normas constitucionais semanticamente abertas. É claro que a lógica do razoável, invertendo completamente o paradigma positivista/ normativista do Direito, esbarra no tradicional obstáculo segundo o qual muitas vezes o que é razoável para uns pode não parecer adequado para outros. Mesmo assim, no Estado Constitucional o pensamento razoável e também o pensamento problemático (focado nos problemas jurídicos e não nos enunciados normativos) substituem com vantagens o exclusivismo da lógica dedutiva por trás do silogismo judiciário.[38]

Mas a discussão sobre o método a ser utilizado no processo de concretização das normas constitucionais pela jurisdição constitucional não é o foco destas considerações. Desde já, deixando de lado as complexas e ainda abertas questões metódicas a respeito do tema, o propósito aqui é saber se a jurisdição constitucional tem ou não legitimidade para proteger as minorias políticas através da aplicação das normas constitucionais

---

37. Ronald Dworkin, *Los derechos en serio*, Barcelona, Ariel Derecho, 1995, p. 146.
38. Cf. Paolo Comanducci, "Quelques problèmes conceptuels concernant l'application du Droit", in *L'Architecture du Droit – Mélanges en l'honneur de Michel Troper*, Paris, Economica, 2006, p. 316.

abertas aos casos levados à sua apreciação, quando estes apresentem particularidades incompatíveis com a lei aparentemente aplicável ao caso. Trata-se da mera função de aplicar a Constituição ao caso concreto, quando necessário, típica do sistema jurídico brasileiro, ou a jurisdição constitucional tem um papel a desempenhar junto ao processo de proteção das minorias políticas?

A chave desta questão reside na responsabilidade/compromisso de todos em relação ao cumprimento das normas constitucionais,[39] o que, dentro da competência que a Constituição atribui à jurisdição constitucional, significa que esta deve proteger o regime democrático e os direitos fundamentais de todos os membros da comunidade política. Quer dizer, a jurisdição constitucional deve estar comprometida com a integração política no momento de avaliar a eventual posição minoritária do jurisdicionado e concretizar um enunciado constitucional relacionado com o caso. Ao mesmo tempo em que o juiz constitucional decide a controvérsia, analisa também a possibilidade de proteger a pretensão minoritária e promover a integração política.

Uma vez que a jurisdição constitucional é um dos instrumentos para a garantia do regime democrático, ela precisa, entre outros aspectos, assegurar que a mensagem normativa da Constituição alcance, potencialmente – esse alcance potencial se justifica por causa do princípio da inércia da jurisdição –, todos os membros da comunidade política. Na medida em que protege as prerrogativas jurídicas das minorias, a jurisdição constitucional atua como um mecanismo para o equilíbrio entre o *poder político* da maioria que aprovou a lei e os direitos fundamentais de todos os demais membros da comunidade política. Sendo assim, sua legitimidade para concretizar as normas constitucionais não decorre apenas da força normativa da Constituição, mas também do poder/dever de assegurar os direitos fundamentais que a Constituição prevê de modo universal e que constituem uma das bases do seu conteúdo material.

Referindo-se ao caso alemão, Albrecht Weber afirma que "o Tribunal Constitucional Federal contribuiu para uma judicialização da política e para uma constitucionalização da totalidade do ordenamento jurídico".[40]

39. Marcos Augusto Maliska, "A concretização dos direitos fundamentais no Estado Democrático de Direito. Reflexões sobre a complexidade do tema e o papel da jurisdição constitucional", in *Direitos humanos e Democracia*, Rio de Janeiro, Forense, 2007, pp. 552-553.
40. Albrecht Weber, "La jurisdicción constitucional de la República Federal de Alemania", *Anuario Iberoamericano de Justicia Constitucional*, n. 7, Madri, Centro de Estudios Políticos y Constitucionales, 2003, p. 529.

Tal conclusão, que pode ser ampliada para alcançar a jurisdição constitucional como um todo, deve ser aplicada ao caso da proteção judicial dos direitos fundamentais das minorias, pelo menos quando se parte da ideia de que a "constitucionalização da totalidade do ordenamento jurídico" é um dos principais propósitos do Estado Constitucional. A transposição desta conclusão para a realidade brasileira é possível porque ela se baseia em três elementos que tanto se verificam no Brasil quanto na Alemanha: a) a Constituição como norma jurídica; b) a função da jurisdição constitucional de aplicá-la a todos os setores alcançados por sua competência; c) o regime democrático possui natureza universal dentro dos limites territoriais do Estado,[41] não podendo a Constituição criar espaços vazios de normatividade no âmbito da comunidade política.

A constitucionalização da totalidade do ordenamento jurídico pode ser entendida de duas formas distintas. A primeira delas aponta para a necessidade de compatibilizar todas as manifestações da ordem jurídica com o discurso normativo-constitucional, o que daria origem a uma constitucionalização de primeiro grau. A consequência dessa modalidade de constitucionalização é a incidência da Constituição sobre todas as situações fáticas abarcadas por ela e pelo ordenamento jurídico constitucionalizado. Tal consequência dá origem a uma outra forma de constitucionalização (de segundo grau), de acordo com a qual a Constituição apresenta-se como um sistema normativo que atua, ainda que de forma reflexa, em relação a todas as situações concretas juridicamente relevantes, notadamente aquelas que se apresentem perante a jurisdição constitucional. Em virtude disso, a constitucionalização da *totalidade do ordenamento jurídico* também pode ser entendida como *constitucionalização da totalidade da realidade constitucional*, funcionando, assim, como fonte de legitimidade para a jurisdição constitucional proteger os direitos das minorias através da concretização dos enunciados abertos da Constituição.

Christian Starck[42] sublinha que na boa ordem constitucional nem tudo está regulado pela Constituição, o que cria um necessário espaço de

---

41. Na Alemanha, essa universalidade do regime democrático sofre limitações por parte da chamada *democracia militante*, segundo a qual a democracia pode defender-se contra aqueles que a atacam e restringir os seus direitos fundamentais. Sobre o tema, cf. Erhard Denninger, "'Democracia militante' y defensa de la Constitución", in *Manual de Derecho Constitucional*, 2ª ed., Madri, Marcial Pons, 2001, pp. 445 e ss.

42. Christian Starck, "Jurisdicción constitucional y tribunales ordinarios", *Revista Española de Derecho Constitucional*, n. 53, Madri, Centro de Estudios Políticos y Constitucionales, 1998, pp. 25-26.

atuação para os demais órgãos do Estado, assegurando, com isso, o campo de ação para que se desenvolvam o processo político (decisão da maioria) e a função dos tribunais ordinários de aplicar o Direito ao caso concreto. É importante destacar que Starck defende que aos tribunais responsáveis pela aplicação do Direito infraconstitucional seja deixada certa margem de atuação, justificada pela necessidade de se constituir uma adequada decisão para o caso concreto.

No sistema brasileiro, a lógica defendida por Starck quanto aos tribunais ordinários pode se aplicar diretamente à jurisdição constitucional, ao controle difuso de constitucionalidade e à proteção dos direitos das minorias através da concretização das normas constitucionais abertas. Isso se verifica porque a jurisdição constitucional, na hipótese em questão, está voltada para a resolução de um caso concreto, que, particularmente, também envolve a proteção de direitos fundamentais não projetados na legislação infraconstitucional. Sendo assim, o espaço constitucional deixado ao Poder Judiciário para solucionar os casos concretos levados à sua apreciação seria também um instrumento para a legitimação da proteção dos direitos fundamentais das minorias pela jurisdição constitucional.

Na democracia pluralista estruturada pelo Estado Constitucional, após a Segunda Guerra Mundial, é também necessário que haja níveis adequados de aproximação entre governantes e governados, cujo sentido primordial é conferir legitimidade aos atos praticados pelos primeiros na condução do modo de viver dos segundos. Uma das formas de se assegurar essa aproximação é a identificação dos governados com as decisões tomadas pelos governantes, cujo sentido é promover a continuidade da legitimação política (leitura permanente da vontade popular), obtendo, consequentemente, a adesão dos cidadãos em relação aos atos praticados pelos órgãos constitucionais. Böckenförde se refere a essa identificação entre a ação do Estado e os indivíduos (individualmente e enquanto povo) quando analisa a representação política, qualificando-a de representação material. De acordo com o autor alemão, esse "conceito material de representação se refere a que, na ação legitimada e autorizada sempre pelo povo, atualizam-se e se manifestam os conteúdos da vontade deste".[43]

No cenário atual, em que as decisões do Poder Judiciário são cada vez mais objeto de divulgação e conhecimento público, as conclusões de Böckenförde seguramente se aplicam à jurisdição constitucional. Para as minorias não contempladas pela lei, isto significa que a identidade com a

---

43. Ernst Wolfgang Böckenförde, *Estudios sobre el Estado de Derecho y la Democracia*, Madri, Trotta, 2000, p. 146.

decisão jurisdicional depende de uma atuação do juiz constitucional comprometida com o extrair da norma constitucional o conteúdo normativo necessário para proteger os direitos fundamentais em cada caso concreto. É importante ressaltar, ademais, que essa identificação mencionada por Böckenförde não pode ser aferida caso a caso, vinculando-se sempre à fidelidade do magistrado em relação à Constituição. Dito de outro modo, a identidade entre o povo e a decisão judicial se pressupõe na medida em que o juiz constitucional aplica a Constituição, protegendo o regime democrático em geral e os direitos fundamentais em particular. Em razão da função integradora da jurisdição constitucional, esta conclusão ganha relevo ante a garantia dos direitos das minorias políticas.

"A abertura – afirma Pablo Lucas Verdú – é caraterística das Constituições democráticas".[44] A *Constituição da unidade* é também uma Constituição aberta, que, como tal, legitima a jurisdição constitucional nas circunstâncias em que ela precisa concretizar as normas constitucionais dotadas de abertura semântica. Há várias formas diferentes de se entender a denominada Constituição aberta. Segundo Víctor Ferreres Comella, há três modalidades diferentes de Constituição aberta: a) quando a Constituição garante a existência de uma sociedade aberta, ou seja, "na qual os indivíduos têm garantida a autonomia pessoal [*espaços de liberdade*] através dos direitos substantivos"; b) sempre que a Constituição "se adapta com flexibilidade às transformações sociais e às mudanças nas convicções morais e políticas"; c) a Constituição também é aberta "quando sua interpretação está aberta a todos: não só aos juízes constitucionais, mas também aos órgãos políticos representativos e à opinião pública"[45] (sociedade em geral).

A *Constituição da unidade* e sua concretização por parte da jurisdição constitucional absorvem essas três modalidades de abertura constitucional. Ela pressupõe que os indivíduos possuem direitos protegidos pela Constituição (ótica prevalentemente substantiva e não prevalentemente procedimental), que a Constituição, principalmente através das normas abertas, adapta-se às transformações ocorridas na realidade constitucional e, por fim, que a interpretação da Constituição, de certo modo, também é uma tarefa coletiva, uma vez que a vivência constitucional que a influencia é construída pela comunidade política como um todo. Nessa

---

44. Pablo Lucas Verdú, *La Constitución abierta y sus enemigos*, Madri, Eurolex/Servicio de Publicaciones, Facultad de Derecho Universidad Complutense de Madrid, 1993, p. 91.
45. Víctor Ferreres Comella, *Justicia constitucional y Democracia*, 2ª ed., Madri, Centro de Estudios Políticos y Constitucionales, 2007, p. 73.

linha, tendo em conta, além de tudo, que o juiz constitucional também é "juiz (...) dos interesses permanentes da república",[46] é possível concluir, embora nos estreitos limites da presente investigação, que a jurisdição constitucional tem legitimidade para afirmar os direitos das minorias em suas decisões, atuando, por isso, como um verdadeiro órgão constitucional de integração política.

Referências

AGAPITO SERRANO, Rafael de. *Estado Constitucional y proceso político*. Salamanca, Ediciones Universidad de Salamanca, 1989.

ALMEIDA FILHO, Agassiz. *Introdução ao Direito Constitucional*. Rio de Janeiro, Forense, 2008.

ARENDT, Hannah. *Sobre a revolução*. São Paulo, Companhia das Letras, 2011.

BARROSO, Luís Roberto. "A doutrina brasileira da efetividade". In *Constituição e Democracia – Estudos em Homenagem ao Professor J. J. Gomes Canotilho*. São Paulo, Malheiros Editores/Faculdade Christus, 2006.

BEAUD, Olivier. "Constitution et constitutionnalisme". In *Dictionnaire de philosophie politique*. Paris, PUF, 1996.

BERCOVICI, Gilberto. *Soberania e Constituição: para uma crítica do constitucionalismo*. São Paulo, Quartier Latin, 2008.

BÖCKENFÖRDE, Ernst Wolfgang. *Estudios sobre el Estado de Derecho y la Democracia*. Madri, Trotta, 2000.

CARRINO, Agostino. "De la Constitution matérielle". In *L'Architecture du Droit – Mélanges en l'honneur de Michel Troper*. Paris, Economica, 2006.

CANOTILHO, J. J. Gomes. *Constituição dirigente e vinculação do legislador: contributo para a compreensão das normas constitucionais programáticas*. Coimbra, Coimbra Editora, 1994.

_____. "Jurisdição constitucional e intranquilidade discursiva". In *Perspectivas Constitucionais nos 20 Anos da Constituição de 1976*. vol. I, Coimbra, Coimbra Editora, 1996.

_____. "Princípios: entre a sabedoria e a aprendizagem". In *Ars Ivdicandi – Estudos em Homenagem ao Prof. Doutor António Castanheira Neves*. vol. I, Coimbra, Coimbra Editora, 2008.

CASTRO, Raimundo Amorim de. "Inclusão como sensibilidade para as diferenças: responsabilidade e solidariedade – A luta por reconhecimento no Estado Democrático de Direito". In *Constituição, Minorias e Inclusão Social*. São Paulo, Rideel, 2009.

---

46. Clémerson Mérlin Cléve, "O controle de constitucionalidade e a efetividade dos direitos fundamentais", in *Jurisdição Constitucional e Direitos Fundamentais*, Belo Horizonte, Del Rey, 2003, p. 392.

CLÈVE, Clémerson Mérlin. "O controle de constitucionalidade e a efetividade dos direitos fundamentais". In *Jurisdição Constitucional e Direitos Fundamentais*. Belo Horizonte, Del Rey, 2003.

COMANDUCCI, Paolo. "Quelques problèmes conceptuels concernant l'application du Droit". In *L'Architecture du Droit – Mélanges en l'honneur de Michel Troper*. Paris, Economica, 2006.

DENNINGER, Erhard. "La reforma constitucional en Alemania: entre ética y seguridad política". In *Derechos Humanos y constitucionalismo ante el tercer milenio*. Madri, Marcial Pons, 1996.

_____. "'Democracia militante' y defensa de la Constitución". In *Manual de Derecho Constitucional*. 2ª ed., Madri, Marcial Pons, 2001.

DWORKIN, Ronald. *Los derechos en serio*. Barcelona, Ariel Derecho, 1995.

FERREIRA, Luiz Pinto. "A corte constitucional". *Revista de Informação Legislativa*, n. 95, Brasília, Senado Federal, pp. 85-116, 1987.

FERRERES COMELLA, Víctor. "Justicia constitucional y Democracia". 2ª ed., Madri, Centro de Estudios Políticos y Constitucionales, 2007.

GARCÍA DE ENTERRÍA, Eduardo. *La Constitución como norma y el Tribunal Constitucional*. 3ª ed., Madri, Civitas, 1994.

HÄBERLE, Peter. "El Tribunal Constitucional Federal como modelo de una jurisdicción constitucional autónoma". *Anuario Iberoamericano de Justicia Constitucional* n. 9, pp. 113-139. Madri, Centro de Estudios Políticos y Constitucionales, 2005.

HESSE, Konrad. "Constitución y Derecho Constitucional". In *Manual de Derecho Constitucional*. 2ª ed., Madri, Marcial Pons, 2001.

HOBSBAWM, Eric J. *A era dos extremos: 1875-1914*. 9ª ed. São Paulo, Paz e Terra, 2005.

JAN, Pascal. "Conseil constitutionnel". *Pouvoirs*, n. 99, pp. 71-86. Paris, PUF, 2001.

LIMA, Newton de Oliveira. *Jurisdição constitucional e construção de direitos fundamentais no Brasil e nos Estados Unidos*. São Paulo, MP Editora, 2009.

LUCAS VERDÚ, Pablo. *La Constitución abierta y sus enemigos*. Madrid, Eurolex/Servicio de Publicaciones, Facultad de Derecho Universidad Complutense de Madrid, 1993.

MACEDO, Dimas. *Estado de Direito e Constituição: o pensamento de Paulo Bonavides*. São Paulo, Malheiros Editores, 2010.

MALISKA, Marcos Augusto. "A concretização dos direitos fundamentais no Estado Democrático de Direito. Reflexões sobre a complexidade do tema e o papel da jurisdição constitucional". In *Direitos Humanos e Democracia*. Rio de Janeiro, Forense, 2007.

MOREIRA, Vital. *Administração autónoma e associações públicas*. Coimbra, Coimbra Editora, 1997.

NEVES, A. Castanheira. *Digesta: escritos acerca do Direito, do pensamento jurídico, da sua metodologia e outros*. vols. 1 e 2, Coimbra, Coimbra Editora, 1995.

_____. "O poder judicial (a jurisdição), o Direito e o Estado-de-Direito". *Revista Brasileira de Direito Comparado*, n. 37, pp. 35-65. Rio de Janeiro, Instituto de Direito Comparado Luso-Brasileiro, 2009.

ROUYER, Muriel. "Les promesses du constitutionnalisme". *Raisons Politiques*, n. 10, Paris, Presses de Sciences Po, pp. 7-23, 2003.

SARLET, Ingo Wolfgang. *Dignidade da pessoa humana e direitos fundamentais na Constituição de 1988*. 5ª ed., Porto Alegre, Livraria do Advogado, 2007.

SCHNEIDER, Hans Peter. *Democracia y Constitución*. Madri, Centro de Estudios Constitucionales, 1991.

SILVEIRA, Alessandra. "Da argumentação democrática". In *Ars Ivdicandi – Estudos em Homenagem ao Prof. Doutor António Castanheira Neves*. vol. I, Coimbra, Coimbra Editora, 2008.

SMEND, Rudolf. *Constitución y Derecho Constitucional*. Madri, Centro de Estudios Constitucionales, 1985.

STARCK, Christian. "Jurisdicción constitucional y tribunales ordinarios". *Revista Española de Derecho Constitucional*, n. 53, pp. 11-32. Madri, Centro de Estudios Políticos y Constitucionales, 1998.

STRECK, Lenio Luiz. *Jurisdição constitucional e hermenêutica: para uma crítica do Direito*. Porto Alegre, Livraria do Advogado, 2002.

_____. "La jurisdicción constitucional y las posibilidades de concreción de los derechos fundamentales sociales". *Anuario Iberoamericano de Justicia Constitucional*, n. 11, pp. 369-405. Madri, Centro de Estudios Políticos y Constitucionales, 2007.

VIVES, J. Vicens. "A estrutura administrativa estadual nos séculos XVI e XVII". In *Poder e Instituições na Europa do Antigo Regime – Coletânea de Textos*. Lisboa, Fundação Calouste Gulbenkian, 1984.

WEBER, Albrecht. "La jurisdicción constitucional de la República Federal de Alemania". *Anuario Iberoamericano de Justicia Constitucional*, n. 7, pp. 495-538. Madri, Centro de Estudios Políticos y Constitucionales, 2003.

Parte IV
DEMOCRACIA PARTICIPATIVA E O PAPEL DA POLÍTICA NO DIREITO CONSTITUCIONAL

Capítulo XII

O DIREITO E A DEMOCRACIA PARA ALÉM DA REPRESENTAÇÃO

ALFREDO COPETTI NETO
GUSTAVO OLIVEIRA VIEIRA

Introdução. 1. A ascensão do "povo": a constituição do sujeito: 1.1 O "povo". 2. A liberdade dos modernos. 3. O Estado nacional constitucional. 4. A Teoria Constitucional da Democracia Participativa. Considerações finais. Referências.

Introdução

De Hegel a Fukuyama, a problematização sobre o "fim da história" quanto ao ponto final da evolução ideológica gerou um levante teórico controverso sobre o ponto de chegada das soluções sociológicas encontradas.[1] Para Hegel o ponto de harmonia social seria atingido na convergência do liberalismo com igualdade jurídica e para Fukuyama, com o capitalismo e a democracia na síntese da democracia liberal enquanto ideologia. Entretanto, a correlação de ambos apresenta-se mais numa tenção entre faticidade e validade do que algo coerente entre ideologia, normatividade e faticidade. Mas qual a síntese que se pode extrair acerca da relação entre a Democracia e o Direito, sob a perspectiva constitucional? Se esse é a síntese histórica da dialética das ideologias, qual(is) aporte(s) teórico(s) permite(m) compreender tamanha empreitada civilizatória? É bem provável que uma adequada resposta esteja em Paulo Bonavides, no que ele mesmo chama de *trilogia volvida para a liberdade, igualda-*

---

1. Francis Fukuyama, *O Fim da História e o último homem*, Rio de Janeiro, Rocco, 1992.

de e a justiça,[2] composta pelas obras *Curso de Direito Constitucional; Do País Constitucional ao País Neocolonial; Teoria Constitucional da Democracia Participativa*.[3]

O incremento na teoria jurídica contemporânea a partir da ligação com a Democracia parece operar algum consenso entre os teóricos do Direito e da Constituição atuais – como Habermas e Ferrajoli, na Europa, e Bonavides, no Brasil. Ao problematizar o Direito e a Democracia entre a faticidade e a validade, o sociólogo alemão Jürgen Habermas, por exemplo, constata que a teoria do Direito e a da Democracia caminham para um engate na conceituação clássica, tomando "como ponto de partida a força social integradora de processos de entendimento não violentos, racionalmente motivadores, capazes de salvaguardar distâncias e diferenças reconhecidas, na base da manutenção de uma comunhão de convicções".[4]

Além de Habermas, o jurista italiano Luigi Ferrajoli, autor da obra *Principia Juris*, em que apresenta uma "teoria normativa da democracia",[5] articula democracia formal com conteúdos substanciais. No Brasil, Paulo Bonavides reivindica um *Direito Constitucional da Liberdade* capaz de articular-se a partir da oxigenação de princípios e valores já incorporados no nosso contexto, sobretudo no que tange à histórica luta de *resistência a golpes de estado, estados de sítio, intervenções federais e ditaduras*.

Ainda que estejam distantes por conta das suas matrizes teóricas e epistemológicas, os três autores concordam com a premissa de que o Direito só pode ser constituído epistêmica e procedimentalmente com a Democracia. Por um lado, reconhecem que não há Democracia sem Direito; por outro, ressaltam que a democracia meramente representativa, embora necessária, não é suficiente para garantir e efetivar os deveres constitucionais. É nesse ínterim que Habermas privilegia a ideia de *democracia deliberativa/discursiva;* Ferrajoli direciona-se para a *democracia substancial;* Bonavides, para a *democracia participativa.*

Dessa forma, a Democracia passa a ser compreendida como elemento articulador entre Direito e Política, e, portanto, também como

---

2. Paulo Bonavides, *Teoria Constitucional da Democracia Participativa*, 3ª ed., São Paulo, Malheiros Editores, 2008, p. 7.

3. Paulo Bonavides, *Curso de Direito Constitucional*, 31ª ed., São Paulo, Malheiros Editores, 2016; *Do País Constitucional ao País Neocolonial*, 4ª ed. São Paulo, Malheiros Editores, 2009; e *Teoria Constitucional da Democracia Participativa*, cit.

4. Jürgen Habermas, *Direito e Democracia. Entre faticidade e validade*, vol. I, trad. de Flávio Beno Siebeneichler, Rio de Janeiro, Tempo Brasileiro, 1997, p. 22.

5. Luigi Ferrajoli, *Principia Iuris. Teoria del Diritto e della Democrazia*, vol. II: *Teoria della Democrazia*, Roma, Laterza, 2007.

o mecanismo que funda e sustenta a legitimidade do sistema jurídico e religa a validade à faticidade da realidade social e dos valores éticos e morais socialmente mediados para tornarem-se, a seu tempo, validamente jurídicos. Ou seja, o Direito como um sistema vinculante, pelo qual a sociedade estabelece a si mesma e a quem se submete. Assim, para além das tradicionais abordagens dos planos de existência, validade e eficácia do Direito, dá-se uma atenção central agora ao problema da legitimidade do Direito, como característica que o integra.

Com isso cabe ressaltar que uma abordagem crítica do Direito tem o dever de fazer frente a duas matrizes, simultaneamente, ao historicismo e ao positivismo jurídico, desvelando e evidenciando suas imbricadas relações interdisciplinares e favorecendo o viés emancipatório e, portanto, projetante e transformador, além da íntima e essencial amarração com a Democracia, por meio da qual se entrelaça à Política.

Isso posto, o presente texto dedica-se a questionar o espaço do "povo" no atual estágio da democracia, e o modo como a democracia articula procedimentos com conteúdos, no âmbito das ressalvas de Paulo Bonavides. Nesse sentido, cabe perquirir os sinuosos percursos que promoveram a emergência deste macro-sujeito titular da democracia, o "povo", para, daí, apontar para o dilema da democracia atual.

Nesse sentido, tendo em conta a relação entre as revoluções liberais e o constitucionalismo, o recorte histórico feito no presente texto toma em conta o *demos* a partir da modernidade, pois é somente neste momento que se projeta, progressivamente, um sentido universalizante até a construção do ideário dos direitos humanos.

1. A ascensão do "povo": a constituição do sujeito

A democratização do Estado, a pretensão de autonomia do povo, emerge em ciclos históricos que se consolidam no Estado contemporâneo, com variações a partir das novas interconexões entre a autonomia privada e a autonomia pública e o(s) contraponto(s) entre os direitos fundamentais e a democracia,[6] que são historicamente mediados pelo constitucionalismo. Isso ocorre sobretudo no que diz respeito à inclusão

---

6. Para pontuar o debate, ver: Bonavides, *Teoria Constitucional...*, cit.; Jürgen Habermas, "Autonomia privada e pública, Direitos Humanos e soberania do povo", in *Direito e Democracia: entre faticidade e validade*, cit., pp. 116-138. Ainda Ackerman debate com Rawls e Dworkin, a quem denomina *rights fundamentalists*, defendendo a posição de que a democracia antecede os direitos fundamentais nos EUA. V. Bruce Ackerman, "Democracia dualista", in *Nós, o Povo Soberano: fundamentos do Direito*

política do "povo" assentada na narrativa constitucional, que se constitui por meio da ressignificação emancipatória do "povo".

1.1 O "povo"

A diversidade de significados atribuídos ao vocábulo "povo" é referida desde a *Encyclopédie* de Diderot e D'Alembert, por Louis Chevalier de Jaucourt (1704-1779). Na introdução do verbete intitulado "povo", Jaucourt aduz que se tratara de "um nome coletivo difícil de definir, pois há diferentes ideias de povo nos diferentes lugares, nos diversos tempos e segundo a natureza dos governos". Ainda assim, o aristocrático Jaucourt, que também escreveu o verbete "tratado sobre os negros", demandando a abolição dos escravos, definia povo não como a universalidade dos indivíduos, mas como uma classe de homens de menor prestígio, mesmo entendendo ser a mais útil e preciosa, restando nela apenas os operários e os camponeses.[7] Tal entendimento vai sendo gradualmente revisado pelo tortuoso processo histórico que conduz ao constitucionalismo.

O contemporâneo Friederich Müller, segundo Bonavides no ensaio "A democracia participativa e os bloqueios da classe dominante",[8] suscitou a questão fundamental da democracia. O catedrático de Heidelberg diferencia o uso do "povo" na teoria constitucional, tipificando em quatro acepções, entre a sua utilização icônica, o povo como instância de atribuição de legitimidade, como povo ativo e povo destinatário: (a) a *utilização icônica* do "povo", quando a retórica ideológica é desprovida de conexão com a realidade, na medida em que a ação em nome do povo se torna apenas retórica, podendo induzir a "práticas extremadas";[9] já, as demais

Constitucional, trad. de Mauro Raposo de Mello, Belo Horizonte, Del Rey, 2006, pp. 3-46; Luigi Ferrajoli, *A Democracia através dos Direitos*, São Paulo, Ed. RT, 2015.
  7. Após breve argumentação sobre o sentido de povo na França, Jaucourt sentencia que na "massa do povo, portanto, restam apenas os operários e os camponeses" (Chevalier de Jaucourt, "Povo", in Denis Diderot e Jean de Le Rond D'Alembert, *Verbetes políticos da Enciclopédia*, trad. de Maria das Graças Souza, São Paulo, Discurso Editorial/UNESP, 2006, pp. 221-226).
  8. Paulo Bonavides, "A democracia participativa e os bloqueios da classe dominante", in <www.corteidh.or.cr/tablas/r26070.pdf>; acesso em 5.12.2015.
  9. "O *povo como ícone*, erigido em sistema, induz a práticas extremadas. A iconização consiste em abandonar o povo a si mesmo; em 'desrealizar' [*entrealisieren*] a população, em mitificá-la (naturalmente já não se trata há muito tempo dessa população), em hipostasiá-la de forma pseudo-sacral e em instituí-la assim como padroeira tutelar abstrata, tornada inofensiva para o poder-violência – 'notre bon peuple'" (cf. Friedrich Müller, *Quem é o povo? A questão fundamental da Democracia*, trad. de Peter Naumann, 2ª ed., São Paulo, Max Limonad, 2000, p. 67).

acepções do conceito de "povo" invadem a práxis; (b) o "povo" como *instância de atribuição* de legitimidade, significando o reconhecimento e a efetivação de que as decisões públicas estão baseadas na autoridade popular, comprometendo os poderes que de fato exercem a autoridade; (c) o "povo" como *povo ativo* diz respeito ao sujeito da dominação, que, exemplificativamente, legitima os membros da Assembleia Constituinte ou referenda o texto final, e que, em síntese, submete-se a autocodificação democraticamente justificada das prescrições vigentes; e (d) o "povo" como *povo destinatário* das prestações civilizatórias do Estado[10] do ponto de vista da legitimação procedimental das decisões enquanto coparticipante, e da implementação dos efeitos produzidos *sobre* o povo das prescrições.

Com base na filosofia política de Jean-Jacques Rousseau (1712-1778), o princípio da soberania popular é uma característica distintiva do constitucionalismo. Trata-se de uma síntese do que viria a se configurar como uma das transformações mais profundas do sistema político e das fundações do poder. Se antes, no Estado absolutista, o poder emanava centralmente dos príncipes (*ex parte príncipe*), assentando-se nas pré--compreensões próprias da tradição, passa então, com o constitucionalismo dos Estados liberais, a calçar sua legitimidade na soberania no povo (*ex parte populi*). De modo que as Constituições contemporâneas, notavelmente no caso francês, incorporam a ideia de "povo" como fonte legítima da autoridade normativa do Estado.

Entretanto, a primeira utilização do conceito de "povo" como titular da soberania democrática aparece no constitucionalismo estadunidense. O uso da retórica expressão, "Nós, o povo" (*We, the People*), para designar o sujeito constituinte buscou demarcar, preponderantemente, "o momento em que o povo toma decisões",[11] ou melhor, a transição de uma autoridade governamental sobre a população para o *auto*governo do povo. Além disso, na cultura "revolucionária americana, ela serviu para 'constituir' uma ordem política informada pelo princípio do 'governo limitado'".[12]

10. Friedrich Müller, *Quem é o Povo?...*, cit.
11. J. J. Gomes Canotilho, *Direito Constitucional e Teoria da Constituição*, 7ª ed., Coimbra, Almedina, 2003, p. 58.
12. Idem, ibidem, p. 59. Para Canotilho "o modelo americano de constituição assenta na ideia da *limitação normativa* do domínio político através de uma lei escrita". E, ainda, se "na Revolução Francesa o Poder Constituinte assume o carácter de um 'poder supremo' com um titular ('povo', 'nação'), na Revolução Americana o Poder Constituinte é o *instrumento funcional* para redefinir a '*Higher Law*' e estabelecer as regras do jogo entre os poderes constituídos e a sociedade, segundo os

Desse modo, a legitimidade do exercício do poder no Estado constitucional é baseada no reconhecimento de que a soberania reside no conjunto do povo. O povo entendido aí enquanto comunidade política estatal. Isso é consignado enfaticamente no início do texto das Constituições escritas, com a expressão "Nós, o povo", produzindo uma ficção jurídica para exprimir no imaginário, segundo Bercovici, que "a comunidade não se governa por um corpo estranho (um rei), mas por instituições que são sua direta expressão (constituição), por uma ordem criada pela vontade e pela razão, não como fruto da tradição".[13]

Portanto, forja-se o "povo" entendido como fonte da autoridade estatal e, metaforicamente, enquanto autor da ordem político-jurídica (auto)instituída. Ou ainda, nas palavras do constitucionalista estadunidense Bruce Ackerman: "nossa Constituição é um ato profundamente significativo de autodeterminação coletiva".[14]

Mas será que o *demos* ateniense era o mesmo que o "povo" das revoluções liberais? Para melhor delinear o sentido da ideia de povo, que articula democracia política pelo sistema jurídico na modernidade, cabe retomar a diferenciação constituída entre os antigos e os modernos, na visão de Constant para marcar a divisão e a inovação produzidas com as revoluções liberais.

2. A liberdade dos modernos

A "democracia" grega não é, definitivamente, o que se constitui pós-revoluções liberais oitocentistas.[15] E para demarcar tal diferenciação, cabe ressaltar que a da *liberdade dos modernos*, conferida pelo constitucionalismo pós-revolucionário, está em linha com a tradição liberal, que atribuiu prioridade à defesa de um "novo ideal de liberdade que reclamava a independência do indivíduo naqueles assuntos mais especificamente seus e a conseguinte afirmação de um espaço de soberania individual subtraído ao poder da comunidade",[16] segundo Julios-Campuzano, professor

---

parâmetros político-religiosos contratualistas de algumas correntes calvinistas e das teorias contratualistas lockeanas" (idem, p. 70).
13. Gilberto Bercovici, *Soberania e Constituição: para uma crítica do constitucionalismo*, São Paulo, Quartier Latin, 2008, p. 127.
14. Bruce Ackerman, *Nós, o Povo Soberano...*, cit., p. 50.
15. Ver, para tanto, Paulo Bonavides, *Ciência Política*, 23ª ed., São Paulo, Malheiros Editores, 2016, Cap. 19.
16. Segundo Campuzano, ainda, a "conformación histórica de este nuevo tipo de libertad responde a unos condicionantes definidos. La libertad moderna no será la libertad de la comunidad para regir su propio destino, sino la del individuo frente a

da Universidade de Sevilla. Mais do que isso, forja-se a tendência para um regime que combina a autonomia pública e a autonomia privada, na articulação progressiva da democracia com o liberalismo.

O autor que demarca a categorização das diferenças entre a liberdade dos antigos e a liberdade dos modernos é Benjamin Constant, ou melhor, Henri-Benjamin Constant de Rebeque (1767-1830), ícone do liberalismo político, com a preleção "Da Liberdade dos Antigos comparada à dos Modernos" (*De la liberté des anciens comparée à celle des modernes*). O texto tornou-se um clássico do liberalismo francês, fruto de um discurso no Ateneo, em Paris, em 1819 – lembrando que os vinte anos que antecederam a exposição dessas ideias presenciaram a Revolução, o regime do Diretório, a instauração do Império, a Restauração da monarquia, e ainda viria na sequência a República, em meio à fermentação cultural para a revolução de 1830.

Para Benjamin Constant, a *liberdade dos modernos* é a verdadeira liberdade, na qual o seu viés político é que detém o mecanismo mais efetivo para garantir também a liberdade individual, e não para suprimi--la. Trata-se do reconhecimento do que Sieyès afirma como o pedido do terceiro estado, de ser alguma coisa para a ordem política.[17] De modo que a importância do discurso de Constant pode ser atribuída à advertência que faz às sociedades democráticas modernas, primordialmente sobre o risco que a radicalização da soberania popular pode trazer nos contornos do despotismo – ao mesmo tempo em que o indivíduo precisa estar atento a perceber que as questões de Estado são também questões suas,[18] conectando liberdades privadas e liberdades públicas.

A liberdade dos modernos trata de uma concepção integrada ao gosto pela autonomia individual, que é por sua vez assentada no individualismo, atrelado à modernidade. Nessa abordagem, o individualismo é dirigido para "afirmar a personalidade humana em todas as suas manifestações, independizando-a dos vínculos que a subjugam, do império opressivo da autoridade e da tradição", cuja configuração percorre o Renascimento,

---

coerciones arbitrarias e ilegítimas" (cf. Alfonso De Julios Campuzano, *La dinámica de la libertad: evolución y análisis del concepto de libertad política en el pensamiento liberal*, Tesis Doctoral, Sevilla, Universidad de Sevilla, 1993, p. 12).

17. Emmanuel Joseph Sieyès, *A Constituinte burguesa. Qu'est-ce que le tiers État?*, 4ª ed., trad. de Norma Azevedo, Rio de Janeiro, Lumen Juris, 2001, p. LI.

18. "El valor pedagógico de su obra reside en advertir del peligro que acecha a las sociedades democráticas modernas. La radicalización del dogma de la soberanía popular pude traer consigo una nueva forma de despotismo" (cf. Alfonso De Julios Campuzano, *La dinámica de la libertad...*, cit., p. 199).

o racionalismo e a luta por liberdade religiosa, intelectual, política e econômica. O conceito de liberdade nesse duplo aspecto, individual e político, se apresenta como "pressuposto teórico para a fundamentação de um concreto modelo de Estado".[19] Por fim, "se algum legado a modernidade deixou ao homem, esse é precisamente o ideal de autonomia" – uma autonomia intersubjetivamente construída e mediada socialmente.

É nesse engate do "povo" fruto das revoluções liberais, que constitui a liberdade dos modernos, que se projeta o Estado constitucional. E é nesse fio condutor que a ideia de nação e Estado nacional é articulada; e é nessa perspectiva que Paulo Bonavides desenvolve o fio condutor de uma de suas primeiras obras jurídicas: *Do Estado Liberal ao Estado Social*.[20]

3. O Estado nacional constitucional

A concepção do modelo do Estado nacional constitucional[21] foi impulsionada pela identificação da coletividade do "povo" com a "nação" como aqueles que exercem a soberania, identificando Estado com liberdade e autonomia. A *invenção* da nação como uma unidade de referência política para definir a população que habita o território do Estado é um dos meios, ou conceitos instrumentais mais significativos do qual o poder estatal se serve para a integração e dominação do povo. A par da originária independência terminológica entre "nação" e "Estado", a expressão "Estado nacional" ou "Estado nação" (na equação Estado = nação = povo), apela para a compreensão de uma identidade entre ambos,[22] bem como para a correspondência entre unidade nacional e unidade política e que nem sempre foi pacífica e consensual.[23] Nesse quadro, a estruturação do universo tanto simbólico quanto prático das populações será produzida

19. Alfonso De Julios Campuzano, *La dinámica de la libertad...*, cit., p. 13.
20. Paulo Bonavides, *Do Estado Liberal ao Estado Social*, 1ª ed., 2ª tir., São Paulo, Malheiros Editores, 2014 (a 1ª edição desse livro é de 1958).
21. Jose Luis Bolzan de Morais, "O Estado Nacional Constitucional como fenômeno contemporâneo. Problemas e perspectivas", *Estudos Jurídicos* (UNISINOS), vol. 37, n. 100, São Leopoldo, 2004, pp. 3-25.
22. "Si bien nación y Estado son conceptos independientes entre sí, la historia política evidencia las estrechas relaciones existentes entre ellos" (cf. Cruz Martínez Esteruelas, *La agonía del Estado. ¿Un nuevo orden mundial?*, Madri, Centro de Estudios Políticos y Constitucionales, 2000, p. 45).
23. "The state has certainly emerged without the help of the nation. Some nations have certainly emerged without the blessings of their own state. It is more debatable whether the normative idea of the nation, in its modern sense, did not presuppose the prior existence of the state" (cf. Ernest Gellner, *Nations and nationalism*, Oxford, Cornell University, 2009, p. 6).

por intermédio da construção da identidade nacional, das nações e do nacionalismo.

Com isso, dois aspectos ficaram marcados na gênese dos Estados constitucionais, (1) a fusão dos conceitos "povo" e "nação" e (2) a ideia de soberania popular, no entendimento da interdependência entre autonomia pública e autonomia privada. Somente a partir das revoluções do final do século XVIII é que Estado e nação se fundiram para se tornar Estado nacional.[24] Essa imbricação entre "Estado" e "nação" chancela definitivamente o Estado moderno que passa a receber o adjetivo *nacional*: Estado nacional liberal constitucional.

O "povo", fonte da autoridade estatal a partir do modelo do Estado nacional constitucional, forjado notadamente pós-1789, dependia de uma certa união, unidade e integração entre seus membros – ainda que os critérios formais ou informais de pertencimento fossem um tanto discricionários. Ao reconstituir o(s) sentido(s) de "nação" e de "nacionalismo" como questões-chave para o entendimento do processo histórico dos últimos dois séculos da história humana, Eric Hobsbawm contribui para seu aprofundamento desde o subtítulo da obra, "Nações e nacionalismo desde 1780: *programa, mito e realidade*". Pelo menos sem estas três abordagens (*programa, mito e realidade*) não se percebe minimamente o papel da "nação" e, portanto, o peso atribuído pelo adjetivo "nacional" ao Estado, nos últimos séculos – embora esse processo admita variadas leituras tanto históricas quanto ideológicas.[25]

Na representação de Sieyès, o Poder Constituinte tem como titular *la Nation* –, que para ele seria uma realidade indubitável e anterior a qualquer ato político ou legislativo, circunscrita pela vontade de os indivíduos livres e iguais viverem em comunidade ou "um corpo de associados que vive sob uma lei comum e representados pela mesma legislatura".[26] Dessa forma, os privilégios que separam algumas pessoas das leis comuns fazem destes um povo à parte, um *imperium* in *imperio*.

24. Jürgen Habermas, *A Inclusão do outro: estudos sobre Teoria Política*, trad. de George Sperber e Paulo Astor Soethe, São Paulo, Loyola, 2002, p. 126.
25. Gellner, por exemplo, evita uma abordagem ideológica, que por sua vez é adotada por Hobsbawm, enquanto Smith entende que se trata de uma reinterpretação hegemônica das sociedades demóticas pré-modernas. Cf. Ernest Gellner, *Nations and Nationalism*, Oxford, Cornell University, 2009; Eric J. Hobsbawm, *Nações e nacionalismo desde 1780: programa, mito e realidade*, 4ª ed., trad. de Maria Celia Paoli e Anna Maria Quirino, Rio de Janeiro, Paz e Terra, 1990; Xavier Rubert de Ventós, *Nacionalismos, el laberinto de la identidad*, Barcelona, Espasa-Calpe, 1994; Anthony Smith, *National Identity*, London, Penguin Books, 1991.
26. Emmanuel Joseph Sieyès, *A Constituinte burguesa...*, cit., p. 4.

Para Sieyès, todo "indivíduo é um cidadão potencial, que só se realiza na medida em que liga sua vontade à dos outros membros do conjunto, com o fim de constituir o poder nacional",[27] cuja expressão seria caracterizada por um poder *originário, autônomo e omnipotente*.[28] Assim, é da nação, que em grande parte é formada pelo Terceiro Estado, de quem emanam todos os poderes.

O nacionalismo está na base do nazismo, para a criação do ultranacionalismo. Trata-se de uma associação do racismo názi com o nacionalismo. Os verdadeiros mestres em exaltar tais sentimentos foram os fascistas e, sobretudo, nazistas do pós-Primeira Grande Guerra[29] – como reação à paz punitiva imposta em Versalhes, em 1919.[30] Isso resta evidente num discurso de Himmler à *SS*, em 1943, pelo sectarismo intrínseco à ideia de nacionalismo, o mito da ascendência comum aos membros de um mesmo país e a diferença de valores humanos apregoados entre nacionais e estrangeiros. Segundo Himmler: "Temos que nos mostrar honestos, decentes, leais e amigáveis para com as pessoas do nosso sangue e com ninguém mais. (...) Se 10 mil mulheres russas caírem de exaustão enquanto cavam uma trincheira, isso só me interessa porque a trincheira vai ficar pronta para a Alemanha".[31]

Dessa forma, se o nacionalismo serviu para construir um processo de sensibilização da identidade do indivíduo em relação aos concidadãos do mesmo Estado, conjugando identidade como alteridade, o ultranacio-

27. François Châtelet, Olivier Duhamel, Evelyne Pisier-Kouchner, *História das Ideias Políticas,* trad. de Carlos Nelson Coutinho, Rio de Janeiro, Jorge Zahar, 1985, p. 89.

28. J. J. Gomes Canotilho, *Direito Constitucional e Teoria da Constituição*, cit., p. 71.

29. Para Hobsbawm, o "princípio da nacionalidade" triunfou no final da Primeira Grande Guerra, como resultado do colapso dos "grandes impérios multinacionais da Europa central e oriental e a Revolução Russa, que fizeram os Aliados preferirem os argumentos wilsonianos aos bolcheviques. Pois, como se viu, o que parecia uma mobilização das massas em 1917-1918, foi muito mais uma revolução do que uma autodeterminação nacional" (cf. Eric J. Hobsbawm, *Nações e nacionalismo desde 1780*, cit., p. 159).

30. Sobre a ideia de paz punitiva imposta à Alemanha, ver: Eric Hobsbawm, *A Era dos extremos: o breve Século XX (1914-1991)*, 2ª ed., trad. de Marcos Santarrita, São Paulo, Companhia das Letras, 1995, pp. 39-42. Mais especificamente sobre o Tratado de Versalhes de 1919 e seus efeitos: Margaret MacMillan, *Paris, 1919: six months that changed the world*, New York, Random House, 2003.

31. Discurso aos líderes da *SS* em Poznan, Polônia, em 4.10.1943, disponível em: <www.historyplace.com/worldwar2/timeline/Poznan.htm>, in Peter Singer, *Um só Mundo, a ética da globalização*, trad. de Adail Ubirajara Sobral, São Paulo, Martins Fontes, 2004, p. 198.

nalismo radicalizou a experiência de dessensibilização em relação ao outro, ao diferente e ao estrangeiro, baseado em mitos e ideologias que expurgaram, expressando toda a barbárie por meio do aparato civilizatório estatal até então aperfeiçoado.

Nesse sentido, é preciso investigar qual democracia se defende no constitucionalismo contemporâneo, resposta que a teoria de Bonavides oferece com propriedade.

4. A Teoria Constitucional da Democracia Participativa

A indiscutível frase, muito bem relembrada por Dimas Macedo[32] "toda a Constituição é um centro", estabelece o núcleo fundamental do pensamento de Paulo Bonavides e com ela a ideia clara que a Constituição vem composta por regras e princípios, capazes de manter a resistência jurídica à defesa nacional, em seu mais amplo sentido, contra uma globalização concentradora de forças, voltada à hegemonia de um determinado poder, o poder do capital transnacional.

Por conta disso, alçar a democracia como um direito de quarta dimensão e estabelecê-la como participativa requer, segundo Bonavides, determinar *quatro princípios cardeais* da estrutura constitucional que devem ser analisados sob o mando da *Nova Hermenêutica Constitucional*, condição de interpretação da própria Constituição e dos Direitos Fundamentais.

O *princípio da dignidade da pessoa humana,* que traz para o texto constitucional aquilo que Jacinto Coutinho chama de *fundamento do fundamento*,[33] e que analiticamente possibilita a ampla gama de Direitos Fundamentais positivados, também determina a axiologia principiológica e deontológica desses próprios direitos em suas quatro dimensões já estabelecidas. "Por ele as Constituições da liberdade se guiam e se inspiram; é ele, em verdade, o espirito mesmo da Constituição, feita primacialmente para o homem e não para quem governa".[34]

O *princípio da soberania popular* situa-se no espectro dos princípios do *governo democrático e soberano,* tendo como fim, à efetividade do direito, o indivíduo. Ao mesmo tempo que legitima a autoridade limita-a

---

32. Dimas Macedo, "O pensamento político de Paulo Bonavides", *Revista Direitos Fundamentais e Democracia*, vol. 5, 2009; Dimas Macedo, *Estado de Direito e Constituição. O pensamento de Paulo Bonavides*, São Paulo, Malheiros Editores, 2010.
33. Jacinto Nelson de M. Coutinho, *La lingua delle aule giudiziarie*, no prelo.
34. Bonavides, *Teoria Constitucional...*, cit., p. 10.

no âmbito do contrato social. É, segundo Bonavides, o princípio mais ameaçado, sobretudo por conta das atitudes vilipendiais dos poderes instituídos, que o sonegam, fragilizando, por consequência, um outro princípio desse decorrente, o da *soberania nacional*, "com que se afirma de maneira imperativa e categórica a independência do Estado perante as demais organizações estatais referidas à esfera jurídica internacional".[35]

O princípio da unidade da Constituição aparece no âmbito da *teoria constitucional da democracia participativa* como elemento hermenêutico elucidativo das cláusulas constitucionais. Por um lado, traz a compreensão da *unidade lógica* da Constituição, que diz respeito à sua hierarquia, oriunda de sua estrutura rígida; por outro, ressalta a sua *unidade axiológica*, como elemento valorativo concretizador dos princípios fundamentais da Constituição. No âmbito do *princípio da unidade da Constituição,* portanto, convergem-se a unidade da lógica deontológica, formal e hierárquica, com a unidade material e axiológica, substancial dos princípios constitucionais.

São esses quatro princípios estruturantes da *Teoria Constitucional da Democracia Participativa* que estabelecem a resistência a abusos e poderes descontrolados, sejam eles provenientes de mecanismos de governo, mobilizados em prol da força do capital, a partir de uma classe política comprometida com o sistema econômico transnacional e não com a coisa pública; sejam eles forjados pelos meios de comunicação, verdadeiros poderes privados que emitem *opinião publicada* e arraigam volumosos subsídios midiáticos, capazes de aniquilar qualquer projeto cívico calcado na livre consciência e nos direitos fundamentais.

A *Teoria Constitucional da Democracia Participativa,* construída por Paulo Bonavides, para além da mera democracia representativa, pretende pautar e, até mesmo, refundar, um novo estado de direito, sem privilégios, com igualdade em direitos no âmbito da constituição. Para tanto, a vinculação entre democracia e povo vem ressignificada, na medida em que este deve tomar o seu lugar no âmbito da titularidade de direitos legitimado pela soberania popular.

Considerações finais

O fim da história, propugnado e questionado por Fukuyama, apresenta a democracia liberal como modelo civilizatório dominante e preponderante para o futuro. Ainda que normativamente tenha se conso-

---

35. Idem, ibidem, p. 11.

lidado, trata-se de um "modelo" que tem sido usado retoricamente de modo perigoso contra direitos humanos, contra a paz e contra a própria noção de democracia. Algo que para a América Latina e grande parte do mundo é ainda um desafio que está apenas no início, tanto pela ameaça que a desigualdade social representa à democracia e sua insuficiência quando reduzida ao voto, quanto pelo seu corolário referencial fático de capitalismo, que ainda se apresenta num estágio pré-liberal – capitalismo contra democracia.

É por isso que a *Teoria Constitucional da Democracia Participativa* se assenta na ressiginificação do povo e da soberania popular, incorporando-se ao direito constitucional positivo como democracia direta. Assim, no paradigma atual do estado de direito, mostra-se de fundamental importância uma diferente compreensão da dimensão democrática, na medida em que essa assume o âmago da soberania popular.

Ainda que tenham sido feitas algumas delimitações, mais questões ficam abertas que adequadamente respondidas. Como o Direito e a Democracia articulam-se, ou podem ser rearticulados, num cenário em que o capitalismo pré-liberal, ao modo deste que vivemos na América Latina, promove a cooptação da política pelo mercado? A transnacionalização do capitalismo acompanhada das mudanças na produção e financeirização da economia, sob o aporte das novas tecnologias, instaura complexidades de mais profundo calado nas dinâmicas sociais, políticas e jurídicas. De que modo os desafios contemporâneos do Direito e da Democracia podem ser redimensionados para abranger as dinâmicas próprias do cenário pós-nacional, ante a faticidade da mundialização em suas mais variadas dimensões?

Mais um ponto de partida que um ponto de chegada, a *Teoria Constitucional da Democracia Participativa* é um referente mediador entre situações e *status* contraditórios, e historicamente estruturados, para compor a tensão posta entre a faticidade e a validade para o constitucionalismo contemporâneo em suas implicações sociais, sob uma perspectiva objetiva de cidadania e de direitos fundamentais.

Referências

ACKERMAN, Bruce. "Democracia dualista", in *Nós, o Povo soberano: fundamentos do Direito Constitucional*. Trad. de Mauro Raposo de Mello. Belo Horizonte, Del Rey, 2006.
ARENDT, Hannah. *Origens do totalitarismo*. 3ª ed. São Paulo, Companhia das Letras, 1979.

BERCOVICI, Gilberto. *Soberania e Constituição: para uma crítica do constitucionalismo*. São Paulo, Quartier Latin, 2008.

BOLZAN DE MORAIS, Jose Luis. "O Estado Nacional Constitucional como fenômeno contemporâneo. problemas e perspectivas", *Estudos Jurídicos* (UNISINOS), vol. 37, n. 100. São Leopoldo, 2004.

BONAVIDES, Paulo. *Curso de Direito Constitucional*. 31ª ed. São Paulo, Malheiros Editores, 2016.

_____. *Do Estado Liberal ao Estado Social*. 11ª ed., 2ª tir. São Paulo, Malheiros Editores, 2014.

_____. *Teoria Constitucional da Democracia Participativa*. 3ª ed. São Paulo, Malheiros Editores, 2008.

_____. *Do País Constitucional ao País Neocolonial*. 4ª ed. São Paulo, Malheiros Editores, 2009.

_____. *Ciência Política*. 23ª ed. São Paulo, Malheiros Editores, 2016.

_____. "A democracia participativa e os bloqueios da classe dominante", <www.corteidh.or.cr/tablas/r26070.pdf>. Acesso em 5.12.2015.

CANOTILHO, J. J. Gomes. *Direito Constitucional e Teoria da Constituição*. 7ª ed. Coimbra, Almedina, 2003.

CHÂTELET, François; DUHAMEL, Olivier; PISIER-KOUCHNER, Evelyne. *História das Ideias Políticas*. Trad. de Carlos Nelson Coutinho. Rio de Janeiro, Jorge Zahar, 1985.

COUTINHO, Jacinto Nelson de M. *La lingua delle aule giudiziarie*. No prelo.

DE JULIOS CAMPUZANO, Alfonso. *La dinámica de la libertad: evolución y análisis del concepto de libertad política en el pensamiento liberal*. Tesis Doctoral. Sevilha, Universidad de Sevilla, 1993.

ESTERUELAS, Cruz Martínez. *La Agonía del Estado. ¿Un nuevo orden mundial?* Madri, Centro de Estudios Políticos y Constitucionales, 2000.

FERRAJOLI, Luigi. *A Democracia através dos Direitos*. São Paulo, Ed. RT, 2015.

_____. *Principia Iuris. Teoria del Diritto e della Democrazia*, vol. II: *Teoria della Democrazia*. Roma, Laterza, 2007.

FUKUYAMA, Francis. *O Fim da História e o último homem*. Rio de Janeiro, Rocco, 1992.

GELLNER, Ernest. *Nations and nationalism*. Oxford, Cornell University, 2009.

GERBER, Carl Friedrich Wilhelm von. *Diritto Pubblico*. Milão, Giuffrè, 1971.

HABERMAS, Jürgen. *A Inclusão do outro: estudos sobre Teoria Política*. Trad. de George Sperber e Paulo Astor Soethe. São Paulo, Loyola, 2002.

_____. *Direito e Democracia. Entre faticidade e validade*, vol. I. Trad. de Flávio Beno Siebeneichler. Rio de Janeiro, Tempo Brasileiro, 1997.

HOBSBAWM, Eric J. *Nações e nacionalismo desde 1780: programa, mito e realidade*. Trad. de Maria Celia Paoli e Anna Maria Quirino. 4ª ed. Rio de Janeiro, Paz e Terra, 1990.

_____. *A Era dos extremos: o breve Século XX (1914-1991)*. Trad. de Marcos Santarrita. 2ª ed. São Paulo, Companhia das Letras, 1995.

JAUCOURT, Chevalier de. "Povo", in DIDEROT, Denis; D'ALEMBERT, Jean de Le Rond. *Verbetes Políticos da Enciclopédia*. Trad. de Maria das Graças Souza. São Paulo, Discurso Editorial/UNESP, 2006.

MACEDO, Dimas. "O pensamento político de Paulo Bonavides", Revista *Direitos Fundamentais e Democracia*, vol. 5, 2009.

_____. *Estado de Direito e Constituição. O Pensamento de Paulo Bonavides*. São Pulo, Malheiros Editores, 2010.

MACMILLAN, Margaret. *Paris, 1919: six months that changed the world*. New York, Random House, 2003.

MÜLLER, Friedrich. *Quem é o povo? A questão fundamental da Democracia*. Trad. de Peter Naumann. 2ª ed. São Paulo, Max Limonad, 2000.

ROUSSEAU, Jean-Jacques. *Ideal Empires and Republics: Rousseau's Social Contract, More's Utopia, Bacon's New Atlantis, Campanella's City of the Sun*, with an Introduction by Charles M. Andrews. Washington, M. Walter Dunne, 1901, Capítulo VI: "The Social Pact". Disponível em: <http://oll.libertyfund.org/title/2039/145431>.

RUBERT DE VENTÓS, Xavier. *Nacionalismos, el laberinto de la identidad*. Barcelona, Espasa-Calpe, 1994.

SIEYÈS, Emmanuel Joseph. *A Constituinte Burguesa. Qu'est-ce que le Tiers État?* Trad. de Norma Azevedo. 4ª ed. Rio de Janeiro, Lumen Juris, 2001.

SINGER, Peter. *Um só Mundo: a ética da globalização*. Tradução de Adail Ubirajara Sobral. São Paulo, Martins Fontes, 2004.

SMITH, Anthony. *National identity*. Londres, Penguin Books, 1991.

TOCQUEVILLE, Alexis de. *La Democrazia in America*. 7ª ed. Milão, BUR, 2007.

Capítulo XIII

EMPRESA QUE FINANCIA CAMPANHA ELEITORAL COMETE ABUSO DE PODER ECONÔMICO

CARLOS AYRES BRITTO

1. A proibição que se desata do § 9º do art. 14 da Constituição Federal. 2. As duas parelhas de bens jurídicos objeto de explicita proteção constitucional. 3. A influência do poder econômico e o abuso do exercício de cargo, ou função, ou emprego estatal como fatores constitucionalmente rotulados de perturbação do processo eleitoral. 4. A diferença entre uso e abuso, no discurso constitucional alusivo ao exercício de cargo, ou função, ou emprego, todos de natureza pública. 5. A identidade entre uso e influência, no discurso constitucional alusivo ao poder econômico. 6. A distinção entre o uso e o abuso do poder econômico no § 10 do art. 14 da Constituição. O poder econômico enquanto poder empresarial e vice-versa. 7. O sentido atípico da protagonização estatal de atividade econômica e a rigorosa desidentidade jurídica entre os dois poderes: o político e o econômico. 8. A conciliação interpretativa possível entre os §§ 9º e 10 do art. 14 da Constituição. 9. O porquê da referência constitucional a abuso do poder econômico, no § 4º do art. 173 da Constituição. 10. A diferença jurídica entre participar como cidadão e participar como empresário em tema de eleição popular. 11. O decidido combate constitucional ao mais temerário dos emparceiramentos eleitorais: o do poder político e o do poder econômico.

1. A proibição que se desata do § 9º do art. 14 da Constituição Federal

1.1 Há proibição ao financiamento empresarial de eleição popular? Respondo afirmativamente. Proibição que penso decorrer mais diretamente do § 9º do art. 14 da Constituição, que de logo transcrevo e passo a paulatinamente comentar. Ei-lo:

§ 9º. Lei complementar estabelecerá outros casos de inelegibilidade e os prazos de sua cessação, a fim de proteger a probidade administrativa, a moralidade para exercício de mandato considerada a vida pregressa do candidato, e a normalidade e legitimidade das eleições contra a influência do poder econômico ou o abuso do exercício de função, cargo ou emprego na administração direta ou indireta.

1.2 Ora, ao dispor que lei complementar estabelecerá *outros casos de inelegibilidade*, o Magno Texto Federal está a convocar a lei da espécie complementar para ir além do que ele foi nesse mesmo tema: inelegibilidades. Está a requestar a lei da espécie complementar para ampliar o próprio rol constitucional de inelegibilidades. Ponto pacífico! Isso com o mesmo propósito de proteger bens jurídicos de logo explicitados: a probidade administrativa, a moralidade para o exercício do mandato (considerada a vida pregressa do candidato), a normalidade e legitimidade das eleições populares. Mas proteger de quê esses nominados bens jurídicos? Contra a influência do poder econômico, ou o abuso de função, cargo ou então emprego na Administração Pública Direta e Indireta.

2. *As duas parelhas de bens jurídicos objeto de explícita proteção constitucional*

Deveras, o que centralmente se desata do dispositivo transcrito é a norma de que à lei complementar ali requestada incumbe proteger duas parelhas de valores ou bens jurídicos. A primeira delas, consubstanciada na probidade administrativa e na moralidade para o exercício do mandato (sempre considerada a vida pregressa do candidato, remarque-se). *A segunda parelha, residente na normalidade e legitimidade das eleições. Mas normalidade e legitimidade do pleito contra dois explícitos fatores de perturbação: a influência do poder econômico e o abuso do exercício de cargo, função, ou emprego públicos. Dois fatores de perturbação já reconhecidos como tais pela própria Constituição.* Noutro dizer, o enunciado normativo-constitucional em foco requisita a mediação de lei complementar federal para estabelecer duas modalidades de vínculos operacionais:

I – o vínculo entre novas hipóteses de inelegibilidade e a necessidade de reforço protecional: a) da probidade administrativa; b) da moralidade para o exercício do mandato, sempre considerada a vida pregressa do candidato;

II – o vínculo entre essas novas hipóteses de inelegibilidade e a mesma necessidade de reforço protetivo de mais dois valores ou bens jurídicos: a normalidade e a legitimidade das eleições. Mas a proteção da normalidade e legitimidade das eleições contra o quê, torno a perguntar. Resposta: contra a influência do poder econômico e o abuso do exercício de cargo, ou função, ou emprego, todos de natureza pública.

3. A influência do poder econômico e o abuso do exercício de cargo, ou função, ou emprego estatal como fatores constitucionalmente rotulados de perturbação do processo eleitoral

3.1 É a segunda parelha de bens jurídicos a proteger que me leva a escrever o presente artigo. Parelha que não é senão a consagração desta ideia-força: *as eleições populares hão de transcorrer em ambiência de normalidade e legitimidade quanto à formação da vontade eleitoral dos cidadãos.* Ambiência ou atmosfera ou condições de normalidade e legitimidade que resultarão perturbadas, por definição, se houver influência do poder econômico e/ou abuso do exercício de função, cargo ou emprego públicos no processo eleitoral em si.

3.2 Convém repetir, em necessária homenagem aos dizeres da Constituição. Em necessária reverência à intencional compostura semântica da Magna Lei do Estado brasileiro. O que estou a revelar como vontade objetiva do § 9º do artigo constitucional de n. 14 é, quanto ao poder econômico, a proibição de sua "influência". Já no que toca ao exercício de "função, cargo ou emprego" públicos, o que vedou o dispositivo constitucional foi o "abuso". Não o uso. Não a influência. Qual a diferença?

4. A diferença entre uso e abuso, no discurso constitucional alusivo ao exercício de cargo, ou função, ou emprego, todos de natureza pública

Explico. O uso, ali no sítio escriturário da Constituição, traduz-se no normal desempenho ou no regular exercício de função, ou cargo, ou emprego públicos. Isso porque certos agentes estatais não têm que se inativar em período de eleição. Mais até, parte desses agentes públicos tanto pode se candidatar (sem necessidade de desincompatibilização) quanto oficiar em nome da própria Justiça Eleitoral. Já o abuso, reversamente, significa um proceder transbordante do normal ou regular desempenho de função, ou cargo, ou emprego públicos. Equivale a dizer: o abuso significa um tipo juridicamente inválido de intromissão no circuito das eleições populares, porque interferente na livre e consciente vontade do eleitor. Um *fazer a cabeça* desse ou daquele eleitor, ou por qualquer modo induzi-lo a votar em candidato do agrado do servidor já em estado de transbordamento dos seus misteres públicos. Ou então constranger o eleitor a votar no próprio agente público, se este encontrar-se, obviamente, em concreta situação de candidato a cargo de provimento eletivo. Em suma, o uso é permitido, o abuso é proibido.

5. A identidade entre uso e influência, no discurso constitucional alusivo ao poder econômico

Quanto ao substantivo "influência", especificamente referido ao poder econômico, a minha interpretação é de que a Constituição dele se utilizou com o sentido de simples ação, participação, presença. *No sentido de uso, por conseguinte. Não de preponderância ou de saliente protagonismo; não exatamente de abuso, pena de a Constituição incidir em ingênua redundância, para não dizer em pueril ingenuidade.* Se se prefere entender, a Constituição não fez explícito emprego do substantivo "abuso", nessa passagem do seu vocabulário, pois o que ela quis proibir foi a simples intervenção do poder econômico no processo eleitoral. O uso dele. O mero tomar parte ou se fazer presente nesse processo, *pois não há como o poder econômico, enquanto poder econômico mesmo, participar do pleito sem dar as cartas ou pôr as mangas de fora*. Sem comandar factualmente as coisas. Sem dobrar à sua força pecuniária ou fazer vergar ao seu peso patrimonial-financeiro-corporativo a espinha dorsal da vontade do eleitor. É da sua natureza, em tema de eleições. *Ele, poder econômico, enquanto aparato de classe e de dinheiro não tem como se apartar de si mesmo. Da sua consubstancial supremacia em tema de competição eleitoral. Supremacia em face do eleitor comum, supremacia em face de candidato não economicamente corporativo.* Donde o saque dos dois diferentes vocábulos constitucionais ("influência" e "abuso"), que é de se presumir intencional. Que é de se supor *de caso pensado* ou plenamente assumido no discurso constitucional-brasileiro, na medida em que:

I – entre o uso e o abuso não há meio-termo. Inexiste gradação semântica. Ou tanto o fazer quanto o agir humano se dão nos marcos da permissão jurídico-positiva, correspondendo então à noção de uso (redundantemente chamado de normal ou regular ou legítimo), ou passam a resvalar para a zona transbordante de tal permissão. O que tipifica um tipo de excesso que vai corresponder à noção de abuso. *Não há entre os dois termos antagônicos, insista-se, o* tertium genus *da palavra "influência". Como se influência nem significasse uso nem abuso, juridica-*

mente falando. Como se fosse possível o poder econômico participar do processo eleitoral em igualdade de condições com quem não o detém. Ombreando-se aos que se veem privados dele. O que deixaria à míngua de significado o próprio substantivo "poder": aptidão para instaurar verticalizadas relações de mando. Capacidade ou estrutura de mando, domínio, comando. Encarnação da autoridade, embora não-formalmente estatal. A face visível de quem protagoniza, por cima, relações de hierarquia. Razão de ser do ditado popular de que "manda quem pode, obedece quem tem juízo". O poder como causa do mandar, o mandar como efeito do poder, o obedecer como postura natural de quem se põe como destinatário do que não tem: o poder de mando. Realidade que se faz absolutamente incompatível com a ideia de voto livre e consciente do eleitor. Com o mais elementar conceito de voto direto e secreto como expressão de quê? Da "soberania popular", nos termos do art. 14 da Constituição. Não do império em que se traduz o concreto uso do aparato econômico nessa ou naquela circunscrição eleitoral;

II – quando quis sacar do vocábulo "abuso", mesmo referido ao poder econômico, a Constituição *não se fez de rogada*: disse-o com todas as letras. Basta ver o § 10 do mesmo art. 14, assim redigido: "o mandato eletivo poderá ser impugnado ante à Justiça Eleitoral no prazo de quinze dias contados da diplomação, instruída a ação com provas de abuso do poder econômico, corrupção ou fraude". Como basta ver o § 4º do art. 173, sob a seguinte roupagem vocabular: "A lei reprimirá o abuso do poder econômico que vise à dominação dos mercados, à eliminação da concorrência e ao aumento arbitrário dos lucros". Mas esse explícito fraseado ("abuso do poder econômico") a serviço de uma peculiar racionalidade constitucional de que passarei a dar conta um pouco mais à frente.

6. A distinção entre o uso e o abuso do poder econômico no § 10 do art. 14 da Constituição.
O poder econômico enquanto poder empresarial e vice-versa

Com efeito, as coisas se encaixam em congruente unidade. No § 9º do seu art. 14, a Constituição vedou o uso, a simples participação do poder econômico no processo eleitoral enquanto conjunto de atos e fatos em que transcorrem disputas pessoais e partidárias de cargos públicos de provimento eletivo-popular. Cargos de natureza parlamentar, cargos de chefia do Poder Executivo. *Categoria jurídica essa, a do "poder econômico", logicamente associada ao significado de poder empresarial. Como expressão mesma da "livre iniciativa" ou centrado lócus de movimentação das pessoas vocacionadas para os misteres da produção de riqueza material com o objetivo de lucro. Que são os empresários do setor privado. Empresários do setor privado da Economia ou classe empresarial, expressão acabada do poder de organizar os fatores da produção (natureza, capital, trabalho, tecnologia...) para o encarecido fim de lucratividade. Por consequência, classe empresarial enquanto consubstanciação do poder econômico, pois não há como separar as duas categorias jurídicas: poder econômico e classe empresarial. Falar de uma é falar da outra, porque, no rigor dos termos, sequer existe a outra. Tudo é uma coisa só. A classe empresarial como detentora do poder econômico, o poder econômico transfundido ou encarnado na classe empresarial. Mais: o poder econômico a simbolizar a "livre iniciativa", tanto quanto a livre iniciativa a ter por titular a classe dos empresários; ou seja, a classe dos que empresariam os misteres econômicos ou fatores da produção. Classe empresarial, enfim, que atua ou se faz presente por modo usual na ordem econômica (esse o espaço de sua natural e insubstituível movimentação), sendo-lhe vedado apenas incorrer num tipo de "abuso" que venha a caracterizar: "dominação dos mercados", "eliminação da concorrência", "aumento arbitrário dos lucros".* Tudo de acordo com o § 4º do art. 173 da Magna Carta, precedido destes emblemáticos dispositivos:

> Art. 170. A ordem econômica, fundada na valorização do trabalho humano e na livre iniciativa, tem por fim assegurar a todos existência digna, conforme os ditames da justiça social, observados os seguintes princípios:
> I – (...);
> II – propriedade privada;
> III – (...);
> IV – livre concorrência;
> V – (...).
> Parágrafo único. É assegurado a todos o livre exercício de qualquer atividade econômica, independentemente de autorização de órgãos públicos, salvo nos casos previstos em lei.

7. *O sentido atípico da protagonização estatal de atividade econômica e a rigorosa desidentidade jurídica entre os dois poderes: o político e o econômico*

7.1 Claro que não se está a ignorar que o Estado também protagoniza atividades econômicas. Ele tem suas empresas públicas, sociedades de economia mista e respectivas subsidiárias, nos termos dos incs. XIX e XX do art. 37 da Constituição. Ainda assim, o que se tem é o Estado como setor público mesmo, com a diferença de que se põe a intervir diretamente na atividade econômica do País. Intervenção atípica ou a título de exceção, conforme estabelecido pela cabeça do art. 173 dela própria, Constituição Federal ("Ressalvados os casos previstos nesta Constituição, a exploração direta de atividade econômica pelo Estado só será permitida quando necessária aos imperativos de segurança nacional ou a relevante interesse coletivo, conforme definidos em lei"). *Por isso que não se pode identificar juridicamente o Estado com o setor privado da Economia. Com a classe empresarial. Com o poder econômico. Ele é sempre e sempre o nervo e a carne da esfera política, tanto quanto a classe empresarial é a carne e o nervo da esfera econômica.* O horizonte político a preponderar todo o tempo sobre o horizonte econômico da atuação estatal, pois essa atuação paralela, "ressalvados os casos previstos" na própria Constituição, "só será permitida quando necessária aos imperativos da segurança nacional ou a relevante interesse coletivo, conforme definidos em lei", reitere-se o juízo.

7.2 Daqui se deduz que o típico do Estado em face da Economia é mesmo sua atuação como "agente normativo e regulador", em cujo âmbito "exercerá, na forma da lei, as funções de fiscalização, incentivo e planejamento, sendo este determinante para o setor público e indicativo para o setor privado" (cabeça do art. 174). Com o que se empenhará para que o mercado interno sempre se coloque a serviço de um desenvolvimento que passe pelo desenvolvimento do setor econômico brasileiro, sem dúvida, porém a se constituir em objetivo permanente de todo o País. *"Objetivo Nacional Permanente", na direta linguagem da Constituição* (inc. II do art. 3º). Por isso que a própria flexibilização operacional-estatutária das empresas governamentais (§ 1º do art. 173), embora signifique a possibilidade de o Estado-empresário operar com maior competitividade perante os atores econômicos privados, não pode se desgarrar jamais da sobredita preponderância de interesses e valores já situados na esfera mais abrangente da *polis*. Ainda que o Poder Público esteja a desfrutar do monopólio de certas atividades produtivas, como se dá em relação ao "petróleo e gás natural e outros hidrocarbonetos fluidos", ao lado de "minérios e minerais nucleares e seus derivados", a teor do artigo constitucional de n. 177. *E porque assim é, nas empresas estatais o lucro será sempre um meio, e não um fim em si mesmo, porque fim em si mesmo é o respectivo objeto social ou ramo de atividade. Mais exatamente, o objeto social ou ramo de atividade de qualquer empresa estatal é que se põe como* *fim em si mesmo, porém no plano da imediatidade. Porque no plano da mediatidade, aí, sim, os fins que preponderam são aqueles encartados na esfera definidora do próprio Estado: a esfera essencialmente política. A esfera que os antigos gregos chamavam de* polis *e que até hoje se define como espaço das relações jurídicas primárias dos governados com os governantes e destes entre si.*

7.3 Numa frase, mesmo que a esfera política venha a influenciar o processo eleitoral pelo emprego do *vil metal*, essa influência é de ser interpretada, juridicamente, como abuso do exercício de cargo, função ou emprego públicos. Não como abuso de poder propriamente econômico. É a fundamental diferença entre os mundos do dever-ser do Direito e do ser da realidade factual, a que voltarei no curso desta intelecção do texto e do contexto da Constituição.

8. A conciliação interpretativa possível entre os §§ 9º e 10 do art. 14 da Constituição

8.1 Retorno à descrição dos §§ 9º e 10 do art. 14 da Constituição. O primeiro deles, veiculador de proibição do uso do poder econômico no processo eleitoral, debaixo da presunção absoluta (*jure et de jure*, portanto) de que tal uso corresponde, na prática, a abuso. Mas não ficou nisso o Magno Texto Federal. Resolveu trabalhar com a hipótese de sua violação em matéria tão umbilicalmente ligada a excelsos princípios constitucionais, como o da moralidade administrativa, o da correlação de forças entre os candidatos, o da soberania popular e o da autenticidade do regime representativo. É a matéria que se lê, com toda imediatidade, no transcrito § 10 do mesmo art. 14. Isso para falar do ajuizamento da ação de impugnação de mandato obtido com "abuso" do poder econômico, além de "corrupção", ou "fraude". Donde a seguinte e pertinente indagação: por que "abuso", aqui no § 10?

8.2 Minha particular resposta: porque o § 9º já deixara claro que o simples uso de tal poder (o de compleição econômica), pela sua natureza de sempre implicar abuso, *estava pré-excluído do processo eleitoral.* Como até hoje está no plano do dever-ser em que o Direito consiste. Pelo que fazer uso eleitoral do poder econômico, no plano do ser – que é o mundo das realidades empíricas ou factuais – vai implicar automático abuso no plano do dever-ser. Dever-ser que é o mundo das normas jurídicas gerais, impessoais e abstratas. Cotejo entre o mundo dos fatos e o mundo das normas que bem explica a razão do comparecimento do vocábulo "abuso" no sítio vernacular desse dispositivo constitucional que não é senão o multicitado § 10 do art. 14.

9. O porquê da referência constitucional a abuso do poder econômico, no § 4º do art. 173 da Constituição

Neste passo da caminhada normativa da Constituição, já externei a minha interpretação de que as atividades econômicas são o *habitat* dos empresários. Dos empreendedores mercantis em sentido lato. O espaço natural do uso da sua vocação produtivo-negocial de que tanto se faz dependente o desenvolvimento nacional. Nada lhes sendo proibido, como regra geral, quanto a esse uso. O que lhes é vedado já se passa no campo do abuso, consoante o dispositivo constitucional há pouco transcrito (o § 4º do art. 173). Bem diferente do que sucede no campo eleitoral-popular, em que eles, empresários, não concorrem entre si para qualificação dos misteres da produção. Para legitimamente buscar *superávits* de eficiência e ganhos de produtividade. Não! Nos domínios da disputa eleitoral-popular eles concorrem é com outros pretendentes à representação política da população, se candidatos forem. O que não lhes é proibido, mas desde que se dispam do seu poder medularmente econômico. Apeamento de poder que também se impõe em tema de financiamento de candidaturas alheias, pois, tanto numa quanto noutra suposição, a presença de tal formato de atuação só pode traduzir um elemento de conturbação nos dois explícitos valores de natureza constitucional: a normalidade e a legitimidade das eleições.

10. A diferença jurídica entre participar como cidadão e participar como empresário em tema de eleição popular

O entendimento do regime constitucional da matéria passa, percebe--se, pela diferença entre participar como cidadão e participar como empresário em tema de eleição popular. O cidadão não deixa de ser cidadão por se tornar empresário. Prossegue com sua particular maneira de conceber e praticar a vida pública, inclusive na perspectiva da prevalência de um regime jurídico favorecedor da vocação e dos modos de agir de quem é agente econômico. Pelo que, mesmo desse ângulo peculiarmente classista, desfruta de todo o direito de votar, de eventualmente candidatar-se a cargo eletivo (preenchidas as devidas condições jurídicas de elegibilidade) e de participar pró-ativamente de cada pleito. *O que não quer a Constituição é que ele o faça enquanto empresário mesmo, porque, aí, já o fará com todo* o aparato de poder que é próprio da sua empresa e até mesmo da sua classe. Da sua estrutura de dominação ou de desequilibradora influência material. Do capital enquanto polo contraposto ao do trabalho, ao do consumidor, ao do cidadão comum. Apartando-se de todos esses polos contrapostos pelo plus do seu poderio empresarial e aparato corporativo de influência quase sempre decisiva no resultado da disputa eleitoral. Entendida como influência econômica, portanto, a ação que transporte o cidadão para os domínios do capital enquanto signo de força corporativo--produtivo-patrimonial-pecuniária. Força elementarmente favorecida e por isso mesmo fortemente propensa à rendição do corpo de eleitores da circunscrição sobre a qual venha a infletir.

11. O decidido combate constitucional ao mais temerário dos emparceiramentos eleitorais: o do poder político e o do poder econômico

11.1 Bem, estanco por aqui a presente empreitada intelectual-jurídica.[1] Fazendo-o, reafirmo que a lógica perpassante dos §§ 9º e 10 do art. 14 da Constituição me parece retratada no seguinte juízo: tolerar o financiamento empresarial de campanha eleitoral é favorecer o próprio somatório do poder econômico e do poder político. É facilitar a formação da parceria que mais historicamente degrada a representação política, nos marcos de uma democracia que se pretenda autêntica: a parceria do poder político e do poder econômico. Parceria, na matéria, mais afeita a todo tipo de voluntarismo, ambição, fraude, cooptação, violência física e psicológica, corrupção e práticas do gênero. A mais reveladora de que nesse mundo da representação política e dos negócios em promíscua atuação eleitoral é preciso livrar ambas as esferas de si mesmas. Das tentações a que não têm como resistir, na linha do que ironicamente dizia Epicuro (341/271 a.C.): "Quando a tentação chegar, ceda logo antes que ela vá embora". Daí que toda cautela jurídica seja pouca. Toda *rédea curta* se faça interpretativamente necessária. Pena de se viabilizar a adoção de mecanismos que, na prática, serão o modo mais eficaz de tornar a Constituição ineficaz.

11.2 Em síntese, tenho como normativamente fundamentada a interpretação de que a Constituição de 1988 optou por um discurso *pari passu* com as mais alentadoras expectativas democráticas daquela qua-

---

1. Em cuja base de inspiração coloco as mais instigantes provocações de Eduardo Mendonça e Ademar Borges, ambos admiravelmente afeitos a detidas reflexões sobre o Direito em geral e o Direito Constitucional brasileiro em especial.

dra histórica de transição de um regime autoritário de governo para um regime libertário. Que se pegue pela palavra, então, o editor normativo que se autoqualificou como Assembleia Nacional Constituinte. Afinal, uma vez escrito, o texto jurídico-positivo mais e mais se autonomiza da mão que o escreveu. No caso da redação dos §§ 9º e 10 do art. 14 da Constituição, parece-me argumentativamente sólido neles enxergar um tipo de estrutura normativa:

I – de radical proibição de conluio entre o poder político e o poder econômico;

II – igualmente proibitiva da influência do poder econômico no processo eleitoral, ainda que por modo desemparceirado com a esfera política. Entendida como influência econômica a ação que transporte o indivíduo-cidadão para os domínios do indivíduo-empresário. Do indivíduo-capitalista. Do indivíduo a sacar por conta do aparato empresarial-corporativo e patrimonial-financeiro em que eventualmente inserido;

III – vedatória de qualquer forma de abuso do exercício de cargo, função, ou emprego públicos. As três modalidades de interdição a implicar o definitivo reconhecimento de que a Constituição dispôs no sentido de livrar o processo eleitoral-popular de quem mais historicamente incorre em toda gama de disfunção: o titular do poder político e o detentor do poder econômico. Pré-excluindo este último e contrapondo-se radicalmente à atuação abusiva do primeiro.

Parte V
REVISITANDO OS FUNDAMENTOS DO PÓS-POSITIVISMO JURÍDICO E SEUS REFLEXOS NO DIREITO CONSTITUCIONAL

Capítulo XIV
PÓS-DEMOCRACIA, PÓS-CONSTITUCIONALISMO, PÓS-POSITIVISMO

J. J. GOMES CANOTILHO

§ *1. Explicação prévia – Códigos e Constituição: I – "Con-statuere" e lei da boa-razão; II. Códigos e legitimação do poder político. § 2. "Positivismos Públicos" e "Positivismos Privados". § 3. Justificação da constelação "pós". § 4. Pós-positivismo ou pós-positivismos? § 5. Pós--positivismo principal.*

§ 1. EXPLICAÇÃO PRÉVIA – CÓDIGOS E CONSTITUIÇÃO

I – *"Con-statuere" e lei da boa-razão*

1. Quiseram os organizadores deste livro – Ingo Wolfgang Sarlet, George Salomão Leite, Glauco Salomão Leite e Lenio Luiz Streck – colocar mais uma vez um padrão cheio de vida na vida cheia de vida do nosso querido Amigo Professor Paulo Bonavides. O novo padrão é um livro intitulado "Ontem, os Códigos! Hoje, as Constituições! Estudos em Homenagem a Paulo Bonavides". Na sistematização das matérias, os coordenadores localizaram-nos na Parte V, sugestivamente epigrafada "Revisitando os Fundamentos do Pós-Positivismo Jurídico e seus Reflexos no Direito Constitucional". O tema pode ser analisado sob vários pontos de vista, parecendo-nos mesmo uma das problemáticas mais densas no panorama actual da literatura jurídica. Comecemos pelo título geral da obra que remete para várias narrativas de Paulo Bonavides sobre a centralidade normativa das constituições. Como é sabido, as constituições modernas estão intimamente associadas à *legitimação/fundação* de um novo poder político. O governo "limitado e moderado" da Inglaterra – a sua "constituição mista" – deixara na sombra (embora isso tivesse sido discutido) uma questão fundamental da modernidade política. Como podem os homens livres e iguais dar a si próprios uma lei fundamental? No contexto da Revolução Francesa, a resposta ao problema da legitimação passava pela "desconstitucionalização do Ancien Régime"[1] e por recortar a ordem dos Humanos como uma *ordem artificial*. Como o demonstrara Hobbes, essa ordem artificial dos humanos "constitui-se", "inventa-se" ou "reinventa-se" pelas respectivas comunidades humanas.

2. A ordem "querida e conformada" procurou legitimar-se ainda nos tempos da "preeminência real". Para esse efeito – a busca de legitimação política – chegou mesmo a propor-se a substituição da palavra *lei* pela palavra *constituição* (*con-statuere*) que outra coisa não tinha sido, no *Ancien Régime*, senão o conjunto das "providências jurídicas emanadas da vontade real no sentido de disciplinar as fontes tradicionais do direito comum (ordenações, costumes, direito romano). Além disso, assistiu-se à *creatio* iluminista de uma "Lei da Boa Razão", erguida a parâmetro material de qualquer acto normativo, fosse ele de natureza régia, fosse de direito consuetudinário ou de direito romano.[2]

II – Códigos e legitimação do poder político

Se a ideia de *con-statuere* implicava a sistematização ordenadora das fontes de direito, uma outra ideia – a de um *novo código* – agitava a distinção entre "leis do rei" e "leis do reino", sendo as primeiras as "leis fundamentais primordiais do reino" e as segundas as "leis públicas civis".[3]

No começo da discussão do "Novo Código" estava ainda subjacente a "práxis legislativa" do estado iluminista que, como já se sugeriu, apelava para os paradigmas materiais inerentes à "Lei da Boa Razão". Os desenvolvimentos da polémica sobre o "novo Código" insinuavam, porém, a emergência da dicotomia entre "direito público" e "direito privado" que, embora com raízes romanistas, levantava agora "problemas

---

1. Cf. Ran Halevi, "La Déconstitution de l'Ancien Régime. Le pouvoir constituant comme acte révolutionnaire", *Jus Publicum*, n. 3, 2009.
2. Sobre este ponto, cf. M. Reis Marques, *Codificação e paradigma da modernidade*, Coimbra, 2003; Rui Figueiredo Marcos, *Legislação Pombalina. Alguns aspectos fundamentais*, Coimbra, 2006.
3. Na história portuguesa e brasileira é incontornável o conhecimento da discussão sobre o "Novo Código" mandado elaborar pela Rainha D. Maria I em 31.3.1778, e que deu origem à célebre polémica entre Pascoal de Melo Freire e António Ribeiro dos Santos. Sobre este Projecto cf. Barbas Homem, *Judex Perfectus*, Coimbra, Almedina, 2003, p. 399; M. Reis Marques, ob. cit., pp. 500 e ss.

de saber o que era 'ontem' e o que era 'hoje'". Com efeito, como salienta a doutrina historiográfica mais actual,[4] as novas ideias codificadoras oscilavam entre dois pontos de vista: (i) um "novo código" que se perfilava como um "código constitucional escrito" (A. Hespanha), no rasto das doutrinas jusnaturalistas e jusracionalistas, englobando os princípios gerais de direito público e de direito privado,[5] (ii) um "novo código" que permanecesse como *jus commune*, na senda do *jus privatum* romano,[6] separando as "questões de justiça" das "questões políticas" referentes ao bem comum. O "novo código", como acaba de ver-se, não só fornecia abertura para duas visões e cosmovisões de *leges fundamentales* – uma "forte", segundo as ideias do direito natural, e outra "restrita" limitada às regras de sucessão[7] –, como colocava o chamado *jus publicum* perante a definição e compreensão da sua própria identidade.[8] Perante a tentação dos "novos códigos" em englobarem leis dirigidas à promoção de fins políticos e à emancipação da sociedade civil, compreende-se que a perspectiva liberal reclamasse um *código civil* regulador das relações civis entre indivíduos, bem colocado no centro da ordem jurídica, e rejeitasse um novo código transmutado em constituição e compreendido, de resto, como esquema acessório do direito privado. O "direito privado, livre do Estado" remete a problemática da Constituição para a definição da ordem e segurança indispensável à existência da *sociedade civil*. A bipolaridade radicalmente liberal situa-se aqui: o direito privado é o reino da liberdade civil, o direito público é o direito das restrições da liberdade. Este último é um direito político; o primeiro perfila-se como direito apolítico. Uma parte da ciência jurídica aceitou esta perspectiva que, no plano metodológico, crismou o método jurídico-positivista.[9] Por sua vez, as constituições liberais, com o seu catálogo de direitos e liberdades, tardavam em abandonar as vestes de mero instrumento de governo para se transformarem em código normativo das liberdades públicas e dos direitos fundamentais.

4. Cf. António Manuel Hespanha, *Guiando a mão invisível. Direito, Estado e Lei no Liberalismo Monárquico Português*, Coimbra, 2004, p. 41.
5. Ver a Constituição Espanhola de Cádiz, de 1808, como exemplo paradigmático deste modo de ver as coisas.
6. No sentido sugerido por António Ribeiro dos Santos e que teve expressão notável no *Allgemeine Landrecht* da Prússia de 1794.
7. Vide Chris Thornhill, *A Sociology of Constitutions. Constitutions and State legitimacy in historical sociological perspective*, Cambridge, 2011, p. 103.
8. Cf. Dieter Grimm, *Das öffentliche Recht vor der Frage nach seiner Identität*, Tübingen, 2012, pp. 13 ss.
9. Em termos informados, M. Stolleis, *Geschichte des öffentlichen Rechts in Deutschland*, vol. II, 1992, pp. 330 ss.

§ 2. *"Positivismos Públicos" e "Positivismos Privados"*

A narrativa desenvolvida no parágrafo anterior carece de algumas achegas no plano epistemológico e no plano axiológico. Se convocarmos os comentários de Blackstone,[10] verificaremos que o carácter misto da "Constituição de Inglaterra" é um esquema antipositivista baseado (i) na *Common Law*, já invocada por Edward Coke para rejeitar quaisquer pretensões absolutistas da prerrogativa real, (ii) na harmonização do direito público e do direito privado, sendo o direito constitucional compreendido e aplicado enquanto "ciência" dos direitos pessoais, dentre os quais se localizavam os direitos absolutos, como eram os direitos do homem radicados na qualidade dos seres humanos, e (iii) os direitos públicos, designadamente os relacionados com "government" também estavam protegidos nos termos da *Common Law* e da sua garantia pelos tribunais. Não se tratava de um antipositivismo cognitivo em termos axiológicos nem de uma compreensão da *natural law* como ser ontológico. De qualquer modo, a razão prática (*phronesis*) anglo-saxónica acabava por sedimentar a complementaridade da "lei positiva" e da "lei natural". O positivismo estava, porém, à porta. Inicialmente Bentham[11] e posteriormente John Austin centram-se na análise linguística e tentam dar caça aos fantasmas metafísicos,[12] desembaraçando a ciência do direito de elementos espúrios e alicerçando a cesura básica entre um esquema prescritivo e uma análise descritiva do direito. De uma forma ou de outra, a compreensão austiniana marca o chamado positivismo anglosaxónico: "The existence of law in on thing its merit or demerit is another".[13]

Embora poucas vezes registado na doutrina, um outro positivismo – o positivismo jurisprudencialista – viria também contribuir para o estreitamento do direito constitucional. A partir da epistemologia de Francis Bacon inicia-se (i) a perspectiva da indução na descoberta dos princípios gerais do direito; (ii) a estrutura de uma ciência fundada sobre a experiência; (iii) a adopção de um método casuístico-jurisprudencial concentrado nos resultados práticos. Dicey, no conhecido "Introduction to the study

10. Cf. William Blackstone, *Commentaries on the laws of England* (1765-1769), 7ª ed., Oxford, Clarendon Press, 1778.
11. Ver o estudo de V. G. Tusseau, *Jeremy Bentham et le Droit Constitutionnel*, Paris, 2009, pp. 58 e ss.
12. Cf. tradução recente em castelhano de John Austin, *El objeto de la Jurisprudencia*, Madri, 2003. Importantes esclarecimentos sobre as origens do positivismo jurídico encontram-se na obra coordenada por V. Gregorczyk, F. Michaut e M. Troper, *Le Positivisme Juridique*, Bruxelas, 1992, pp. 41 e ss.
13. Vide J. Austin, *The province of Jurisprudence determined*, Cambridge, 1995, p. 157.

of the Law of the Constitution", vem impor uma visão neutra do direito constitucional, devendo a Constituição ser analisada sob o ponto de "vista de direito estrito". "Direito estrito", na concepção de Dicey, é toda e qualquer norma aplicada por um tribunal ou suficientemente fundada para ser aplicada por ele. "The law of the constitution" é a "judge made constitution: our constitution, in short, is a judge-made constitution and its bears on its face all the features, good and bad, of judge-made law".[14]

Nos quadrantes culturais americanos, instalou-se também um positivismo jurisprudencialista cujo corifeu Christopher Langdell contesta mesmo a natureza científica do direito constitucional, pois ele é demasiado político e as suas disposições demasiado lapidares e demasiado vagas. Não admira, assim, que os únicos temas constitucionais merecedores de análise científico-jurisprudencial seriam apenas os que implicassem problemas civis ou penais como era o caso da *due process clause* da *14th Amendment*. Isto significava, na prática, o desprezo pelas emendas à constituição que a tornaram mais justa, igual, democrática e responsiva.[15] As consequências do positivismo langdelliano revelaram como eram artificiais as construções do "direito neutro", do "direito estrito", do "*style top-down* do raciocínio". Desde meados de 1860 até 1936, assistiu-se a um "abysmal period of constitution interpretation" em contradição com algumas cláusulas materialmente fundadas nas recentes emendas constitucionais. Dois autores recentes registam de forma elegante o reacionarismo interpretativo dos positivistas jurisprudencialistas (verdadeiro "Betrayal")

> But at the same time that the document itself was improved, the Supreme Court's interpretations of the constitution – inducing the important reforms introduced by these amendments – took away much of the good the amendments sough to achieve. Between 1876 and 1936, The Court did a surprising amount of harm to the constitution and to the people. A brief, preliminary litany of the courts wrongs tells much of the story. The court denied equal rights to women; upheld racial segregation; refused to protect the constitutional right to vote without discrimination on the basis of race; denied the full benefits of the constitution to persons in newly acquired overseas territories; struck down social welfare legislation it disliked on policy grounds; cheered on discrimination against persons with disabilities and sided with government power to suppress the freedom of speech and the free exercise of religion.[16]

---

14. Ob. cit., p. 116.
15. Cf. Michael Stokes Paulsen e Luke Paulsen, *The Constitution. An Introduction*, New York, 2015.
16. Cf. M. Paulsen e L. Paulsen, ob. cit., p. 186.

As transcrições acabadas de referir inserem-se no contexto designado pelos autores *Living Constitution* e registam a ideia central de um capítulo inserido na obra: *Betrayal – The Supreme Court's abandonment of the Constitution (1878-1936)*. Julgamos que valeu a pena esta transcrição. É que, muitas das críticas dirigidas ao normativismo constitucional são disparadas pelas correntes jurisprudencialistas. A "Constituição vivente" demonstra, assim, que o positivismo jurisprudencialista, tal como se desenvolveu na Inglaterra e, sobretudo, nos Estados Unidos, é um dos exemplos do carácter positivamente emancipatório das normas – sejam elas regras ou princípios – e do carácter positivisticamente arbitrário das inferências indutivas a partir da interpretação feita pelos Tribunais. O pós-positivismo do neoconstitucionalismo passa também por aqui: o ponto de partida normativista da *Constituição como norma* permite um trabalho de extrinsecação judicativo-decisório (*Normfindung*) articulado com esquema deôntico de vinculação normativa (*Normbindung*),[17] sem que se amarre a jurisprudência ao exercício de exegese ou a "discursos de aba larga" onde confluem sociologismos e fenomenologismos da mais variada espécie.

§ 3. JUSTIFICAÇÃO DA CONSTELAÇÃO "PÓS"

1. Para se discutir o pós-positivismo e a sua influência ("reflexos") no direito constitucional contemporâneo – o direito hoje, sem "pré" ou "pós" – é indispensável a convocação de outras galáxias, políticas, sociais e económicas que irritam sistemicamente o sistema jurídico. Basta olhar para os momentos discursivos mais fracturantes. A *banalização do mal* tão vivencialmente recortada por Ana Arendt parece emergir com todas as dimensões totalitárias e nihilistas. As imigrações e emigrações, as xenofobias e os nacionalismos, os fundamentalismos, libertam o ódio do homem lobo do homem. Tony Judt explicou o descontentamento imerso na *banalização do bem* que só descobre que os poços de água secaram quando deixou de haver água para beber.

As banalizações do mal e do bem não vêm desacompanhadas. Se o problema se limitasse apenas a momentos discursivos, poderia atalhar--se que eles seriam apenas epifenómenos de momentos de *stasis* sempre presentes no desenvolvimento das comunidades políticas. A questão central é a de que o universo do discurso surge sobrecarregado de crises,

---

17. Cf. M. Jestaedt, *Grundrechtsentfaltung im Gesetz*, Tübingen, 1995, pp. 359 e ss.

fastídios, ódios e crepúsculos. "Falência da democracia", "fastídio da democracia", "ódio à democracia", "pós-democracia", "pós-política", "crepúsculo da política", "despolitização". Dentro da crise, assistimos à irradiação de crises densamente políticas: "crise de participação", "crise de legitimação", "crise de participação". Não se trata, pois, apenas de mensagens pessimistas de teóricos. A crescente abstenção dos eleitores, a redução dos filiados em partidos, o baixo nível de empenhamento, o desinteresse pela política activa, o afastamento dos jovens, muitos deles desempregados, constituem outros sinais do cansaço do sistema político no seu conjunto. Não faltam momentos salvíficos enxertados nas arquitecturas políticas da legitimação e da representação. Não os eleitos mas equipas tecnocráticas, não a vontade dos cidadãos mas o rigor das contas. Nos momentos de alerta silenciam-se os restos vivos do activismo político ("cidadãos raivosos", "indignados", "ocupas") e escutam-se as instantaneidades reactivas dos mercados e das agências de *rating*. A "pós--democracia" e a "pós-política" estão longe de um crepúsculo causado por factores naturais. Pelo contrário: a estratégia "despoliticizadora" começa por deslocar problemas densamente políticos para as várias "arenas" contemporâneas. Os momentos discursivos parecem odiar as "sátiras" de Juvenal às arenas de *panem et circenses*. Nas várias arenas – europeias, globais managerialistas – fala-se de crise: "crise financeira", "crise da dívida", "crise das pandemias graves" (ébola), "crise dos ataques cibernéticas", "crise dos terrorismos". A teleologia trágica, o *pathos*, e o *ethos* das crises apontariam para a existência de problemas reais mas que são problemas não democráticos a resolver por meios não democráticos. Neste contexto, a *rule of law*, a *juricidade estatal,* elas mesmo, deixam de suportar a legalidade e legitimidade democráticas a favor de outros meios mais eficazes, muito eficientes e mais produtivos. No epicentro de pós-democracia emerge aquilo a que alguns autores chamam de *rise of the firm*: ocupação de todos os domínios da sociedade pela ideologia de mercado (tudo é "commodity"!), desde educação e a saúde até à comercialização da execução das penas, da *lex shopping* e do *fórum shopping*. Toda esta discursividade parece legitimar o esgotamento do projecto democrático e dos seus mitos: o povo, a política, os partidos, a soberania, a narrativa utópica.

2. Nem todo o discurso em torno da pós-democracia é defensor da "morte da política". O momento "pós-democrático" procurou neutralizar a "política dos políticos", abrindo o caminho para uma nova forma de administração socialmente objectivada, através do conhecimento científico, da imposição da gestão racional dos dinheiros públicos e privados, da

regulação jurídico-económica por entidades autónomas. A objectivização dos problemas – concertação, consensualização da democracia – permitiria o alicerçamento de projectos managerialistas pós-democráticos excludentes da democracia tradicional, das concepções normativas da política, das auto-ilusões de igualdade e de redistribuição. Por outras palavras: a desdemocratização administrativamente objectivante assente nas ideias de modernização centrada em imperativos sistémicos e não nas pessoas, na metafísica da eficiência com marginalização da cidadania, só pode conduzir ao novo axioma político: a política democrática, como tal, não tem sentido. À espreita estão três projectos modernizadores: a desdemocratização liberalizadora, o nacionalismo antidemocrático e a *governance* administrativo-autoritária. Todos estes projectos obrigam a uma discursividade de "banda larga" propiciadora de discursos pós--positivistas desafiadores do direito. A nosso ver, são eles os veículos de muitos dos problemas agitados em sede das teorias da justiça.

§ 4. *Pós-positivismo ou pós-positivismos?*

1. A proposta de trabalho que nos foi sugerida parece indicar que o pós-positivismo pressupõe: (i) um positivismo que o precedeu; (ii) um pós-positivismo concebido com uma teoria única da lei. Ambos os pressupostos justificam merecidas críticas. Vejamos porquê.

Quando se fala de pós-positivismo é indispensável saber qual o alcance, isto é, o sentido e o contexto da galáxia pós-positivista subjacente à nossa suspensão reflexiva. Desde logo, porque o pensamento pós--positivista pretende estruturar-se em muitos trabalhos doutrinais mais como uma teoria do conhecimento ou da ciência jurídica do que como uma teoria do direito. Em segundo lugar, existem profundas diferenças entre o *approach* pós-positivista especificamente contextualizado na cultura jurídica anglo-saxónica e as problematizações agitadas nos quadrantes culturais europeus, sobretudo do pensamento germânico. Basta dar dois exemplos. Numa obra recente, sugestivamente intitulada *Post Positivism*,[18] apresenta-se em termos condensados o *Post-Positivism* como uma teoria de direito ("an unique theory of law") centrada na discussão da seguinte tese:

(1) (…) positive law and natural law are complementary, not competing views

---

18. Cf. Eric Engle, *Post Positivism*, Berlim, Duncker y Humbolt, 2014, pp. 5 ss.

(2) normative inference (is to ought) can be a logically valid form or reasoning

O autor procura estruturar (i) uma "síntese dialéctica" de teorias concorrentes de matriz ontológica, epistemológica e axiológica; (ii) operando duas rupturas no pensamento ocidental. A primeira ruptura consiste em descrever uma realidade monista (não dualista) compreendida não em termos analíticos mas de forma sintética. Em segundo lugar, apresenta a escolha moral não em termos relativistas mas como facto do mundo material.[19]

2. Na cultura germânica, o pós-positivismo desenvolve-se, como se pode ver numa obra conhecidíssima no Brasil, no plano da *metódica jurídica*.[20] E a chamada "metódica estruturante" desenvolvida por Friedrich Müller é, ainda hoje, uma concepção global, sistemática e reflexiva dos procedimentos de realização, concretização e cumprimento das normas constitucionais. Vale a pena lembrar que foi esta metódica jurídica um dos veículos de superação do positivismo estreito, imprestável para a concretização das normas – sejam regras ou princípios – positivamente plasmadas nos textos constitucionais.

Os métodos de trabalho apontam para uma metódica tridimensional. Pretende-se saber (1) como se estruturam as regras e os princípios da constituição positivamente vigente – *teoria da norma constitucional*; (2) captar todo o ciclo de realização das normas constitucionais desde o estabelecimento do texto da norma (por um poder constituinte originário ou um poder de revisão) até à sua concretização pelos órgãos de aplicação normativo-decisória do direito (juízes e agentes do governo/administração); (3) este ciclo de realização das normas constitucionais pressupõe uma *teoria da legislação*, uma *teoria da decisão judicial* e uma *teoria da decisão administrativa,* pertencendo à dogmática abrir caminho para um procedimento concretizador racional e objectivamente controlável da interpretação/aplicação do direito constitucional. É com este sentido – *metódica de aplicação da constituição* – que o conceito vem utilizado na literatura recente.[21] Fora da metódica irão ficar as teorias: a *teoria da constituição*, a *teoria da política* e as *teorias do direito*. Estas teorias ainda fazem parte dos campos de trabalho de uma metódica geral do direito

---

19. Cf. Eric Engle, *Post Positivism*, ob. cit., p. 6.
20. Vide Friedrich Müller e Ralph Christensen, *Juristische Methodik*, 9ª ed., Berlim, 2004.
21. Cf., por exemplo, Franz Reimer, *Verfassungsprinzipien*, Berlim, 2001, p. 120.

constitucional.[22] Preferimos, porém, deslocá-la para uma parte autónoma porque aqui procuramos recortar os esquemas de reflexão prática e da extrinsecação de sentido das normas constitucionais.

A metódica estruturante não dispensa uma teoria dogmática. Por dogmática entende-se, num sentido geral e aproximado, o tratamento científico dos materiais jurídicos. Com este sentido ela é quase um sinónimo de ciência do direito. Desde logo, a dogmática constitucional assume um papel de *charneira* entre a aplicação prática do direito e a própria ciência do direito constitucional.[23] Na estratégia discursiva aqui acolhida a dogmática serve também como "linha de intersecção" entre a ciência do direito constitucional e a teoria da constituição (vide *infra*, por exemplo, as teorias de direitos fundamentais). A colocação da dogmática como esquema de articulação entre a ciência e a prática justifica-se, porém e sobretudo, pelo facto de ela oferecer caminhos para as soluções práticas, perfilando-se mesmo como um elemento fundamental da própria aplicação prática do direito, como acontece nos problemas da colisão de direitos e de delimitação do âmbito de protecção. Neste contexto, a dogmática é um esquema de regras e proposições que possibilita imprimir racionalidade sistemática ao direito vigente e configurar institutos (ex. "reserva de lei", "eficácia horizontal dos direitos, liberdades e garantias") estruturantes da aplicação de normas jurídicas. Além destas funções de racionalização e de estruturação, a dogmática assume uma função de "des-saturação" da retórica argumentativa, evitando repetições e descrições no trabalho concretizador.

Diferentemente do que acontecia com a "dogmática clássica", que se autoconsiderava como um trabalho conceptual valorativamente neutro,[24] a dogmática actual tem uma função selectiva e valorativa, não lhe sendo indiferentes dados políticos, sociológicos ou históricos. De qualquer forma, tende a fornecer uma *gramática de comunicação* com os vários operadores jurídicos e uma abertura para as várias concepções teóricas (ex: articulação do princípio da dignidade da pessoa humana com teorias antropológicas do direito e com decisões jurisprudenciais sobre a identidade jurídica) subjacentes às retóricas metodológicas. O pós-positivismo do neoconstitucionalismo passa também por aqui.

---

22. Cfr., precisamente, Friedrich Müller e Salvador Gomez de Arteche y Catalina, *Métodos de trabajo*, p. 69.
23. Cfr. Jan Harenburg, *Die Rechtsdogmatik zwischen Wissenschaft und Praxis*, 1986, pp. 154 e ss.
24. V. Karl Larenz, *Metodologia da Ciência do Direito*, 3ª ed., Lisboa, 1997, p. 313, que cita Esser; F. Müller e R. Christensen, *Juristische Methodik*, 8ª ed., 2002, p. 403.

A concepção da dogmática jurídico-constitucional como gramática de comunicação permite quebrar a rotina em que caem os esquemas tradicionais de aplicação do direito. A dogmática varia quer por causas internas quer por causas externas. Por vezes, a dogmática deixou de cumprir as suas funções. Noutros casos, existem factores externos – mudanças nos campos político, social e económico – que levam à quebra da rotina de comunicação dogmática.[25] Um exemplo significativo é fornecido pela crise do *direito ordenador* a favor de um *direito regulativo* e da deslocação de uma ciência do direito centrado no acto jurídico (lei, regulamento, acto administrativo) para uma *perspectiva de acção* orientada para a solução de problemas concretos.[26] Esta profunda alteração dos esquemas jurídico-regulativos obriga a uma dogmática renovada. Os antigos esteios da dogmática constitucional continuam a ser aceitáveis porque o ordenamento jurídico ainda assenta em *actos jurídicos* (lei, regulamento, acto administrativo, contrato administrativo) e em *princípios dogmaticamente trabalhados* (princípios da reserva e da primazia da lei, princípio da separação de poderes, direitos subjectivos públicos, princípios da proporcionalidade, princípio da protecção da confiança). Ao lado destes esteios, integram-se no ordenamento outros conceitos (eficiência, informação, comunicação, racionalização), novas estratégias regulativas (economização, processualização, privatização) e novas escolhas de actuação dos poderes públicos (simplificação, parcerias público-privadas) que obrigam a uma dogmática dinâmica.

Muitas das arrumações teoréticas utilizam o conceito de *sistema*: "a constituição como sistema aberto de regras e princípios", "a constituição como sistema aberto de regras de democratização e de controlo". O pensamento democrático assenta na *ideia de ordenação*, ou seja, na força racionalizadora e capacidade de generalização dos esquemas jurídico-políticos da Constituição. Esta ideia de ordenação está também presente na dogmática e é por isso que na linguagem comum os termos de dogmática e de sistema aparecem identificados, ou, pelo menos, associados. E com alguma razão: a dogmática transporta em muitos casos um pensamento sistemático (ex: dimensão objectiva e dimensão subjectiva nos direitos fundamentais/dimensão protectiva e dimensão prestacional). Como dissemos atrás, imprime racionalidade sistemática ao direito vigente. Todavia,

---

25. Sobre isto cf., por último, Markus Pöcker, *Stasis und Wandel der Rechtsdogmatik*, Tübingen, 2007, pp. 72 e ss.
26. Veja-se uma síntese desta mudança em Andreas Vosskühle, "Neue Verwaltungsrechtswissenschaft", in Hoffmann-Riem, Schmidt-Assmann e A. Vosskühle, *Grundlagen des Verwaltungsrechts*, I, Munique, 2006, pp. 12 e ss.

a dogmática oferece caminhos para as resoluções práticas do direito e nesse sentido distingue-se de um pensamento meramente sistemático.[27]

Quando se alude a um sistema, pretende-se salientar a ideia de que a ordem constitucional é uma ordem axiológica e teleológica cuja estrutura e conteúdo pode ser captada com a ajuda de princípios.[28] A compreensão da Constituição como um conjunto de sistemas não significa qualquer aproximação a uma ideia muito conhecida noutros ramos do direito (ex. direito penal), e que se reconduz a procurar o sistema a partir de "estruturas lógico-materiais". O ponto de partida será, assim, o de analisar o sistema constitucional a partir de uma perspectiva normativa, ou seja, o sistema como um *sistema de normas*.[29]

O sistema da constituição não é apenas um *sistema de normas jurídicas*. Esta observação é fundamental porque a norma jurídica no sentido que aqui lhe emprestamos não se identifica com o *texto* nem com um processo metodológico positivista de obtenção do direito a partir das premissas lógicas de sentido contidas e fixadas no texto. Subjacente a toda a exposição metódica está a ideia de norma jurídica constituída pelo "programa da norma" com um determinado enunciado linguístico e com "âmbito de norma como componente material".[30]

Dissemos atrás que os métodos de trabalho de direito constitucional convocam uma "metódica tridimensional" para assegurar o *procedimento concretizador* do direito constitucional. Este vocábulo – *concretização* – pode ser utilizado num *sentido amplo* para incluir todos os procedimentos de trabalho: legislação, administração, governo, tribunais, política do direito, ciência jurídica, incluindo mesmo o acatamento da observância das normas.[31] Num *sentido estrito*, a *concretização* da constituição – das normas constitucionais – é tarefa de *produzir* ou *construir uma norma jurídica geral* para resolver casos de direito.[32] A "produção da norma" e o "concretizar a norma" é, assim, um procedimento de mediação que

---

27. Cf., por exemplo, Eberhard, Schmidt e Assmann, *Das allgemeine Verwaltungsrecht als Ordnungsidee*, 2ª ed., Berlim, 2006, pp. 15 e ss.
28. Estamos próximos da ideia de sistema desenvolvida por Canaris, *Pensamento sistemático e conceito de sistema na Ciência do Direito*, Lisboa, 1989, pp. 66 e ss.
29. Perspectiva próxima de R. Alexy, *Teoria dos Direitos Fundamentais*, trad. port. de Virgílio Afonso da Silva, São Paulo, Malheiros Editores, 2008, p. 523.
30. A obra de Friedrich Müller continua a ser insubstituível quanto a esta caracterização de norma. Cf. *Juristische Methodik*, 6ª ed., 1995, pp. 153 e ss.
31. Cf. Friedrich Müller e Salvador Gomez de Arteche y Catalina, *Métodos de trabajo*, p. 375.
32. Cf. Friedrich Müller, *Juristische Methodik*, 6ª ed., 1995, pp. 168 e ss.

implica designadamente a *interpretação do texto da norma* e a *análise do âmbito da norma*, ou seja, os dados normativamente relevantes.

Muitas vezes, a concretização é equiparada a interpretação e aplicação de uma norma. Como se acaba de salientar, a concretização é um *processo de comunicação* complexo, interactivo e criativo que apresenta uma *dimensão hermenêutica* e uma *dimensão normativo-estrutural*.[33] A primeira salienta o processo de compreensão e conhecimento que caracteriza e acompanha a actualização da norma. A segunda preocupa-se sobretudo com as *possibilidades de aplicação* de uma norma para a solução de casos de direito a partir de normas dotadas de um alto grau de *concentração* de normatividade, mas com uma dimensão débil de *concreção* (ex. os princípios). A consideração destas duas dimensões leva-nos, num primeiro momento, à análise da constituição como um sistema aberto de normas e de princípios, e, num segundo momento, ao problema da interpretação das normas constitucionais segundo cânones hermenêuticos.

A confluência da dimensão hermenêutica e da dimensão normativo-estrutural obriga a uma tendencial estabilização de conceitos, de forma a que o processo de concretização/aplicação de normas possa dispor de uma *gramática comunicativa*[34] suficientemente operacional para todos os agentes que participam nesse processo.

§ 5. Pós-positivismo principial

A metódica estruturante de Friedrich Müller não era suficiente para resolver algumas questões relacionadas com o positivismo jurídico, quer na sua versão de positivismo jurídico típico da teoria pura do direito (Escola de Viena), quer do positivismo legalista encabeçado pela chamada "Heidelberger Schule". Parece indiscutível que a filosofia linguística pós-analítica e a semiótica pós-estruturalista[35] aprofundaram um tópico básico do antipositivismo: nenhuma norma jurídica regula a sua própria aplicação. No plano constitucional, a teoria metódico-estruturante

---

33. Veja-se este entendimento em Matthias Jestaedt, *Grundrechtsentfaltung im Gesetz*, Tübingen, 1999, pp. 135 e ss.
34. Matthias Jestaedt, *Grundrechtsentfaltung im Gesetz*, ob. cit., pp. 135 e ss.
35. Cf. Ralph Christensen, *Was heißt Gesetzesbindung? Eine rechtslinguistische Untersuchung*, Berlim, 1989; B. Jeand'Heur, *Sprachliches Referenzverhalten bei der Juristischen Entscheidungstätigkeit*, Berlim, 1989; Friedrich Müller (org.), *Untersuchungen zur Rechtslinguistik. Interdisziplinäre Studien zur praktischen Semantik und strukturierender in Grundfragen der juristischen Methodik*, 1989.

contribuía para a compreensão da *constituição como norma* e para um discurso prático de aplicação das normas constitucionais. A linguística e a semântica prática não conseguiram porém responder à questão central das formas de *positivismo* e do *não positivismo* reiteradamente agitadas no problema da separação ou da conexão entre o direito e a moral. Não cabe no âmbito deste trabalho proceder às várias versões do positivismo (includente e excludente) e do antipositivismo ("não positivismo includente" e "não positivismo excludente").

É neste contexto que a contribuição de Alexy para a compreensão de um *sistema normativo de regras e princípios* conferiu a reflexividade de todo o sistema através da pretensão de *correcção* do direito. A nossa posição crítica actual relativamente à construção alexyana é, porém, já marcada pela relativização da distinção deste autor entre regras e princípios no plano da aplicação do direito constitucional. A aplicação pós-positivista do direito constitucional é crismada por um *continuum* incompatível quer com qualificações aprioristícas de normas quer com a distinção entre "casos fáceis" e "casos difíceis", onde sobrevive a positivística completude da norma para os primeiros e a fuga para decisões de "área aberta" para os segundos. A nosso ver, este é o tema central do pós-positivismo da "nova modernidade".

Capítulo XV

OS GRANDES PRINCÍPIOS CONSTITUCIONAIS E A JURISPRUDÊNCIA DA CRISE EM PORTUGAL

JORGE MIRANDA

> As Constituições fazem no século XX o que os Códigos fizeram no século XIX: uma espécie de positivação do Direito Natural, não pela via racionalizadora da lei, enquanto expressão da vontade geral, mas por meio dos princípios gerais, incorporados na ordem jurídica constitucional, onde logram valoração normativa suprema, ou seja, adquirem a qualidade de instância juspublicística primária, sede de toda a legitimidade do poder. Isto, por ser tal instância a mais consensual de todas as intermediações doutrinárias entre o Estado e a Sociedade.
>
> Os princípios baixaram primeiro das alturas montanhosas e metafísicas de suas primeiras formulações filosóficas para a planície normativa do Direito Civil. Transitando daí para as Constituições, noutro passo largo, subiram ao degrau mais alto da hierarquia normativa.
>
> Ocupam doravante, no Direito Positivo contemporâneo, um espaço tão vasto que já se admite até falar, como temos reiteradamente assinalado, em Estado principial, nova fase caracterizadora das transformações por que passa o Estado de Direito.
>
> PAULO BONAVIDES

– A –

1. Sim, o Direito não é mero somatório de regras avulsas, produto de atos de vontade, ou mera concatenação de fórmulas verbais articuladas entre si. O Direito é ordenamento ou conjunto significativo; é unidade de sentido; é valor incorporado em norma; é estrutura de convivência tanto mais complexa quanto mais complexas as relações sociais. E esse ordenamento, esse conjunto, essa unidade, esse valor, essa estrutura, projetam-se ou traduzem-se em princípios, logicamente anteriores aos preceitos.[1]

Os princípios não se colocam, pois, além ou acima do Direito (ou do próprio Direito positivo); também eles – numa visão ampla, superadora de conceções positivistas, literalistas e absolutizantes das fontes legais – fazem parte do complexo ordenamental. Não se contrapõem às normas, contrapõem-se tão-somente às regras; as normas jurídicas é que se dividem em normas-princípios e em normas-regras.

Se assim se afigura em geral, muito mais tem do ser no âmbito do Direito Constitucional, tronco da ordem jurídica estatal, todo ele envolvido e penetrado pelos valores jurídicos fundamentais dominantes na comunidade; sobretudo, tem de ser assim na consideração da Constituição material como núcleo de princípios e não de regras, preceitos ou disposições; e dentro dela, no que tange aos direitos fundamentais.

Por certo, os princípios, admitem ou postulam desenvolvimentos, concretizações, densificações, realizações relativamente variáveis. Nem por isso o operador jurídico pode deixar de os ter em conta, de os tomar como pontos firmes de referência, de os interpretar segundo os critérios próprios da hermenêutica e de, em consequência, lhes dar o devido cumprimento.

2. As próprias disposições constitucionais reconhecem essa ação imediata. Em Portugal, os arts. 207º, hoje 204º, e 277º, n. 1, da Constituição (na linha do art. 63º da Constituição de 1911 e do art. 122º, depois 123º, da Constituição de 1933), consideram inconstitucionais as normas que infrinjam a Constituição ou os *princípios nela consignados;*[2] o art. 290º, n. 2, declara em vigor o direito anterior que não seja contrário à Constituição ou *aos princípios nela consignados*; o art. 8º, n. 4 estatui o respeito das normas da União Europeia pelos *princípios fundamentais*

---

1. Com relevo para o *Curso de Direito Constitucional*, de Paulo Bonavides, por toda a parte hoje a matéria dos princípios ocupa um lugar central na doutrina de Direito Constitucional e de Teoria Geral do Direito. Seria escusado citá-la.
    Por nós, desde há muito lhe fazemos algumas referências: *Contributo para uma Teoria da Inconstitucionalidade*, Lisboa, 1968, pp. 77 e ss.; *A Revolução de 25 de Abril e o Direito Constitucional*, Lisboa, 1975, pp. 6-7; *A Constituição de 1976 – Formação, estrutura, princípios fundamentais*, Lisboa, 1978, pp. 259 e ss.; *Manual de Direito Constitucional*, II, desde 1981, 7ª ed., Coimbra, 2013, pp. 26 e ss., 140 e ss., 249 e ss. e 275 e ss.
    2. Sobre a função dos princípios no art. 277º, n. 1, v. as intervenções dos Deputados Mota Pinto e Jorge Miranda na Assembleia Constituinte, in *Diário*, n. 166, pp. 3.821 e 3.822.

do Estado de Direito democrático.³ De realçar a referência aos princípios nas duas primeiras Constituições, muito antes das recentes doutrinas principialistas.

Quanto à ação mediata dos princípios, ela consiste, em primeiro lugar, em funcionarem como critérios de interpretação e de integração, pois são eles que dão a coerência geral do sistema. E, assim, o sentido exato dos preceitos constitucionais tem de ser encontrado na conjugação com os princípios e a integração há-de ser feita de tal sorte que se tornem explícitas ou explicitáveis as normas que o legislador constituinte não quis ou não pôde exprimir cabalmente.

Servem, depois, os princípios de elementos de construção e qualificação: os conceitos básicos de estruturação do sistema constitucional aparecem estreitamente conexos com os princípios ou através da prescrição de princípios.

Exercem, finalmente, uma função prospetiva, dinamizadora e transformadora, em virtude da sua abertura e da força expansiva que possuem (e de que se acham desprovidos os preceitos, desde logo por causa das suas amarras verbais). Daí a exigência de soluções ou de novas formulações que com eles melhor se coadunem e que, portanto, mais se aproximem da ideia de Direito inspiradora da Constituição; daí a sua irrecusável presença na jurisprudência; daí o contributo que oferecem para a interpretação evolutiva.

– B –

3. A crise económico-financeira desencadeada (ou agravada) em 2008 e que atingiu, com particular acuidade, os países da periferia europeia – da Irlanda a Chipre – levaria, como se sabe, a que, com mais ou menos constrangimentos externos, fossem aprovadas providências legislativas em todos eles, mormente a nível orçamental, de dura austeridade.

Assim se verificou em Portugal também e aqui, à semelhança do que sucedeu noutros Estados, o Tribunal Constitucional foi chamado, numerosas vezes, a decidir sobre a conformidade de muitas das normas com a Constituição – com a Constituição de 1976, muito clara e fortemente voltada para a garantia dos direitos e liberdades fundamentais e

---

3. Além disso, a sistematização das três primeiras partes da Constituição (Direitos e Deveres Fundamentais, Organização Económica e Organização do Poder Político). Direito Constitucional substantivo, adotar por títulos de "princípios gerais" e haver ainda aí títulos com capítulos de "princípios gerais".

para a efetivação dos direitos económicos, sociais, culturais e ambientais (*maxime* arts. 2º e 9º).

Podem ser recenseadas vinte e duas questões de inconstitucionalidade a ele submetidas após 2010 e por doze vezes foram emitidas decisões positivas. Não será difícil divisar algumas oscilações, em busca de algum equilíbrio; o que não se justificaria seria falar em ativismo.[4]

O Tribunal não tem deixado de estar ciente ou da "relevância do interesse público";[5] ou da "absoluta excecionalidade das finanças públicas";[6] ou da "urgência da obtenção de receitas", da "situação de emergência" ou "da situação de grave dificuldade financeira do Estado";[7] ou do "desequilíbrio da segurança social",[8] embora sem nunca admitir um "estado de necessidade" paralelo ou homólogo ao estado de sítio ou de emergência (art. 19º da Constituição), não previsto e, portanto, não admitido.[9]

Entretanto, não tem deixado de reiterar: "A Constituição não pode certamente ficar alheia à realidade económica e financeira... Mas ela possui uma específica autonomia normativa que impede que os objetivos económicos e financeiros prevaleçam, sem quaisquer limites, sobre parâmetros normativos como o da igualdade que a Constituição defende e deve fazer cumprir".[10] Não houve nenhum interregno na sua vigência.

Tem sido invocando este princípio, assim como os da proporcionalidade e da proteção da confiança, e não tanto os direitos sociais em si mesmos, individualmente considerados, que se têm fundado as decisões

---

4. Acórdão 399/2010, de 27 de outubro (*Diário da República*, de 26.11.2010); acórdão 396/2011, de 21 de setembro (ibidem, de 17.10.2011); acórdão 135/2012, de 7 de março (ibidem, 2ª série, de 11.4.2012); acórdão 353/2012, de 5 de julho (ibidem, de 20.7.2012); acórdão 187/2013, de 5 de abril (ibidem, de 12.4.2013); acórdão 474/2013, de 29 de agosto (ibidem, de 17.9.2013); acórdão 794/2013, de 21 de novembro (ibidem, de 18.12.2013); acórdão 862/2013, de 15 de dezembro (ibidem, de 7.1.2012); acórdão 413/2014, de 30 de maio (ibidem, de 26.6.2014); acórdão 574/2014, de 14 de agosto (ibidem, de 3.9.2014); acórdão 575/2014, de 14 de agosto (ibidem, de 3.9.2014).
V. as recensões feitas na revista *O Direito*, 2011, pp. 196 e ss.; 2012, pp. 196 e ss.; 2013, pp. 355 e ss.; 2014, pp. 193 e ss.; 2015, pp. 257 e ss. Constam, também, do *Annuaire International de Justice Constitutionnel* e do *Anuario Iberoamericano de Justicia Constitucional*.
5. Acórdão 399/2010.
6. Acórdão 396/2011.
7. Acórdão 187/2013.
8. Acórdão 575/2014.
9. Cf. os Autores citados em *Manual*..., IV, 6ª ed., Coimbra, 2015, p. 573.
10. Acórdão 353/2012.

de inconstitucionalidade. E sobre este acervo de decisões tem-se pronunciado a doutrina, naturalmente nem sempre em consonância.[11]

Naturalmente, só serão considerados agora aqueles princípios, sem entrarmos em apreciações críticas como as que fizemos noutros lugares (as quais não caberiam no escopo deste estudo e desta obra).

– C –

4. Quanto ao princípio de igualdade.

No acórdão n. 353/2013, de 5 de julho,[12] a respeito dos cortes de subsídios de férias e de Natal no sector público (e não também no sector

---

11. Sobre esta jurisprudência tem-se pronunciado a doutrina, nem sempre em consonância.
    Cf. Luís Pereira Coutinho, "Os direitos sociais e a crise", in *Direito e Política*, n. 1, out.-dez./2012, pp. 74 e ss.; Miguel Nogueira de Brito, "Comentário ao Acórdão n. 353/2012 do Tribunal Constitucional", ibidem, pp. 108 e ss.; Ricardo Branco, "'Ou sofrem todos, ou há moralidade' – Breves notas sobre a fundamentação do Acórdão do Tribunal Constitucional n. 353/2012, de 5 de julho", em *Estudos em Homenagem a Miguel Galvão Teles*, obra coletiva, Coimbra, 2012, pp. 259 e ss.; Luís Menezes Leitão, "Anotação ao Acórdão do Tribunal Constitucional n. 353/2012", in *Revista da Ordem dos Advogados*, jan.-mar./2012, pp. 415 e ss.; António Carlos Santos e Clotilde Celorico Palma, "O Acórdão n. 353/2012 do Tribunal Constitucional", in *Revista de Finanças Públicas e Direito Fiscal*, ano V, 11-12, 2012, pp. 31 e ss.; Ravi Afonso Pereira, "Igualdade e proporcionalidade: um comentário às decisões do Tribunal Constitucional de Portugal sobre salários no sector público", in *Revista Española de Derecho Constitucional*, maio-ago./2013, pp. 358 e ss.; Raquel Carvalho, "Os efeitos da declaração de inconstitucionalidade proferida no Acórdão n. 602/2013 e o despedimento por extinção do posto de trabalho", in *Questões Laborais*, jul.-dez./2013, pp. 563 e ss.; *O Tribunal Constitucional e a crise*, obra coletiva (com estudos de Gonçalo de Almeida Ribeiro, João Carlos Loureiro, Jorge Pereira da Silva, José de Melo Alexandrino, Luís Pereira Coutinho, Maria Benedita Urbano, Miguel Nogueira de Brito, Paulo Mota Pinto e Rui Medeiros); Cristina Queiroz, *O Tribunal Constitucional e os Direitos Sociais*, Coimbra, 2014; Jorge Reis Novais, *Em defesa do Tribunal Constitucional*, Coimbra, 2014; Carlos Blanco de Morais, *Curso de Direito Constitucional*, II, vol. 2, 2014, pp. 709 e ss. (sendo muito importante a síntese feita à p. 754); António Martins, *A Jurisprudência Constitucional sobre as Leis do Orçamento do Estado e (in)constitucionalidade do OE 2014*, Coimbra, 2014.
    No Brasil, Bárbara Barhizani de Carvalho de Melo Franco Caiado, "As margens do juiz frente às restrições ao direito fundamental à retribuição: Comentário às leis do orçamento do Estado do Governo Português (2011, 2012 e 2013) e às suas respetivas fiscalizações pelo Tribunal Constitucional", in *Jurisdição Constitucional e Direitos Fundamentais*, obra coletiva (org. por José Péricles Pereira de Sousa), Belo Horizonte, 2015, pp. 20 e ss.

12. *Diário da República*, 1ª série, de 20 de julho.

privado), o Tribunal Constitucional decidiu no sentido da inconstitucionalidade, ligando os princípios da igualdade e da proporcionalidade, nestes termos:

> Seria admissível alguma diferenciação entre quem recebe por verbas públicas e quem atua no sector privado da economia, não se podendo considerar, no atual contexto económico e financeiro, injustificadamente discriminatória qualquer medida de redução dos rendimentos dirigida apenas aos primeiros.
>
> Mas, obviamente, a liberdade de o legislador recorrer ao corte das remunerações e pensões das pessoas que auferem por verbas públicas, na mira de alcançar um equilíbrio orçamental, mesmo num quadro de uma grave crise económico-financeira, não pode ser ilimitada. A diferença do grau de sacrifício para aqueles que são atingidos por esta medida e para os que não o são não pode deixar de ter limites.
>
> Na verdade, a igualdade jurídica é sempre uma igualdade proporcional, pelo que a desigualdade justificada pela diferença de situações não está imune a um juízo de proporcionalidade. A dimensão da desigualdade do tratamento tem que ser proporcionada às razões que justificam esse tratamento desigual, não podendo revelar-se excessiva.

5. Na declaração de voto da Juíza Maria de Fátima Mata-Mouros, anexa ao Acórdão 413/2014, de 30 de maio (sobre o orçamento para 2014),[13] o princípio de igualdade aparece de forma mais aprofundada:

> A exigência de uma análise mais densa e rigorosa impõe-se com maior grau de premência quando, como no caso em presença, são afetados direitos fundamentais. Com efeito, através da norma em análise, é afetado o direito fundamental à retribuição do trabalho consagrado no art. 59º, n. 1, alínea *a*), da Constituição. De facto, o valor ou o montante das remunerações dos trabalhadores não pode deixar de estar abrangido pela esfera de proteção do direito fundamental referido, pois representa um elemento essencial desse direito. Se assim não fosse, a esfera de proteção ficaria comprimida a um conteúdo mínimo, de forma incompreensível e injustificável. É importante referir que defender que o *quantum* das remunerações está abrangido pela esfera de proteção do direito fundamental em causa *não* equivale a defender a irredutibilidade dos montantes em causa. A redução das remunerações representa uma restrição àqueles direitos que é possível (como, regra geral, é possível restringir um direito fundamental) desde que obedeça aos parâmetros constitucionais aplicáveis, designadamente o da igualdade.

---

13. *Diário da República*, 1ª série, de 26.6.2014.

Sem se questionar a liberdade de conformação do legislador na definição de medidas que visem prosseguir um fim público, como a aqui sob escrutínio, importa, todavia, apelar a um critério mais exigente de apreciação da sua conformidade constitucional ao nível do princípio da igualdade (uma "versão forte") que, nessa medida, acaba por se revelar, legitimamente, como mais constrangedor daquela liberdade.

E em que se traduz esse critério de maior exigência no controlo do princípio da igualdade nestes casos? Para se dar resposta, pode-se recorrer à jurisprudência do Tribunal Constitucional Federal alemão e, ultrapassando o *teste do arbítrio* (*proibição de arbítrio*), incidente sobre a razão do tratamento diferenciado, lançar-se mão a um teste mais exigente de controlo do princípio da igualdade (designado por aquele Tribunal como *nova fórmula*) que, prosseguindo uma *igualdade ponderada*, se preocupa com as diferenças existentes entre os grupos e a sua correspondência com as diferenças dos regimes aplicáveis (*Entsprechungsprüfung* – o *teste da correspondência*, na designação de alguma doutrina).

Trata-se, pois, desde logo, de uma diferença de perspetiva de análise. No caso da *proibição do arbítrio* inquire-se pela justificação constitucional de um tratamento diferenciado partindo de *fora*, na medida em que se pergunta por razões externas que o justifiquem, sem entrar em consideração com as características específicas de cada grupo; diferentemente, a *nova fórmula* procura determinar se nos atributos de cada grupo visado existe justificação para o tratamento diferenciado. Em primeiro lugar, identificando as diferenças entre os grupos e, estabelecidas estas, indagando da correspondência entre elas e a diferença de tratamento adotada pelo legislador.

Indispensável é que exista uma relação interna entre as diferenças identificáveis entre os grupos e a diferença de tratamento. Ou seja, cada diferença de tratamento deve ter uma razão justificativa assente em diferenças objetivas entre os grupos, sendo que as diferenças devem ser tanto de maior natureza e de maior relevância quanto mais relevante for a diferença de tratamento.

A maior densidade de controlo exigida pelo teste mais denso do princípio da igualdade, convocada pela diferenciação de grupos de pessoas e afetação de um direito fundamental, apelando embora a um momento de ponderação dentro da estrutura do princípio (*igualdade ponderada*), não deve ser confundida com o teste clássico da proporcionalidade dos direitos de liberdade. A igualdade pressupõe uma comparação, enquanto a proporcionalidade uma colisão de direitos, valores ou bens. Enquanto esta última assenta num juízo relativo a um fim que deve ser prosseguido por um determinado meio, verificando-se, de seguida, a relação meio-fim, o teste da igualdade configura uma comparação entre grupos de destinatários de normas e regimes respetivamente aplicáveis.

(...)

A questão está, pois, em saber como determinar a verificação dessa justificação. Enquanto na "versão fraca" do princípio da igualdade esta avaliação é feita pela procura da existência de uma razão válida para a diferença de tratamento, na sua "versão forte", o momento ponderativo do princípio não dispensa o escrutínio da própria avaliação realizada pelo legislador quando atribuiu peso determinante às razões que justificam a diferença de tratamento legislativo.

6. Mas já antes tinham sido numerosos os acórdãos do Tribunal Constitucional em que tinha sido procurado recortar com rigor o princípio de igualdade.

No acórdão 14/84, de 8 de fevereiro:[14] "A igualdade não deve ser entendida apenas no sentido de tornar ilícitas as discriminações infundadas ou arbitrárias (interpretação esta que não pode adotar-se sem mais); a regra do art. 13º tem de ser qualificada e "lida" através de (e à luz de) outras disposições constitucionais que seguramente estabelecem preferências em caso de conflitos de interesses ou que hierarquizam de certa maneira direitos e interesses".

No Acórdão 39/88, de 9 de fevereiro:[15]

O princípio da igualdade não proíbe, pois, que a lei estabeleça distinções. Proíbe, isso sim, o arbítrio; ou seja proíbe as diferenciações de tratamento sem fundamento material bastante, que o mesmo é dizer sem qualquer justificação razoável, segundo critérios de valor objetivo, constitucionalmente relevantes.

No acórdão 806/93, de 30 de novembro:[16] "A ideia de proibição do arbítrio não esgota o sentido dirigente do princípio da igualdade, pois que dele também decorre que nem todas as discriminações, mesmo que dotadas de um 'título habilitador', são, só por isso, admissíveis. Com efeito, se igualdade não corresponde a uniformidade, antes postulando tratamento igual do que é igual e tratamento distinto de situações em si mesmas diversas, ela constitui um limite impostergável da própria medida de discriminação consentida, exigindo que haja uma razoável relação de adequação e proporcionalidade entre os fins prosseguidos pela norma e a concreta discriminação por ela introduzida".

14. *Diário da República*, 2ª série, de 10.5.1984, p. 4.189.
15. Ibidem, 1ª série, de 3.3.1988, p. 753.
16. Ibidem, 2ª série, de 29.1.1994, pp. 885 e 885-886. V. também, por exemplo, acórdão 270/2009, de 27 de maio, ibidem, 2ª série, de 7.7.2009, p. 26.448.

No acórdão 367/99, de 16 de junho:[17] "Aferir da igualdade/desigualdade entre duas situações não passa apenas pela sua consideração isolada, antes é, sobretudo, um trabalho de ponderação dos valores que estão subjacentes à disciplina legal de cada uma delas e da sua harmonização. A igualdade desejada pela Constituição é, assim, uma igualdade proporcional e não uma igualdade matemática".

No acórdão 232/2003, de 13 de maio:[18] "O princípio da igualdade (…) proíbe diferenciações de tratamento, salvo quando estas, ao serem objetivamente justificadas por valores constitucionalmente relevantes, se revelem racional e razoavelmente fundadas. Tal proibição não alcança assim as discriminações positivas, em que a diferenciação de tratamento se deve ter por materialmente fundada ao compensar desigualdades de oportunidades. Mas deve considerar-se que inclui ainda as chamadas 'discriminações indiretas', em que, e sempre sem que tal se revele justificável de um ponto de vista objetivo, uma determinada medida, aparentemente não discriminatória, afete negativamente em maior medida, na prática, uma parte individualizável e distinta do universo de destinatários a que vai dirigida".

No acórdão 184/2008, de 12 de março:[19]

Nessa medida – e sempre que se não verifiquem os sinais indiciadores de existência de discriminações proibidas, previstas no n. 2 do art. 13º da Constituição – o juiz só deve proferir juízos de inconstitucionalidade em caso de *inexistência de qualquer relação entre o fim prosseguido pela lei e as diferenças de regimes que, por causa desse fim, a própria lei estatui*, isto é, em caso de *ausência de qualquer elo de adequação objetiva e racionalmente comprovável entre a* ratio *das escolhas legislativas e as diferenças estabelecidas pelo legislador*. Do que se disse resulta que o legislador ordinário detém uma certa margem de liberdade de atuação, permitindo-lhe a Constituição efetuar diferenciações de tratamento, desde que estas sejam material e racionalmente fundadas.

– D –

7. São numerosíssimos os acórdãos do Tribunal Constitucional em que se trata do princípio da proporcionalidade.[20]

---

17. Ibidem, 2ª série, de 9.3.2010, p. 4.650.
18. Ibidem, 1ª série-A, de 17.6.2003, p. 3.527.
19. Ibidem, 1ª série, de 22.4.2008, pp. 2.368 e 2.369.
20. Cf., entre tantos arestos, com atenção ao princípio da proporcionalidade, além dos acabados de indicar, acórdão 103/87, de 24 de março, ibidem, 1ª série, de

8. No acórdão 187/2013, de 5 de abril, sobre o orçamento para 2013:[21]

Pretendendo o legislador reforçar o financiamento da segurança social e contrariar o défice resultante da diminuição de receitas contributivas e do aumento de despesa com as prestações sociais, dificilmente se poderá conceber como adequada uma medida que, sem qualquer ponderação valorativa, atinja aqueles beneficiários cujas prestações estão já reduzidas a um montante que o próprio legislador, nos termos do regime legal aplicável, considerou corresponder a um mínimo de sobrevivência para aquelas específicas situações de risco social.

Por outro lado, uma tal opção legislativa é de todo desrazoável, quando é certo que ela atinge os beneficiários que se encontram em situação de maior vulnerabilidade por não disporem de condições para obterem rendimentos do trabalho para fazer face às necessidades vitais do seu agregado familiar, e abrange as prestações sociais que precisamente revestem uma função sucedânea da remuneração salarial de que o trabalhador se viu privado, e que era suposto corresponderem, no limite, ao mínimo de assistência material que se encontrava já legalmente garantido.

Interessante, por outra banda (apesar de não ter concluído pela inconstitucionalidade) o que se diz no acórdão n. 413/2014, de 30 de maio,[22] sobre o princípio da razoabilidade:

O princípio da razoabilidade surge relacionado com o princípio da proporcionalidade em sentido estrito, e orienta-se para a avaliação da razoabilidade da imposição na perspectiva das suas consequências na esfera

---

6.5.1987; acórdão 634/93, de 4 de novembro, ibidem, 2ª série, de 31.3.1994; acórdão 451/95, de 6 de julho, ibidem, 1ª série-A, de 3.8.1995; acórdão 1182/96, de 20 de novembro, ibidem, 2ª série, de 11.2.1997; acórdão 288/98, de 17 de abril, ibidem, 1ª série, de 18.4.1998; acórdão 484/2000, de 23 de novembro, ibidem, 2ª série, de 4.1.2001; acórdão 200/2001, de 9 de maio, ibidem, 2ª série, de 27.7.2001; acórdão 157/2008, de 14 de março, ibidem, 2ª série, de 16.4.2008; acórdão 62/2008, de 23 de dezembro, ibidem, 1ª série, de 9.1.2009; acórdão 296/2015, de 25 de maio, ibidem, 1ª série, de 15.6.2015.

V. uma resenha muito completa em *O Princípio da proporcionalidade e da razoabilidade na Jurisprudência Constitucional, também em relação com a Jurisprudência dos Tribunais Europeus*, relatório, elaborado pelo Juiz Pedro Machete e por Teresa Valente, à XV Conferência Trilateral dos Tribunais Constitucionais de Espanha, Itália e Portugal.

21. Ibidem, 1ª série, de 22.4.2013. Porém, neste acórdão, em nome do princípio da proporcionalidade, o Tribunal não decidiu no sentido da inconstitucionalidade da "contribuição extraordinária de solidariedade" incidente sobre aposentados.

22. Ibidem, 1ª série, de 26.6.2014.

pessoal daquele que é afetado. Nesse plano, a questão não se coloca na adequação da gravidade do sacrifício imposto em relação à importância ou premência da realização dos fins prosseguidos, mas na circunstância de ocorrer uma afetação inadmissível ou intolerável do ponto de vista de quem a sofre e por razões atinentes à sua subjetividade.

– E –

9. No concernente ao princípio da confiança, ele tem sido desde há muito versado em decisões do Tribunal Constitucional, e antes dele em pareceres e acórdãos da Comissão Constitucional (que o antecedeu, de 1976 a 1982).[23]

Por exemplo, acórdão n. 287/90, de 30 de outubro:[24]

(...) a ideia geral de inadmissibilidade (de medidas legislativas), poderá ser aferida, nomeadamente, pelos dois seguintes critérios:

a) A afetação de expetativas, em sentido desfavorável, será inadmissível, quando constitua uma mutação de ordem jurídica com que, razoavelmente, os destinatários das normas dele constantes não possam contar;

b) Quando não for ditada pela necessidade de salvaguardar direitos ou interesses constitucionalmente protegidos que devam considerar-se prevalecentes, deve recorrer-se, aqui, ao princípio da proporcionalidade,

---

23. Cf. Parecer 25/79 da Comissão Constitucional, de 10 de setembro, in *Pareceres*, IX; parecer 25/81, de 28 de julho, ibidem, XVI; parecer 14/82, de 22 de abril, ibidem, XIX; acórdão 437, de 9.2.1982, in apêndice ao *Diário da República* de 18.1.1983; acórdão 3/84 do Tribunal Constitucional, de 11 de janeiro, in *Diário da República*, 2ª série, de 27.4. 1984; acórdão 17/84, de 22 de fevereiro, ibidem, de 14.5.1984; acórdão 233/91, de 23 de maio, ibidem, de 19.9.1991; acórdão 285/92, de 22 de julho, ibidem, 1ª série-A, de 17.8.1992; acórdão 237/98, de 4 de março, ibidem, 2ª série, de 17.6.1998; acórdão 473/92, de 10 de dezembro, ibidem, 1ª série, de 22.1.2003; acórdão 161/93, de 9 de fevereiro, ibidem, 2ª série, de 10.4.1993; acórdão 468/96, de 14 de março, ibidem, de 13.5.1996; acórdão 559/98, de 27 de setembro, ibidem, de 12.11.1998; acórdão 625/98, de 3 de novembro, ibidem, 2ª série, de 18.3.1999; acórdão 580/99, de 20 de outubro, ibidem, de 21.2.2000; acórdão 141/2002, de 9.4.2002, ibidem, 1ª série-A, 107, de 9.5.2002; acórdão 449/2002, de 29 de outubro, ibidem, 2ª série, de 12.12.2002; acórdão 11/2007, de 12 de janeiro, ibidem, de 6.2.2007; acórdão 353/2007, de 12 de junho, ibidem, de 26 de julho; acórdão 158/2008, de 4 de março, ibidem, de 16.4.2008 acórdão 128/2009, de 12 de março, ibidem, de 24 de abril; acórdão 213/2012, de 24 de abril, ibidem, 2ª série, de 23.7.2012; acórdão 402/2013, de 15 de julho, ibidem, 2ª série, de 16.10.2013; acórdão 794/2013, de 21 de novembro, ibidem, 2ª série, de 18.12.2013; acórdão 862/2013, de 19 de dezembro, ibidem, 1ª série, de 7.1.2014; acórdão 136/2014, de 12 de fevereiro, ibidem, 2ª série, de 18.3.2014; acórdão 413/2014, de 30 de maio, ibidem, 1ª série, de 26.6.2014.

24. *Diário da República*, 1ª série, de 20 de fevereiro de 1991.

explicitamente consagrado, a propósito dos direitos, liberdades e garantias, no n. 2 do art. 18º da Constituição, desde a 1ª revisão.

Pelo primeiro critério, a afetação de expetativas será extraordinariamente onerosa. Pelo segundo, que deve acrescer ao primeiro, essa onerosidade torna-se excessiva, inadmissível ou intolerável, porque injustificada ou arbitrária.

Os dois critérios completam-se, como é, de resto, sugerido pelo regime dos ns. 2 e 3 do art. 18º da Constituição. Para julgar da existência de excesso na "onerosidade", isto é, da frustração forçada de expetativas, é necessário averiguar se o interesse geral que presidia à mudança do regime legal deve prevalecer sobre o interesse individual sacrificado, na hipótese reforçado pelo interesse na previsibilidade de vida jurídica, também necessariamente sacrificado pela mudança. Na falta de tal interesse do legislador ou da sua suficiente relevância segundo a Constituição, deve considerar-se arbitrário o sacrifício e excessiva a frustração de expectativas.

10. Muito importante, já durante a crise, avulta o acórdão n. 862/2013, de 19 de dezembro,[25] sobre convergência de pensões nos sectores público e privado, e concluindo pela inconstitucionalidade, mas a isso juntando:

> Não há regras constitucionais impeditivas de leis retrospetivas que imponham a redução do quantum de pensões já reconhecidas. Isso não significa, porém, que a eventual inconstitucionalidade dessas leis não deva ser apreciada com base em princípios constitucionais, como o da proteção da confiança. É precisamente nas situações de sucessão de leis no tempo que o princípio da confiança pode ser invocado como parâmetro autónomo da constitucionalidade de um ato legislativo.
>
> (...)
>
> A proteção da confiança é uma norma com natureza principiológica que deflui de um dos elementos materiais justificadores e imanentes do Estado de Direito: a segurança jurídica dedutível do art. 2º da Constituição. Enquanto associado e mediatizado pela segurança jurídica, o princípio da proteção da confiança prende-se com a dimensão subjetiva da segurança – o da proteção da confiança dos particulares na estabilidade, continuidade, permanência e regularidade das situações e relações jurídicas vigentes.
>
> Sustentado no princípio do "Estado de direito democrático", o seu conteúdo tem sido construído pela jurisprudência, em avaliações e ponderações que têm em conta as circunstâncias do caso concreto. Quando aplicado ao poder legislativo, o Tribunal Constitucional

---

25. Ibidem, 1ª série, de 7.1.2014.

densificou o princípio através de uma fórmula que, desde o acórdão n. 287/90, tem vindo ser aplicada em sucessiva jurisprudência.

A metodologia a seguir na aplicação deste critério implica sempre uma *ponderação de interesses* contrapostos: de um lado, as expectativas dos particulares na continuidade do quadro legislativo vigente; do outro, as razões de interesse público que justificam a não continuidade das soluções legislativas. Os particulares têm interesse na *estabilidade* da ordem jurídica e das situações jurídicas constituídas, a fim de organizarem os seus planos de vida e de evitar o mais possível a frustração das suas *expectativas* fundadas; mas a esse interesse contrapõe-se o *interesse público* na transformação da ordem jurídica e na sua *adaptação* às novas ideias de ordenação social designadamente com base nos princípios da sustentabilidade e da justiça intergeracional (arts. 9º, alínea *d*, 66º, ns. 1 e 2, 81º, alínea *a* e 101º da Constituição). Como os dois grupos de interesses e valores são reconhecidos na Constituição em condições de igualdade, impõe-se em relação a eles o necessário exercício de confronto e ponderação para concluir, com base no peso variável de cada um, qual o que deva prevalecer.

11. Tal como o acórdão 413/2014, de 30 de maio,[26] respeitante à chamada contribuição de sustentabilidade:

(…) a contribuição de sustentabilidade, pretendendo afetar direitos adquiridos e, portanto, pensões já atribuídas, e produzindo uma redução definitiva das pensões em pagamento, a pretexto de uma alegada sustentabilidade do sistema, é inteiramente indiferente às situações diferenciadas dos pensionistas que, apenas porque abandonaram a vida ativa em momentos temporalmente diversos, se encontram já numa situação mais gravosa por efeito da evolução legislativa em matéria de pensões. (…)

(…) Se o legislador cria um novo regime legal que se destina a afetar qualquer situação jurídica que se encontre abrangida pela lei anterior (através da redução definitiva de pensões já atribuídas), não pode deixar de ter em consideração as situações de desigualdade que possam ocorrer no universo dos destinatários da medida (…). Não pode dizer-se, nessa circunstância, que as diferenças de regimes são decorrentes da normal sucessão de leis. O ponto é que é a nova lei põe em causa o princípio da não retroatividade e passa a aplicar-se a realidades já anteriormente reguladas, que por via do novo regime legal passam a ser marcadas por um tratamento desigual.

A medida também não resolve qualquer problema no plano da justiça intergeracional, no ponto em que se não apresenta como um modelo de reforma consistente e coerente em que os cidadãos possam confiar. (…)

26. Ibidem, 1ª série, de 26.6.2014.

(…) E nesse sentido a contribuição de sustentabilidade é completamente indiferente quer ao esforço contributivo dos futuros pensionistas quer à redução que a pensão irá sofrer *ab initio* em consequência dessa evolução legislativa.

Nestas circunstâncias, o interesse da sustentabilidade do sistema público de pensões, realizado através de uma mera medida de redução do valor da pensão, sem qualquer ponderação de outros fatores que seriam relevantes para mitigar a lesão das posições jurídicas subjetivas dos pensionistas – mormente no plano da igualdade e equidade interna e da justiça intrageracional e intergeracional –, e desacompanhado também de uma suficiente justificação que possa esbater as dúvidas quanto à adequação e necessidade da medida, não pode ser tido como um interesse público prevalecente face à intensidade do sacrifício que é imposto aos particulares.

Em suma, a contribuição de sustentabilidade, tal como se encontra gizada nos artigos 2º e 4º do Decreto n. 262/XII, é uma medida que afeta desproporcionadamente o princípio constitucional da proteção da confiança ínsito no princípio do Estado de Direito democrático plasmado no art. 2º da Constituição da República Portuguesa.

– F –

12. Deve acrescentar-se que, no Tribunal Constitucional – como sucede, pela força de diferentes formações e orientações dogmáticas e jurídico-políticas de juízes em qualquer tribunal idêntico ou em supremos tribunais com funções de Tribunal Constitucional,[27] como é o caso do brasileiro – não são pouco frequentes os acórdãos votados por simples maioria. Na presente crise económico-financeira, apenas um (o relativo à convergência de pensões) obteve unanimidade. E as declarações de voto, sejam acerca da decisão, sejam acerca da fundamentação, refletem-no.

O próprio apelo aos princípios, ou o modo como se faz apelo aos princípios, tem sido alvo de posições discordantes, de que a manifestação mais elucidativa se encontra na declaração de voto de vencida da Juíza Maria Lúcia Amaral ao acórdão n. 413/2014:

> Não se invalida uma norma editada pelo legislador democraticamente legitimado invocando para tal *apenas* a violação de um *princípio*

27. Alguns diriam ser tal fruto da escolha por órgãos políticos. Mas, mesmo, em tribunais com juízes de carreira algo de parecido ocorreria inevitavelmente. Com a vantagem, como se sabe, de na justiça constitucional se conjugarem a legitimidade democrática de título e a legitimidade jurisdicional de exercício (assim, *Manual* …, VI, 4ª ed., Coimbra, 2013, pp. 147 e ss.).

(seja ele o da igualdade ou da proporcionalidade) se se não apresentarem como fundamento para o juízo razões que sustentem a *evidência* da violação. Além disso, o Tribunal, quando escrutina uma medida legislativa tendo como parâmetro apenas um *princípio,* não pode partir da assunção segundo a qual o legislador penetrou num domínio material que lhe não pertencia. Essa assunção só será legítima – e mesmo assim, necessitada, evidentemente, de posterior reexame crítico – quando a norma da lei ordinária que se tem que julgar "afetar", ou aparentar "afetar", no sentido lato do termo, um direito das pessoas que seja determinado e determinável a nível constitucional Aí, pode partir-se do ponto de vista segundo o qual, *prima facie,* o legislador terá penetrado numa área de competência que lhe não pertencia, uma vez que lesado terá sido um direito das pessoas que se não encontrava à sua disposição. Mas para além destas hipóteses, em que se não considera, portanto, que o problema jurídico-constitucional que tem que resolver-se se consubstancia na afetação, por parte do legislador ordinário, de um direito fundamental, o Tribunal não pode nunca partir do princípio segundo o qual o legislador terá atuado para além da sua competência. Quer isto dizer que, nestas situações, o controlo do Tribunal, além de ser um controlo de *evidência*, deverá ter sempre uma intensidade *mínima.* A conclusão não pode senão reforçar-se quando estão em causa interações complexas, com repercussões sistémicas imprevisíveis, nas quais não pode deixar de reconhecer-se ao legislador uma amplíssima margem de liberdade para efetuar juízos de prognose. (…)

(…) As normas constitucionais que têm a estrutura de um princípio são, por causa da indeterminação do seu conteúdo, normas de dificílima interpretação. A "descoberta" do sentido destas normas *enquanto parâmetros autónomos de vinculação do legislador* tem sido portanto feita, gradual e *prudencialmente,* tanto na Europa quanto na tradição, mais antiga, norte-americana, em trabalho conjunto da doutrina e da jurisprudência. A razão por que tal sucede é a de evitar *saltos imprevisíveis* na compreensão do conteúdo destes princípios.

13. Afastamo-nos deste entendimento.

Não nos parece aceitável que o controlo do Tribunal Constitucional (um tribunal com competência especializada e, na fiscalização abstrata, concentrada) se tenha de reduzir a uma intensidade *mínima*, quando tenha por parâmetro um princípio e verse sobre normas relativas a direitos não determinados ou não determináveis a nível constitucional. Basta pensar no aceso debate na doutrina sobre o que sejam tais direitos; nem, pela nossa parte, admitimos que haja direitos declarados fundamentais pela Constituição (tanto os direitos de liberdade como os direitos sociais) não determináveis ou, muito menos, que haja direitos, assim declarados, sob mera reserva de lei.[28]

Também o critério da *evidência* acabaria, porventura, por levar a que o Tribunal apenas pudesse decidir pela inconstitucionalidade nas hipóteses de contradição com regras, e não com princípios, conhecida a maior ou menor fluidez que estes, à vista desarmada, apresentam. Mas justamente sobre o Tribunal Constitucional recai o encargo, para além de qualquer subjetivismo, de ir precisando e densificando os princípios para os tornar aplicáveis como mandam os atrás referidos arts. 204º, 277º e 290º, n. 2 da Constituição portuguesa. Nem isso tem de contender com a liberdade de conformação do legislador, tudo em termos razoáveis e em face da consciência jurídica geral.[29]

---

28. Cf. *Manual* ..., IV, cit., pp. 122 e ss.
29. Cf., de certo modo, em sentido próximo, Carlos Blanco de Morais, *Curso*..., II, vol. 2, p. 745: "É também um facto que a interpretação de princípios consiste, por vezes, numa operação difícil. Contudo, no ordenamento português, trata-se de algo que, em tese, se afigura muito menos problemático no tempo presente (atenta a existência de um adquirido de mais de 30 anos de jurisprudência constitucional que procedeu à respetiva densificação) do que quando a Comissão Constitucional e o Tribunal Constitucional iniciaram a sua atividade, décadas atrás". E, mais à frente (p. 748): "Sendo estáveis, esses critérios não são imutáveis; a especificidade das situações a decidir leva o Tribunal a introduzir-lhes moderadamente correções, exceções e particularidades, evoluindo gradualmente a sua relação de significado à luz da realidade".

Em termos opostos e polémicos, Gonçalo de Almeida Ribeiro, "O constitucionalismo dos princípios", in *O Tribunal Constitucional e a crise*, obra coletiva (org. de Gonçalo de Almeida Ribeiro e Luís Pereira Coutinho), Coimbra, 2014, pp. 69 e ss.; Jorge Reis Novais, *Em defesa do Tribunal Constitucional*, Coimbra, 2014, pp. 100 e ss.

Capítulo XVI

AYER CÓDIGOS Y CONSTITUCIONES. HOY, SUPERCONSTITUCIÓN GLOBAL

Luis María Bandieri

Códigos y constituciones. La metáfora piramidal. Mecanicismo y positivismo clásico. Centralidad de los tribunales constitucionales. ¿Una nueva pirámide jurídica? La superconstitución como otro. Conclusiones abiertas.

Códigos y constituciones

"Ayer códigos; hoy, constituciones" es una propuesta más que sugestiva para la reflexión jurídica propia de nuestro tiempo. Códigos y constituciones, ya sea en papel o en pantalla, forman parte, si se me permite la expresión, del *nécessaire* de viaje del operador jurídico. Imprescindibles antes y ahora para el diario ejercicio del tribunal, el dictamen, el consejo o aun la cátedra, aunque hayan variado los soportes en que la información acerca de ellos se nos transmite. Pero esto último, el vehículo por donde nos llega, con ser lo más aparente, es lo menos importante. Lo que se ha transformado radicalmente es la relación entre ambos componentes, esto es, leyes y constituciones y la metáfora en que esta vinculación se expresa e ilustra sobre sus órdenes de prelación, preterición y postergación, así como de supraordenación y subordinación respectivas.

La metáfora piramidal

Durante la era positivista nos acostumbramos a representarnos una estructura escalonada del universo jurídico, con una concreción descendente peldaño a peldaño desde los actos condicionantes a los condicionados y un ascenso sucesivo hasta la ley fundamental, a su vez animada por el soplo de la *Grundnorm* que susurraba "debes obedecer al legislador originario/debes obedecer a la constitución". Era la metáfora[1] de la pirámide, que Adolf Merkl ofreció en bandeja a su maestro Hans Kelsen y que todos los operadores jurídicos hemos transitado y aún transitamos en un sentido o en otro. La imagen piramidal normativa culminaba el desenvolvimiento de la era positivista en una actitud rampante, aunque como todo apogeo mostraba ya algunos síntomas del acabamiento propio de un fin de ciclo. Los códigos, expresión refinada de la legalidad, habían vivido un siglo antes, hacia 1804, su momento rampante. Fue cuando los franceses se dieron un código civil modélico para el mundo y, especialmente, para este lado del mundo que es el iberoamericano, por su claridad, coherencia y concisión. Napoleón, el político cuya decisión estuvo en el basamento de esa obra, ya vencido y desterrado en Santa Elena, afirmaba sin equivocarse: "lo que nadie ha de borrar, lo que vivirá eternamente, es *mi* Código". Su Código no había surgido *ex nihilo*, sin cordón umbilical, producto puro y exacto de la razón, como el pensamiento ilustrado de la época pretendía. El texto revela al análisis, como insinuaba el propio codificador, Jean-Étienne Marie Portalis, la cristalización pulcra de una tradición, romanista por un lado, de *droit coutumier* por otro, culmen de una tarea que otros juristas, como Robert Pothier, por ejemplo, ya había encarado más de un siglo antes. Pero, para los juristas de entonces y, más notablemente, para los posteriores, aquellos antepasados, aquellas fotos de parientes pobres, se fueron desdibujando, volviéndose irreconocibles y terminaron siendo echadas al olvido. Es que los juristas estaban arrastrados por la gran corriente de la Ilustración. Habíamos llegado a la mayoría de edad – *sapere aude!*, atrévete a saber – pensábamos por nosotros mismos y resultaba casi desdoroso imaginar que nuestra disciplina fuera la propia de una gente que anda a tientas, tomada de la mano de los antecedentes, conformando una larga y vacilante cadena donde se eslabonan generaciones y generaciones de argumentos de autoridad. No, el derecho debía provenir desde lo más alto, de una inmaculada concepción de la razón razonante. El legislador, mediante el Código – palabra que va exigiendo desde entonces la mayúscula inicial – establece racionalmente un repertorio de figuras típicas, debiendo

---

1. La metáfora es un recurso cognitivo esencial ya que, de acuerdo con su etimología, del griego, *meta*, más allá, y *ferein*, llevar, enlaza un concepto con otro, dándole una perspectiva nueva. Su importancia en el mundo jurídico, especialmente en el campo de la interpretación, resulta relevante, y al respecto no puede dejar de señalarse el aporte de G. Lakoff y M. Johnson, a partir de *Metaphors, we live by*, University of Chicago Press, 1980 (hay traducción española, *Metáforas de la vida cotidiana*, Madri, Cátedra, 1980).

el intérprete proceder maquinalmente a la subsunción del hecho bajo el tipo legal abstracto. Culminación del juez como *bouche de la loi* que Montesquieu había adelantado ya. Kant[2] había establecido una analogía entre el juicio del juez y el silogismo categórico. Y en otra obra,[3] había previsto que, por la instauración adecuada de una "constitución civil" en lo interno, y una legislación y convenciones comunes en lo externo, habría de establecerse una "comunidad civil universal", que se rigiese a sí misma "como un autómata". Autómata, máquina de subsumir, metáforas mecanicistas propias del tiempo de la codificación rampante. En Kant se encuentran *in nuce* los desarrollos posteriores de la teoría jurídica, hasta nuestro tiempo. Para que la promesa básica de la modernidad, esto es, la emancipación y entrada en la adultez definitiva del ser humano se produzca, se requiere en el derecho estatal una ley codificada y un juez subsumidor que la aplique estrictamente, como "constitución civil", acompañada de una superley, la constitución política, que consagra los derechos individuales y la división tripartita de poderes. A partir de este derecho interno, en un régimen de igualdad interestatal, y conservando cada unidad política su soberanía, se coordinan las condiciones de una alianza internacional pacífica (*foedus pacificum*). El filósofo añade una nueva dimensión, que resulta una exigencia de la estructura triádica de su método trascendental, a más de aquellas esferas estatal e interestatal y por encima de ellas: la del derecho cosmopolítico (*Weltbürgerrecht* o *ius cosmopoliticum*), que surge del principio de hospitalidad y convierte a todos los individuos en ciudadanos de una república mundial del alcance planetario, pudiendo reclamar a cualquiera de las unidades estatales la no transgresión del aquel principio. De aquí surge, ya por encima de las constituciones civiles codificadas y de las constituciones políticas sancionadas, la posibilidad de una superconstitución global que reconozca en todo ser humano su sujeto activo y en las diversas unidades estatales sus sujetos pasivos, dentro de una república mundial (*Weltrepublik*). El desenvolvimiento posmoderno de esta constitución global habrá de provocar el allanamiento de y derrumbe de buena parte de los edificios legales y constitucionales estatales, rompiendo aquella buena relación familiar entre leyes y constituciones. Lo que permitiría reformular la convocatoria en estos términos: "ayer códigos y constituciones; hoy, superconstitución planetaria". Pero no nos adelantemos.

2. Immanuel Kant, *Principios metafísicos de la Doctrina del Derecho*, México, UNAM, 1978, p. 146, parr. 45.
3. Kant, *Idea de una Historia Universal desde el punto de vista cosmopolítico*, 1784.

Mecanicismo y positivismo clásico

Volvamos a nuestros positivistas. El positivismo en general, y el positivismo jurídico que es una de sus expresiones, intentó paralelamente, al modo de la mecánica newtoniana, "fisicalizar"[4] lo social. La mecánica se atenía a la descripción de los cuerpos observables y la ciencia social a la de los hechos observables. No había entre ambas diferencias de método (es decir, se afirmaba el monismo metodológico) ni objeto de estudio. En cuanto al derecho, así metodizado científicamente, le correspondía "describir" el sistema normativo. Esta operación permitió tomar estado definitivo a la "ciencia del derecho" y transformó la enseñanza de nuestra disciplina y el *status* del jurista, que dejará de ser un jurisprudente para convertirse en doctrinario y legista del *dogma iuris*, creación monopólica del Estado: la *lex* estatal absorbe al *jus*. El derecho deviene ley. Y en la universidad – hay quienes podemos recordarlo – el Código era el derecho y el derecho se cifraba en el Código. Quizás hoy resulte difícil entender la fe en la exactitud de la creación codificadora que mantuvo la generación del positivismo dogmático que la vio establecer originariamente, y por eso me permitiré traer un ejemplo. En 1869 se sancionó en la Argentina el Código Civil que, con algunas reformas, se mantuvo hasta su total transformación en un nuevo instrumento legal promulgado en 2015. El autor de aquella magna obra de más de cuatro mil artículos fue, sin otros colaboradores, el jurista Dalmacio Vélez Sársfield. En el Congreso federal se discutía si el texto debía aprobarse "a libro cerrado", es decir, sin discutirlo artículo por artículo, o entrar a considerarlo en detalle. El condimento anecdótico era la relación sentimental que unía al entonces presidente de la república, Domingo Faustino Sarmiento, con Aurelia, la hija del codificador Vélez Sársfield, veinticinco años menor y ambos casados, lo que animaba a los opositores a insinuar que la modalidad *fast track* para su sanción provenía de aquel vínculo. Entonces, en el Senado se levantó la voz de un ex presidente, Bartolomé Mitre, que en defensa de la aprobación a libro cerrado y elevándose sobre todo chismorreo, dijo: "El Congreso ha encomendado el Código Civil a los hombres de ciencia porque es una operación científica igual a la del metro, igual a la de la moneda, igual a los puntos de la latitud y de la longitud, a los astrónomos, a los metalúrgicos y a los geográficos". Un código proporcionaba a un conflicto una respuesta tan exacta como la de una regla graduada o la de un sextante. Se aprobó sin más.

---

4. Esto es, extender el lenguaje y la matriz categorial de la física a todas las ramas del saber.

No sin cierta nostalgia, aunque crítico del positivismo, ya en mi tiempo revestido con los ropajes normativistas, recuerdo aquella época en que de una lado había un expediente, del otro un juez y, en el medio, un Código. Regía entonces en la Argentina, un control constitucional difuso y débil, ya que el juez, al ejercitarlo, no invalidaba ni anulaba una ley o un acto, sino que se limitaba a inaplicarla al caso, juzgando conforme a la norma que consideraba vigente para el supuesto concreto. No declaraba ninguna inconstitucionalidad de la ley preterida, sino que fundaba simplemente su apartamiento de ella. Un jurista de la época, y notable juez, Adolfo Plíner, anotaba: "el poder judicial administra justicia y nada más, y si intenta invadir las competencias de los otros poderes erigiéndose en su mentor o en su censor, aunque fuera con la mejor de las intenciones, para preservar el orden constitucional, lo romperá en el momento mismo en que extralimite su función específica".[5] La agencia judicial se presentaba, así como una especie de amable paquidermo que consumía hechos alegados y probados en un expediente y, metabolizándolo con la letra de los códigos y las orientaciones jurisprudenciales, expulsaba sentencias. En el Código, se suponía, estaban todas las respuestas y el juez no podía dejar de juzgar, esto es, de aplicarlo teniendo en cuenta la anotada preservación constitucional, so pretexto de silencio, oscuridad o insuficiencia del mismo Código, cuya completitud se descontaba, y si pretendiese ese imposible, el juez se convertiría en reo de prevaricación (art. 4º, *Code Napoléon*, art. 15, ex Código Civil).

Centralidad de los tribunales constitucionales

Este edificio armonioso, al menos en su fachada, que dio buen cobijo durante largo tiempo a los operadores jurídicos, está hoy en derrumbe. El paradigma positivista normativista imploto; en otras palabra, no fue vencido por otro paradigma que tomase inmediatamente su lugar. Puede sostenerse que, en puridad, ha tomado la posta un nuevo positivismo moral derivado del principialismo de la constitución global.[6] Lo cierto es que atravesamos un interregno que ha dado en llamarse pospositivista, con los antiguos dioses perdiéndose en el ocaso y los destinados a sustituirlos no reconocibles del todo aún, aunque se vislumbren en el

---

5. *Inconstitucionalidad de las Leyes*, Abeledo Perrot, Buenos Aires, 1961, p. 62. Tal era el criterio mayoritario imperante por entonces en la Corte Suprema de Justicia.
6. Coincido en este punto con Lenio Luiz Streck: "Constituição, interpretação e argumentação: porque me afastei do constitucionalismo", en *Constituição, Política e Cidadania em Homenagem a Michel Temer*, coordinadores: George Salomão Leite e Ingo Wolfgang Sarlet, Porto Alegre, GIW Editores, 2013, pp. 297 y ss.

firmamento jurídico. El problema es que, frente a un cierto número de casos corrientes y habituales, el operador jurídico no tiene más remedio que actuar "como si" aquel positivismo normativista gozase aún de buena salud y recorrer las galerías en escombros y fatigar las escaleras desgastadas del viejo edificio ruinoso con el mismo ceremonial de los tiempos del antiguo esplendor.

Litigantes y tribunales argumentan habitualmente a partir de referencias al bloque de constitucionalidad, donde los tratados posmodernos de derechos humanos y, en nuestra ecúmene cultural iberoamericana, especialmente la Convención Americana de Derechos Humanos, juegan un rol solar. Nuestros tribunales constitucionales han ido escalando en la facultad, muchas veces autoarrogada, de establecer el efecto *erga omnes* de sus sentencias. La Corte Suprema argentina ofrece un ejemplo muy claro. Aunque de acuerdo con los instrumentos legales y su antigua jurisprudencia el argentino es el único ámbito judicial iberoamericano donde se ejerce un control constitucional difuso, al modo norteamericano, siendo el fallo sólo referible al caso, con efecto *inter partes*, el Alto Tribunal suele sentenciar con alcance *erga omnes* y poner en práctica un *stare decisis* de hecho. El venerable James Bryce, en su *The American Commonwealth* (1888), contaba el caso del inglés que, anoticiado de que la suprema corte federal fue creada para proteger la constitución e investida de autoridad necesaria para anular las leyes repugnantes a sus preceptos, pasó dos días buscando en el texto de la constitución de los EE.UU. las disposiciones señaladas y naturalmente no pudo encontrarlas.[7] Si consiguiéramos por milagro llevar hoy a la Argentina al curioso inglés del cuento, lo dejaríamos en la misma perplejidad si quisiera encontrar en nuestra constitución dónde se encuentran las disposiciones del constituyente que autoricen a nuestro alto tribunal a convertirse en areópago con ejercicio de un control constitucional fuerte. Sus decisiones, más allá del caso resuelto, van alcanzando, como dijimos, progresivamente un efecto *erga omnes*, a veces explícitamente manifestado y en otras de hecho, lo que va de la mano con la culminación de la doctrina sobre posibilidad y obligatoriedad para los jueces del control constitucional de oficio.[8] En el espíritu del tiempo

---

7. Citado en Enrique García Merou, *Recurso Extraordinario*, Buenos Aires, 1915, p. 31.

8. Alberto B. Bianchi, "De la obligatoriedad de los fallos de la CS – Una reflexión sobre la aplicación del *stare decisis*", ED, Serie Constitucional, t. 2000/1. En "Cerámicas San Lorenzo SA" (fallos 307-1094), la Corte estableció que "los jueces inferiores tienen el deber de conformar sus decisiones" a los fallos supremos, aunque sólo decididos en procesos concretos, porque de otro modo aquellos fallos inferiores "carecen de fundamentos", salvo que justifiquen la modificación del criterio sentado

está que, sea por vías difusas o concentradas, se plantee como imperativo sin el que no puede concebirse un Estado constitucional ni hablarse de democracia constitucional, el control constitucional "fuerte" a cargo de un altísimo tribunal en teoría soberano que puede anular y expulsar del ordenamiento jurídico normas y actos. He expresado en diversas ocasiones reservas a este megacontrol constitucional y sus virtudes y beneficios hasta ahora inconcretados. Tales reparos se inscriben en una crítica de fondo al asiento doctrinario de aquel imperativo de la época, es decir, al trípode Estado constitucional-democracia constitucional-neoconstitucionalismo, que el autor de esta entrega ha efectuado en varios trabajos a los que debe necesariamente remitirse.[9] Como contracara de la crítica que se anuncia a la acepción "fuerte", la reivindicación de un ejercicio de protección constitucional "débil", que funcionase a título de "atribución moderadora",[10] como lo hubo entre nosotros, resultaría, a juicio del autor, más beneficioso que el activismo actual. Bien sabe que podría ser tachado de ejercicio nostálgico, con la letra de una vieja canción: "no se estila, ya sé que no se estila". Pero en las ocasiones en que el pensamiento jurídico se presenta monolítico y monocolor, conviene poner a prueba un lugar común, aunque ya casi parezca escapar a toda crítica.

En el mismo sentido, se advierte que nuestros tribunales tienden a transformar en casos difíciles y hasta trágicos, que deben ser zanjados por

por el tribunal supremo. Mientras en sus fundamentos el ministro Fayt habló de un "deber moral" de los jueces en el ajuste al precedente, la mayoría afirmó un "deber" a secas en tal sentido. Posteriormente, en el caso "Bussi" (fallos 330-3160) se confirma que el precedente debe ser respetado, con fundamento en la igualdad ante la ley, para una igual solución a casos análogos, y en la seguridad jurídica, condición de la certeza y estabilidad del derecho. Con ello, como advierte Bianchi, se va produciendo un derecho jurisprudencial con efectos similares al del *common law*, donde la resolución tribunalicia de los casos va tomando el lugar de ley suprema. En cuanto a la declaración de inconstitucionalidad de oficio, hacia cuya aceptación se fue marchando escalonadamente desde "Mill de Pereyra" hasta "Banco Comercial de Finanzas SA", culmina en "Rodríguez Pereyra", del 27.11.2012, cuando el control *ex officio* se extiende de la constitucionalidad también a la convencionalidad.

9. Ver Luis María Bandieri, "Notas al margen del neoconstitucionalismo", *EDCO (El Derecho Constitucional*, serie especial), Buenos Aires, 2009, p. 343; "En torno a las ideas del constitucionalismo en el siglo XXI", en *Estudios de Derecho Constitucional con motivo del bicentenario*, Eugenio Luis Palazzo, director, El Derecho, Buenos Aires, 202, pp. 33-51; "Justicia constitucional y democracia: ¿un mal casamiento?", en *Jurisdição Constitucional, Democracia e Direitos Fundamentais*, coordinadores George Salomão Leite e Ingo Wolfgang Sarlet, Bahia, JusPodium, 2012, pp. 333-363.

10. Frase contenida en el equivalente argentino del caso Marbury, es decir, "Municipalidad c/ Elortondo", Fallos 33-163.

medio de la ponderación entre principios y valores tenidos por equivalentes, con apartamiento de la ley y de la misma constitución en algunos casos, cuando ellos podrían ser resueltos prudencialmente a través de la aplicación de ese mismo instrumental desechado. Cierto es que la ponderación permite colocar al juez, y a su subjetividad, "pesando" principios sin un sistema objetivo de pesas y medidas aplicable, en el centro de la escena y bajo los focos mediáticos, como el demiurgo que va creando y recreando el derecho con la blanda arcilla de los principios y valores. El activismo judicial, que conlleva lo que se ha llamado "sobreinterpretación constitucional",[11] extensiva mediante el argumento *a simili* a cualquier aspecto de la vida social y política, pese a reparos teóricos, se derrama tanto cualitativa como cuantitativamente, en un proceso de continua realimentación e incremento del derribo de límites, como ha ocurrido en la Argentina con la consideración como sujetos de derecho de los animales no humanos.[12] Miguel Carbonell afirma así este aspecto: "el activismo judicial (...) significa simplemente que el juez toma todas las normas constitucionales en serio y las lleva hasta el límite máximo que permite su significado semántico". Y agrega el autor mexicano: "la democracia constitucional debe contar con jueces vigilantes, custodios intransitables e intransigentes de los derechos fundamentales; jueces que estén dispuestos y bien preparados para llevar las normas que prevén tales derechos hasta sus últimas consecuencias, maximizando su contenido normativo".[13] Tal activismo judicial suele darse en paralelo con el activismo de grupos de presión, ONG's, agrupaciones de minorías afectadas, etc., en un proceso que sigue una progresión habitual: colocación del conflicto en la agenda mediática, obtención de la respuesta judicial y tardío reconocimiento en términos legislativos. Este proceso permite a cada individuo desenvolver al máximo su plan de vida, su proyecto biográfico, requiriendo de los poderes públicos y de los otros individuos las prestaciones o abstenciones del caso, por la vía judicial de ser desatendido. De ese modo, dice Alexy,

11. Ver Riccardo Guastini, *Estudios sobre la interpretación jurídica*, México, IIJ-UNAM, Porrúa, 2009.
12. Es el caso de la orangutana Sandra, donde la sala II Cámara de Casación Penal Federal, el 18.12.2014 le reconoció al animal el carácter de sujeto de derecho. Se trata de una orangutana que se encontraba en el zoológico de la Ciudad Autónoma de Buenos Aires y respecto de la cual se dedujo acción de *habeas corpus* para trasladarla a un santuario situado en la República Federativa del Brasil. Ver Luis María Bandieri, "Los animales, ¿tienen derechos?", *Prudentia Iuris*, EDUCA, n. 79, diciembre 2015.
13. "Reinventar la democracia, reinventar el constitucionalismo", en *Estado Constitucional e organização do Poder*, organizadores André Ramos Tavares, George Salomão Leite, Ingo Wolfgang Sarlet, São Paulo, Saraiva, 2010, p. 83.

"quien consiga convertir en vinculante su interpretación de los derechos fundamentales – es decir, en la práctica, quien logre que sea adoptada por el Tribunal Constitucional Federal – habrá alcanzado lo inalcanzable a través del procedimiento político usual: en cierto modo, habrá convertido en parte de la Constitución su propia concepción sobre los asuntos sociales y políticos de la máxima importancia y los habrá descartado de la agenda política".[14] El individuo empeñado en llevar su proyecto biográfico a la realización procurará incorporar "su" derecho a la protección constitucional, vía la jurisdicción constitucional, sustrayendo esa pretensión del ámbito mediado por las instituciones del poder político.

¿Una nueva pirámide jurídica?

Para algunos, se ha establecido así una nueva "pirámide jurídica" que vendría a sustituir la que nos dejara el positivismo normativista, cuyo ápice se conformaría ahora con el bloque cosmopolítico de principios irrevocables e indecidibles, que expresan una constelación de valores universales resultantes de las convenciones del derecho posmoderno de los derechos humanos, sobrevolado por un mandato hipotético: "debes obedecer a la constitución global". Y esta constitución no es una medida para limitar o contener gobernantes, sino ella misma un gobierno impersonal desterritorializado, una gobernanza o *gouvernance* mundial "que ha de parirse – dice Segovia – entre los quejidos de los Estados nacionales resquebrajados y la petulancia de una economía global que no soporta otras reglas que las suyas".

La constitución que presidiría la flamante pirámide jurídica no es, obviamente, la de cada ordenamiento nacional, la ley constitucional concreta y particular – en ese caso, "Estado Constitucional" sería un simple sinónimo del viejo "Estado de Derecho". Aquella "ley suprema" expresaba una supremacía jurídica sobre un territorio determinado y la población que lo habitaba y, allí donde junto a la forma estatal hubiese una articulación federativa, se establecía, para el caso de conflicto, la superioridad de la norma "federal" (central) sobre la local, como ocurre con el art. 31 de la constitución argentina y su fuente, el art. VI, segundo párrafo de la constitución de los EE.UU. La Constitución en su sentido actual, encarna una supremacía jurídica y política, "puesto que el derecho ya no resulta subordinado a la política como si fuera su instrumento sino

---

14. Robert Alexy, "Derechos Fundamentales y Estado Constitucional Democrático", en *Neoconstitucionalismo(s)*, edición de Miguel Carbonell, cit., pp. 36-37.

que, al contrario, es la política la que se convierte en instrumento de actuación del derecho, sometida a los vínculos que le imponen los principios constitucionales"; esto es, se ha vaciado la política en el derecho, y éste, a su vez, se encuentra regido por un "derecho sobre el derecho" que son los principios constitucionales. Y ya no se trata de constituciones particulares, las que daban lugar a los habituales tratados o manuales de derecho constitucional "argentino" "brasileño" o el gentilicio del caso – cuando el Derecho Constitucional era simplemente "la materia comparsa del Derecho Civil o del Derecho Penal".[15] Ahora se trata de una constitución "cosmopolítica" que rige en una "esfera pública mundial", proveedora de principios y valores que ponen en acto derechos humanos con efecto irradiante, que pertenecen a una esfera indecidible por las instrumentos político-institucionales clásicos, a un "coto vedado". Una constitución rígida global, que establece el zócalo del derecho del individuo cosmopolita – *das Weltbürgerrecht* –, recogida en convenciones y declaraciones regionales y universales y expandida por tribunales supremos nacionales o continentales de carácter contramayoritario, colegios restringidos de expertos que se atribuyen un "poder constituyente permanente",[16] al modo de los "guardianes de Platón", según la frase mordaz del *Justice* Hand.[17] Aparece así un superpoder sobrevolando a los tres clásicos.

La superconstitución como otro

García Pelayo, con un eco aristotélico, definía a la constitución, allá por los 50 del siglo pasado, como la "ordenación de las competencias supremas el Estado".[18] En aquel tiempo, la constitución estaba *dentro* y en el ápice del ordenamiento jurídico estatal. Hoy, la constitución está *fuera y enfrente* del ordenamiento jurídico estatal, lo que mueve a pensar que la metáfora dela pirámide ya no resulta de aplicación. Gil Domínguez lo

---

15. Como dicen, Ana C. Calderón Sumarriva y Guido C. Águila Grados, en "El Desborde la Justicia Constitucional en el Perú", trabajo originariamente publicado en *Garantismo Procesal*, Medellín, Colombia, septiembre de 2012 y reproducido en <www.eldial.com>, del 21.11.2012.

16. Woodrow Wilson llamó críticamente a la Corte Suprema norteamericana, por la facultad arrogada de control constitucional fuerte, "convención constituyente en sesión permanente"; Paulo Bonavides llama a la justicia constitucional: "segundo poder constituyente"; el Tribunal Constitucional peruano se autotitula: "vocero del poder constituyente" y "poder constituyente constituido".

17. Ver "Justicia constitucional y democracia: ¿un mal casamiento?", cit., n. 8, p. 347.

18. Manuel García Pelayo, *Derecho Constitucional Comparado*, Madri, 1957, p. 19.

define muy claramente: "el Estado constitucional de derecho configura un paradigma en donde *la Constitución* es el nexo que une el Estado con el derecho, generando de esta manera una serie de consecuencias positivas para las personas, al presentarse *como un Otro que no produce respuestas absolutas y que intenta garantizar la convivencia pacífica de una sociedad heterogénea* que presenta como característica esencial una constelación plural de biografías".[19] La constitución es fuente de valores y usina constante de principios, que se van reformulando a medida que, en ese adunamiento de proyectos biográficos individuales, se presentan conflictos entre valores contrapuestos, que los jueces arbitran mediante un ejercicio de ponderación – es decir, pesaje – abierto a la subjetividad, ya que carecen de un sistema objetivo de medidas, que no sea un retorno referencial a la contextura problemática de principios y valores contrapuestos, que así se convierten en única fuente del reconocimiento de derechos y sentencias de mérito. Esa constitución ya no es el ápice de un ordenamiento jurídico localizado sino, por lo menos en su parte dogmática, un capítulo de una constitución cosmopolítica supraestatal y prácticamente desterritorializada. En este marco, el control "fuerte" de constitucionalidad se ha transformado sin que los constitucionalistas clásicos lo advirtiesen, porque el núcleo controlante no es ya la "supremacía" local, como la del art. 31 CN, sino la cúspide piramidal formada por principios cosmopolíticos irrevocables e indecidibles, que expresan una constelación de valores universales resultantes de las convenciones del derecho posmoderno de los derechos humanos, sobrevolada por un mandato hipotético: "debes obedecer a la constitución global". Esta constitución global no resulta, como las constituciones estatales clásicas, un modo de límite o contención para los gobernantes, sino es ella misma un gobierno impersonal desterritorializado: la "gobernanza", expresión que ha entrado, muchas veces de modo incauto, en el léxico constitucionalista.

La estatalidad se disuelve en el "Estado Constitucional", porque su ordenamiento jurídico territorial se ha transferido al ámbito constitucional y la constitución es apenas un capítulo de una superconstitución global. No hay forma política "Estado" concebible sin una "evidencia territorial",[20] asiento del "animal político" definido por su arraigo territorial en un lugar, llámese *polis*, reino o nación-Estado. Junto con la territorialidad, se pierden también las referencias al pasado común, ya

---

19. Andrés Gil Domínguez, *Estado Constitucional de Derecho, psicoanálisis y sexualidad*, Buenos Aires, EDIAR, 2011, p. 87, destacado nuestro.
20. Ver Jean-Marie Guéhenno, *El Fin de la Democracia – La crisis política y las nuevas reglas de juego*, Barcelona, Paidós, Estado y Sociedad, 1995, pp. 23 y 30.

que los principios de esta superconstitución global se definen en un puro presente continuo en constante expansión e irradiación, por referencia a valores difusos y ubicuos. Los órganos dinámicos de este proceso son las cortes supremas y tribunales constitucionales, así como las cortes supranacionales, por ej., la Corte Europea de Derechos Humanos o la Corte Interamericana de Derechos Humanos: esta última se declara intérprete suprema de las convenciones interamericanas.[21] Este judicialismo constitucionalista se expresa con las técnicas del derecho, velando así que estas decisiones toman el lugar de las decisiones políticas; literalmente, las suplantan.[22] Ya Carl Schmitt había entrevisto (1927) que "el ideal pleno del Estado burgués de Derecho culmina en una conformación judicial general de toda la vida del Estado. Para toda especie de diferencias y litigios (…) habría de haber, para ese ideal de Estado de Derecho, un procedimiento en que (…) se decidiera a la manera del procedimiento judicial".[23] En otro lugar (1932), el mismo autor, hablando del Estado jurisdiccional, judicialista o judiciario, donde la última palabra es la del juez y no la del legislador, estando la justicia separada del Estado y colocada por encima de él, que sólo ve posible "en épocas de concepciones jurídicas estables y propiedad consolidada" anota: "en una comunidad semejante apenas podría hablarse de 'Estado', porque el lugar de la co-

---

21. Al respecto, la Corte Interamericana de Derechos Humanos, en el caso "Furlan y familiares *vs.* Argentina", del 31.8.2012, estableció: "respecto al objeto y fin del tratado, *la Corte ha establecido en su jurisprudencia que los tratados modernos sobre derechos humanos*, en general, y, en particular, la Convención Americana, *no son tratados multilaterales de tipo tradicional*, concluidos en función de un intercambio recíproco de derechos, para el beneficio mutuo de los Estados contratantes. *Su objeto y fin son la protección de los derechos fundamentales de los seres humanos. Así, al aprobar esos tratados sobre derechos humanos, los Estados se someten a un orden legal dentro del cual ellos, por el bien común, asumen varias obligaciones, no en relación con otros Estados, sino hacia los individuos bajo su jurisdicción*" (parr. 39). Y la Corte Suprema argentina en "Rodríguez Pereyra Jorge Luis c/ Ejército Argentino s/ daños y perjuicios", R. 401 XLIII, señaló "en el precedente "Mazzeo" (Fallos: 330:3248), esta Corte enfatizó que *"la interpretación de la Convención Americana sobre Derechos Humanos debe guiarse por la jurisprudencia de la Corte Interamericana de Derechos Humanos (CIDH)"* que importa *"una insoslayable pauta de interpretación para los poderes constituidos argentinos en el ámbito de su competencia y, en consecuencia, también para la Corte Suprema de Justicia de la Nación*, a los efectos de resguardar las obligaciones asumidas por el Estado argentino en el sistema interamericano de protección de los derechos humanos" (considerando 20).
22. "Suplantar" es ocupar subrepticiamente el lugar de otro; literalmente, poner nuestra planta del pie donde debe pisar otro.
23. Carl Schmitt, *Legalidad y legitimidad*, trad. de José Díaz García, Aguilar, 1971, n. 15, p. 144.

munidad política lo ocuparía una mera comunidad jurídica y, al menos según la ficción, apolítica".[24]

Conclusiones abiertas

Algunas conclusiones, que en modo alguno pueden resultar un cierre.

Presenciamos el despliegue de un proceso abierto apenas clausurada la Segunda Guerra Mundial, cuando con la mejor intención de cerrar un capítulo trágico, se decidió edificar las sociedades sobre los derechos individuales – y no sobre deberes fundamentales, como las culturas tradicionales y el Occidente histórico sostuvieron.[25] Dejo la palabra a Alain Supiot: "según esa perspectiva, sólo hay derechos individuales. Toda regla es convertida en derechos subjetivos (...). Se distribuyen derechos como si se repartieran armas, y después que gane el mejor. Así desgranado en derechos individuales, el Derecho desaparece como bien común. Porque el derecho tiene dos caras, una subjetiva y la otra objetiva, y son dos caras de una misma moneda. Para que cada cual pueda gozar de sus derechos, es preciso que aquellos derechos minúsculos se inscriban en un Derecho mayúsculo, es decir, en un marco común y reconocido por todos (...) el individuo no necesitaría el Derecho para ser titular de derechos, sino que, por el contrario, de la acumulación y el choque de los derechos individuales surgiría, por adición y sustracción, la totalidad del Derecho".[26]

El Estado de derecho clásico, centrado en la ley, no se reveló, a la larga, sobre todo al producirse su fracaso bajo la fachada de Estado del Bienestar, el más apto para el cumplimiento de tan vasto programa. Allí se dio el empuje de la corriente neoconstitucionalista y el surgimiento del Estado Constitucional, que coloca la soberanía en cabeza de la impersonal superconstitución global, manifestada en el oráculo judicial. Esta nueva forma, surgida en el crepúsculo de la modernidad, intensifica la metafísica de la subjetividad extrema que permea la época moderna. Centrada en una concepción irradiante y expansiva de los derechos subjetivos individuales, concibe una sociedad con tendencia planetaria integrada por distintos

---

24. Carl Schmitt, ob. cit., p. 11.
25. Ver Luis María Bandieri, "Derechos fundamentales ¿Y Deberes fundamentales?", en *Direitos, deveres e garantias fundamentais*, cit., pp. 211-245. Con provecho puede consultarse, en la misma obra, Gabriel Maino, "Derechos fundamentales y la necesidad de recuperar los deberes: aproximación a la luz del pensamiento de Francisco Puy", pp. 19-45.
26. Alain Supiot, *Homo Juridicus*, Siglo XXI ediciones, Buenos Aires, 2007, p. 28. El destacado es nuestro.

donde cada uno puede y debe alcanzar el cumplimiento pleno de los deseos de su plan biográfico. Como un símil de objetividad equilibrante, coloca una suerte de universalismo laico, que pretende definir la particularidad a partir de una noción abstracta previa, que en buena parte reside en la desvinculación del principio de igualdad jurídica de todo marco interpretativo de referencia, tornándolo absoluto, de modo que los seres humanos se convierten en entes fungibles, sin cualidades y notas propias.

Si se tratase de una disputa en el nivel puramente teórico, la cuestión podría quedar circunscripta al corrillo académico. El problema es que el Estado Constitucional no se demuestra la altura de su promesa: hambre, persecuciones, guerras civiles y estados de excepción generalizados, operaciones genocidas e insensibles "daños colaterales", crimen organizado en trata de armas y de personas y narcotráfico, etc., no han sido alcanzados por el empeño neoconstitucionalista. En su intento de juridizar completamente los elementos políticos se está yendo a un renuevo del positivismo, superando la etapa normativista por un positivismo de valores, teñido de moralismo. Ello implica entronizar un nuevo "señor del derecho": un juez activista ponderativo, personaje donde culminaría y encontraría consagración la fabricación de "consensos racionales" sobre los valores dominantes. Los jueces activistas, sin embargo, fuera de su efímero estrellato en el espectáculo, se revelan como sujetos doblegables a las técnicas de amansamiento de ejecutivos hipercráticos. En la pantalla, cuanto más cambian las figuras, más permanece reflejado el núcleo del dolor humano sin respuesta jurídica válida.

La idea de que podemos librarnos de todo límite, ya se sabe desde antiguo, lleva un castigo por Némesis de la propia desmesura. En algún momento, la exageración de su principio reconducirá el péndulo y las nociones de objetividad y realidad encontrarán nueva ocasión de manifestarse en el campo del derecho: los árboles no crecen hasta el cielo. Mientras tanto, el centro de la escena del pensamiento jurídico general y del constitucional en particular, donde antes estuvieron códigos y constituciones, en los tres lustros que han corrido del siglo, lo ocupa la superconstitución global.

Capítulo XVII

JAMES OTIS Y EL "WRITS OF ASSISTANCE CASE" (1761)

FRANCISCO FERNÁNDEZ SEGADO

1. Introducción: Breve aproximación al "dictum" del "Bonham's case". 2. El fuerte impacto sobre el pensamiento jurídico colonial americano de la doctrina establecida por el Juez Edward Coke en el "Bonham's case". 3. Aproximación a la figura de James Otis y a la de algún otro personaje del caso. 4. El "Writs of Assistance Case" (1761): 4.1 El instituto del "writ of assistance"; 4.2 Los hechos del caso; 4.3 La brillante argumentación de Otis; 4.4 Suspensión del proceso y ulterior decisión del Tribunal (noviembre de 1761). 5. La trayectoria posterior de James Otis.

1. Introducción: breve aproximación al "dictum" del "Bonham's case"

El celebérrimo *dictum* sentado por el no menos famoso Juez Edward Coke en el *Bonham's case* (1610) es tan conocido por cualquier mínimo estudioso de la justicia constitucional como para que nos sintamos exentos de la obligación de entrar en la exposición del caso, algo que, por lo demás, no constituye el objeto de este trabajo. Ello no obstante, sí queremos recordar mínimamente la reflexión en la que Coke va a formular la teoría constitucional de la *judicial review*, aunque no falten autores que no han visto en el *dictum* del juez inglés sino la mera enunciación de una máxima de la interpretación constitucional, polémica en la que tampoco podemos entrar aquí.

El argumento más recordado, aunque sea tan sólo uno de los cinco en los que Coke va a apoyar su decisión, es, simplificándolo al máximo, el de que los censores del *Royal College of Physicians* de Londres que iban a sancionar a Thomas Bonham (que, no se olvide, había obtenido el grado de la licenciatura en Medicina por la Universidad de Cambridge) por ejercer la medicina en la ciudad de Londres con vulneración de lo previsto en los estatutos que regían el citado *College*, al no haber sido autorizado por el mismo para dicho ejercicio, actuaban al unísono como juez y parte, y ello era claramente contrario al *common law*.

Quizá convenga recordar que el *Royal College of Physicians* había sido fundado en 1518, siendo Canciller el famoso cardenal Wolsey. Una ley del Parlamento confirmó su *charter*, que había sido aprobada durante el reinado de Enrique VIII; de conformidad con la misma, el *College* obtuvo el derecho a actuar como un tribunal en orden a enjuiciar a todos los que practicaban la medicina en Londres, lo que se traducía en la admisión como miembros del *College* (quedando por lo mismo habilitados para el ejercicio de la práctica médica) de quienes los censores del Colegio consideraran académicamente cualificados, en la concesión de licencias a quienes, sin una cualificación académica, hubieren demostrado su experiencia práctica, y en el castigo de quienes ejerciesen la medicina deficientemente y sin su autorización. El Colegio de médicos londinense estaba legalmente habilitado no solo para la imposición de multas, sino (tras una ley del primer Parlamento de la Reina María) también para decidir la prisión de quienes ejercieren la medicina deficientemente y sin su autorización. Los dignatarios del Colegio podían mantener en prisión a tales personas a su voluntad. Es de notar la particularidad de que el montante de las multas impuestas por los censores (así se les conocía) del *College* se repartía a partes iguales entre el Rey y el propio *Royal College*. Y también es un dato que recuerda Cook, que con tales previsiones, la autoridad jurídica del Colegio se alzaba frente a la pretensión del *common law* de que para practicar la medicina uno no necesitaba mas que el consentimiento del paciente. Todo ello, al margen ya de que las competencias del *College* para autorizar la práctica de la medicina se superponían con las de los obispos, de otorgar licencia a los médicos y cirujanos ("physicians and surgeons"), y con la obvia capacidad de las Universidades de emitir títulos que habilitaban para la práctica de la medicina y cirugía.

En su decisión, suscitada por una demanda de Thomas Bonham en cuyos detalles no vamos a entrar, Coke iba a argumentar que los censores no podían ser jueces, secretarios y partes ("the Censors cannot be Judges, Ministers, and parties"); jueces para dictar sentencia, secretarios para hacer requerimientos, y partes para tener la mitad de la multa o confiscación, "quia aliquis non debet esse Judex in propria causa, imo iniquum est aliquem sui rei esse judicem" (porque nadie debe ser juez en su propia causa, es una injusticia para cualquiera ser el juez de su propia propiedad), y uno no puede ser juez y fiscal para cualquiera de las partes ("and one cannot be Judge and Attorney for any of the parties"). La idea de que debía de haber, al menos, tres personas, el demandante, el demandado y el juez, para que pudiera existir un caso judicial y alcanzarse una sentencia, e implícita en ella, la de que la decisión no podía alcanzarse adecuadamente a menos que las tres personas de la trinidad fueran distintas, estaba perfectamente asumida desde tiempo atrás. Henry de Bracton, en el siglo XIII (aunque la obra no se publicaría hasta 1569), en su importante libro *De legibus et consuetudinibus angliae*, escribiría, que un juez sería descalificado con base en fundamentos tales como el parentesco, la enemistad o la amistad con una de las partes, o a causa de que estuviere subordinado en su *status* a una de las partes, o hubiere actuado como su abogado, si bien parece que Bracton tomó prestada esta consideración del Derecho canónico, y no cabe olvidar que mientras los tribunales eclesiásticos aplicaban claramente estas reglas para la recusación del *suspectus iudex*, no parece que ese fuera el caso en los tribunales ingleses, o por lo menos, no se menciona ningún caso en que análogas reglas hubieren sido aplicadas en los *Year Books*.

Justamente tras la reflexión precedentemente expuesta, Coke añadía la celebérrima reflexión que connota su sentencia:

> And it appeareth in our Books, that in many Cases, the Common Law doth control Acts of Parliament, and sometimes shall adjudge them to be void: for when an Act of Parliament is against Common right and reason, or repugnant, or impossible to be performed, the Common Law will control it, and adjudge such Act to be void. (Y aparece en nuestros libros, que en muchos casos el *common law* controla (tiene autoridad sobre) las leyes del Parlamento, y a veces debe declararlas nulas, pues cuando una ley del Parlamento es contraria al Derecho común y la razón, contradictoria, o imposible de ser cumplida, el *common law* debe tener autoridad sobre ella y declarar que tal ley es nula.)

Este conocido pasaje ha venido siendo considerado por un buen número de autores, desde tiempo atrás, como el acta de nacimiento de la doctrina de la revisión judicial de la legislación. Plucknett fue el primero en pronunciarse con meridiana claridad al respecto, en un artículo que sigue siendo un verdadero clásico de la literatura jurídico-constitucional norteamericana. Para el eminente Profesor de Harvard, "the solution which Coke found was in the idea of a fundamental law which limited Crown and Parliament indifferently". Bien distinta a la de Plucknett iba a ser la interpretación de la decisión dada por Thorne, que en pocas palabras podría compendiarse en ver en el pasaje de Coke una máxima de la interpretación estatutaria.

Tan sólo añadiremos, para zanjar la controvertida cuestión, que con independencia de cuál fuera la pretensión última de Edward Coke, lo cierto y verdad será que la interpretación que a su *dictum* se dio en las colonias americanas, a las que llegó a través de los *Digests* y *Abridgments* de su época, se iba a incardinar dentro de la teoría constitucional de la *judicial review*. Y de ahí que Sherry haya podido escribir: "It seems to be fairly widely accepted that Edward Coke was one of the primary sources of the American institution of judicial review". Y Schwartz haya subrayado asimismo la fundamental contribución de Coke al constitucionalismo norteamericano, por cuanto al sostener la supremacía del Derecho, su doctrina fue de gran importancia para los *Founders* de la República. "When they spoke of a government of laws and not of men, they were not indulging in mere rhetorical flourish". Ciertamente, no se puede olvidar la harto diferente coyuntura política de las colonias, bien reticentes frente al Parlamento británico, considerado, no sin buenas razones, como un órgano opresor, lo que rápidamente posibilitó que el *dictum* de Coke, interpretado en el sentido expuesto, pronto se incorporara al arsenal de armas utilizadas frente al Parlamento inglés. Desde este punto de vista, el *Writ of Assistance Case* y la figura de James Otis son paradigmáticas.

2. El fuerte impacto sobre el pensamiento jurídico colonial americano de la doctrina establecida por el Juez Edward Coke en el "Bonham's Case"

I. El pensamiento jurídico de Coke iba a tener un notabilísimo impacto en las colonias, un impacto que aunque tendemos a centrarlo en la doctrina de la *judicial review*, desbordó con creces ese ámbito. Los hombres de la Revolución americana se nutrieron intelectualmente de los escritos de Coke, particularmente de sus *Institutes*. Para ellos, Coke era el "coloso contemporáneo del Derecho". John Adams lo calificó como "our juvenile oracle". No ha de extrañar que así fuera por cuanto en la figura de Edward Coke se vio un gran juez, un profundo comentarista del Derecho y el paladín parlamentario frente a la tiranía regia. Coadyuvó también en la acentuación de esta admiración la enorme erudición de nuestro personaje, una de cuyas manifestaciones más evidentes era su conocimiento del Derecho antiguo, por así llamarlo, hasta el punto de que fuera considerado en este orden de cosas como un verdadero anticuario, que además contribuyó enormemente a la apertura de nuevos campos del saber, siempre enfocados desde la óptica propia de un auténtico defensor del *rule of law*.

Por lo demás, su *dictum*, como antes anticipábamos, era muy fácilmente accesible, puesto que aparecía recogido en los *Abridgments*, verdaderas enciclopedias del Derecho inglés, muy manejados y estudiados por los abogados de las colonias. El *dictum* del *Bonham's case* se repitió en los *Abridgments* de Viner, Bacon y Comyns, y como dice Goebel, en los litigios ante los tribunales americanos de esa época Coke tuvo un lugar preeminente en el "stock" usado por los abogados en los *common law cases*. Y todo ello sin contar con que muchos de esos abogados coloniales se habían educado en Inglaterra. A este respecto, recuerda Mullett, que al famoso abogado y político Patrick Henry le bastaron seis semanas dedicado al estudio de Coke para que fuera admitido en el prestigioso Colegio de Abogados de Virginia, lo que explica que el mencionado autor visualice a Coke en esa época como "la lámpara a cuyo través los jóvenes Aladinos del Derecho aseguraban sus tesoros jurídicos" ("the lamp by which young Aladdins of the law secured their juristic treasures").

Son múltiples los ejemplos que podrían aportarse acerca de su influencia sobre relevantes políticos y abogados. Aludiremos tan sólo a algunos de ellos. Refiriéndose al famoso *Commentary upon Littleton* de Coke, Jefferson dijo de él que era "el libro elemental universal para los estudiantes de Derecho", y que "nunca un más competente *Whig*, ni de más profunda erudición sobre las doctrinas ortodoxas, escribió sobre las libertades británicas". También John Adams, al que antes hemos aludido, tuvo un gran respeto a Coke. De él, dirá Mullet, sacó la creencia de que el *common law* era *common right* y el mejor patrimonio del súbdito, y sin él no había Derecho. John Rutledge, de Carolina del Sur, un importante personaje de la época revolucionaria, escribió que los *Institutes* de Coke "parecen ser casi los fundamentos de nuestro Derecho". En fin, James Wilson, de Pennsylvania, posiblemente la mejor cabeza jurídica de la época, miembro desde 1789 de la Supreme Court, acaso el más profundo estudioso en la América pre-revolucionaria del pensamiento de Coke, derivó del *Calvin's case* su defensa general de algunas de las pretensiones coloniales, especialmente la de que las colonias no se hallaban vinculadas por el Derecho estatutario inglés.

Y si nos centramos ahora en el *dictum* del *Bonham's case*, su significado en la América colonial fue inequívoco. El pensamiento germinal que Coke expresara en 1610 había evolucionado y se había convertido en la doctrina de que un tribunal podría considerar nulo un texto legal, promulgado por una asamblea legislativa limitada por un *fundamental law*, cuando el tribunal considerara que la ley en cuestión había transgredido sus límites. Hall ha ido aún más lejos en la apreciación de la trascendencia de la doctrina de Coke, lo que deja meridianamente claro cuando escribe, que en el siglo XVIII los líderes de la incipiente Revolución americana extrajeron una importante lección de la sentencia de Coke. Ellos vinieron a sostener que un Derecho superior judicialmente aplicable ("a judicially enforceable higher law") limitaba la autoridad del señor imperial, lo que a su vez tenía unas importantes consecuencias prácticas para la *judicial review*, porque significaba que los jueces podían legítimamente reivindicar "a policy-making role" sin necesidad de un directo apoyo popular. En fin, en 1915, en un informe de un comité de la New York Bar Association, se podía leer lo que sigue: "En resumen, la Revolución americana fue una revolución de abogados para aplicar la teoría de Lord Coke de la nulidad de las leyes del Parlamento que deroguen el common right y los derechos de los ingleses. Y aunque es obvio que se trata de una afirmación un tanto exagerada, es con todo sintomática del peso específico de las doctrinas de Coke en esos trascendentales momentos de la historia americana.

II. La doctrina sentada en el *Bonham's case*, o por lo menos la interpretación que de la misma se iba a extraer en las colonias inglesas surgidas al otro lado del Atlántico, encontraría en ellas un marco idóneo para su reviviscencia. La supremacía de un *fundamental law*, que no necesariamente había de encerrarse dentro del *common law* inglés, iba a encontrar entre los colonos de allende el Atlántico unos muy fieles seguidores. Según Corwin, la doctrina en cuestión se correspondió exactamente con las necesidades contemporáneas de muchas de las colonias en los primitivos días de su existencia, lo que explica que la misma representara "the teaching of the highest of all legal authorities before Blackstone appeared on the scene". Desde luego, la teoría de la supremacía legislativa tan ardientemente defendida por Blackstone, y con la que tan identificados se sentirían los *Whigs*, no significó en su origen que las asambleas legislativas existieran para elaborar las leyes, determinar la política a seguir o integrar los diversos intereses de una sociedad cada vez más mercantilizada, sino que su objetivo primigenio era otro. En la *Glorious Revolution*, con el dogma de la supremacía parlamentaria sobre la Corona no se pretendía tanto que el buen pueblo de Inglaterra promulgara las leyes que deseara, cuanto impedir a un monarca arbitrario que decidiera en su propio nombre y sin consentimiento parlamentario. Trasladada esta doctrina a las colonias, su significado aún se hacía más patente: prevenirse frente a las actuaciones unilaterales de un ejecutivo, el Gobernador británico, nombrado desde Londres, a fin de garantizar que fuera la expresión del consentimiento popular lo que verdaderamente diera su legitimidad a la ley. De otro lado, el Parlamento británico se hallaba muy alejado de ser el héroe idealizado de los colonos, que lejos de ello lo iban a contemplar como un cuerpo distante y falto de comprensión, en cuyas deliberaciones, además, no tenían parte. Así, la arraigada idea de la existencia de un *fundamental law*, el rechazo frente a las arbitrariedades del Parlamento y también un cierto temor ante los abusos de las asambleas legislativas coloniales, iban a ser determinantes para que el mundo jurídico colonial volviera la vista hacia Coke y su doctrina de la *judicial review*. Más aún, los colonos iban a acudir al gran Juez inglés para fundamentar su credo de que ese *fundamental law* garantizaba derechos tales como el de "no taxation without representation" o el de "trial by jury".

Coke había hablado de algo situado más allá de la invención humana ("of something beyond human invention"); Blackstone, por el contrario, no conocía tal límite sobre los legisladores ("knew of no such limit on human lawmakers"). Los abogados americanos, fervorosos seguidores desde tiempo atrás de Coke, se vieron así confrontados con las tesis de Blackstone. En la resolución de esta opción entre uno y otro resultó determinante el rechazo colonial de la opresión parlamentaria británica. Sin con ello querer dar a entender que la influencia de Blackstone fuera fugaz, lo que en absoluto fue así, los colonos depositaron su confianza en la doctrina de Coke. Ello tenía una lógica aplastante si se piensa que durante el siglo XVIII casi todos los ingleses de ambos lados del Atlántico habían reconocido algo que identificaban como un *fundamental law* que, como dice Wood, era una guía para la rectitud moral ("a guide to the moral rightness") y para la constitucionalidad del Derecho ordinario y de la política. Para darnos una idea de lo arraigada que en la mentalidad jurídica inglesa se hallaba esa noción de un *fundamental law* nos bastará con recordar, que aún un tan reconocido déspota como Cromwell pudo decir siglo y medio antes de Marbury *vs.* Madison que: "In every government there must be something fundamental, somewhat like a Magna Charta which would be inalterable". Y en lo que hace a los colonos del otro lado del Atlántico, encontraron atractivas las ideas de Coke en cuanto que las mismas sintonizaban con su idea de lo que había de ser el Derecho.

No ha de extrañar por todo ello que durante la etapa de la guerra revolucionaria, las bases teóricas para la judicial review fueran asentadas en las constantes apelaciones de los colonos a un *higher law* para sostener que determinadas leyes del Parlamento británico o disposiciones del Rey eran nulas. De esta forma, el sistema norteamericano de la *judicial review* – del que en realidad podría decirse con Grant, que "is nothing more than the absence of any special system" – se iba a presentar estrechamente conectado con la experiencia colonial, anterior pues a la Independencia.

A ello seguiría la recepción de las grandes construcciones dogmáticas de Vattel, Burlamaqui o Pufendorf, por citar tan sólo a algunos de los más significativos autores, que coincidían cercanamente con los menos refinados, pero igualmente fructíferos dicta del *Chief Justice* Edward Coke. Vale la pena, haciendo un breve *excursus*, recordar el posicionamiento adoptado por Emmerich de Vattel (1714-1767) en su obra clave, publicada en 1758, año en que justamente fue llamado por el Elector de Dresde para el ejercicio de funciones propias de un consejero. Nos referimos a su obra *Le Droit des Gens ou Principes de la Loi Naturelle, Appliqués à la Conduite et aux Affaires des Nations et des Souveraines*. En el capítulo III del Libro 1º de su libro Emmerich de Vattel trata "la Constitución y los deberes y derechos de las naciones a este respecto". Es la parte clave de la obra en lo que ahora interesa.

En esta obra capital se contiene la primera e inequívoca declaración de que una constitución es una ley fundamental que limita el poder de los cuerpos legislativos. Según Vattel, la legislación no estaba tan sólo limitada por el Derecho natural, sino por cualesquiera normas que el pueblo optara por incluir en su constitución. Para el pensador suizo, el respeto a la constitución es decisivo, como también es de la mayor relevancia el respeto a la ley. Escribe Vattel:

> The constitution of a State and its laws are the foundation of public peace, the firm support of political authority, and the security for the liberty of the citizens. But this constitution is a mere dead letter, and the best laws are useless if they be not sacredly observed. It is therefore the duty of a Nation to be ever on the watch that the laws be equally respected, both by those who govern and by the people who are to be ruled by them.

El autor suizo acuña la idea de que la constitución escrita es el fundamento de toda autoridad pública, a la par que deja meridianamente clara la distinción entre la ley fundamental y las leyes ordinarias. Y en relación a la cuestión que venimos abordando, esto es, hasta dónde alcanza la capacidad del poder legislativo en relación a la constitución: ¿Alcanza a modificar la constitución o, por el contrario, ésta no puede ser alterada por ese poder?, la respuesta de Vattel es de una asombrosa modernidad, no obstante haber sido escrita hace más de un cuarto de milenio. Hela aquí:

> The question arises whether their power extends to the fundamental laws, whether they (the legislative power) can change the constitution of

the State. The principles we have laid down lead us to decide definitely that the authority o these legislators does not go that far, and that the fundamental laws must be sacred to them, unless they are expressly empowered by the nation to change them; for the constitution of a State should possess stability; and since the Nation established it in the first place, and afterwards confided the legislative power to certain persons, the fundamental laws are excepted from their authority. It is clear that the society had only in view to provide that the State should be furnished with laws enacted for special occasions, and with that object it gave to the legislators the power to repeal existing civil laws, and such public ones as were not fundamental, and to make new ones. Nothing leads us to think that it wished to subject the constitution itself to their will. In a word, it is from the constitution that the legislators derive their power; how, then, could they change it without destroying the source of their authority? (La cuestión que se plantea es la de si su poder – el de los legisladores o poder legislativo – se extiende a las leyes fundamentales, si ellos pueden cambiar la constitución del Estado. Los principios que hemos establecido nos conducen a decidir definitivamente que la autoridad de estos legisladores no va tan lejos, y que las leyes fundamentales deben ser sagradas para ellos, a menos que sean expresamente facultados por la nación para cambiarlas, pues la constitución de un Estado debe poseer estabilidad, y ya que la nación la estableció en primer lugar y después confió el poder legislativo a ciertas personas, las leyes fundamentales están exceptuadas de su autoridad. Es claro que la sociedad tenía solamente en consideración disponer que el Estado fuera equipado con leyes promulgadas para ocasiones especiales, y con ese objetivo dio a los legisladores la facultad de derogar las leyes civiles existentes y las públicas que no fueran fundamentales, y hacer nuevas leyes. Nada nos lleva a pensar que deseara sujetar la misma constitución a su voluntad. En una palabra, es de la constitución de donde los legisladores derivan su poder; ¿cómo, entonces, podrían cambiarla sin destrozar la fuente de su autoridad?)

La argumentación de Vattel nos parece impecable. Su reflexión final de que la modificación por el legislativo de la constitución equivaldría a destrozar la fuente de autoridad en que aquél se apoya es incontrovertible, y deja manifiestamente puesta de relieve la idea de una constitución superior a las leyes y limitadora de la actuación del poder legislativo, idea que Alexander Hamilton desarrollará en el núm. LXXVIII de los *Federalist Papers*.

La trascendencia que todo ello iba a tener sería enorme, pues como concluye el espléndido ensayo de Plucknett, fue con base no sólo en las doctrinas de Vattel y otros acerca de la existencia de un *fundamental law*, sino también en la firme fe de que "what my Lord Coke says in Bonham's

Case is far from any extravagance", por lo que iban los americanos a establecer el audaz experimento de hacer una Constitución escrita que tendría a los jueces y a un tribunal (la *Supreme Court*) como sus guardianes.

3. Aproximación a la figura de James Otis y a la de algún otro personaje del caso

I. Nacido en 1725 en West Barnstable, James Otis iba a asistir entre 1739 y 1743 al *Harvard College*. En 1748 comenzó el ejercicio de la actividad forense en Plymouth, en la parte sur de la provincia en la que su padre había tenido una importante presencia como abogado. Tres años después, la Superior Court de circuito de Bristol le nombraba "Attorney for the Lord King". En los nueve o diez primeros años de ejercicio de la abogacía en Boston, Otis tuvo una escasa presencia en los asuntos públicos. Aunque fue nombrado Juez de paz en el condado de Suffolk, este nombramiento era tan sólo una prueba de su progresivo reconocimiento social.

En 1757 era nombrado Gobernador de la Provincia de Massachusetts Bay Thomas Powell; con él mantendría Otis unas muy cercanas relaciones, si bien es posible que las mismas no tuvieran otra razón que el común interés sentido por el estudio de los clásicos, por los que Otis siempre se mostró un seguidor apasionado, en lo que ciertamente coincidiría con otros personajes públicos de la época, sin ir más lejos con Jefferson y Hamilton. Cabe recordar al respecto, que en 1760 Otis publicó *The rudiments of Latin prosody with a dissertation on letters and the principles of harmony in poetic and prosaic composition*. Algo más de un siglo después, Tyler consideraba la obra como

> a book which shows that its author's natural aptitude for eloquence, oral and written, had been developed in connection with the most careful technical study of details. No one would guess (...) that it was written by perhaps the busiest lawyer in New England".

Poco antes de cesar en el cargo, en el otoño de 1760, el Gobernador Pownall iba a habilitar a James Otis para que actuara como Advocate general de la provincia, curiosamente, el cargo más directamente relacionado con los intereses de la Aduana en la *Vice-admiralty Court*. Otis ejerció como tal en el período de la Administración provisional de Thomas Hutchinson, que, siendo Vicegobernador, actuó como Gobernador en funciones hasta tanto llegó a Boston el nuevo Gobernador, Bernard.

Con la rápida sucesión de los acontecimientos, antes de la primavera de 1761, Otis había experimentado un giro radical, situándose frontalmente enfrentado con el Gobernador y las Aduanas, y en la posición de llevar a cabo el más violento asalto a la *Vice-admiralty Court* sufrido por este tribunal en los últimos treinta años. En mayo de 1761, el antes apolítico abogado se convertía en miembro de la *House of Representatives* de la provincia. Aunque no se conoce la fecha exacta de su cese en el cargo gubernamental que ocupaba, al tener el mismo relación directa con el caso de que nos estamos ocupando, parece razonable suponer que su dimisión no debió ser posterior al 24 de diciembre de 1760, pues ese mismo día Otis era el portavoz de una petición formulada ante la Asamblea de representantes acerca de la ilegalidad de los honorarios a pagar ante la *Vice-admiralty Court*, frente a la que ya se situaba en abierto conflicto. Relatando cómo se le pidió, en función de su cargo gubernamental, que interviniera en favor del *writ of assistance*, Otis se refería a su cese como Abogado general de la provincia aduciendo:

> I was solicited to argue this cause as Advocate-General, and because I would not, I have been charged with a desertion of my office; to this charge I can give a very sufficient answer, I renounced that office, and I argue this cause from the same principle; and I argue it with the greater pleasure as it is in favor of British liberty (...).

Estas palabras transmiten la impresión de que es a causa del problema jurídico desencadenado por el *writ of assistance* por lo que Otis abandona su relevante cargo de Abogado general; incluso, que él lo deja con vistas a poder intervenir en la posición contrapuesta, esto es, en contra de la solicitud de tales *writs*. Siendo esto verdad, aunque, dicho sea al margen, no dejan de existir todavía hoy dudas al respecto, se incrementa la importancia histórica de la controversia jurídica acerca de la figura de los *writs of assistance*.

II. Vale la pena recordar a continuación algo sobre Hutchinson, un personaje muy relevante en el caso y también en la historia de Massachusetts. Hutchinson estaba destinado a ser el último Gobernador civil de la Provincia de Massachusetts. Nacido en 1711, tras graduarse en el *Harvard College*, dedicó los primeros años de su vida profesional a los negocios comerciales de su familia, comenzando en 1737 su carrera pública, siendo elegido poco después miembro de la *House of Representatives* de la provincia. En 1740 viajó a Inglaterra para defender la petición de Massachusetts en una disputa sobre límites territoriales con New Hampshire. De regreso en 1742 a Boston, retornó a la Cámara de

Representantes, de la que poco después sería elegido Speaker. Nombrado en 1750 miembro del *Council*, un órgano legislativo del *General Court*, dos años más tarde Hutchinson accedió al cargo de juez. La muerte de su esposa en 1753 acentuó la dedicación de Hutchinson a la vida pública, hasta el extremo de acusársele de tener una auténtica voracidad por los cargos públicos a partir de esa época.

Hutchinson mantendría una relación de cordial amistad con Charles Paxton, quien daría también su nombre al caso que nos ocupa, que se suele identificar asimismo como el *Paxton's Case*, lo que se explica por ser Paxton el oficial de justicia (*marshall*) de la *Vice-admiralty Court* de la ciudad de Boston, y tener como tal un especial protagonismo en los *writs of assistance* desencadenantes del caso. Hutchinson, ya *Chief Justice* de Massachusetts, presidiría el tribunal que conocería del célebre caso. Al final de sus años, Hutchinson escribió una importante obra, *The History of the Colony and Province of Massachusetts-Bay*, cuyos tres volúmenes se publicarían sucesivamente en 1764, 1767 y 1828, ofreciendo en ellos un testimonio de primera mano del desarrollo del *Paxton's Case*.

4. El "Writs of Assistance Case" (1761)

Será en este célebre caso donde la doctrina sentada por Coke alcance el cenit de su influjo, pudiendo verse incluso como un aspecto crucial en el desarrollo del conflicto entre Inglaterra y las colonias. No en vano Coke, como vamos a ver a continuación, recurrirá en su argumentación ante la *Massachusetts Superior Court* a la autoridad del gran *Chief Justice* inglés. El *Writs of Assistance Case*, también conocido como el *Paxton's Case*, y asimismo como *Petition of Lechmere*, constituye por lo demás un hito histórico de la mayor trascendencia en el proceso histórico revolucionario que habrá de culminar en la independencia de los Estados Unidos.

4.1 El instituto del "writ of assistance"

La mejor comprensión del caso exige comenzar la exposición del mismo refiriéndonos, a título previo, al importante instituto de la época conocido con la denominación de *writ of assistance*. De conformidad con el *common law* las únicas cosas que podían dar lugar al otorgamiento a la autoridad de un poder de búsqueda ("a power of search") eran las cosas robadas. Para la concesión de un poder de tal naturaleza para cualquier otra cosa era necesaria una norma aprobada en sede parlamentaria. La legislación para la búsqueda de mercancías de contrabando en Inglaterra ya se hallaba legalmente contemplada en este país a través de dos leyes, una de 1660 (*Act to prevent Frauds and Concealments of his Majesty's Customs*) y la otra de 1662 (*Act of Frauds*), cuando el Parlamento inglés buscó establecerla asimismo para el régimen aduanero en las colonias en 1696. La Ley de 1660, con la finalidad de localizar mercancías que se hubieran desembarcado o transportado fuera sin que el aduanero recaudador formalizase su debida entrada (o salida), y respecto de las cuales se debiera el pago de los derechos de aduanas, subsidios u otros aranceles, ya preveía la emisión de un mandamiento u orden a cualquier persona o personas, facultándoles a través de ella "with the assistance of a Sheriff, Justice of Peace or Constable, to enter into any House in the Day-time where such Goods are suspected to be concealed". Como fácilmente se atisba, de esta previsión derivó el nombre de *writ of assistance*.

Las poco complacientes actitudes frente a las facultades de las autoridades de entrada y búsqueda ("entry and search") tenían que ver con la preocupación desde antiguo del *common law* por el mantenimiento de la paz, pues pocas cosas podían causar mayores disturbios que la intromisión de alguien en la casa y en la familia de un particular. De ahí que en los años 1660 las exigencias del *common law* se traducían no sólo en la aprobación en debida forma de una específica norma legal habilitante de esa facultad, ese "power of entry and search", sino también en una regulación determinada, algo que se ponía de manifiesto de modo muy particular en la legislación aduanera ("the legislation for customs search") para perseguir el contrabando. A este respecto, la *Act of Frauds* de 1662, desarrollando lo ya establecido por la Ley de 1660, prescribía en su Sección 5 (2):

> And it shall be lawful to or for any Person or Persons, authorized by Writ of Assistance under the Seal of his Majesty's Court of Exchequer, to take a Constable, Headborough or other Public Officer inhabiting near undo the Place, and in the Day-time to enter, and go into any House, Shop, Cellar, Warehouse or Room, or other Place, and in Case of Resistance, to break open Doors, Chests, Trunks and other Package, there to seize, and from thence to bring, any Kind of Goods or Merchandize whatsoever, prohibited and unaccustomed, and to put and secure the same in his Majesty's Storehouse, in the Port next to the Place where such Seizure shall be made.

Particularmente significativa era la limitación de que la entrada en el domicilio, almacén o bodega de un particular se llevara a cabo a la luz del día, exigencia que no derivaba tanto de la doctrina establecida por el *common law* cuanto de la posición sustentada en su día por una de las grandes figuras del Derecho de aquella época, que se ha equiparado incluso a Coke, Sir Matthew Hale, quien, en su *History of the Pleas of the Crown*, trató con cierto detalle las disposiciones del *common law* acerca de ese "power of entry" para la búsqueda de mercancías robadas ("the common law search warrant for stolen goods"). Es asimismo de destacar que esta disposición ampliaba las mercancías cuya búsqueda podía requerir un *writ of assistance* a las "prohibited and unaccustomed", esto es, no sólo a aquellas por las que no se hubiesen pagado los correspondientes derechos aduaneros, sino también a aquellas otras que estuviesen prohibidas.

Recuerda Smith, que los documentos llamados *writs or warrants* of assistance se conocían en las colonias mucho antes de que surgiera en Massachusetts la controversia que nos ocupa. Sin embargo, aunque la disposición para la entrada y búsqueda de mercancías con el auxilio de un *writ of assistance* – la ya transcrita Sección 5 (2) de la *Act of Frauds* de 1662 – pudo haber molestado a las autoridades aduaneras coloniales, propiciando sus intentos de burlar tal disposición, la realidad es que ni siquiera ello era necesario por cuanto en América no se aplicaba la mencionada Ley de 1662. Como antes se dijo, no fue hasta la aprobación de la *Act of Frauds* de 1696 cuando esas previsiones comenzaron a aplicarse también en América.

En Massachusetts, los comerciantes tenían la inveterada costumbre de tratar con un arrogante desdén las exigencias contempladas por la legislación relativa a la navegación y a las aduanas. Este hábito de desobediencia a la ley se conocía habitualmente como *smuggling* (contrabando). Frente a esta actuación ilegal operaba lógicamente el *writ of assistance*, que, particularmente en esta etapa pre-revolucionaria, venía a entrañar el efecto del embargo de la mercancía. Como es obvio, la utilidad de la orden de búsqueda de mercancías radicaba en la existencia de un medio a cuyo través conseguir una decisión confiscatoria de las mismas. Se comprende por ello mismo, que no fuera a los tribunales provinciales de *common law* a quienes correspondiera, en su caso, adoptar tal decisión; su adopción siempre habría chocado con el jurado; consiguientemente, la jurisdicción a la que se encomendó en Boston la adopción de tales decisiones iba a ser la *Court of Vice-admiralty*, cuyo origen se remontaba justamente a los tribunales coloniales del Vicealmirantazgo, que hicieron acto de presencia poco después de la *Act of Frauds* de 1662.

4.2 Los hechos del caso

I. Una sucinta descripción de los hechos de este caso exige comenzar recordando, que en 1759, el general Amherst anunciaba a las autoridades británicas de Massachusetts la conquista de Montreal y la subsiguiente aniquilación del gobierno francés en América. De inmediato, esas mismas autoridades concebían el proyecto de someter las colonias inglesas en esos territorios del Norte a la autoridad ilimitada del Parlamento británico, lo que hacía ineludible la recaudación de fondos económicos adicionales. Con tal intención, las autoridades inglesas de Boston cursaban órdenes a Charles Paxton, recaudador de aduanas de la ciudad, para que instara a la autoridad judicial la concesión de *writs of assistance* a fin de permitir a los funcionarios de aduanas que pudieran ordenar a todos los *sheriffs* y miembros de la policía que les ayudaran en la apertura y allanamiento de casas, almacenes, tiendas, bodegas, barcos, fardos, baúles y embalajes de todo tipo a fin de buscar mercancías y objetos que hubieran sido importados en contra de las prohibiciones existentes o sin el preceptivo pago de los impuestos aduaneros establecidos por ciertas leyes del Parlamento, las denominadas *Acts of Trade*. Para justificar tan excepcional medida se adujo que las órdenes de registro específico se habían mostrado ineficaces para combatir el contrabando y la evasión de impuestos.

Según parece, con anterioridad a la fecha mencionada, ya la Superior *Court of Massachusetts* había concedido varios *writs* de esta naturaleza. En marzo de 1760, el tribunal otorgó dos *writs of assistance*, uno en Boston y otro en Salem, sin que aparentemente se produjera incidente o protesta alguna. A las necesidades económicas derivadas del hecho antes referido se iba a añadir otra circunstancia: tras la muerte del Rey Jorge II (acaecida el 25 de octubre de 1760) se hacía necesaria la solicitud a la *Superior Court* de Massachusetts de la concesión de nuevos *writs of assistance*, emitidos ahora en nombre de Jorge III, el nuevo Rey, pues, como recuerda la doctrina, los viejos *writs* perdían su vigencia seis meses después del fallecimiento del Monarca. Como se acaba de decir, tales *writs* otorgaban a las personas a las que se concedían una autoridad general muy amplia, aplastante incluso, para la búsqueda de mercancías introducidas de contrabando, suponiendo por lo mismo un eficaz instrumento recaudatorio. Aunque en marzo de 1760 la concesión de los dos *writs* mencionados no suscitara rechazo público, algo ciertamente extraño, diez meses después la situación era harto diferente y el rechazo popular que suscitó la concesión de nuevos *writs* se convirtió en masivo y clamoroso.

En estas circunstancias, el Sr. Paxton debió pensar que no era prudente comenzar sus actividades de búsqueda y confiscación en Boston, por lo que iba a dar instrucciones a su recaudador adjunto en Salem, el Sr. Cockle, para que solicitara a la *Superior Court*, entonces actuando en esa misma pequeña ciudad, los *writs of assistance*. Stephen Sewall, en ese momento (noviembre de 1760) *Chief Justice* del Tribunal, iba a expresar grandes dudas acerca de la legalidad de tales *writs* y de la autoridad del Tribunal para otorgarlos. Más aún, según parece, ninguno de los miembros de la mencionada Corte dijo una palabra en favor de tal concesión. Sin embargo, al tratarse de una petición de la Corona la misma debía ser objeto de una vista y de la subsiguiente decisión, a cuyo efecto se fijó el siguiente período de sesiones de febrero de 1761 en la ciudad de Boston.

La alarma se extendió entre todos los comerciantes de Salem y de Boston, pues nada era más incompatible con la concepción de la libertad que tenían los colonos que los registros generales (*general searches*), que violaban su apreciada máxima de que "a man's house is his castle". Así, de inmediato buscaron oponerse jurídicamente a la concesión de tales *writs of assistance*. Al efecto, buscaron un abogado que llevara el caso; tras la renuncia de un primer letrado, pidieron a Otis y a Thacher su defensa ante el Tribunal. James Otis se hallaba tan resueltamente opuesto a la concesión de estas órdenes generales de registro que, como ya hemos señalado, no sólo rehusó llevar el caso en nombre de la administración de aduanas, como hubiera sido su obligación como Abogado del Rey (*Advocate general*) en la provincia, sino que, tras su cesc en ese cargo y rehusando cualquier honorario, se prestó a la defensa de los comerciantes conjuntamente con el otro abogado, el Sr. Thacher, quien desempeñó un rol muy secundario en el litigio.

En febrero de 1761 comenzó la vista pública del caso. Describiendo el desarrollo de la misma ante él y los restantes miembros del Tribunal, Hutchinson, quien, recordémoslo, presidió la Corte, en su History of Massachusetts-Bay, pondría de relieve que la objeción principal a la concesión de los *writs* tenía que ver con su peculiar naturaleza: "the nature of general warrants". Aunque se admitió la existencia de precedentes de este tipo de *writs*, se afirmó ante el Tribunal (según Hutchinson, sin prueba, aunque lo cierto es que el propio presidente del Tribunal recogió en una nota a pie de página de su escrito, que se había presentado como prueba un extracto de un ejemplar del London Magazine de marzo de 1760, que hay que presuponer que no se admitió como prueba válida), "that the late practice in England was otherwise, and that such writs issued upon special information only". Y es de interés recordar, que en esa publicación se abordaba frontalmente la cuestión, informándose acerca de una petición formulada por varios comerciantes londinenses ante la House of Commons en relación a la necesidad de interpretar la legislación relativa al "power of searching and seizing", contemplada por la ley en términos muy generales, en el sentido, en lo que ahora interesa, de que un *writ of assistance* del *Exchequer* nunca sea concedido sin una información, expresada bajo juramento, de que la persona que lo solicita tiene razones para sospechar que las mercancías prohibidas o introducidas de contrabando se hallan ocultas en la casa o lugar respecto del cual solicita un poder de búsqueda, y en cuanto al otorgamiento por el juez del mandato de búsqueda, se pedía que la autoridad judicial, antes de otorgarlo, debiera de tener tal información; más aún, esa información debía de ser enunciada sobre la base de los fundamentos de sospecha del denunciante, "and if those grounds appear to be groundless, no such warrant ought be granted". No debe extrañar la referencia hecha por Hutchinson, pues la cuestión que realmente suscitó la acre controversia judicial no era otra sino la de que así a los funcionarios de aduanas británicos se les podían facilitar unos mandatos generales de registro (*general search warrants*) que les facultaran para llevar a cabo una búsqueda de mercancías introducidas de contrabando.

II. A modo de circunstancia un tanto colateral a la vista, es de interés recordar que John Adams, entonces un jovencísimo abogado de Boston, recién nombrado (junto a Samuel Quincy) *barrister*, esto es, habilitado como abogado para defender causas ante los tribunales superiores británicos, estuvo presente a lo largo de todo la vista judicial, recogiendo posteriormente sus impresiones acerca de su desarrollo, uniéndose con ello a Thomas Hutchinson, quien, como ya se ha dicho, en su *History* se ocupó del proceso con algún detenimiento. "The council chamber" – escribió Adams – "was as respectable an apartment as the House of Commons or the House of Lords in Great Britain (...) In this chamber, round a great fire, were seated five Judges, with Lieutenant Governor Hutchinson at their head, as Chief Justice, all arrayed in their new, fresh, rich robes of scarlet English broadcloth; in their large cambric bands, and immense judicial wigs". El enorme impacto que tuvo el caso no sólo en Massachusetts sino en la totalidad de las colonias es deudor en gran medida de lo que John Adams dejó escrito.

Más allá de ello, el dramático ataque jurídico de Otis sobre las arbitrarias órdenes de registro inspiró profundamente a John Adams. Otis se convirtió en su amigo e instructor en la vida política, y la gran capacidad de Adams pronto le otorgó una relevancia equiparable a la de su maestro. No ha de extrañar que Adams liderara la oposición a la *Stamp Act* de 1765, manteniéndose después siempre beligerante frente a aquellas actuaciones británicas que él consideraba que iban en perjuicio de las libertades de los colonos. A lo largo de su vida, quien había de ser el segundo Presidente de los Estados Unidos recordó con frecuencia el caso como el verdadero punto de partida en el movimiento de América hacia la Independencia. Son célebres las palabras que escribió al respecto, expresando el sentimiento que experimentó tras oír la brillante intervención de Otis ante el Tribunal: el discurso de Otis "breathed into this nation the breath of life" (daba a esta nación un aliento de vida), para añadir de inmediato que "then and there the child Independence was born" (entonces y allí nació el niño Independencia). Y como añadiría casi siglo y medio después Corwin, John Adams habría podido muy bien escribir que "then and there American constitutional theory was born". Y ello a su vez por cuanto, como escribiría en sus Notas a los *Quincy's reports* el Juez Horace Gray, "Otis denied that (Parliament) was the final arbiter of the justice and constitutionality of his own acts; and (....) contended that the validity of statutes must be judged by the courts of justice; and thus foreshadowed the principle of American constitutional law, that it is the duty of the judiciary to declare unconstitutional statutes void" (Otis negaba que el Parlamento fuera el árbitro último de la justicia y constitucionalidad de sus propias leyes, y sostenía que la validez de las leyes ha de ser enjuiciada por los tribunales de justicia, prefigurando así el principio del Derecho constitucional americano de que es deber del poder judicial declarar nulas las leyes inconstitucionales).

4.3 La brillante argumentación de Otis

I. El núcleo del problema al que Otis se iba a enfrentar en el caso iba a ser el alcance o, si así se prefiere, el sentido en que la idea de constitución, esto es, la idea de un *higher law*, podía ser concebida en cuanto limitación sobre el poder de los cuerpos colegisladores. Y lo iba a hacer en una época en que la doctrina de la supremacía legislativa seguía siendo dominante, por lo menos en Inglaterra, si bien, aunque la misma se había transmitido a las colonias (el impacto fundamental de tal doctrina se debería a la obra de Blackstone, que no comenzaría sin embargo a publicarse hasta 1765, cuatro años después del caso que nos ocupa), esa doctrina apenas reflejaba la realidad de la visión jurídica colonial, mucho más proclive a la idea de la existencia de un *higher law* exigible judicialmente. En cualquier caso, el predominio entre los órganos de extracción inglesa de la doctrina de la soberanía parlamentaria, unido a la misma composición del Tribunal de Massachusetts, explican que no resultara ninguna sorpresa que Otis perdiera el litigio. Pero ello es por entero irrelevante a los efectos que nos ocupan.

Digamos a título previo que, en nombre de la Corona, intervino Jeremiah Gridley, quien, como queda reflejado en las Notas de John Adams, sostuvo como argumento principal, que la facultad de conceder estos *writs* podía inferirse de la necesidad del caso, apoyándose asimismo, aunque sin insistir tanto en ello, en que la concesión se hallaba amparada por normas estatutarias. James Otis iba a comenzar su intervención ante el Tribunal admitiendo la legalidad de cierto tipo de *writs*, particularmente, los *special writs*. Su posición es perfectamente visible en esta reflexión:

> I will proceed to the subject of the writ. In the first, may it please yours Honours, I will admit, that writs of one kind, may be legal, that is, special writs, directed to special officers, and to search certain houses & c. especially set forth in the writ, may be granted by the Court of Exchequer at home, upon oath made before the Lord Treasurer by the person, who asks, that he suspects such goods to be concealed in those very places he desires to search. (Pasaré al tema del *writ*. Primeramente, y esto puede agradar a sus Señorías, admitiré que los *writs* de un cierto tipo pueden ser legales, esto es, los *writs* especiales, dirigidos a funcionarios particulares para registrar determinadas casas, especialmente enunciadas en el *writ*, pueden ser concedidos por el Tribunal del Tesoro dentro del país, con base en el juramento prestado ante el Lord del Tesoro por la persona que lo pide, que sospecha que tales mercancías están ocultas en aquellos mismos lugares que desea registrar.)

Otis iba a continuación a objetar ante el Tribunal que los *writs* que habían suscitado la controversia judicial no se acomodaban al tipo de los precedentemente mencionados, pues se trataba de *writs* de naturaleza general, y éstos debían de sujetarse a ciertas condiciones que no se daban en los que se discutían en sede judicial. En su *History of Massachusetts-Bay*, Hutchinson relata del siguiente modo esta parte de la intervención del abogado bostoniano:

> It was objected to the writs, that they were of the nature of general warrants; that, although formerly it was the practice to issue general warrants to search for stolen goods, yet, for many years, this practice had been altered, and special warrants only were issued by justices of the peace, to search in places set forth in the warrants; that it was equally reasonable to alter these writs, to which there would be no objection, if the place where the search was to be made should be specifically mentioned, and

information given upon oath. The form of a writ of assistance was, it is true, to be found in some registers, which was general, but it was affirmed, without proof, that the late practice in England was otherwise, and that such writs issued upon special information only. (Se objetó a los *writs* que tenían la naturaleza de los mandamientos (o mandatos) generales, que aunque antiguamente existía la práctica de conceder mandamientos generales para buscar mercancías robadas, sin embargo, desde hacía muchos años esta práctica había sido alterada, y los jueces de paz sólo concedían mandamientos especiales, para buscar en los lugares expuestos en los mandamientos, que era igualmente razonable alterar estos *writs*, a lo que no habría objeción si el lugar donde el registro tuviera que hacerse fuera específicamente mencionado y la información, dada bajo juramento. La figura de un *writ of assistance*, ciertamente, tenía que encontrarse en algunos registros, lo que era algo general, pero se afirmó sin prueba que la última práctica en Inglaterra era de otro modo, y que tales *writs* se concedían solamente con base en una información especial.)

Ya nos hemos referido precedentemente al apoyo que buscó Otis con su referencia al *London Magazine*, prueba que, como claramente revela la exposición de Hutchinson, no se admitió como tal. El abogado bostoniano puso un especial énfasis en que sólo los mandamientos especiales (*special warrants*) eran legales, lo que, a la inversa, se traducía en la ilegalidad de un mandamiento judicial general, como era el caso. Es significativo que se mostrara dispuesto a avenirse a admitir los *writs of assistance* cuestionados si eran modificados, transformándose en mandamientos especiales. Otis iba inmediatamente después a tratar de justificar el porqué de la ilegalidad de un *writ* de naturaleza general. Acudiendo de nuevo a las Notas tomadas por John Adams, puede leerse en ellas lo que sigue:

> This Writ is against the fundamental Principles of Law. – The Priviledge of House. A Man, who is quiet, is as secure in his House, as a Prince in his Castle – notwithstanding all his Debts, & civil processes of any Kind. (Este *writ* es contrario a principios fundamentales del Derecho. El privilegio de la casa. Un hombre que está tranquilo, se halla tan seguro en su casa como un príncipe en su castillo, no obstante todas sus deudas y los procesos civiles de cualquier tipo.)

Otis aducirá a continuación cuatro denuncias de las que, a su juicio, se infiere la ilegalidad de los pretendidos *writs of assistance*. La primera de ellas es que se trata de un *writ* universal, esto es, dirigido a todos los jueces, sheriffs, policías y cualesquiera otros funcionarios, "so that in short it directed to every subject in the king's dominions; every one with this writ may be a tyrant". La segunda es que se trata de un *writ* perpetuo;

es un *writ* sin retorno, y por ello, con él, "every man may reign secure in his petty tyranny, and spread terror and desolation around him". La tercera es que genera la más absoluta arbitrariedad, pues con tal *writ* una persona, a las horas del día, puede entrar en cualquier casa o tienda a su voluntad ("at will") y ordenar a todos que le asistan. En fin, con este *writ* no sólo a los habilitados por el mismo, sino incluso a sus criados y sirvientes les es permitido tratarnos despóticamente ("to lord it over us"). No debe extrañar a la vista de la argumentación expuesta que Otis tildara el *general search warrant* como "the worst instrument of arbitrary power; the most destructive of English liberty and the fundamental principles of law, that ever was found in an English law-book".

II. En su defensa de los comerciantes frente a las autoridades aduaneras inglesas, siglo y medio después del *Bonham's case*, y en su ataque contra los *general writs of assistance*, Otis iba a invocar finalmente el célebre fallo de Coke, al que había accedido a través de los *Abridgments* de Bacon y de Viner.

Antes de referirnos a ello, quizá convenga recordar a título previo una idea a la que ya hemos aludido: la relevancia del *common law* en esta etapa pre-revolucionaria. Bailyn lo manifestó con toda claridad cuando escribió que "the common law was manifestly influential in shaping the awareness of the Revolutionary generation". Y ya nos hemos hecho eco del extraordinario protagonismo que tuvo Coke en la difusión y conocimiento del *common law*. Bien podría decirse, pues, que la influencia del *common law* presuponía la extraordinaria relevancia del pensamiento de Edward Coke, si bien no es menos cierto que no todos los abogados y juristas de esta etapa interpretaron a Coke del mismo modo. Las diferentes interpretaciones de Otis y Hutchinson podrían servir como ejemplo paradigmático.

En el resumen que John Adams iba a hacer de la posición crucial de Otis se puede leer:

> As to acts of Parliament. An act against the Constitution is void: an act against natural Equity is void: and if an act of Parliament should be made, in the very words of the petition, it would be void. The Executive Courts must pass such Acts into disuse. – 8. Rep. 118, from Viner.

Este deber de los tribunales de declarar las leyes que acabamos de mencionar en desuso, en definitiva, de inaplicarlas, tenía como punto de apoyo la consideración de que "la razón del *common law* controla toda ley del Parlamento", que no era sino lo que ya Coke había señalado. En su razonamiento, el abogado bostoniano, como el propio Adams comentaba medio siglo después, sostenía que "the writ is against the fundamental principles of law (...) the privilege of house". Otis, desde luego, no utilizó los términos literales del *dictum* de Coke. Aunque su referencia a la "reason of the common law to control an Act of Parliament", como se acaba de señalar, corresponde claramente al mencionado *dictum* (recordémoslo: "When an Act of Parliament is against common right and reason (...) the common law will controul it"), no son exactamente los mismos términos, lo que, según Smith, sugiere una dualidad de focos de influencia, que tendría como epicentros no sólo el célebre *dictum*, sino también el *Report* de Coke sobre las *Prohibitions* del Roy.

En cualquier caso, de la argumentación de Otis, de que todo *writ* of assistance search debía de ir precedido por una específica decisión judicial, creemos que podría inferirse que en cuanto la peculiar naturaleza de un *general writ* impedía tal proceso judicial previo, de hecho, estos *writs* generales estaban convirtiendo a los funcionarios aduaneros en *judex in propria causa*.

Llegados aquí cabe formular un interrogante: ¿Qué era la Constitución que una ley del Parlamento no podía infringir? ¿No era – se iba a interrogar Bailyn – sino un conjunto de principios y reglas establecidos, distinguibles de, antecedentes a y más fundamentales que?, y concibiéndose de tal modo, estaban llamados a controlar el funcionamiento de las instituciones de gobierno, hallándose destinados por lo tanto a ser operativos, en cuanto limitaciones constitucionales, frente a la actuación del Parlamento. Y siendo así, el propio autor se pronunciaba críticamente frente a la ambigua respuesta dada por Otis, para quien la principal autoridad en que se iba a apoyar iba a ser la de Coke, siendo discutible, por lo menos según Thorne, si Coke tenía en mente la existencia de principios superiores de Derecho y justicia que el Parlamento no pudiera contravenir.

Frente a tal consideración hay que decir, que Otis no parece, desde luego, que se circunscribiera a la autoridad de Coke, pues se halla fuera de toda duda que también pareció tener en mente otro no menos familiar *dictum*, el de Lord Hobart en el igualmente famoso caso Day *vs.* Savadge: "Even an act of Parliament made against natural equity, as to make a man judge in his own case, is void in itself". La entrada en juego del canon de la natural *equity*, que Otis vincula inextricablemente con el Derecho natural y con los principios inmutables de la razón y la justicia, no deja lugar alguno a la duda acerca de esta última influencia, pues el Justice Hobast convirtió el principio de que "nadie puede ser juez de su propia causa" (*nemo judex in propria causa*) en canon de la natural equity, y ésta, a su vez, en standard a través del cual juzgar si una ley del Parlamento era respetuosa con esos principios de Derecho y justicia arraigados en el *common law* que encarnaban ese *fundamental law*.

Aún convendría añadir algo más. Cuando Otis sostuvo que el *writ* era contrario a "fundamental principles of law", frente a lo que aduce Bailyn, nos parece bastante evidente que lo que estaba expresando es que las leyes del Parlamento se hallaban limitadas por tales principios, principios que, como tiempo atrás expresara McLaughlin, presumiblemente, eran los "fundamental principles of British freedom". Dicho de otro modo, Otis se halla lejos de limitarse a traer a la memoria el *dictum* de Coke, al apelar fervientemente a los sagrados derechos de los ingleses, que consideraba vulnerados con la aprobación de estos *writs*; de esta forma, el abogado bostoniano estaba visualizando la Constitución inglesa como algo real y tangible, claramente tajante y concluyente en sus limitaciones. La conclusión lógica de su razonamiento era que una ley inconstitucional no era necesariamente una ley mala o inadecuada; que una ley que navegaba en contra de tradiciones muy queridas por los ingleses no era en absoluto ley o Derecho, pues era un texto nulo y cualquier tribunal debía declararlo así.

Desde esta óptica, el argumento de Otis era verdaderamente profético del sistema constitucional que iba a arraigar en Norteamérica con el paso del tiempo. A su vez, bien puede decirse que la doctrina de Coke fue tan precoz como profética, aunque hundiera sus raíces en el pensamiento medieval inglés reverdecido por Lord Coke y por otros en el siglo XVII. No faltan autores que traslucen una posición crítica. Tal es el caso, por ejemplo, de Bowen, una de las biógrafas de Coke, para quien el Juez inglés se habría asombrado al ver el empleo que de su *dictum* se iba a hacer por Otis y por quienes siguieron sus pasos, reflexión harto discutible, dicho sea al margen. Incluso admitiendo que el abogado bostoniano hubiera ido mucho más allá de lo que pretendía Sir Edward Coke, no cabe ignorar que, en fondo, Otis estaba haciendo algo similar a lo que Coke expresaba con esta gráfica frase: "Let us now Perúse our ancient authors, for out of the old fields must come the new corne". No otra cosa hacían Otis y quienes le siguieron al utilizar a Edward Coke como el fundamento de todo el edificio constitucional. Pero es que además, frente a la crítica expuesta, no puede dejar de ponerse de relieve la importancia que en aquel preciso momento tuvo ese acercamiento que Otis hizo hacia las posiciones de Coke, en unas circunstancias que parecían idóneas para atraer la atención popular.

No cabe la más mínima duda acerca del impacto de su posición. A raíz de su invocación por James Otis se ha dicho, que la doctrina de Coke se convirtió en un "rallying cry" (un grito de adhesión, de unión) para los americanos. El 12 de septiembre de 1765, el Gobernador Hutchinson, refiriéndose a la oposición generalizada de los colonos a la Stamp Act, escribía: "The prevailing reason at this time is, that the act of Parliament is against Magna Carta, and the natural rights of Englishmen, and therefore, according to Lord Coke, null and void", para añadir a renglón seguido: "This, taken in the latitude the people are often enough disposed to take it, must be fatal to all government, and it seems to have determined great part of the colony to oppose the execution of the act with force". Y en lo que a la *judicial review* se refiere, el *writs of assistance case* se ha considerado como la corneta de llamada en favor de la *judicial review* ("a clarion call for judicial review") y un claro desafío a la entonces dominante doctrina de la supremacía legislativa.

Al margen ya de todo lo anterior, la argumentación de Otis se iba a convertir en la principal prueba de la reivindicación del Bonham's case como una fuente muy significativa del pensamiento colonial acerca de la *judicial review* y como un importante elemento para su ulterior desarrollo, pues la reivindicación de la interpretación llevada a cabo por Coke iba a permitir a los jueces tomar en cuenta la idea de un *fundamental law*, lo que, a juicio de Kramer, contrasta con la aparición tan sólo ocasional del *Bonham's case* en los *cases law* y en la literatura jurídica de los años 1770 y 1780, lo que lleva a este autor a relativizar el peso específico de la decisión de Coke en el desarrollo de una argumentación en favor de la *judicial review*, no obstante que admita que con posterioridad el *Bonham's case* se convirtió en parte de la "American judicial mythology". La reviviscencia del dictum de Coke así interpretado suscitó además adhesiones de la mayor relevancia en el pensamiento jurídico-político norteamericano de la época.

Ya nos hemos referido al entusiasmo que la doctrina de James Otis desencadenó en John Adams, quien se mostró desde el primer momento un decidido defensor de las tesis sustentadas por el abogado bostoniano. Adams, como es bien sabido, tendría junto a Jefferson un muy relevante rol en la preparación de la Declaración de Independencia y de los documentos y manifiestos más importantes de la época. Parece lógico suponer que, entre las bases del Derecho constitucional norteamericano, tratara de establecer el punto de vista de Lord Coke, revivido en Boston por James Otis. William Cushing, uno de los primeros *Associate Justices* de la futura *Supreme Court*, en 1776, en los mismos momentos iniciales del estallido de la guerra revolucionaria, se dirigía a un jurado de Massachusetts instándole a ignorar determinadas leyes del Parlamento londinense, al considerarlas nulas y, por lo mismo, inaplicables. La declaración de Otis se repetiría con frecuencia en el curso de los debates políticos y jurídicos prerrevolucionarios, de lo que ilustra el hecho de que en 1773 un periódico de Boston reprodujera el célebre *dictum*. El caso creó un estado de opinión que tendría con posterioridad un reflejo concreto en el Estado independiente de Massachusetts, cuya Constitución, en el art. XIV del *Massachusetts Bill of Rights*, adoptó una disposición específica contra los registros irrazonables ("unreasonable searches").

4.4 Suspensión del proceso y ulterior decisión del Tribunal (noviembre de 1761)

Retornando al desarrollo del proceso, hemos de decir que tras la intervención de Otis, en el tribunal, según la versión dada por Hutchinson, su propio presidente, en su *History of Massachusetts-Bay*, se iban a manifestar fundadas dudas. El tribunal se hallaba convencido de que un *writ* o *warrant* emitido tan sólo en aquellos casos en que se hubiera dado bajo juramento una información especial, raramente, si es que en alguna ocasión, sería aplicado, en cuanto ningún informador se expondría a la furia del pueblo. Ello no obstante, algunos jueces, ante la duda acerca de si tales *general writs* estaban todavía en uso en Inglaterra, parecieron mostrarse a favor de la excepción, y como admite Hutchinson, "if judgment had been then, it is uncertain on which side would have been".

Así las cosas, el *Chief Justice* expresó su deseo de obtener información de la práctica seguida en Inglaterra sobre esos *writs*, por lo que el juicio fue suspendido. El 5 de marzo de 1761, Hutchinson escribió a William Bollan, en ese momento residente en Londres como agente de la provincia de Massachusetts en Gran Bretaña, quien a su vez le contestó el 13 de junio, enviándole una copia de un reciente *writ* que demostraba la aplicabilidad en Inglaterra de los *general writs*. Finalmente, el 14 de noviembre de 1761 la Corte se reunía para decidir el caso en cuestión, y la consideración de que la práctica judicial inglesa mostraba que el *Exchequer* seguía concediendo *general writs*, fue suficiente para admitir la misma práctica en la colonia de Massachusetts. James Otis podía haberse equivocado en su apreciación empírica, pero ello en modo alguno suponía un debilitamiento de su impecable argumentación jurídica.

Josiah Quincy iba a redactar un resumen del desarrollo de la vista celebrada ante la *Superior Court* el 18 de noviembre de 1761. Es interesante recordar algunos pasajes de determinadas intervenciones. El *Chief Justice* Hutchinson iba a recordar en su intervención que los funcionarios aduaneros habían apelado con frecuencia al Gobernador en solicitud de este tipo de *writs*, que además se les habían otorgado y, por lo mismo, aunque careciera de competencia para otorgarlo, esta circunstancia eliminaba el argumento de la falta de empleo del *writ*. Jeremiah Gridley, quien como ya se ha dicho actuó en nombre de la Corona, iba a tratar de minimizar el efecto de este tipo de *writs* al sostener que en realidad no se trataba de *writs of assistance*, sino de *writs of assistants*, pues con tales instrumentos procesales no se otorgaba a los funcionarios aduaneros un mayor poder, sino que más bien se establecía un control sobre ellos, por cuanto no podían entrar en ninguna casa, tienda o almacén sin la presencia del *sheriff* o de una autoridad civil. Frente a tales posicionamientos James Otis se iba a reafirmar en su posición acerca de la ilegalidad de este tipo de *writs*, aduciendo al respecto lo siguiente:

> It is worthy Consideration whether this Writ was constitutional even in England; and I think it plainly appears it was not; much less here, since it was not there invented till after our Constitution and Settlement. Such a Writ is generally illegal. (Es digno de consideración si este *writ* era constitucional incluso en Inglaterra; yo creo que parece claramente que no lo era; mucho menos lo podía ser aquí, ya que allí no fue inventado hasta después de nuestra constitución y establecimiento. Tal *writ* es por lo general ilegal.)

La vista concluyó con la decisión unánime de los jueces de que el *writ* podía ser concedido, y algún tiempo después, efectivamente, fue otorgado. Innecesario es aludir a la insatisfacción política que desencadenó la decisión del tribunal en Massachusetts, que encontró su manifestación en la propia Legislatura provincial unas semanas después. El 20 de febrero de 1762, el *Council* envió un proyecto de ley a la *House of Representatives* con ánimo de lograr su apoyo "for the better enabling the Officers of his Majesty's Customs to carry the Acts of Trade in Execution". En el texto, el *general writ of assistance* recientemente afirmado y concedido por la *Superior Court* era desplazado por un "writ or warrant of assistance good for the one sworn occasion only", lo que era tanto como desplazar los *general writs* por los *special writs*, que presuponían un juramento previo para su concesión. El *writs of assistance bill* no se convirtió finalmente en ley, y ello no porque no fuera aprobado por la legislatura, sino porque, tras serlo, el Gobernador Bernard lo vetó el 6 de marzo de 1762, en una sesión de la Asamblea provincial que previamente vio prorrogadas sus funciones. En su intervención ante la Asamblea el Gobernador declaró que el *bill* era "so plainly repugnant and contrary to the

Laws of England (...) that if I could overlook it, it is impossible it should escape the penetration of the Lords of Trade (...)". El Gobernador asoció claramente el bill con el conflicto de los comerciantes de la provincia con la administración aduanera, lo que lógicamente en nada debía sorprender.

5. La trayectoria posterior de James Otis

I. La popularidad ulterior de James Otis no tuvo límites. En mayo de 1761 fue elegido miembro de la *House of Representatives* con un apoyo casi unánime. Pero lo que aún interesa ahora más, entre 1761 y el inicio de la Revolución, el abogado bostoniano publicó una serie de escritos de entre los que es de destacar su *Vindication of the Conduct of the House of Representatives* y, sobre todo, *The Rights of the British Colonies Asserted and Proved*, un panfleto este último publicado en 1764, a modo de respuesta frente a la aprobación por el Parlamento británico de la *Sugar Act*, obra que en su día alcanzó una extraordinaria popularidad. En ella, Otis iba a verter ideas que eran tributarias de Locke, Rousseau, Grocio, Pufendorf e incluso Vattel, cuyas citas entrecomillaba con todo detalle. El abogado bostoniano combinaba de este modo la tradición inglesa de un *fundamental law* con las doctrinas provenientes de la teoría del Derecho público del pensamiento europeo de la Ilustración. Otis parte de la existencia de un *fundamental law* que asegura a todos los hombres los derechos naturales, muy particularmente, la vida, la libertad y la propiedad. Refiriéndose justamente a los derechos naturales, en el texto de Otis hace acto de presencia un notable pasaje entresacado de Vattel, cuya influencia sobre el posterior desarrollo del Derecho norteamericano hemos puesto ya de relieve:

> It is here demanded whether, if their power (legislative power) extends so far as to the fundamental laws, they may change the constitution of the state? The principles we have laid down lead us to decide this point with certainty, that the authority of these legislators does not extend so far, and that they ought to consider the fundamental laws as sacred, if the nation has not in very express terms given them the power to change them. For the constitution of the state ought be fixed. (Se requiere aquí si sus competencias – las del poder legislativo – se extienden hasta las leyes fundamentales, ¿puede este poder cambiar la constitución del Estado? Los principios que hemos establecido nos llevan a decidir esta cuestión con seguridad, que la autoridad de los legisladores no llega tan lejos, y que deben considerar las leyes fundamentales como sagradas, si la nación no les ha dado en términos expresos la facultad de cambiarlas. Pues la constitución del Estado debe estar fija.)

El carácter sagrado que Otis atribuye a las leyes fundamentales ya presupone que sobre el legislador recaen límites insoslayables. Otis enfatiza así que el poder legislativo se halla limitado por la constitución, de la que deriva su autoridad. El relevante abogado bostoniano deje muy claro este aspecto, sobre el que se pronuncia en los siguientes términos:

> (...) (I)t will not be considered as a new doctrine that even the authority of the Parliament of Great Britain is circumscribed by certain bounds which if exceeded their acts become those of mere power without right, and consequently void. The judges of England have declared in favour of these sentiments when they expressly declare that acts of Parliament against natural equity are void. That acts against the fundamental principles of the British constitution are void. (No se considerará como una nueva doctrina que incluso la autoridad del Parlamento de Gran Bretaña está circunscrita por ciertos límites que si se sobrepasaran, sus leyes se convertirían en las de un mero poder sin derecho, y consecuentemente en nulas. Los jueces de Inglaterra han declarado en favor de estas opiniones cuando proclaman expresamente que las leyes del Parlamento contrarias a la equidad natural son nulas. Que las contrarias a los principios fundamentales de la Constitución británica son nulas).

Esta idea, en el fondo, era tributaria de la creencia de Otis en la primacía del *natural law* y de los principios inmutables de la razón y la justicia, o lo que es igual, en la primacía de un *higher law*; de ahí que, como ya había señalado en el *writ of assistance case*, y ahora reitera, toda ley que contradiga la *natural equity* deba ser considerada nula. El *natural law* proporcionaba a Otis los *standards* morales con los que enjuiciar la actuación de las autoridades públicas. Análoga trascendencia otorgaría Otis a la *reason of the common law*, tras la que laten aquellos principios fundamentales que se supone que han sido establecidos por el constitucionalismo británico, justamente los que en el pasaje transcrito identifica como "fundamental principles of the British constitution". Este pensamiento no era por entero nuevo; es bien significativo que el propio Otis aluda a que no está formulando una doctrina nueva, pues aunque es verdad que en la etapa colonial pre-revolucionaria no hubo un debate profundo sobre cuestiones propias de la teoría constitucional, los pronunciamientos habidos tenían un poso común que provenía, como ya se ha dicho, del pensamiento iuspublicista de la Ilustración. Hay, pues, un claro común denominador doctrinal; de ahí que no deba extrañar que algunas de las ideas de Otis, compartidas por otros muchos, se vieran reflejadas posteriormente en la Declaración de Independencia y, más tarde, en la Constitución de Massachusetts.

II. Particular interés presentan asimismo algunas de las reflexiones vertidas por Otis en su obra *The Rights of the British Colonies* en relación al ejercicio de la libertad de expresión, y consiguientemente de crítica, respecto de la legislación aprobada, o pendiente de aprobación, por el órgano legislativo. Estas son algunas de sus consideraciones: "Cada sujeto – escribe Otis – tiene un derecho a comunicar sus opiniones al público ("a right to give his sentiments to the public") acerca de la utilidad o inutilidad de toda ley, cualquiera que fuere, aún después de que sea aprobada, lo mismo que cuando esté pendiente de serlo.

La equidad y la justicia de un proyecto pueden ser cuestionadas con perfecto sometimiento al órgano legislativo. Pueden darse razones de por qué una ley debe ser derogada; sin embargo, debe obedecerse hasta que tenga lugar la abrogación. Si los argumentos que pueden darse contra una ley son tales como para demostrar claramente que es contraria a la equidad natural ("is against natural equity") los tribunales declararán tal ley nula ("will adjudge such act void"). Puede cuestionarse por algunos de ellos, no tengo duda de ello, si no están obligados por sus juramentos a declarar tal ley nula. Si no hay un derecho a ejercer un juicio personal que alcance al menos a la petición de abrogación ("petition for a repeal") o a decidir la oportunidad de arriesgar un proceso jurídico, el Parlamento podría convertirse él mismo en arbitrario, lo que no puede ser imaginado por la Constitución. Creo que todo hombre tiene un derecho a examinar libremente la procedencia, fuente y fundamento de cada poder y medida en una comunidad, como parte de una curiosa maquinaria o de un notable fenómeno de la naturaleza, y que no debe ofender más decir que el Parlamento ha errado o se ha equivocado en una cuestión de hecho o de derecho, que decirlo de un hombre particular".

James Otis, por supuesto, reconoce que el Parlamento británico, suprema legislatura del reino, tiene derecho a elaborar leyes para el bienestar general, incluyendo entre quienes se hallan vinculados a su cumplimiento a los colonos, al igual que a los restantes súbditos del reino. Ahora bien, dicho esto, el abogado bostoniano precisa, que ninguna autoridad asume un derecho de actuar con arbitrariedad, ni ningún poder supremo puede "to take from any man part of his property, without his consent in person, or by representation", lo que entrañaba una reivindicación del ejercicio de los principios de representación en todo el Imperio. Otis estaba condenando categóricamente el establecimiento de impuestos al margen de la representación popular, esto es, la "taxation without representation", considerándola como una violación de "the law of God and nature", del *common law* y de los derechos de propiedad, que ningún hombre o cuerpo de hombres, no exceptuando en ello ni siquiera al Parlamento, puede coherentemente con la constitución sustraer.

En otro lugar de la misma obra, Otis iba a insistir en una idea que tenía muy arraigada: la de que si una ley del Parlamento vulnerara "natural laws", "which are immutably true", estaría violando por eso mismo "eternal truth, equity and justice", por lo que tal ley sería consecuentemente nula, "porque el supremo poder de un Estado es solamente *jus dicere*, mientras que el *jus dare*, estrictamente hablando, pertenece tan sólo a Dios". Otis nos estaba diciendo pues, que una ley del Parlamento sólo podía ser ley si se acomodaba a los principios superiores de la razón universal y de la justicia; consiguientemente, cuando una ley se opusiera a cualquiera de estos principios del Derecho natural, que eran verdades inmutables, no podía ser sino nula.

III. Otis no iba, sin embargo, a dejar de presentar un flanco oscuro, que ya se ponía de manifiesto en una argumentación inequívocamente contradictoria con buena parte de lo que se ha expuesto hasta ahora acerca de su pensamiento. En el mismo libro que venimos comentando, el célebre abogado bostoniano señalaba que los americanos tenían un deber de obedecer una ley inconstitucional del Parlamento británico si éste insistía en ello:

> The power of Parliament – escribe Otis – is uncontrollable but by themselves, and we must obey (...) There would be an end of all government if one or a number of subjects should take upon them so far to judge of the justice of an act of Parliament as to refuse obedience to it (...) Therefore, let the Parliament lay what burdens they please on us, we must, it is our duty to submit and patiently bear them till they will be pleased to relieve us. (El poder del Parlamento es incontrolable salvo por él mismo y nosotros debemos obedecer (...) Habría una destrucción de todo gobierno si un súbdito o un grupo de ellos fueran tan lejos como para juzgar la justicia de una ley del Parlamento en cuanto a rehusar la obediencia a la misma. Por lo tanto, dejemos al Parlamento establecer las cargas que deseen sobre nosotros; debemos, es nuestro deber, someternos y aguantarlas pacientemente hasta que les complazca liberarnos.)

La resistencia de los colonos, en el sentir que del pensamiento de Otis se desprende de este texto, tan sólo parecía hallarse justificada cuando hubiesen apreciado la intención inconfundible del Parlamento de esclavizarlos, lo que como es evidente resultaba algo difícilmente constatable. Así las cosas, lo que tenían que hacer los colonos era convencer al Parlamento de lo inadecuado de su legislación, en cuanto vulneradora de los principios propios del *natural law* y de la Constitución británica. La yuxtaposición de las reflexiones que preceden con la declaración de Otis sobre la nulidad de los impuestos no aprobados por la representación del pueblo iba a presentarse como harto contradictoria. Bailyn lo ha enjuiciado con cierta dureza, al considerar que, al llevar el lenguaje del Derecho del siglo XVII a la lucha constitucional del siglo XVIII, Otis viró hacia unas posiciones que él no estaba ni intelectual ni políticamente preparado para aceptar. Otros autores, como Mullet, lisa y llanamente, lo han tachado de contradictorio. Ferguson cree por su parte, que la confusión intelectual de Otis podría verse como una tensión entre, de un lado, sus ideas avanzadas, y de otro, sus puntos de vista tradicionales, tensión que se habría suscitado de resultas de las dos principales fuentes conformadoras de su pensamiento: la doctrina del *natural law* y el concepto de soberanía. No faltan, desde luego, quienes, como Grey, creen que Otis no fue ni incoherente ni anacrónico.

Frente a la acusación de incoherencia, el Profesor de Stanford no ve contradicción lógica entre la propuesta de que el Parlamento está legalmente sujeto a un *fundamental law* y la consideración de que, no obstante lo anterior, al órgano legislativo le corresponde la última palabra para decidir el significado de ese derecho fundamental, y ello, siempre según Grey, porque una constitución vinculante no necesita ser judicialmente aplicable, pues una legislatura, lo mismo que un tribunal, puede disponer de la autoridad final para interpretar una constitución escrita o no escrita.

No podemos mostrarnos en absoluto de acuerdo con este planteamiento. El propio Grey trata de buscar una explicación armónica frente a la aducida incongruencia de Otis. Si éste creía que el Parlamento era, en último término, supremo en su interpretación de la constitución, ¿en qué sentido pensaba que los tribunales podían declarar la nulidad de las leyes parlamentarias? Otis, esgrime el Profesor de Stanford, pudo considerar que los tribunales poseían una facultad inicial de anular los estatutos inconstitucionales, aunque creyendo que si el Parlamento persistía en su apoyo al estatuto declarado inconstitucional, el órgano legislativo tendría la última palabra. En cualquier caso, las observaciones de Otis sobre la supremacía parlamentaria las hizo no en el contexto de un debate sobre la *judicial review*, sino como un consejo frente a la desobediencia popular ante impuestos supuestamente inconstitucionales. Por lo demás, esta posición táctica encontró bastantes adeptos entre los oradores de su tiempo (Grey se refiere a que la misma "was quite general among Americans spokesmen in 1764"), pues la *Stamp Act* aún no se había promulgado y los colonos todavía creían posible persuadir al Parlamento británico para que no llevara a cabo la aprobación de esa ley.

En 1765, una vez que las noticias acerca de la aprobación de la *Stamp Act* habían llegado a las colonias, desatando numerosas intervenciones en favor de una resistencia activa, Otis publicaba una nuevo folleto *Brief Remarks on the Defence of the Halifax Libel*. Atisbando con claridad, y también con temor, la posibilidad de desórdenes civiles, Otis giraba instintivamente hacia la autoridad establecida. En su nueva publicación ya no insistía en ningún argumento para lograr una verdadera representación de los colonos en el Parlamento británico; en lugar de ello, enfatizaba la competencia y autoridad del Parlamento "to bind the colonies by all acts wherein they are named". El gran abogado bostoniano estaba ahora decantándose por un punto de vista de los asuntos imperiales que fácilmente compartirían los propios ministros británicos, visión que bien podría compendiarse en la consideración de que el poder absoluto del Parlamento de Londres demandaba "a meek and patient acquiescence in their determinations".

La confusión de James Otis se manifestó de nuevo cinco meses más tarde con una nueva publicación, *Considerations on Behalf of the Colonists*, folleto en el que siguió sosteniendo el incuestionable poder soberano del Parlamento y la necesidad de preservar los vínculos de las colonias con Gran Bretaña. Aunque no dejara de mostrarse crítico con la actitud del Parlamento, lo cierto es que su idea acerca de los derechos naturales de los colonos parecía haber quedado postergada, mientras que su proclividad hacia el derecho del Parlamento británico a establecer impuestos sobre los colonos permaneció incuestionada. Otis reconocía que negar la lógica de la representación virtual equivalía a cuestionar la legitimidad de la autoridad parlamentaria sobre las colonias; quizá por ello escribía, que "the supreme legislative, in fact as well as in law, represent(s) and act(s) for the realm, and all the dominions". Pero paradójicamente, aunque el Parlamento representara de hecho a todo el reino, lo cierto es que en él no tenían representación alguna los colonos.

La reacción frente a los nuevos posicionamientos de Otis por parte de un sector de los bostonianos no se iba a hacer esperar mucho tiempo. El 5 de mayo de 1766 el *Boston Evening Post* publicaba un artículo firmado por "A Friend to Liberty" en el que, airadamente, se denunciaban las incoherencias y equívocas posiciones de James Otis. La carta parecía hacerse eco de un punto de vista ampliamente compartido por los bostonianos, que se mostraban de acuerdo en que Otis había traicionado la causa de la *American liberty*, justamente por las contradicciones que se acaban de exponer. John Adams recordaría apenadamente en sus escritos que "He (Otis) was called a reprobate, an apostate, and a traitor, in every street in Boston". Otis, que era plenamente consciente de las duras acusaciones acerca de su contradictoria actitud, siempre rechazó las críticas, insistiendo en que él había actuado de modo "positively consistent". Una explicación adicional se ha dado, y tiene que ver con la inestabilidad mental que Otis, supuestamente, iba a experimentar a partir del año 1765. "As early as 1765" – escribe de nuevo Ferguson – "his mental instability was clearly evident in his confused and erratic behavior, and in what John Adams called his 'great inequalities of temper'".

IV. James Otis fracasó ciertamente en sus intentos de resolver los problemas intelectuales planteados por la crisis revolucionaria; su rechazo a cuestionar la legitimidad de las instituciones británicas resultó determinante en su fracaso final ante la comunidad bostoniana. Pero ello, siendo lamentable, no puede conducir al olvido de sus extraordinarias aportaciones al desarrollo del pensamiento revolucionario. Otis, en cierto modo, fue la chispa que encendió la mecha de la revolución; esa chispa finalmente se eclipsó, quizá por la propia inestabilidad mental de quien había desencadenado el fuego, pero la deuda del movimiento revolucionario americano hacia las posiciones defendidas inicialmente por este patriota no puede considerarse amortizada por las tristes circunstancias que se presentaron al final de su vida. Los acontecimientos posteriores, que se suceden de modo vertiginoso en la decena o poco más de años inmediatamente anteriores a la Revolución americana, van a revelar desde diferentes perspectivas la vivacidad de la doctrina inicialmente expuesta por Otis en el *Writs of Assistance Case*, pues desde muy diversos foros no sólo se va a presuponer la existencia de un fundamental law, dentro del cual los derechos de los colonos van a ocupar un lugar preeminente, sino que se va a postular que cualquier ley que contraríe ese higher law debe ser fiscalizada en sede judicial y declarada *null* and void.

En esos años, a los ojos de muchos americanos, como sería el caso de John Adams, la Revolución se había completado, y ello acaecía mucho antes de que se iniciase la lucha armada contra los ingleses. Y es que la "verdadera Revolución" iba a tener lugar no en los campos de batalla sino en la mentalidad de la población, que iba a experimentar un cambio radical en sus opiniones, afectos y sentimientos. Y el pensamiento jurídico no era ajeno, más bien todo lo contrario, a ese cambio revolucionario. En 1770, John Quincy, de Massachusetts, sostenía que los tribunales se limitaban a impartir justicia de conformidad con el Derecho, "which was thought to be 'founded in principles that are permanent, uniform and universal'". En sintonía con esta idea, absolutamente compartida en la época, se iba a considerar que los tribunales, al impartir justicia, lejos de ir contra el pueblo, no hacían otra cosa sino trabajar armónicamente junto a él a fin de proteger y hacer efectivos los principios y valores que la mayoría de la comunidad consideraba como propios.

En similar dirección, John Adams creía que todo posible caso judicial debía de decidirse en conformidad con el precedente, de forma tal que no dejase resquicio alguno a la "uninformed reason of prince or judge". Todo ello casaba a la perfección con el pensamiento magistralmente expuesto en su primera etapa de vida pública por James Otis, un verdadero abanderado del pensamiento jurídico de los años pre-revolucionarios.

Parte VI
PROTEÇÃO MULTINÍVEL DE DIREITOS

Capítulo XVIII
DIREITOS HUMANOS E CONSTITUCIONALISMO REGIONAL TRANSFORMADOR: O IMPACTO DO SISTEMA INTERAMERICANO

FLÁVIA PIOVESAN

1. Introdução. 2. Desenvolvimento: 2.1 Desafios do contexto latino--americano: violência, desigualdade e centralismo do poder político; 2.2 Impacto transformador do sistema interamericano no contexto latino--americano: 2.2.1 Violações que refletem o legado do regime autoritário ditatorial – 2.2.2 Violações que refletem questões da justiça de transição (transitional justice) – 2.2.3 Violações que refletem desafios acerca do fortalecimento de instituições e da consolidação do Estado de Direito (rule of law) – 2.2.4 Violações de direitos de grupos vulneráveis – 2.2.5 Violações a direitos sociais – 2.2.6 Violações a novos direitos da agenda contemporânea; 2.3 O empoderamento do sistema interamericano mediante a efetividade do diálogo jurisdicional e crescente legitimação social. 3. Conclusão. Referências.

1. Introdução

Objetiva este artigo enfocar o impacto do sistema interamericano de direitos humanos na composição de um constitucionalismo regional transformador, com destaque às transformações fomentadas no contexto latino-americano, com vistas ao fortalecimento do Estado de Direito, da democracia e dos direitos humanos na região.

Considerando o desafiador contexto latino-americano, sob as marcas da acentuada desigualdade, violência sistêmica e centralismo do poder político, será estudado inicialmente o impacto transformador do sistema interamericano na região, a partir de uma tipologia de casos emblemáticos da jurisprudência da Corte Interamericana.

À esta análise soma-se o exame do crescente empoderamento do sistema interamericano e sua força catalizadora na região, fruto da efetividade do diálogo jurisdicional em um sistema multinível. É sob esta perspectiva multinível que emergem duas vertentes do diálogo jurisdicional, a compreender o diálogo com os sistemas nacionais (a abranger o controle da convencionalidade) e o diálogo com a sociedade civil (a emprestar ao sistema interamericano crescente legitimação social).

Por fim, pretende-se avaliar o impacto do sistema interamericano na pavimentação de um constitucionalismo regional transformador em matéria de direitos humanos, com ênfase em seus riscos, potencialidades e desafios.

2. Desenvolvimento

2.1 Desafios do contexto latino-americano: violência, desigualdade e centralismo do poder político

A América Latina ostenta o maior grau de desigualdade do mundo. A pobreza na região diminuiu do patamar de 48,3% a 33,2%, no período de 1990 e 2008. Todavia, cinco dos dez países mais desiguais do mundo estão na América Latina, dentre eles o Brasil.[1] Na América Latina, 40,5% das crianças e adolescentes são pobres.

Sob o prisma étnico-racial, de acordo com o *International Development Bank*, a população afrodescendente corresponde a aproximadamente 25% da população latino-americana. No que se refere à população indígena, estima-se corresponder a 8% da população latino-americana. Indicadores sociais demonstram o sistemático padrão de discriminação, exclusão e violência a acometer as populações afrodescendentes e indígenas na região, sendo que mulheres e crianças são alvo de formas múltiplas de discriminação (*overlapping discrimination*). Conclui-se, assim, que em média 33% da população latino-americana enfrenta um grave padrão de violação a direitos. Povos indígenas e afrodescendentes estão desproporcionalmente representados entre a população em situação de pobreza e miséria, sendo que as mulheres sofrem ainda maior grau de vulnerabilidade, por meio da etnização e da feminização da pobreza.

Não bastando o acentuado grau de desigualdade, a região ainda se destaca por ser a mais violenta do mundo. Concentra 27% dos homicí-

---

1. Marta Lagos e Lucía Dammert, "La seguridad ciudadana: el problema principal de América Latina", *Latinobarómetro*, 9.5.2012, p. 3.

dios, tendo apenas 9% da população mundial. Dez dos vinte países com maiores taxas de homicídio do mundo são latino-americanos.[2]

Na pesquisa Latinobarometro 2013 sobre o apoio à democracia na América Latina, embora 56% dos entrevistados considerarem a democracia preferível a qualquer outra forma de governo, a resposta afirmativa encontra no Brasil o endosso de apenas 49% e no México 37%. De acordo com a pesquisa, 31% consideram que pode haver democracia sem partidos políticos e 27% consideram que a democracia pode funcionar sem Congresso Nacional.

A região latino-americana marcada por sociedades pós-coloniais tem assim sido caracterizada por elevado grau de exclusão e violência ao qual se somam democracias em fase de consolidação. A região sofre com um centralismo autoritário de poder, o que vem a gerar o fenômeno do "hiperpresidencialismo" ou formas de "democracia delegativa". A democratização fortaleceu a proteção de direitos, sem, contudo, efetivar reformas institucionais profundas necessárias à consolidação do Estado Democrático de Direito. A região ainda convive com as reminiscências do legado dos regimes autoritários ditatoriais, com uma cultura de violência e de impunidade, com a baixa densidade de Estados de Direitos e com a precária tradição de respeito aos direitos humanos no âmbito doméstico.

É neste contexto político, social e cultural, por compartilhar de problemas, desafios, dilemas e tensões similares, que se justifica a defesa de um constitucionalismo regional transformador.

2.2 Impacto transformador do sistema interamericano no contexto latino-americano

A criação de um constitucionalismo regional transformador em matéria de direitos humanos decorre da combinação de três importantes fatores ao longo do processo de democratização na região:

1) o crescente empoderamento do sistema interamericano de proteção dos direitos humanos e seu impacto transformador na região;

2) a emergência de Constituições latino-americanas que, na qualidade de marcos jurídicos de transições democráticas e da institucionalização de direitos, apresentam cláusulas de abertura constitucional, a propiciar maior diálogo e interação entre o Direito interno e o Direito Internacional dos Diretos Humanos;

---

2. Idem, ibidem.

3) o fortalecimento da sociedade civil na luta por direitos e por justiça.

É neste cenário que o sistema interamericano gradativamente se legitima como importante e eficaz instrumento para a proteção dos direitos humanos. Com a atuação da sociedade civil, a partir de articuladas e competentes estratégias de litigância, o sistema interamericano tem tido a força catalizadora de promover avanços no regime de direitos humanos.

Permitiu a desestabilização dos regimes ditatoriais; exigiu justiça e o fim da impunidade nas transições democráticas; e agora demanda o fortalecimento das instituições democráticas com o necessário combate às violações de direitos humanos e proteção aos grupos mais vulneráveis.

Dois períodos demarcam o contexto latino-americano: o período dos regimes ditatoriais; e o período da transição política aos regimes democráticos, marcado pelo fim das ditaduras militares na década de 1980, na Argentina, no Chile, no Uruguai e no Brasil.

Em 1978, quando a Convenção Americana de Direitos Humanos entrou em vigor, muitos dos Estados da América Central e do Sul eram governados por ditaduras. Dos 11 Estados-partes da Convenção à época, menos que a metade tinha governos eleitos democraticamente, ao passo que hoje quase a totalidade dos Estados latino-americanos na região tem governos eleitos democraticamente.[3] Diversamente do sistema regional europeu que teve como fonte inspiradora a tríade indissociável Estado de Direito, Democracia e Direitos Humanos, o sistema regional interamericano tem em sua origem o paradoxo de nascer em um ambiente acentuadamente autoritário, que não permitia qualquer associação direta e imediata entre Democracia, Estado de Direito e Direitos Humanos. Ademais, neste contexto, os direitos humanos eram tradicionalmente concebidos como uma agenda contra o Estado. Diversamente do sistema europeu, que surge como fruto do processo de integração europeia e tem servido como relevante instrumento para fortalecer este processo

---

3. Como observa Thomas Buergenthal: "O fato de hoje quase a totalidade dos Estados latino-americanos na região, com exceção de Cuba, terem governos eleitos democraticamente tem produzido significativos avanços na situação dos direitos humanos nesses Estados. Estes Estados ratificaram a Convenção e reconheceram a competência jurisdicional da Corte" (Prefácio de Thomas Buergenthal, in Jo M. Pasqualucci, *The Practice and Procedure of the Inter-American Court on Human Rights*, Cambridge, Cambridge University Press, 2003, p. XV). Em 2012, 22 Estados haviam reconhecido a competência da Corte Interamericana de Direitos Humanos. De acordo com: <www.cidh.oas.org/Basicos/English/Basic4.Amer.Conv.Ratif.htm> (acesso em 6.1.2012).

de integração, no caso interamericano havia tão somente um movimento ainda embrionário de integração regional.

Considerando a atuação da Corte Interamericana, é possível criar uma tipologia de casos baseada em decisões concernentes a 6 (seis) diferentes categorias de violação a direitos humanos:

2.2.1 Violações que refletem o legado do regime autoritário ditatorial

Esta categoria compreende a maioria significativa das decisões da Corte Interamericana, que tem por objetivo prevenir arbitrariedades e controlar o excessivo uso da força, impondo limites ao poder punitivo do Estado.

A título de exemplo, destaca-se o *leading case* – Velasquez Rodriguez *vs.* Honduras concernente a desaparecimento forçado. Em 1989 a Corte condenou o Estado de Honduras a pagar uma compensação aos familiares da vítima, bem como ao dever de prevenir, investigar, processar, punir e reparar as violações cometidas.[4]

Adicionem-se ainda decisões da Corte que condenaram Estados em face de precárias e cruéis condições de detenção e da violação à integridade física, psíquica e moral de pessoas detidas; ou em face da prática de execução sumária e extrajudicial; ou tortura. Estas decisões enfatizaram o dever do Estado de investigar, processar e punir os responsáveis pelas violações, bem como de efetuar o pagamento de indenizações.

No plano consultivo, merecem menção as opiniões a respeito da impossibilidade de adoção da pena de morte pelo Estado da Guatemala[5] e da impossibilidade de suspensão da garantia judicial de *habeas corpus* inclusive em situações de emergência, de acordo com o art. 27 da Convenção Americana.[6]

2.2.2 Violações que refletem questões da justiça de transição (*transitional justice*)

Nesta categoria de casos estão as decisões relativas ao combate à impunidade, às leis de anistia e ao direito à verdade.

---

4. Velasquez Rodriguez Case, *Inter-American Court of Human Rights*, 1988, Ser. C, n. 4.
5. Advisory Opinion n. 03/83, de 8.9.1983.
6. Advisory Opinion n. 08/87, de 30.1.1987.

No caso Barrios Altos (massacre que envolveu a execução de 15 pessoas por agentes policiais), em virtude da promulgação e aplicação de leis de anistia (uma que concede anistia geral aos militares, policiais e civis, e outra que dispõe sobre a interpretação e alcance da anistia), o Perú foi condenado a reabrir investigações judiciais sobre os fatos em questão, relativos ao "massacre de Barrios Altos", de forma a derrogar ou a tornar sem efeito as leis de anistia mencionadas. O Perú foi condenado, ainda, à reparação integral e adequada dos danos materiais e morais sofridos pelos familiares das vítimas.[7]

Esta decisão apresentou um elevado impacto na anulação de leis de anistia e na consolidação do direito à verdade, pelo qual os familiares das vítimas e a sociedade como um todo devem ser informados das violações, realçando o dever do Estado de investigar, processar, punir e reparar violações aos direitos humanos.

Concluiu a Corte que as leis de "autoanistia" perpetuam a impunidade, propiciam uma injustiça continuada, impedem às vítimas e aos seus familiares o acesso à justiça e o direito de conhecer a verdade e de receber a reparação correspondente, o que constituiria uma manifesta afronta à Convenção Americana. As leis de anistiam configurariam, assim, um ilícito internacional e sua revogação uma forma de reparação não pecuniária.

No mesmo sentido, destaca-se o caso Almonacid Arellano *vs.* Chile[8] cujo objeto era a validade do Decreto-lei 2.191/1978 – que perdoava os crimes cometidos entre 1973 e 1978 durante o regime Pinochet – à luz das obrigações decorrentes da Convenção Americana de Direitos Humanos. Decidiu a Corte pela invalidade do mencionado decreto lei de "auto-anistia", por implicar a denegação de justiça às vítimas, bem como por afrontar os deveres do Estado de investigar, processar, punir e reparar graves violações de direitos humanos que constituem crimes de lesa humanidade.

Cite-se, ainda, o caso argentino, em que decisão da Corte Suprema de Justiça de 2005 anulou as leis de ponto final (Lei 23.492/1986) e obediência devida (Lei 23.521/1987), adotando como precedente o caso Barrios Altos.

Em 2010, no caso Gomes Lund e outros *vs.* Brasil, a Corte Interamericana condenou o Brasil em virtude do desaparecimento de integrantes

---

7. Caso Barrios Altos (Chumbipuma Aguirre y otros) *vs.* Perú, sentença de 14.3.2001.
8. Caso Almonacid Arellano y otros *vs.* Chile, sentença de 26.9.2006.

da guerrilha do Araguaia durante as operações militares ocorridas na década de 1970.⁹

A Corte realçou que as disposições da lei de anistia de 1979 são manifestamente incompatíveis com a Convenção Americana, carecem de efeitos jurídicos e não podem seguir representando um obstáculo para a investigação de graves violações de direitos humanos, nem para a identificação e punição dos responsáveis. Enfatizou que leis de anistia relativas a graves violações de direitos humanos são incompatíveis com o Direito Internacional e as obrigações jurídicas internacionais contraídas pelos Estados. Concluiu, uma vez mais, que as leis de anistia violam o dever internacional do Estado de investigar e punir graves violações a direitos humanos.

Na mesma direção, em 2011, no caso Gelman *vs.* Uruguai,¹⁰ a Corte Interamericana decidiu que a "Lei de Caducidade da Pretensão Punitiva" carecia de efeitos jurídicos por sua incompatibilidade com a Convenção Americana e com a Convenção Interamericana sobre o Desaparecimento Forçado de Pessoas, não podendo impedir ou obstar a investigação dos fatos, a identificação e eventual sanção dos responsáveis por graves violações a direitos humanos.

2.2.3 Violações que refletem desafios acerca do fortalecimento de instituições e da consolidação do Estado de Direito (*rule of law*)

Esta terceira categoria de casos remete ao desafio do fortalecimento de instituições e da consolidação do *rule of law*, particularmente no que se refere ao acesso à justiça, proteção judicial e fortalecimento e independência do Poder Judiciário.

Destaca-se o caso do Tribunal Constitucional contra o Perú (2001),¹¹ envolvendo a destituição de juízes, em que a Corte reconheceu necessário garantir a independência de qualquer juiz em um Estado de Direito, especialmente em Cortes constitucionais, o que demanda: a) um adequado

---

9. Caso Gomes Lund y otros *vs.* Brasil, sentença de 24.11.2010. O caso foi submetido à Corte pela Comissão Interamericana, ao reconhecer que o caso "representava uma oportunidade importante para consolidar a jurisprudência interamericana sobre leis de anistia em relação aos desaparecimentos forçados e às execuções extrajudiciais, com a consequente obrigação dos Estados de assegurar o conhecimento da verdade, bem como de investigar, processar e punir graves violações de direitos humanos".
10. Caso Gelman *vs.* Uruguai, sentença de 24.2.2011.
11. Caso Aguirre Roca y otros *vs.* Perú (Caso Tribunal Constitucional), sentença de 31.1.2001.

processo de nomeação; b) um mandato com prazo certo; e c) garantias contra pressões externas.

Tal decisão contribuiu decisivamente para o fortalecimento de instituições nacionais e para a consolidação do Estado de Direito.

2.2.4 Violações de direitos de grupos vulneráveis

Esta quarta categoria de casos atém-se a decisões que afirmam a proteção de direitos de grupos socialmente vulneráveis, como os povos indígenas, as crianças, os migrantes, os presos, dentre outros.

Quanto aos direitos dos povos indígenas, destaca-se o relevante caso da comunidade indígena Mayagna Awas Tingni contra a Nicarágua (2001),[12] em que a Corte reconheceu o direito dos povos indígenas à propriedade coletiva da terra, como uma tradição comunitária, e como um direito fundamental e básico à sua cultura, à sua vida espiritual, à sua integridade e à sua sobrevivência econômica. Acrescentou que para os povos indígenas a relação com a terra não é somente uma questão de possessão e produção, mas um elemento material e espiritual de que devem gozar plenamente, inclusive para preservar seu legado cultural e transmiti-lo às gerações futuras.

Em outro caso – caso da comunidade indígena Yakye Axa contra o Paraguai (2005)[13] –, a Corte sustentou que os povos indígenas têm direito a medidas específicas que garantam o acesso aos serviços de saúde, que devem ser apropriados sob a perspectiva cultural, incluindo cuidados preventivos, práticas curativas e medicinas tradicionais. Adicionou que para os povos indígenas a saúde apresenta uma dimensão coletiva, sendo que a ruptura de sua relação simbiótica com a terra exerce um efeito prejudicial sobre a saúde destas populações.

No caso da comunidade indígena Xákmok Kásek *vs.* Paraguai,[14] a Corte Interamericana condenou o Estado do Paraguai pela afronta aos

---

12. Mayagna (Sumo) Awas Tingni Community *vs.* Nicaragua, Inter-American Court, 2001, Ser. C, n. 79.
13. Yakye Axa Community *vs.* Paraguay, Inter-American Court, 2005, Ser. C, n. 125.
14. Corte Interamericana de Direitos Humanos, Caso Comunidad Indígena Xákmok Kásek. *vs.* Paraguay, Fondo, Reparaciones y Costas, sentença de 24.8.2010, Serie C, n. 214. Note-se que, no sistema africano, merece menção um caso emblemático que, ineditamente, em nome do direito ao desenvolvimento, assegurou a proteção de povos indígenas às suas terras. Em 2010, a Comissão Africana dos Direitos Humanos e dos Povos considerou que o modo pelo qual a comunidade Endorois no Kenya foi

direitos à vida, à propriedade comunitária e à proteção judicial (arts. 4º, 21 e 25 da Convenção Americana, respectivamente), dentre outros direitos, em face da não garantia do direito de propriedade ancestral à aludida comunidade indígena, o que estaria a afetar seu direito à identidade cultural. Ao motivar a sentença, destacou que os conceitos tradicionais de propriedade privada e de possessão não se aplicam às comunidades indígenas, pelo significado coletivo da terra, eis que a relação de pertença não se centra no indivíduo, senão no grupo e na comunidade. Acrescentou que o direito à propriedade coletiva estaria ainda a merecer igual proteção pelo art. 21 da Convenção (concernente ao direito à propriedade privada). Afirmou o dever do Estado em assegurar especial proteção às comunidades indígenas, à luz de suas particularidades próprias, suas características econômicas e sociais e suas especiais vulnerabilidades, considerando o direito consuetudinário, os valores, os usos e os costumes dos povos indígenas, de forma a assegurar-lhes o direito à vida digna, contemplando o acesso à água potável, alimentação, saúde, educação, dentre outros.

No caso dos direitos das crianças, cabe menção ao caso Villagran Morales contra a Guatemala (1999),[15] em que este Estado foi condenado pela Corte, em virtude da impunidade relativa à morte de 5 meninos de rua, brutalmente torturados e assassinados por 2 policiais nacionais da Guatemala. Dentre as medidas de reparação ordenadas pela Corte estão: o pagamento de indenização pecuniária aos familiares das vítimas; a reforma no ordenamento jurídico interno visando à maior proteção dos direitos das crianças e adolescentes guatemaltecos; e a construção de uma escola em memória das vítimas.

Adicionem-se, ainda, as opiniões consultivas sobre a condição jurídica e os direitos humanos das crianças (OC 17, emitida em agosto de 2002, por solicitação da Comissão Interamericana de Direitos Humanos) e sobre a condição jurídica e os direitos de migrantes sem documentos (OC18, emitida em setembro de 2003, por solicitação do México).

Mencione-se, também, o parecer emitido, por solicitação do México (OC16, de 1 de outubro de 1999), em que a Corte considerou violado o direito ao devido processo legal, quando um Estado não notifica um preso estrangeiro de seu direito à assistência consular. Na hipótese, se o preso foi condenado à pena de morte, isso constituiria privação arbitrária do direito à vida. Note-se que o México embasou seu pedido de consulta

---

privada de suas terras tradicionais, tendo negado seu acesso a recursos, constituiu uma violação a direitos humanos, especialmente ao direito ao desenvolvimento.

15. Villagran Morales *et al. vs.* Guatemala (The Street Children Case), Inter-American Court, 19.11.1999, Ser. C, n. 63.

nos vários casos de presos mexicanos condenados à pena de morte nos Estados Unidos.

Com relação aos direitos das mulheres, destacam-se relevantes decisões do sistema interamericano sobre discriminação e violência contra mulheres, o que fomentou a reforma do Código Civil da Guatemala, a adoção de uma lei de violência doméstica no Chile e no Brasil, dentre outros avanços.[16] No caso González e outras contra o México (caso "Campo Algodonero"), a Corte Interamericana condenou o México em virtude do desaparecimento e morte de mulheres em Ciudad Juarez, sob o argumento de que a omissão estatal estava a contribuir para a cultura da violência e da discriminação contra a mulher. No período de 1993 a 2003, estima-se que de 260 a 370 mulheres tenham sido vítimas de assassinatos, em Ciudad Juarez. A sentença da Corte condenou o Estado do México ao dever de investigar, sob a perspectiva de gênero, as graves violações ocorridas, garantindo direitos e adotando medidas preventivas necessárias de forma a combater a discriminação contra a mulher.[17]

Ineditamente, em 24.2.2012, a Corte Interamericana reconheceu a responsabilidade internacional do Estado do Chile em face do tratamento discriminatório e interferência indevida na vida privada e familiar da vítima Karen Atala devido à sua orientação sexual.[18] O caso foi objeto de intenso litígio judicial no Chile, que culminou com a decisão da Corte Suprema de Justiça em determinar a custódia das três filhas ao pai, sob o argumento de que a Sra. Atala não deveria manter a custódia por conviver com pessoa do mesmo sexo, após o divórcio. No entender unânime da Corte Interamericana, o Chile violou os artigos 1º, § 1º, e 14 da Convenção Americana, por afrontar o princípio da igualdade e da proibição da discriminação.

2.2.5 Violações a direitos sociais

Nesta quinta categoria de casos emergem decisões da Corte que protegem direitos sociais. Importa reiterar que a Convenção Americana de Direitos Humanos estabelece direitos civis e políticos, contemplando apenas a aplicação progressiva dos direitos sociais (art. 26). Já o Protocolo

---

16. A respeito, ver caso María Eugenia *vs.* Guatemala e caso Maria da Penha *vs.* Brasil decididos pela Comissão Interamericana.
17. Ver sentença de 16.11.2009. Disponível em: <www.corteidh.or.cr/docs/casos/articulos/seriec_205_esp.pdf>.
18. Caso Atala Riffo y hijas *vs.* Chile, Inter-American Court, sentença de 24.2.2012, Series C N. 239.

de San Salvador, ao dispor sobre direitos econômicos, sociais e culturais, prevê que somente os direitos à educação e à liberdade sindical seriam tuteláveis pelo sistema de petições individuais (art. 19, § 6º).

À luz de uma interpretação dinâmica e evolutiva, compreendendo a Convenção Americana como um *living instrument*, no já citado caso Villagran Morales contra a Guatemala,[19] a Corte afirmou que o direito à vida não pode ser concebido restritivamente. Introduziu a visão de que o direito à vida compreende não apenas uma dimensão negativa – o direito a não ser privado da vida arbitrariamente –, mas uma dimensão positiva, que demanda dos Estados medidas positivas apropriadas para proteger o direito à vida digna – o "direito a criar e desenvolver um projeto de vida". Esta interpretação lançou um importante horizonte para proteção dos direitos sociais.

Em outros julgados, a Corte tem endossado o dever jurídico dos Estados de conferir aplicação progressiva aos direitos sociais, com fundamento no art. 26 da Convenção Americana de Direitos Humanos, especialmente em se tratando de grupos socialmente vulneráveis. No caso Niñas Yean y Bosico *vs.* Republica Dominicana, a Corte enfatizou o dever dos Estados no tocante à aplicação progressiva dos direitos sociais, a fim de assegurar o direito à educação, com destaque à especial vulnerabilidade de meninas. Sustentou que:

> en relación con el deber de desarrollo progresivo contenido en el artículo 26 de la Convención, el Estado debe proveer educación primaria gratuita a todos los menores, en un ambiente y condiciones propicias para su pleno desarrollo intelectual.[20]

Há, ademais, um conjunto de decisões que consagram a proteção indireta de direitos sociais, mediante a proteção de direitos civis, o que confirma a ideia da indivisibilidade e da interdependência dos direitos humanos.

No caso Albán Cornejo y otros *vs.* Equador[21] referente à suposta negligência médica em hospital particular – mulher deu entrada no hospital com quadro de meningite bacteriana e foi medicada, vindo a falecer no

---

19. Villagran Morales *et al. vs.* Guatemala (The Street Children Case), Inter-American Court, 19.11.1999, Ser. C, n. 63.
20. Caso de las Niñas Yean y Bosico *vs.* República Dominicana, Inter-American Court, 8.11.2005, Ser. C, n.130
21. Albán Cornejo y otros *vs.* Ecuador, Inter-American Court, 22.11.2007, Ser. C, n. 171.

dia seguinte, provavelmente em decorrência do medicamento prescrito –, a Corte decidiu o caso com fundamento na proteção ao direito à integridade pessoal e não no direito à saúde. No mesmo sentido, no caso Myrna Mack Chang vs. Guatemala,[22] concernente a danos à saúde decorrentes de condições de detenção, uma vez mais a proteção ao direito à saúde deu-se sob o argumento da proteção do direito à integridade física.

Outros casos de proteção indireta de direitos sociais atêm-se à proteção ao direito ao trabalho, tendo como fundamento o direito ao devido processo legal e a proteção judicial. A respeito, destaca-se o caso Baena Ricardo y otros vs. Panamá,[23] envolvendo a demissão arbitrária de 270 funcionários públicos que participaram de manifestação (greve). A Corte condenou o Estado do Panamá pela violação da garantia do devido processo legal e proteção judicial, determinando o pagamento de indenização e a reintegração dos 270 trabalhadores. No caso Trabajadores cesados del congreso (Aguado Alfaro y otros) vs. Perú,[24] envolvendo a despedida arbitrária de 257 trabalhadores, a Corte condenou o Estado do Peru também pela afronta ao devido processo legal e proteção judicial. Em ambos os casos, a condenação dos Estados teve como argumento central a violação à garantia do devido processo legal e não a violação ao direito do trabalho.

Um outro caso emblemático é o caso "cinco pensionistas" vs. Perú,[25] envolvendo a modificação do regime de pensão no Perú, em que a Corte condenou o Estado com fundamento na violação ao direito de propriedade privada e não com fundamento na afronta ao direito de seguridade social, em face dos danos sofridos pelos 5 pensionistas.

No caso Acevedo Buendia vs. Peru,[26] a Corte reconheceu que os direitos humanos devem ser interpretados sob a perspectiva de sua integralidade e interdependência, a conjugar direitos civis e políticos e direitos econômicos, sociais e culturais, inexistindo hierarquia entre eles e sendo todos direitos exigíveis. Realçou ser a aplicação progressiva

22. Myrna Mack Chang vs. Guatemala, Inter-American Court, 25.11.2003, Ser. C n. 101.
23. Baena Ricardo y otros vs. Panamá, Inter-American Court, 2.2.2001, Ser. C, n. 72.
24. Caso Trabajadores cesados del congreso (Aguado Alfaro y otros) vs. Peru, Inter-American Court, 24.11.2006, Ser. C, n. 158.
25. Caso "cinco pensionistas" vs. Peru, Inter-American Court, 28.2.2003, Ser. C n. 98.
26. Caso Acevedo Buendía y otros ("Cesantes y Jubilados de la Contraloría") contra o Peru, sentença prolatada em 1.7.2009.

dos direitos sociais suscetível de controle e fiscalização pelas instâncias competentes, destacando o dever dos Estados de não regressividade em matéria de direitos sociais.

2.2.6 Violações a novos direitos da agenda contemporânea

Finalmente, esta sexta categoria de casos compreende novos direitos da agenda contemporânea, com especial destaque aos direitos reprodutivos.

Em sentença proferida em 28.11.2012, a Corte Interamericana de Direitos Humanos, no caso Artavia Murillo e outros contra a Costa Rica,[27] enfrentou, de forma inédita, a temática da fecundação *in vitro* sob a ótica dos direitos humanos. O caso foi submetido pela Comissão Interamericana, sob o argumento de que a proibição geral e absoluta de praticar a "fecundação *in vitro*" na Costa Rica desde 2000 estaria a implicar violação a direitos humanos. Com efeito, por decisão da Sala Constitucional da Corte Suprema de Justiça de 15.3.2000, a prática da fertilização *in vitro* atentaria claramente contra a vida e a dignidade do ser humano. Todavia, no entender da Comissão, tal proibição estaria a constituir uma ingerência arbitrária com relação aos direitos à vida privada e familiar, bem como ao direito de formar uma família. A proibição estaria ainda a afetar o direito de igualdade das vítimas, eis que o Estado estaria a impedir o acesso a tratamento que permitiria superar uma situação de desvantagem relativamente a ter filhas e filhos biológicos, com impacto desproporcional nas mulheres. O argumento da Comissão é de que a proibição da fertilização *in vitro* afrontaria os direitos à vida privada e familiar; à integridade pessoal; à saúde sexual e reprodutiva; bem como o direito de gozar dos benefícios do progresso científico e tecnológico e o princípio da não discriminação.

A partir de uma interpretação sistemática e histórica, com destaque à normatividade e à jurisprudência dos sistemas universal, europeu e africano, concluiu a Corte Interamericana não ser possível sustentar que o embrião possa ser considerado pessoa. Recorrendo a uma interpretação evolutiva, a Corte observou que o procedimento da fertilização *in vitro* não existia quando a Convenção foi elaborada, conferindo especial relevância ao Direito Comparado, por meio do diálogo com a experiência jurídica latino-americana e de outros países, como os EUA

27. Caso Artavia Murillo e otros ("fecundación *in vitro*") *vs.* Costa Rica, Corte Interamericana de Direitos Humanos, sentença proferida em 28.11.2012.

e a Alemanha, a respeito da matéria. Concluiu que ter filhos biológicos, por meio de técnica de reprodução assistida, decorre dos direitos à integridade pessoal, liberdade e vida privada e familiar. Argumentou que o direito absoluto à vida do embrião – como base para restringir direitos – não encontra respaldo na Convenção Americana. Condenou, assim, a Costa Rica por violação aos artigos 5º, § 1º, 7º, 11, § 2º, e 17, § 2º, da Convenção Americana, determinando ao Estado adotar com a maior celeridade possível medidas apropriadas para que fique sem efeito a proibição de praticar a fertilização *in vitro*, assegurando às pessoas a possibilidade de valer-se deste procedimento sem impedimentos. Determinou também ao Estado a implementação da fertilização *in vitro*, tornando disponíveis os programas e os tratamentos de infertilidade, com base no princípio da não discriminação. Adicionou o dever do Estado de proporcionar às vítimas atendimento psicológico de forma imediata, fomentando, ademais, programas e cursos de educação e capacitação em direitos humanos, no campo dos direitos reprodutivos, sobretudo aos funcionários judiciais.

Ainda no campo dos direitos reprodutivos, em 29.5.2013, ineditamente, a Corte concedeu medidas provisórias em face de El Salvador,[28] em conformidade com os artigos 63.2 da Convenção Americana de Direitos Humanos e 27 do Regulamento da Corte, em caso envolvendo interrupção de gravidez em virtude de anencefalia fetal. Na hipótese, a Senhora "B"[29] encontrava-se na 26ª de gravidez de um feto anencefálico, portador de anomalia incompatível com a vida extrauterina. A Senhora "B" apresentava enfermidade materna grave com risco de morte materna.

A Corte determinou ao Estado de El Salvador a concessão de medidas necessárias para proteger a vida, a integridade pessoal e a saúde da Senhora "B", considerando o urgente e iminente risco de dano irreparável. Endossou a necessidade do Estado de El Salvador de adotar e garantir, com urgência, todas as medidas que sejam necessárias e efetivas para que a equipe médica responsável pela Senhora "B" possa adotar, sem qualquer interferência, as medidas médicas para assegurar a devida proteção aos direitos consagrados nos artigos 4º e 5º da Convenção Americana, evitando, assim, danos que pudessem ser irreparáveis aos direitos à vida, à integridade pessoal e à saúde da Senhora "B".

---

28. Medidas provisórias em face do Estado de El Salvador, Corte Interamericana de Direitos Humanos, 29.5.2013.

29. Por solicitação da Comissão Interamericana, em respeito à identidade e à privacidade da vítima, a mesma é identificada como Senhora "B".

2.3 O empoderamento do sistema interamericano mediante a efetividade do diálogo jurisdicional e crescente legitimação social

O sistema interamericano é capaz de revelar as peculiaridades e especificidades das lutas emancipatórias por direitos e por justiça na região latino-americana. O sistema apresenta uma particular institucionalidade marcada pelo protagonismo de diversos atores, em um palco em que interagem Estados, vítimas, organizações da sociedade civil nacionais e internacionais, a Comissão e a Corte Interamericana no âmbito da Organização dos Estados Americanos.

Neste contexto, o sistema interamericano gradativamente se empodera, mediante diálogos a permitir o fortalecimento dos direitos humanos em um sistema multinível. É sob esta perspectiva multinível que emergem duas vertentes do diálogo jurisdicional, a compreender o diálogo com os sistemas nacionais (a abranger o controle da convencionalidade) e o diálogo com a sociedade civil (a emprestar ao sistema interamericano crescente legitimação social).

A respeito do diálogo com os sistemas nacionais consolida-se o chamado "controle de convencionalidade". Tal controle é reflexo de um novo paradigma a nortear a cultura jurídica latino-americana na atualidade: da hermética pirâmide centrada no *State approach* à permeabilidade do trapézio centrado no *Human Rights approach*.

Isto é, aos parâmetros constitucionais somam-se os parâmetros convencionais, na composição de um trapézio jurídico aberto ao diálogo, aos empréstimos e à interdisciplinaridade, a resignificar o fenômeno jurídico sob a inspiração do *Human Rights approach*.

No caso latino-americano, o processo de democratização na região, deflagrado na década de 1980, é que propiciou a incorporação de importantes instrumentos internacionais de proteção dos direitos humanos pelos Estados latino-americanos. Hoje constata-se que os países latino-americanos subscreveram os principais tratados de direitos humanos adotados pela ONU e pela OEA.

De um lado, despontam Constituições latino-americanas com cláusulas constitucionais abertas, com destaque à hierarquia especial dos tratados de direitos humanos, à sua incorporação automática e às regras interpretativas alicerçadas no princípio *pro persona*.

Com efeito, as Constituições latino-americanas estabelecem cláusulas constitucionais abertas, que permitem a integração entre a ordem constitucional e a ordem internacional, especialmente no campo dos direitos humanos, ampliando e expandindo o bloco de constitucionalidade.

Ao processo de constitucionalização do Direito Internacional conjuga-se o processo de internacionalização do Direito Constitucional. A título exemplificativo, a Constituição da Argentina, após a reforma constitucional de 1994, dispõe, no artigo 75, inciso 22, que, enquanto os tratados em geral têm hierarquia infraconstitucional, mas supralegal, os tratados de proteção dos direitos humanos têm hierarquia constitucional, complementando os direitos e garantias constitucionalmente reconhecidos. A Constituição Brasileira de 1988, no art. 5º, § 2º, consagra que os direitos e garantias expressos na Constituição não excluem os direitos decorrentes dos princípios e do regime a ela aplicável e os direitos enunciados em tratados internacionais ratificados pelo Brasil, permitindo, assim, a expansão do bloco de constitucionalidade. A então Constituição do Perú de 1979, no mesmo sentido, determinava, no art. 105, que os preceitos contidos nos tratados de direitos humanos têm hierarquia constitucional e não podem ser modificados senão pelo procedimento que rege a reforma da própria Constituição. Já a atual Constituição do Perú de 1993 consagra que os direitos constitucionalmente reconhecidos devem ser interpretados em conformidade com a Declaração Universal de Direitos Humanos e com os tratados de direitos humanos ratificados pelo Perú. Decisão proferida em 2005 pelo Tribunal Constitucional do Perú endossou a hierarquia constitucional dos tratados internacionais de proteção dos direitos humanos, adicionando que os direitos humanos enunciados nos tratados conformam a ordem jurídica e vinculam os poderes públicos. A Constituição da Colômbia de 1991, reformada em 1997, confere, no art. 93, hierarquia especial aos tratados de direitos humanos, determinando que estes prevaleçam na ordem interna e que os direitos humanos constitucionalmente consagrados serão interpretados em conformidade com os tratados de direitos humanos ratificados pelo país. Também a Constituição do Chile de 1980, em decorrência da reforma constitucional de 1989, passou a consagrar o dever dos órgãos do Estado de respeitar e promover os direitos garantidos pelos tratados internacionais ratificados por aquele país. Acrescente-se a Constituição da Bolívia de 2009, ao estabelecer que os direitos e deveres reconhecidos constitucionalmente serão interpretados em conformidade com os tratados de direitos humanos ratificados pela Bolívia, que prevalecerão em relação à própria Constituição se enunciarem direitos mais favoráveis (artigos 13, IV, e 256). Na mesma direção, destaca-se a Constituição do Equador de 2008, ao consagrar que a Constituição e os tratados de direitos humanos ratificados pelo Estado que reconheçam direitos mais favoráveis aos previstos pela Constituição têm prevalência em relação a qualquer outra norma jurídica ou ato do Poder Público (art. 424), adicionando que serão aplicados os princípios *pro* ser humano, de não restrição de direitos, de aplicabilidade direta e de cláusula constitucional aberta (art. 416). A Constituição do México, com a reforma de junho de 2011, passou a contemplar a hierarquia constitucional dos tratados de direitos humanos e a regra interpretativa fundada no princípio *pro persona*.

Por outro lado, o sistema interamericano revela permeabilidade e abertura ao diálogo mediante as regras interpretativas do art. 29 da Convenção Americana, em especial as que asseguram o princípio da prevalência da norma mais benéfica, mais favorável e mais protetiva à vítima. Ressalte-se que os tratados de direitos humanos fixam parâmetros protetivos mínimos, constituindo um piso mínimo de proteção e não um teto protetivo máximo. Daí a hermenêutica dos tratados de direitos humanos endossar o princípio *pro* ser humano. Às regras interpretativas consagradas no art. 29, da Convenção Americana, somem-se os tratados de direitos humanos do sistema global – que, por sua vez, também enunciam o princípio *pro persona* fundado na prevalência da norma mais benéfica, como ilustram o art. 23 da Convenção sobre a Eliminação da Discriminação contra a Mulher, o art. 41 da Convenção sobre os Direitos da Criança, o art. 16, § 2º, da Convenção contra a Tortura e o art. 4º, § 4º, da Convenção sobre os Direitos das Pessoas com Deficiência.

Cláusulas de abertura constitucional e o princípio *pro* ser humano inspirador dos tratados de direitos humanos compõem os dois vértices – nacional e internacional – a fomentar o diálogo em matéria de direitos humanos. No sistema interamericano este diálogo é caracterizado pelo fenômeno do "controle da convencionalidade", na sua forma difusa e concentrada.

Como enfatiza a Corte Interamericana:

> Quando um Estado ratifica um tratado internacional como a Convenção Americana, seus juízes, como parte do aparato do Estado, também estão submetidos a ela, o que lhes obriga a zelar para que os efeitos dos dispositivos da Convenção não se vejam mitigados pela aplicação de leis contrárias a seu objeto, e que desde o início carecem de efeitos jurídicos. (...) o poder Judiciário deve exercer uma espécie de "controle da convencionalidade das leis" entre as normas jurídicas internas que aplicam nos casos concretos e a Convenção Americana sobre Direitos Humanos. Nesta tarefa, o Poder Judiciário deve ter em conta não somente o tratado, mas também a interpretação que do mesmo tem feito a Corte Interamericana, intérprete última da Convenção Americana.[30]

---

30. Ver caso Almonacid Arellano y otros *vs.* Chile, sentença de 26.9.2006.

Como sustenta Eduardo Ferrer Mac-Gregor,[31] o juiz nacional agora é também juiz interamericano, tendo como mandato exercer o controle de convencionalidade na modalidade difusa. Cortes nacionais exercem o controle da convencionalidade na esfera doméstica, mediante a incorporação da normatividade, principiologia e jurisprudência protetiva internacional em matéria de direitos humanos no contexto latino-americano. Frise-se: quando um Estado ratifica um tratado, todos os órgãos do poder estatal a ele se vinculam, comprometendo-se a cumpri-lo de boa-fé.

A Corte Interamericana exerce o controle da convencionalidade na modalidade concentrada, tendo a última palavra sobre a interpretação da Convenção Americana. Na realização do controle de convencionalidade, a Corte Interamericana guia-se pelo princípio *pro persona*, conferindo prevalência à norma mais benéfica, destacando, em diversas sentenças, decisões judiciais proferidas pelas Cortes constitucionais latino-americanas, bem como menção a dispositivos das Constituições latino-americanas, como podem revelar os casos Pueblo Indígena Kichwa de Sarayaku *vs.* Equador (sentença proferida em 27.6.2012), Atala Riffo y niñas *vs.* Chile (sentença proferida em 24.2.2012) e Gelman *vs.* Uruguai (sentença proferida em 24.2.2012).[32]

Por fim, adicione-se o profícuo diálogo do sistema interamericano com a sociedade civil, o que lhe confere gradativa legitimação social e crescente empoderamento. O sistema enfrenta o paradoxo de sua origem – nasceu em um ambiente marcado pelo arbítrio de regimes autoritários

---

31. Eduardo Ferrer Mac-Gregor, "Interpretación conforme y control difuso de convencionalidad: el nuevo paradigma para el juez mexicano", in Armin von Bogdandy, Flavia Piovesan e Mariela Morales Antoniazzi, *Estudos Avançados de Direitos Humanos – Democracia e integração Jurídica: emergência de um novo Direito Público*, Rio de Janeiro, Campus Elsevier, 2013, pp. 627-705.

32. A título ilustrativo, cabe menção à sentença proferida pela Corte Interamericana no caso Pueblo Indígena Kichwa de Sarayaku *vs.* Equador, de 27.6.2012, em que a Corte incorpora precedentes judiciais em matéria indígena da Corte Constitucional Colombiana (sentencia C-169/01), no que se refere ao direito à consulta prévia dos povos indígenas, bem como ao pluralismo. Empresta ainda destaque às Constituições da Argentina, da Bolívia, do Brasil, do Peru e do Chile. Outro exemplo atém-se à sentença do caso Atala Riffo y niñas *vs.* Chile, de 24.2.2012, em que a Corte Interamericana faz alusão à jurisprudência da Suprema Corte de Justicia de la Nación do México, na AI 2/2010, concernente à proibição da discriminação por orientação sexual. No caso Guelman *vs.* Uruguai, por sua vez, a Corte destaca a jurisprudência da Venezuela, do México, do Chile, da Argentina e da Bolívia reconhecendo a natureza pluriofensiva e permanente do delito de desaparecimento forçado, bem como a jurisprudência latino-americana invalidando leis de anistia.

com a expectativa estatal de seu reduzido impacto – e passa a ganhar credibilidade, confiabilidade e elevado impacto. A força motriz do sistema interamericano tem sido a sociedade civil organizada por meio de um *transnational network*, a empreender exitosos litígios estratégicos.

Na experiência brasileira, por exemplo, 100% dos casos submetidos à Comissão Interamericana foram fruto de uma articulação a reunir vítimas e organizações não governamentais locais e internacionais,[33] com intenso protagonismo na seleção de um caso paradigmático, na litigância do mesmo (aliando estratégias jurídicas e políticas) e na implementação doméstica de eventuais ganhos internacionais.

Na percepção de Kathryn Sikkink:

> Os trabalhos das ONGs tornam as práticas repressivas dos Estados mais visíveis e públicas, exigindo deles, que se manteriam calados, uma resposta. Ao enfrentar pressões crescentes, os Estados repressivos buscam apresentar justificativas. (...) Quando um Estado reconhece a legitimidade das intervenções internacionais na questão dos direitos humanos e, em resposta a pressões internacionais, altera sua prática com relação à matéria, fica reconstituída a relação entre Estado, cidadãos e atores internacionais".[34] Adiciona a autora: "pressões e políticas transnacionais no campo dos direitos humanos, incluindo network de ONGs, têm exercido uma significativa diferença no sentido de permitir avanços nas práticas dos direitos humanos em diversos países do mundo. Sem os regimes internacionais de proteção dos direitos humanos e suas normas, bem como sem a atuação das networks transnacionais que operam para efetivar tais normas, transformações na esfera dos direitos humanos não teriam ocorrido.[35]

O sucesso do sistema interamericano reflete o intenso comprometimento das ONGs (envolvendo movimentos sociais e estratégias de mídia), a boa resposta do sistema e a implementação de suas decisões pelo Estado, propiciando transformações e avanços no regime interno de proteção dos direitos humanos.

---

33. Flávia Piovesan, *Direitos Humanos e o Direito Constitucional Internacional*, 14ª ed., Saraiva, São Paulo, 2014, p. 431.
34. Ver Kathryn Sikkink, "Human rights, principled issue-networks, and sovereignty in Latin America", in *International Organizations,* Massachusetts, IO Foundation and the Massachusetts Institute of Technology, 1993, pp. 414-415.
35. Kathryn Sikkink e Thomas Risse, "Conclusions", in Thomas Risse, Stephen C. Ropp e Kathryn Sikkink, *The Power of Human Rights: International Norms and domestic change*, Cambridge, Cambridge University Press, 1999, p. 275.

Transita-se, por fim, ao enfoque do sistema interamericano na pavimentação de um constitucionalismo regional transformador, com ênfase em suas potencialidades e desafios.

3. Conclusão

A partir da análise do impacto da jurisprudência da Corte Interamericana de Direitos Humanos na região latino-americana, sob a perspectiva de um sistema multinível e dialógico a envolver as esferas regional e local, tendo ainda como força impulsionadora o ativismo transnacional da sociedade civil, vislumbra-se a pavimentação de um constitucionalismo regional transformador em direitos humanos.

É à luz desta dinâmica que emergem três desafios centrais à pavimentação deste constitucionalismo latino-americano em direitos humanos:

i) Fomentar uma cultura jurídica inspirada em novos paradigmas jurídicos e na emergência de um novo Direito Público: estatalidade aberta, diálogo jurisdicional e prevalência da dignidade humana em um sistema multinível.[36]

A existência de cláusulas constitucionais abertas a propiciar o diálogo entre as ordens jurídicas local, regional e global, por si só, não assegura a efetividade do diálogo jurisdicional em direitos humanos. Se, de um lado, constata-se o maior refinamento das cláusulas de abertura constitucional – a contemplar a hierarquia, a incorporação e as regras interpretativas de instrumentos internacionais de direitos humanos – por outro lado, esta tendência latino-americana não é suficiente para o êxito do diálogo jurisdicional em matéria de direitos humanos.

Isto porque interpretações jurídicas reducionistas e restritivas das ordens constitucionais podem comprometer o avanço e a potencialidade de cláusulas abertas.

Daí a necessidade de fomentar uma doutrina e uma jurisprudência emancipatórias no campo dos direitos humanos inspiradas na prevalência da dignidade humana[37] e na emergência de um novo Direito Público

---

36. Ver Armin von Bogdandy, Flavia Piovesan e Mariela Morales Antoniazzi (coords.), *Estudos Avançados de Direitos Humanos – Democracia e integração jurídica: emergência de um novo Direito Público,* São Paulo, Campus Elsevier, 2013.
37. Para Habermas, o princípio da dignidade humana é a fonte moral da qual os direitos fundamentais extraem seu conteúdo. Adiciona Habermas: "The appeal to

marcado pela estatalidade aberta em um sistema jurídico multinível. A formação de uma nova cultura jurídica, baseada em uma nova racionalidade e ideologia, surge como medida imperativa à afirmação de um constitucionalismo regional transformador.

ii) Fortalecer o sistema interamericano de proteção de direitos humanos: universalidade, institucionalidade, independência, sustentabilidade e efetividade

Outro importante desafio à consolidação de um constitucionalismo regional transformador atém-se ao aprimoramento do sistema interamericano, considerando a agenda de reformas do sistema.[38]

Com relação à universalidade do sistema interamericano há se expandir o universo de Estados-partes da Convenção Americana (que contava com 24 Estados-partes em 2014) e sobretudo do Protocolo de San Salvador em matéria de direitos econômicos, sociais e culturais (que contava apenas com 16 Estados-partes em 2014). Outra medida essencial é ampliar o grau de reconhecimento da jurisdição da Corte Interamericana de Direitos Humanos, a contar com o aceite de 21 Estados, em 2014. Observa-se que a OEA compreende 34 Estados membros.

Outra relevante medida é assegurar a elevada independência e autonomia dos membros integrantes da Comissão e da Corte Interamericana, que devem atuar a título pessoal e não governamental. Faz-se necessário densificar a participação da sociedade civil no monitoramento do processo de indicação de tais membros, doando-lhe maior publicidade, transparência e *accountability*.

Também fundamental é fortalecer a efetividade do sistema interamericano, seja no que se refere à supervisão das decisões da Corte e da Comissão.[39] Diversamente do sistema europeu, no sistema interamericano

human rights feeds off the outrage of the humiliated at the violation of their human dignity (...) The origin of human rights has always been resistance to despotism, oppression and humiliation (...)" (Jürgen Habermas, *The Crisis of the European Union: a Response*, Cambridge, Polity Press, 2012, p. 75).

38. No debate acerca da reforma do sistema interamericano, há controvertidas propostas formuladas por Estados visando à restrição do poder da Comissão Interamericana em conceder medidas cautelares e à limitação de relatorias especiais, como a relatoria especial sobre a liberdade de expressão e acesso à informação. Para um enfoque crítico destas propostas, ver Deisy Ventura, Flávia Piovesan e Juana Kweitel, "Sistema interamericano sob forte ataque", *Folha de S. Paulo*, 7.8.2012, p. A3.

39. No sistema europeu, a título exemplificativo, o Comitê de Ministros (órgão político) tem a função de supervisionar a execução das decisões da Corte Europeia,

são seus próprios órgãos que realizam o *follow up* das decisões que eles próprios proferem. Isto porque a Convenção Americana não estabelece mecanismo específico para supervisionar o cumprimento das decisões da Comissão ou da Corte, embora a Assembleia Geral da OEA tenha o mandato genérico a este respeito, nos termos do art. 65 da Convenção Americana.[40] Na avaliação de Antônio Augusto Cançado Trindade:

> (...) a Corte Interamericana tem atualmente uma especial preocupação quanto ao cumprimento de suas sentenças. Os Estados, em geral, cumprem as reparações que se referem a indenizações de caráter pecuniário, mas o mesmo não ocorre necessariamente com as reparações de caráter não pecuniário, em especial as que se referem às investigações efetivas dos fatos que originaram tais violações, bem como à identificação e sanção dos responsáveis, – imprescindíveis para pôr fim à impunidade (e suas consequências negativas para o tecido social como um todo). (...) Atualmente, dada a carência institucional do sistema interamericano de proteção dos direitos humanos nesta área específica, a Corte Interamericana vem exercendo *motu propio* a supervisão da execução de suas sentenças, dedicando-lhe um ou dois dias de cada período de sessões. Mas a supervisão – como exercício de garantia coletiva – da fiel execução das sentenças e decisões da Corte é uma tarefa que recai sobre o conjunto dos Estados-partes da Convenção.[41]

Ademais, as decisões internacionais em matéria de direitos humanos devem produzir eficácia jurídica direta, imediata e obrigatória no âmbito

atuando coletivamente em nome do Conselho da Europa. Para uma análise comparativa dos sistemas regionais, ver Flávia Piovesan, *Direitos Humanos e Justiça Internacional: um estudo comparativo dos sistemas regionais europeu, interamericano e africano*, 5ª ed., São Paulo, Saraiva, 2014.

40. De acordo com o ar. 65 da Convenção: "A Corte submeterá à consideração da Assembleia Geral da OEA, em cada período ordinário de sessões, um relatório sobre as suas atividades no ano anterior. De maneira especial, e com as recomendações pertinentes, indicará os casos em que um Estado não tenha dado cumprimento a suas sentenças".

41. Antônio Augusto Cançado Trindade e Manuel E. Ventura Robles, *El Futuro de la Corte Interamericana de Derechos Humanos*, 2ª ed., San José/Costa Rica, Corte Interamericana de Direitos Humanos e ACNUR, 2004, p. 434. Propõe o autor: "Para assegurar o monitoramento contínuo do fiel cumprimento de todas as obrigações convencionais de proteção, em particular das decisões da Corte, deve ser acrescentado ao final do art. 65 da Convenção Americana, a seguinte frase: 'A Assembleia Geral os remeterá ao Conselho Permanente, para estudar a matéria e elaborar um informe, a fim de que a Assembleia Geral delibere a respeito'. Deste modo, se supre uma lacuna com relação a um mecanismo, a operar em base permanente (e não apenas uma vez por ano, ante a Assembleia Geral da OEA), para supervisionar a fiel execução, por todos os Estados-partes demandados, das sentenças da Corte" (ob. cit., pp. 91-92).

do ordenamento jurídico interno, cabendo aos Estados sua fiel execução e cumprimento, em conformidade com o princípio da boa-fé, que orienta a ordem internacional. Para Antonio Augusto Cançado Trindade: "O futuro do sistema internacional de proteção dos direitos humanos está condicionado aos mecanismos nacionais de implementação".[42]

Outra medida emergencial atém-se à sustentabilidade do sistema interamericano, mediante o funcionamento permanente da Comissão e da Corte, com recursos financeiros,[43] técnicos e administrativos suficientes.

iii) Avançar na proteção dos direitos humanos, da democracia e do Estado de Direito na região

Finalmente, considerando o contexto latino-americano marcado por acentuada desigualdade social e violência sistêmica, fundamental é avançar na afirmação dos direitos humanos, da democracia e do Estado de Direito na região.

Ao enfrentar os desafios de sociedades pós-coloniais latino-americanas – em que direitos humanos tradicionalmente constituíam uma agenda contra o Estado – o sistema interamericano empodera-se e com sua força invasiva contribui para o fortalecimento dos direitos humanos, da democracia e do Estado de Direito na região.

O sistema interamericano rompe com o paradoxo de sua origem. Nascido em um contexto regional marcado por regimes ditatoriais – seguramente com a expectativa de reduzido impacto por parte dos então Estados autoritários – o sistema se consolida e se fortalece como ator regional democratizante, provocado por competentes estratégias de litigância da sociedade civil em um *transnational network* a lhe conferir elevada carga de legitimação social.

Como evidenciado por este artigo, o sistema interamericano permitiu a desestabilização dos regimes ditatoriais; exigiu justiça e o fim da impunidade nas transições democráticas; e agora demanda o fortalecimento

42. Antônio Augusto Cançado Trindade e Manuel E. Ventura Robles, *El Futuro de la Corte Interamericana de Derechos Humanos*, cit., p. 91.
43. A título ilustrativo, o orçamento da Corte Europeia corresponde aproximadamente a 20% do orçamento do Conselho da Europa, envolvendo 41 milhões de euros, enquanto que o orçamento conjunto da Comissão e da Corte Interamericana corresponde aproximadamente a 5% do orçamento da OEA, envolvendo apenas 4 milhões de dólares norte-americanos. Observe-se, ainda, que os 5% de orçamento da OEA cobre tão somente 55% das despesas da Comissão e 46% das despesas da Corte Interamericana.

das instituições democráticas com o necessário combate às violações de direitos humanos e proteção aos grupos mais vulneráveis.

O seu impacto transformador na região – fruto sobretudo do papel vital da sociedade civil organizada em sua luta por justiça e por direitos – é fomentado pela efetividade do diálogo regional-local em um sistema multinível com abertura e permeabilidade mútuas. De um lado, o sistema interamericano se inspira no princípio *pro* ser humano, mediante regras convencionais interpretativas baseadas no princípio da norma mais protetiva e favorável à vítima, endossando contemplar parâmetros protetivos mínimos. Por outro lado, as Constituições latino-americanas estabelecem cláusulas de abertura constitucional a propiciar o diálogo em matéria de direitos humanos, concernentes à hierarquia, incorporação e impacto dos tratados de direitos humanos. No sistema interamericano este diálogo é ainda caracterizado pelo fenômeno do "controle da convencionalidade", na sua forma difusa e concentrada. Constata-se também a crescente abertura da Corte Interamericana ao incorporar em suas decisões a normatividade e a jurisprudência latino-americana em direitos humanos, com alusão a dispositivos de Constituições latino-americanas e à jurisprudência das Cortes Constitucionais latino-americanas. O diálogo jurisdicional se desenvolve em dupla via: movido pelos vértices de cláusulas constitucionais abertas e do princípio pró ser humano.

É neste contexto que o sistema interamericano tem a potencialidade de exercer um extraordinário impacto na pavimentação de um constitucionalismo regional transformador, contribuindo para o fortalecimento dos direitos humanos, da democracia e do Estado de Direito na região mais desigual e violenta do mundo.

Referências

BOGDANDY, Armin von; PIOVESAN, Flávia; ANTONIAZZI, Mariela Morales. (coords.). *Direitos Humanos, Democracia e Integração Jurídica: emergência de um novo Direito Público*. Rio de Janeiro, Elsevier, 2013.

BUERGENTHAL, Thomas. "Foreword", in PASQUALUCCI, Jo M. *The Practice and Procedure of the Inter-American Court on Human Rights*. Cambridge, Cambridge University Press, 2003.

CANÇADO TRINDADE, Antônio Augusto. ROBLES, Manuel E. Ventura. *El Futuro de la Corte Interamericana de Derechos Humanos*. 2ª ed. San José, Corte Interamericana de Derechos Humanos y ACNUR, 2004.

DONNELLY, Jack. *Universal Human Rights in theory and practice*. 2ª ed. Ithaca, Cornell University, 2003.

DWORKIN, Ronald. "Rights as trumps", in WALDRON, Jeremy. *Theories of Rights*. Nova York, Oxford University, 1984.

HABERMAS, Jürgen. *The Crisis of the European Union: a response*. Cambridge, Polity Press, 2012.

HENKIN, Louis *et al*. *Human Rights*. New York, New York Foundation, 1999.

HERRERA FLORES, Joaquín. "Direitos Humanos, interculturalidade e racionalidade de Resistência", in WOLKMER, Antônio Carlos. *Direitos Humanos e Filosofia Jurídica*. Rio de Janeiro, Lumen Juris, 2004.

LAFER, Celso. *A Reconstrução dos Direitos Humanos: um diálogo com o pensamento de Hannah Arendt*. São Paulo, Cia. das Letras, 1988.

LAGOS, Marta; DAMMERT, Lucía. "La seguridad ciudadana: el problema principal de América Latina", *Latinobarómetro*, 9.5.2012.

MAC-GREGOR, Eduardo Ferrer. "Interpretación conforme y control difuso de convencionalidad: el nuevo paradigma para el juez mexicano", in BOGDANDY, Armin von; PIOVESAN, Flávia; ANTONIAZZI, Mariela Morales. (coords.). *Direitos Humanos, Democracia e integração jurídica: emergência de um novo Direito Público*. Rio de Janeiro, Elsevier, 2013.

PIOVESAN, Flávia. Direitos Humanos e o Direito Constitucional Internacional. 15ª ed. São Paulo, Saraiva, 2015.

_____. *Direitos Humanos e Justiça Internacional: um estudo comparativo dos sistemas interamericano, europeu e africano*. 6ª ed. São Paulo, Saraiva, 2015.

_____. *Temas de Direitos Humanos*. 8ª ed. São Paulo, Saraiva, 2015.

RAZ, Joseph. "Rights based moralities", in WALDRON, Jeremy. *Theories of Rights*. New York, Oxford University, 1984.

SIKKINK, Kathryn. "Human rights, principled issue-networks, and sovereignty in Latin America", in *International Organizations*. Massachusetts, IO Foundation and the Massachusetts Institute of Technology, 1993.

SIKKINK, Kathryn; RISSE, Thomas. "Conclusions", in RISSE, Thomas; ROPP, Stephen C.; SIKKINK, Kathryn. *The Power of Human Rights: International Norms and domestic change*. Cambridge, Cambridge University Press, 1999.

SOUZA SANTOS, Boaventura. "Para uma concepção intercultural dos direitos humanos", in SARMENTO, Daniel; IKAWA, Daniela; PIOVESAN, Flávia. *Igualdade, diferença e Direitos Humanos*. São Paulo, Lumen Juris, 2010.

STEINER, Henry J. ALSTON, Philip. GOODMAN, Ryan. *International Human rights in context*: law, politics and morals. 3ª ed. Oxford, Oxford University, 2008.

VENTURA, Deisy; PIOVESAN, Flávia; KWEITEL, Juana. "Sistema Interamericano sob forte ataque", *Folha de S. Paulo*, 7.8.2012, p. A3.

Jurisprudência da Corte Interamericana de Direitos Humanos

Corte Interamericana de Direitos Humanos. Caso Velásquez Rodríguez *vs*. Honduras, sentença de 29.7.1988.

_____. Caso "Niños de la Calle" (Villagrán Morales y otros) *vs*. Guatemala.

_____. Caso Aguirre Roca y otros *vs.* Perú (Caso Tribunal Constitucional), sentença de 31.1.2001.

_____. Caso Baena Ricardo y otros *vs.* Panamá, sentença de 2.2.2001.

_____. Caso Barrios Altos *vs.* Perú, sentença de 14.3.2001.

_____. Caso de la Comunidad Mayagna (Sumo) Awas Tingni Community *vs.* Nicaragua, sentença de 31.8.2001.

_____. Caso "cinco pensionistas" *vs.* Perú, sentença de 28.2.2003.

_____. Caso Myrna Mack Chang *vs.* Guatemala, sentença de 25.11.2003.

_____. Caso Comunidad Indígena Yakye Axa *vs.* Paraguai, sentença de 17.6.2005.

_____. Caso de las Niñas Yean y Bosico *vs.* República Dominicana, sentença de 8.9.2005.

_____. Caso Almonacid Arellano y otros *vs.* Chile, sentença de 26.9.2006.

_____. Caso Trabajadores cesados del congreso (Aguado Alfaro y otros) *vs.* Perú, sentença de 24.11.2006.

_____. Caso Albán Cornejo y otros *vs.* Ecuador, sentença de 22.11.2007.

_____. Caso Acevedo Buendía y otros ("Cesantes y Jubilados de la Contraloría") *vs.* Perú, sentença de 1.7.2009.

_____. Caso González y otras (caso "Campo Algodonero") *vs.* México, sentença de 16.11.2009.

_____. Caso Comunidad Indígena Xákmok Kásek. *vs.* Paraguai, sentença de 24.8.2010.

_____. Caso Gomes Lund e outros *vs.* Brasil, sentença de 24.11.2010.

_____. Caso Gelman *vs.* Uruguai, sentença de 24.2.2011.

_____. Caso Atala Riffo y hijas *vs.* Chile, sentença de 24.2.2012.

_____. Caso Artavia Murillo y otros ("fecundación *in vitro*") *vs.* Costa Rica, sentença proferida em 28.11.2012.

Capítulo XIX

A CONSTITUIÇÃO DO CORPO POLÍTICO NO PENSAMENTO DE JEAN-JACQUES ROUSSEAU

FLÁVIO PANSIERI

Uma breve introdução histórica e filosófica ao pensamento de Rousseau. 1. O bom selvagem e a vida social: a origem das desigualdades entre os homens 2. A formação do corpo político: do Segundo Discurso ao Contrato Social. 3. O contrato social e a vontade geral: elementos para a liberdade civil. Considerações finais. Referências.

Uma breve introdução histórica e filosófica ao pensamento de Rousseau

O artigo que se apresenta, em homenagem ao professor Paulo Bonavides, procura trazer à tona o pensamento de Jean-Jacques Rousseau, especificamente a sua teoria contratual, em referência à obra *Teoria Constitucional da Democracia Participativa*, publicada em 2001.

Jean-Jacques Rousseau, ao lado de John Locke e Thomas Hobbes, é um dos mais notáveis formuladores da teoria do contrato social. Sempre associado às noções diretas de democracia, em virtude da vontade geral com que se valeu para justificar as decisões públicas de seu Estado, Rousseau dialoga com Hobbes e Locke. Buscar-se-á apresentar algumas destas nuances ao longo deste texto.

Para os autores supracitados, o contrato social corresponde a um fator de legitimidade para uma ordem pública renovada. Todos os autores identificam um momento anterior à vida em sociedade, denominado estado de natureza, no qual há determinadas características que necessitam de controle sob pena de impedir o desenvolvimento da vida em sociedade.

Para Hobbes, o estado de natureza proporcionava a guerra de todos contra todos, justificando a existência do Leviatã. Já Locke apontava a necessidade de uma esfera imparcial para julgar as querelas entre os cidadãos de modo a se proteger os direitos naturais. Rousseau, conforme será tratado, preocupa-se com a perversão humana em sociedade.

A despeito de ter nascido na Suíça, Rousseau se mudou para Paris ainda na adolescência, *locus* de sua radicação. O autor é contemporâneo de uma França marcada pela tensão em todos os âmbitos: i) social pela crescente insatisfação com a sociedade de classes; ii) política pela progressiva perda de autoridade dos reis; iii) jurídica pela estrutura legal nobiliárquica que desfavorecia o terceiro estado; iv) econômica graças aos gastos da coroa somados ao alto custo das guerras travadas pelo país em nome da dinastia dos Bourbon. Neste sentido, Rousseau se diferencia dos demais contratualistas ingleses (Hobbes e Locke), que viveram no apogeu do Estado liberal ante o declínio do absolutismo e florescimento da revolução industrial.

John Rawls, que no livro *Conferência sobre a História da Filosofia Política* traça um diagnóstico panorâmico de autores modernos – de Hobbes a Marx –, comenta que Rousseau, antes de construir um Estado idílico a partir da passagem do estado de natureza, no qual se possibilitaria a assunção de direitos, busca enxergar os males profundos que perpassam a sociedade, descrevendo vícios e sofrimentos decorrentes do homem moderno. Rawls lembra que o *Segundo Discurso*, cujo propósito é analisar a história humana em sua desigualdade, opressão política e vícios sociais, é um livro de caráter "sombrio e pessimista"; já o *Contrato Social* se constitui como um texto de "utopia realista", que procura especificar os fundamentos de um regime justo e viável.[1]

Desta maneira, Rawls esquematiza o estudo das obras de Rousseau em três grandes grupos: a primeira fase do autor franco-suíço vai de 1750 a 1758, na qual se dedica a vislumbrar os inúmeros problemas franceses e se propõe a evidenciar causas e origens. Este é um período em que Rousseau assume uma postura crítica ao iluminismo e às suas promessas não satisfeitas: a felicidade humana geral que seria possibilitada pelo avanço das ciências e das artes e a possibilidade do desenvolvimento da sociedade como um todo graças a ampliação do acesso à educação. São três os principais textos deste período: *Discurso sobre a Ciência e as*

---

1. Rawls, *Conferência sobre a História da Filosofia Política*, São Paulo, 2012, pp. 209-210.

Artes (Primeiro Discurso), Discurso sobre a Origem da Desigualdade (Segundo Discurso) e *Carta a M. d'Alembert sobre o Teatro*. Apresentadas suas veementes críticas e o diagnóstico da realidade francesa, o segundo momento do pensamento rousseauniano, entre os anos de 1761 e 1762, adentra a sua fase formativa, isto é, quando enuncia os seus principais anseios na construção da sociedade civil. Este é um período igualmente importante na obra de Rousseau por concentrar dois livros imprescindíveis em sua trajetória: *O Contrato Social* e *Emílio*. Por fim, o terceiro momento reserva textos autobiográficos com influência na literatura e sensibilidade do romantismo. São eles: *Confissões*, *Diálogos* e *Devaneios de um Caminhante Solitário*, escritos entre 1766 e 1778. Este arcabouço de escritos conduziu Rawls a afirmar que *O Contrato Social* talvez[2] seja a principal obra de filosofia política em língua francesa.

A proposta do presente artigo é mostrar o caminho teórico de Jean-Jacques Rousseau na formulação da sua teoria contratual. Para o cumprimento deste desiderato na compreensão de sua filosofia política, serão abordadas duas de suas obras: *Discurso sobre a Origem e os Fundamentos da Desigualdade entre os Homens* (também conhecido como *Segundo Discurso*, termo que será adotado com maior frequência) e *O Contrato Social*, seu livro mais conhecido. O interprete de Jean-Jacques Rousseau escolhido para dialogar com seu pensamento é John Rawls, a partir de sua análise constante do livro *Conferência sobre a História da Filosofia Política*.

1. O bom selvagem e a vida social: a origem das desigualdades entre os homens

Consoante apresentado anteriormente, o panorama histórico de Rousseau marca a transição entre o arrefecimento do absolutismo na

---

2. Quando o autor menciona que "talvez" *O Contrato Social* seja a principal obra de filosofia política em língua francesa, está fazendo comparação com *O Leviatã* de Hobbes, tida como a grande obra de filosofia política do idioma inglês. Contudo, Rawls explica que há uma singela diferença entre as duas obras: o *Contrato* "não transmite toda a extensão do pensamento de Rousseau como *Leviatã* transmite o de Hobbes. Porém, se juntarmos *Do Contrato Social* ao *Segundo Discurso (Discurso sobre a Origem e os Fundamentos da Desigualdade)* ao *Emílio* (obra de psicologia moral e de educação para a vida em sociedade), essa observação parece correta". Rawls deixa ainda muito clara a sua admiração pelo pensamento rousseauniano: "Montesquieu, Tocqueville e Constant são autores brilhantes e de primeira linha, mas em Rousseau a união entre vigor literário e pujança intelectual é insuperável". Cf. Rawls, *Conferência*, cit., p. 207.

França e o Estado constitucional. Este contexto social serve como supedâneo de inspiração ao autor para a produção de sua obra, textos em cujo cotejo revelam e questionam a secular estrutura institucional da Casa de Bourbon. Wayne Morrison[3] retira quatro indagações que subjazem os textos do filósofo como fios condutores de sua investigação: i) de que modo as instituições modernas exprimem a verdade da condição do ser humano; ii) se a fuga da dominação propiciada pela religião, tradição, costumes e ordenações naturais rumo aos princípios da modernidade proporcionaram maior liberdade à sociedade ou simplesmente a constituíram servos de um novo senhor; iii) se a liberdade permite que o homem adquira sua plenitude humana, ou seja, é o caminho para a realização de seus anseios em oposição ao que é imposto pela natureza; iv) e se o projeto de autoafirmação moderna lança o ser humano em busca de sua humanidade em oposição aos impulsos naturais.

O que se encontra imiscuído em tais impulsos rousseaunianos é a clássica dicotomia entre natureza humana e estado social plasmado em uma *visão pessimista* da esfera pública e social constituída pela modernidade. Tal assertiva fica muito clara quando observado o modo como o autor descreve a sociedade moderna de seu tempo, evidenciando o fracasso dos ideais iluministas ao considerar a extrema desigualdade social.

Nas palavras de Rousseau:[4]

> A extrema desigualdade na maneira de viver, o excesso de ócio de uns, o excesso de trabalho de outros, a facilidade de instigar e satisfazer nossos apetites e nossa sensualidade, os alimentos rebuscados demais dos ricos, que os nutrem com sucos que fermentam e os fazem sofrer indigestões, a alimentação ruim dos pobres, de que no mais das vezes até são carentes e cuja falta os leva a sobrecarregar avidamente o estômago quando têm oportunidade, as vigílias, os excessos de todo tipo, os transportes imoderados de todas as paixões, as fadigas e os esgotamentos de espírito, as tristezas e os sofrimentos inúmeros que se sente em todos os estados e que roem perpetuamente as almas. Eis as funestas testemunhas de que a maioria dos nossos males é obra nossa, e que poderíamos evitá-los quase todos conservando a maneira de viver simples, uniforme e solitária que nos era prescrita pela natureza.

---

3. Wayne Morrison, *Filosofia do Direito: dos Gregos ao Pós-Modernismo*, São Paulo, Martins Fontes, 2006, p. 185.
4. Jean-Jacques Rousseau, *Discurso sobre a Origem e os Fundamentos da Desigualdade entre os Homens*, Rio de Janeiro, Ediouro, 1994, pp. 131-132.

A noção de estado de natureza em Rousseau não se assemelha a seus predecessores. Diferente de Hobbes e Locke, o autor não trata esta condição como um dado, um fato histórico que guarda determinada logicidade com a evolução da própria sociedade, mas é apenas um início hipotético, um ponto de partida em que o ser humano era instintivo, carente de atributos racionais e até morais.[5] Esta construção antropológica rousseauniana aloca o homem primitivo em uma escala que o distingue dos animais, ainda que bem próximo desta condição, mas que dista razoavelmente do homem civil, sobretudo no que tange aos sentimentos.

Para o autor os homens selvagens, isto é, em seu estado de natureza, assemelhavam-se em demasia ao modo de ser e viver dos animais. Duas eram as suas diferenças qualitativas fundamentais: os homens não são guiados apenas por seu instinto, mas por sua inteligência. Considerando que há animais que demonstram semelhante entendimento, Rousseau indica que os homens possuem "qualidade de agente livre", ou seja, livre arbítrio; não são conduzidos pelos ditames naturais, mas detêm a capacidade de aquiescer ou não àquilo que aparentemente lhe é imposto pelas conjunturas físicas. A segunda diferença é que os humanos são perfectíveis. Em outras palavras, são detentores da capacidade de se aperfeiçoar, "faculdade que com ajuda das circunstâncias desenvolve todas as outras". O gérmen de tal argumento é a própria evolução da sociedade.[6]

Rousseau é a antítese dos contratualistas que o precederam. Para Hobbes, "na natureza do homem encontramos três causas principais de discórdia. Primeiro, a competição; segundo, a desconfiança; e terceiro, a glória. Estes fatores, quando em ebulição, conduzem à guerra". A ausência do Leviatã conduziria à guerra, ou seja, seria uma necessidade inerente. Em suas palavras.[7]

Durante o tempo em que os homens vivem sem um poder comum capaz de os manter a todos em respeito, eles se encontram naquela con-

---

5. Rousseau critica seus pares (todos aqueles que trataram do estado de natureza, como Thomas Hobbes e John Locke) de modo generalizado por não ter lhes ocorrido "duvidar de que o estado de natureza tenha existido". Ele destaca ainda o caráter hipotético que permeia a questão ao dizer que "não se deve encarar as pesquisas, que podem ser empreendidas sobre o tema, como verdades históricas, mas apenas como raciocínios hipotéticos e condicionais, mais próprios a esclarecer a natureza das coisas que a mostrar sua verdadeira origem, semelhantes aos nossos físicos fazem todos os dias sobre a formação do mundo". Cf. Rousseau, *Discurso*, cit., p. 122.
6. Rousseau, *Discurso*, cit., p. 134.
7. Thomas Hobbes, *Leviatã*, São Paulo, Nova Cultural, 1997 (Os Pensadores), pp. 108-109.

dição a que se chama guerra; e uma guerra que é de todos os homens contra todos os homens. Pois a guerra não consiste apenas na batalha, ou no ato de lutar, mas naquele lapso de tempo durante o qual a vontade de travar batalha é suficientemente conhecida.

Locke, por sua vez, buscava enaltecer o liberalismo ante o absolutismo. Seu objetivo, em outras palavras, era justificar o direito da sociedade em resistir aos arbítrios da Coroa perpetrados por Carlos II: sendo o governo um poder fiduciário dado ao governante, havendo quebra da confiança pelo abuso na utilização das prerrogativas, o poder constituinte se legitima para estatuir um novo fundamento estatal. Para ele, o estado de natureza era de liberdade e igualdade.

Devemos considerar em que estado todos os homens se acham naturalmente, sendo este um estado de perfeita liberdade para ordenar-lhes as ações e regular-lhes as posses e as pessoas conforme acharem conveniente (...). Estado também de igualdade, no qual é recíproco qualquer poder e jurisdição, ninguém tendo mais do que qualquer outro.[8]

Em uma rápida análise do pensamento rousseauniano, verifica-se que o estado de natureza não era um percalço a ser transposto e o homem natural não era um ser eivado de imperfeições e incongruências que precisavam ser dominadas como primeiro passo para a constituição da sociedade civil na qual o controle sobre sua natureza garantiria direitos e um *status* mais elevado. Ao contrário, o homem natural de Rousseau é o *bom selvagem*, cujas principais qualidades são a bondade e o amor próprio em um aspecto instintivo, isto é, associado a fatores de sobrevivência. Sua filosofia é o reverso dos demais por não enaltecer a sociedade civil, mas apresentar um panorama crítico a seu respeito.

No limiar do *Segundo Discurso*, Rousseau acusa os filósofos de não terem compreendido de fato este estado natural. Segundo ele, todos aqueles que examinaram as bases de sustentação da sociedade "sentiram a necessidade de remontar até o estado de natureza, mas nenhum deles conseguiu", por conferir atributos ao homem natural que eles não seriam capazes de possuir: noção de justo e injusto, de autoridade e governo, e demais sentimentos – necessidade, avidez, opressão, desejos e orgulho – que, na visão do autor, constituíam uma antropologia do seu tempo, isto é, que não poderiam existir com o homem primitivo que sequer vivia

---

8. John Locke, *Dois Tratados sobre o Governo*, São Paulo, Abril Cultural, 1973 (Os Pensadores), p. 41.

em sociedade. De sorte que "falavam do homem selvagem e pintavam o homem civil".[9]

A despeito de sua crítica, o pensamento rousseauniano estatui igualmente uma construção idílica. Com efeito, a relação entre o ser humano e a natureza é, preeminente, um estágio pré-social. Seu comportamento se assemelhava ao dos animais, que dispunham da natureza para a sua sobrevivência, não possuindo propriedade: eram coletores, já que não possuíam qualquer tecnologia agrícola, e por consequência, nômades – carregando o seu eu como um "caracol carregando a sua casa".[10] Os homens nesta condição não mantinham agrupamentos pois prescindiam em tudo dos demais: sua principal marca era a autossuficiência, excepcionando-se apenas para dar vazão ao seu instinto de reprodução. Nestas condições, diversos dos males humanos oriundos da vida em comunidade não eram perceptíveis uma vez que os selvagens eram desprovidos até então do espírito competitivo.

A partir desta noção, o autor enuncia um padrão comportamental dos homens naturais, em estágio pré-social, livres no sentido de serem destituídos de paixões violentas que o condicionavam e se tornavam grilhões:

> Com paixões tão pouco ativas, e um freio tão salutar, os homens mais bravios do que maus, e mais atentos a proteger-se do mal que os podia atingir do que tentados a fazê-lo ao outro, não eram sujeitos a rixas muito perigosas: como não tinham convivência de espécie alguma entre si e, por conseguinte, não conheciam nem vaidade, nem a consideração, a estima ou o desprezo, não tinham a menor noção do teu e do meu, nem qualquer verdadeira ideia de justiça, encaravam as violências que podiam sofrer como um mal fácil de reparar, e não como uma injúria que deve ser punida, e nem pensavam em vingança a não ser automaticamente e na hora; como o cão que morde a pedra que lhe atiram, suas disputas raramente teriam consequências sangrentas se seu tema não fosse mais sensível que o alimento.[11]

Tal abstração descritiva de Rousseau claramente constitui o contraponto com os homens e mulheres de seu tempo, uma crítica velada ao modo de vida da sociedade que conjugava a desigualdade como ponto de ascensão de alguns em detrimento da maioria. Em outros termos, se no estado de natureza o homem era bom, o fator que alterou esta condição foi exatamente a vida em coletividade. Este processo tem início

---

9. Rousseau, *Discurso*, cit., pp. 121-122.
10. Idem, ibidem, p. 133.
11. Idem, ibidem, p. 160.

com o desenvolvimento cultural – sobretudo a linguagem e as formas elementares de organização social como a família –, na qual o homem é inserido em um universo de preocupações novas que não lhe pertenciam no estado de natureza.

John Rawls as classifica em *amour de soi*, isto é, o amor de si fomentado pela preocupação com o bem-estar e com o atingimento dos meios de uma vida mais confortável, e o *amour-propre*, caracterizado pela importância dada ao culto à própria imagem, ou seja, o que os demais integrantes do grupo pensam a respeito de determinada pessoa e a posição social dentro do grupo. Esta é uma forma de egoísmo surgida apenas na sociedade, em que se verifica a preocupação natural em "adquirir uma posição estável em relação aos outros e traz em si a necessidade de ser aceito pelos outros como seu igual".[12]

A leitura de John Rawls é extremamente profícua no sentido de estabelecer um quadro esquemático desta noção importante na filosofia de Jean-Jacques Rousseau. Ele recorda que o estado de natureza rousseauniano pode ser compreendido sobre três âmbitos distintos. O primeiro deles é o sentido jurídico, na qual se expressa pela ausência de uma autoridade política.[13] Os indivíduos estão em sua condição natural quando não sujeitos a uma autoridade que regule suas vidas em comunhão com outras pessoas. A inexistência desta autoridade denota, por via de consequência, a inexistência de uma esfera pública comum cujo principal mote é o estabelecimento da ordem pela criação de legislação que abarque os principais anseios da sociedade e crie condições de desenvolvimento a partir da delimitação de direitos e deveres aos cidadãos. O segundo sentido é o cronológico, isto é, o estado natural tido como a primeira formação histórica da humanidade. E também há a consideração sob o enfoque cultural, ou seja, a incipiência das artes e da ciência.

A compreensão deste estágio pré-social guarda um conceito de liberdade como independência –, isto é, os homens possuíam o mundo à sua volta e não tinham determinações de ordem política, jurídica ou social – e também estavam livres dos vícios e paixões oriundos da vida em sociedade. Mas este foi apenas o estágio mais inicial e primitivo da vida humana descrito por Rousseau. O autor enuncia mais três estágios

---

12. Rawls, *Conferência*, cit., p. 215.
13. Importante lembrar que este é o sentido de estado de natureza em John Locke. Tal noção se expressa a partir do caráter de liberdade e igualdade que os homens dispunham em sua condição natural, motivada a buscar a vida em sociedade pela ausência de uma autoridade apta a julgar os conflitos entre os cidadãos e produzir leis que visassem ao bem comum.

que fomentaram a passagem para o estado social. Embora Rousseau pense neste estágio, seu intento é traçar um itinerário de razões para a colmatação dos problemas políticos de seu tempo com a formulação do contrato social construído na vontade geral.

2. A formação do corpo político: do Segundo Discurso ao Contrato Social

Conforme tratado, Rousseau alega que os homens se diferenciam dos animais por não serem dominados por seus próprios instintos e ainda pela sua capacidade de perfectibilidade. Tal capacidade foi o elemento propulsor aos seres humanos na construção da sociedade industrial que cerca o autor e que se constitui como objeto de crítica. Em suma, o foco de Rousseau é mostrar que vivendo em comunhão uns com os outros, os seres humanos deixam de viver o presente, satisfazendo as necessidades biológicas como o homem em seu estado natural fazia, para prover as necessidades do futuro. Esta alteração de foco desenvolve as ciências e as artes.

Com a ampliação da indústria – metalurgia e agricultura –, nasce o desejo de consumo daquilo que a natureza não provê, de objetos criados pelas mãos humanas a partir da transformação do meio. Esta é a noção de propriedade, um conceito amplo cujo significado ultrapassa a noção de posses agrárias e imobiliárias. Para Rousseau, *propriedade é sinônimo de poder*: quem detém mais, consome mais, possuindo maior poder. Toda a estrutura governamental, legal e sancionatória foram instituídas desde os tempos imemoriáveis para manter os privilégios daqueles que mais possuíam propriedade. Para a compreensão deste estado de coisas, é necessário fragmentar tais conceitos e lhes analisar com acuidade, retomando os outros três estágios do desenvolvimento humano propostos pelo autor.[14]

O *primeiro* estágio do desenvolvimento humano é aquele propriamente natural, em que os seres não alteravam o meio ambiente mas se submetiam a ele, não havendo, deste modo, qualquer traço civilizatório. Este atributo é vislumbrado apenas no *segundo* estágio, quando os seres humanos apreenderam a tecnologia da ferramenta e das armas para caçar e criar construções primitivas em busca de comodidade e desenvolveram uma linguagem rudimentar que possibilitou o elo entre as pessoas, fato não observado no estágio anterior.

14. Rousseau, *Contrato Social*, 4ª ed., São Paulo, Nova Cultural, 1987 (Os Pensadores), pp. 170 a 187.

Criadas tais condições básicas para o convívio, Rousseau admite que os humanos constituíram a família, a mais primitiva forma de organização que influenciou, inclusive, a política, e que se estabeleceram formas de propriedade. Interessante o aspecto jurídico deste ponto de sua filosofia, uma vez que o filósofo não olvida que o mínimo traço de relacionamento humano já propicia a necessidade de leis e punições: a bondade inata do selvagem "já não era mais adequada à sociedade nascente", e as penas dirigidas às violações dos mandamentos sofreram aumento de rigor considerável.[15]

Com a introdução de alguma tecnologia, da linguagem e da comunidade, portanto, o selvagem rousseauniano passa por uma grande transformação. O tempo permite o surgimento da intimidade e do amor, que por si já induzem a formação de diversos outros sentimentos, como o ódio, a inveja, o ciúme e a vaidade. A despeito de uma vida simples, cercada de pouco luxo e muitas limitações, estes desejos que surgiram no interior dos homens passaram a repercutir e determinar as suas atitudes.

A *terceira* e *quarta* fases do modelo rousseauniano marcam a fundação da sociedade patriarcal, a invenção da agricultura e da metalurgia, a divisão da propriedade e a criação do direito. Aqui surge a desigualdade entre os homens, manifestado pela divisão entre ricos e pobres. Rousseau comenta que o surgimento da autoridade política não foi uma panaceia, mas um fator de dominação: o primeiro pacto social surgiu da associação entre famílias ávidas para oprimir os fracos, conter os ambiciosos e manter sua propriedade. Era um governo pautado na manutenção do poderio de alguns em detrimento de todos os demais. Tal feito destruiu "sem retorno a liberdade natural", fixou "para sempre a lei da propriedade e da desigualdade de proveito de alguns ambiciosos" e "submeteu desde então todo o gênero humano ao trabalho, à servidão e à miséria".

Rousseau comenta que o objetivo de todos era a conquista da liberdade e da segurança, e o resultado foi apenas a escravidão. A par desta construção argumentativa, observa-se que seu intento no *Segundo Discurso* é constituir uma denúncia da máquina governamental e seus aparatos de justiça, mostrando que a liberdade natural de todos os homens foi substituída pela servidão, chancelada pelos poderosos que se apoderaram

---

15. Conforme comenta John Rawls (*Conferência*, cit., p. 224), o *Segundo Discurso* foi um texto escrito por Rousseau em uma fase de profundo pessimismo. Tal fato fica estampado em afirmações como quando o filósofo comenta as conquistas do segundo estágio: "todos os progressos ulteriores, embora aparentemente fossem passos no caminho da perfeição do indivíduo, na verdade levaram à decrepitude da espécie". Cf. Rousseau, *Discurso*, cit., p. 172.

do poder. Cada forma de Estado denotava apenas o lastro de desigualdade social existente em determinada comunidade: se um indivíduo se destacava de todos os demais em poder e riqueza, estar-se-ia constituída uma monarquia; a mesma lógica se aplica a aristocracia e democracia.

Tais instituições deram vazão ao que Rousseau denomina progresso da desigualdade, isto é, o estabelecimento da desigualdade nos quatro estágios comentados. No primeiro deles, o fator desigual foi a implantação da lei e do direito de propriedade; no segundo, a instituição da magistratura nas mãos dos mais poderosos; o terceiro e último ocorreu com a transformação do poder legítimo em poder arbitrário. A este respeito, o autor conclui que cada estágio fundamentou e cristalizou uma divisão social diferente: "o estado de rico e de pobre foi autorizado pela primeira época, o de poderoso e de fraco, pela segunda e, pela terceira, o de senhor e de escravo, que é o último grau da desigualdade".

Todos estes estágios do aprimoramento da desigualdade e distanciamento das classes sociais ante a consolidação de um modelo que favorece a relativização da isonomia propiciam uma divisão na sociedade desde seus tempos remotos, aprisionando a grande maioria no gládio da servidão em contrapartida à liberdade natural que dispunham no estágio inicial do desenvolvimento humano. A filosofia política de Rousseau rompe a barreira do idealismo ao criticar as estruturas políticas do Estado iluminista que não proporcionariam a liberdade, consoante Hobbes, por exemplo, teorizava, mas ao contrário, manuteniam o estado servil. Assim, ante ao diagnóstico da realidade social e política de seu tempo, cabia ao pensador franco-suíço instituir a sua arquitetura política ideal, feito que se constituiu com o *Contrato Social*.

3. O contrato social e a vontade geral: elementos para a liberdade civil

As questões apresentadas anteriormente se justificam pelo intento de Rousseau. Enquanto Hobbes se preocupava com a superação da guerra civil e Locke em deslegitimar o Rei visando a uma readequação das forças legislativas no sistema constitucional inglês, Rousseau era um crítico da civilização e de sua cultura. Este fato é muito claramente apresentado já no pórtico de entrada da obra *Do Contrato Social*: "o homem nasce livre e por toda parte encontra-se a ferros".[16] O pacto social viria como um meio alternativo para sanar os males e vícios adquiridos pela sociedade,

---

16. Rousseau, *Contrato Social*, cit., p. 22.

desde os primórdios, ao longo de sua evolução: é a resposta ao hiato da perda da liberdade.

O pacto social orquestrado por Rousseau é a possibilidade formativa de um novo arranjo institucional em todos os âmbitos – político, jurídico, econômico e social. No limiar do *Contrato Social*, Rousseau não olvida em apresentar claramente os objetivos para os quais o acordo será realizado: "encontrar uma forma de associação que defenda e proteja a pessoa e os bens de cada associado com toda a força comum, e pela qual cada um, unindo-se a todos, só obedece contudo a si mesmo, permanecendo assim tão livre quanto antes".[17]

De modo geral, há quatro pressupostos nos quais o pensador franco-suíço parte para a formação do contrato. O primeiro é que a razão para a cooperação dos indivíduos encontra seu escopo na promoção dos interesses fundamentais de cada cidadão. Ressurge a questão do *amour de soi* e *amour-propre*. O *amor de soi* no contrato não trata apenas dos meios aptos a trazerem bem-estar aos cidadãos, mas também inclui o exercício de duas potencialidades humanas perdidas esquecidas com o bom selvagem no estado natural: capacidade para o livre-arbítrio e perfectibilidade pelo desenvolvimento das faculdades interiores e intelectivas e a participação nos meios culturais. O *amour-propre* surge com a necessidade de ser reconhecido como integrante do grupo de modo isonômico, servindo de limite para as condutas entre os indivíduos.

O segundo pressuposto se relaciona ao caráter cooperativo do contrato. Neste sentido, os interesses pessoais deverão ser promovidos sob condições de interdependência social. Assim, Rawls deduz que Rousseau crê na capacidade dos indivíduos em reconhecer a cooperação como um aspecto vantajoso para ser trazido e aplicado na esfera pública. "A interdependência social", comenta Rawls, "agora faz parte da condição humana". Rawls adverte que Rousseau não crê na independência humana dos outros, ou seja, que os homens prescindiriam da vida em sociedade.[18] A despeito da crítica operada contra a sociedade – de que o homem é naturalmente bom e se corrompeu por causa das instituições sociais –, o filósofo denuncia a construção da sociedade moderna pautada no domínio e na divisão, mas crê no regular desenvolvimento das potencialidades humanas em convívio desde que reconheça a necessidade de um novo pacto fundador. A partir daí, na esfera social, as faculdades se exerceriam e desenvolveriam, as ideias se alargariam, os sentimentos se tornariam nobres e toda a alma do homem se elevaria.

---

17. Idem, ibidem, p. 32.
18. Rawls, *Conferência*, cit., p. 237.

O terceiro pressuposto é que todos têm o mesmo interesse na conquista da liberdade, isto é, agir de acordo com o querer de cada um desde que iluminados pela razão. O quarto é o de que todos possuem senso de justiça – compreender os princípios do pacto – e capacidade para agir segundo ele. Segundo Rousseau "a passagem do estado de natureza para o estado civil determina no homem uma mudança muito notável, substituindo na sua conduta o instinto pela justiça". Em suma, esta passagem marca a passagem do homem de um "animal estúpido e limitado" a um "ser inteligente". Tais pressupostos balizariam o desejo pela celebração do pacto entre todos, fundado no consentimento, e o principal bem nesta transição é exatamente a liberdade, a troca da liberdade natural pela civil.[19]

Consoante Rousseau:[20]

> Reduzamos todo esse balanço a termos de fácil comparação. O que o homem perde pelo contrato social é a liberdade natural e um direito ilimitado a tudo quanto aventura e pode alcançar. O que com ele ganha é a liberdade civil e a propriedade de tudo que possui. A fim de não fazer um julgamento errado dessas compensações, impõe-se distinguir entre a liberdade natural, que só conhece limites nas forças do indivíduo, e a liberdade civil, que se limita pela vontade geral.

O grande objetivo do contrato é a garantia da liberdade, ou seja, uma associação para superar os obstáculos e restrições à liberdade. No primeiro capítulo do *Contrato Social*, Rousseau[21] aduz que se uma ordem civil pode existir, nada pode limitar a liberdade e, consequentemente, nada pode justificar a escravidão, que é a redução do homem a um objeto. Com efeito, ao dinamitar a legitimidade da escravidão, ele afirma que "renunciar a liberdade é renunciar à qualidade de homem".

A liberdade humana é garantida na sociedade civil. A despeito da submissão ao Estado, somente nele se pode falar em liberdade. O contrato social é uma filiação voluntária, organizada por uma constituição criada por todos. Não há um soberano, mas todos são cidadãos atuantes e legisladores que pensam nos interesses individuais e nos comuns. A li-

---

19. Ao lado da natural e civil, Rousseau admite a existência ainda de uma terceira espécie de liberdade: a moral. Esta também seria conquistada com o estado social e se relaciona à posse dos próprios impulsos: "poder-se-ia a propósito do que ficou acima, acrescentar a aquisição do estado civil a liberdade moral, única a tornar o homem verdadeiramente senhor de si mesmo, porque o impulso do puro apetite é escravidão e obediência à lei que estatuiu a si mesmo é a liberdade". Cf. Rousseau, *Contrato Social*, cit., p. 37.
20. Rousseau, *Contrato Social*, cit., p. 36.
21. Idem, ibidem, p. 27.

berdade civil é o reconhecimento da pessoa como portadora de direitos, deveres e propriedades. A dignidade da pessoa se encontra exatamente na liberdade, início e fim da criação da esfera pública. Como ocorre tal constituição do pacto?

A característica que mais ganha importância na celebração do contrato social é a alienação total "de cada associado, com todos os seus direitos, à comunidade toda".[22] Há neste sentido um evidente paradoxo: Rousseau defende que a liberdade será conquistada através do pacto, e, por outro lado, os cidadãos precisam se alienar ao Estado. Na realidade, o autor expressa com esta cláusula única a base de igualdade sobre a qual o Estado será erigido e se possibilitará alcançar a vontade geral. O pensador justifica esta necessidade esclarecendo que "cada um dando-se a todos, não se dá a ninguém", ou seja, a mesma medida cedida para a fundação do pacto será conquistada dos demais.[23]

Para Rawls,[24] o significado desta afirmação rousseauniana é o de que "ganhamos os mesmos direitos sobre os outros que eles ganham sobre nós e conseguimos isso consentindo em uma troca de direitos, por razões arraigadas em nossos interesses fundamentais, entre estes o interesse na liberdade". Assim, não haverá dependência de vontades quaisquer no estado social pela comunhão de iguais prerrogativas, o que justifica a alienação total dos cidadãos em favor do pacto. Ademais, o lastro de legitimidade que garante observância às obrigações pactuadas é o fato de serem mútuas, para não incorrer no risco de se constituir um soberano absoluto, causa de total refutação de Rousseau. O resultado é o resgate da liberdade perdida pela escravidão e servidão, suas loquazes antíteses.

Assim, se a alienação total é um atributo do contrato, sua verdadeira condição de manifestação passa pela *vontade geral*, o mais político dos conceitos enunciados por Rousseau. Ele o apresenta ainda no capítulo primeiro do *Contrato Social*, quando afirma que "cada um de nós põe em comum sua pessoa e todo o seu poder sob a direção suprema da vontade geral, e recebemos, enquanto corpo, cada membro como parte indivisível do todo".[25] Sua compreensão é determinante, pois constitui a legitimidade do poder e da autoridade política.

22. Idem, ibidem, p. 32.
23. Rousseau escreve que "cada um dando-se a todos, não se dá a ninguém e, não existindo um associado sobre o qual não se adquira o mesmo direito que se lhe cede sobre si mesmo, ganha-se o equivalente de tudo que se perde, e maior força para conservar o que se tem". Cf. Rousseau, *Contrato Social*, cit., p. 33.
24. Rawls, *Conferência*, cit., p. 240.
25. Rousseau, *Contrato Social*, cit., p. 33.

Desta forma, a outorga das vontades particulares constitui um ente despersonalizado denominado por Rousseau de *corpo político*, figura semelhante a uma república. Entretanto, neste universo de vontades particulares, já que todos são livres para expor seus pontos de vista, a questão é, de fato, como lhes equacionar a ponto de se obter uma vontade que conjugue todas as demais. Pois o autor sabe que nenhuma associação seria possível ou realizável sem que as vontades fossem unificadas e, ao mesmo, sem serem desprezadas. É por esta razão que Rousseau afirma ser a soberania inalienável e indivisível, isto é, os cidadãos não deveriam outorgar seu poder para a formação do Estado, mas participar diretamente dele.

A par destas indagações, o corpo soberano do Estado rousseauniano é constituído por todos os membros adultos da sociedade que comporão o legislativo.[26] Governo, em Rousseau, significa "o exercício legítimo do poder executivo" e a lei é fruto da vontade livre dos homens e é o que confere vontade e movimento ao corpo político.[27] Para coadunar as vontades particulares na formatação da geral, o pensador aduz que há diretivas básicas às quais as pessoas possuem idênticos motivos de anuência, como segurança, proteção de direitos fundamentais, garantia de meios de subsistência etc.

Porém, uma sociedade plural necessariamente conduzirá a interesses conflitantes. Somente quando cada pessoa detiver igual razão para concordar com aquela determinada diretiva poderá se concluir que ela é oriunda de todos e pelos motivos semelhantes. Em outros termos: a vontade geral precisa contemplar os interesses de todos em comum, é o saldo da soma de todas as vontades; se a vontade de uma pessoa for completamente oposta à geral, tal determinação será tirânica àquele que discordou e não poderá ser tida como geral.

26. Norberto Bobbio comenta que aprazia a Rousseau a ideia da democracia direta. O autor se valia da filosofia dos antigos de modo a sustentar que a soberania não poderia ser representada e criticar os ingleses, que eram livres apenas durante as eleições ao Parlamento, retornando ao seu estado de escravidão após este período. Conforme analisa Bobbio, "Rousseau, entretanto, também estava convencido de que 'uma verdadeira democracia jamais existiu nem existirá', pois exige, acima de tudo, um Estado muito pequeno, 'no qual seja fácil ao povo se reunir'; em segundo lugar, 'uma grande simplicidade de costumes'; além do mais, 'uma grande igualdade de condições e fortunas'; por fim, 'pouco ou nada de luxo'. Donde era levado a concluir: 'se existisse um povo de Deuses, seria governado democraticamente. Mas um governo assim perfeito não é feito para homens'". Cf. Norberto Bobbio, *Liberalismo e Democracia*, 6ª ed., São Paulo, Brasiliense, 2007, p. 33.
27. Rousseau, *Contrato Social*, cit., p. 75.

Segundo Rawls,[28] a vontade geral "é uma forma de razão deliberativa que cada cidadão compartilha com todos os demais por compartilharem também de uma concepção de bem comum". A lei de modo geral criará as determinações abstratas, não podendo ser conduzida a interesses particulares. Rousseau reforça este argumento ao afirmar que a lei poderá estabelecer privilégios, mas não pode lhes conceder nominalmente a uma pessoa; pode estabelecer até mesmo um governo real e uma sucessão hereditária, mas não chancelará a figura que assumirá tal prerrogativa.

Tal ideia rousseauniana visa exatamente a propiciar que todos gozem da mesma promoção de direitos de modo isonômico pelo Estado, teoria que contrasta com a sociedade nobiliárquica francesa de meados do século XVIII. Analisando-se tal arquétipo, poderia se argumentar acerca da ingerência de qualquer ente político fundado sobre esta igualdade plena. Oportuno ressaltar que Rousseau não pretendia que absolutamente todas as decisões do corpo político fossem tomadas mediante a vontade geral. Este procedimento seria adotado apenas para a deliberação das leis gerais. Leis específicas e regulamentos seriam editados e aplicados pelas vias legislativo-governamentais tradicionais

Ao buscar meios para esclarecer a complexa conceituação e compreensão do conceito de vontade geral, John Rawls[29] apresenta resposta a cinco indagações que formulou. Primeiro, a vontade geral pertence a quem? Ela pertence a todos. Qual a vontade da vontade geral? A concepção de buscar o bem comum, isto é, quando todos – isto é, cada cidadão – estão unidos em favor do pacto, as vontades particulares constituintes da geral buscarão o melhor para a sociedade. E o que torna possível o bem comum? Neste sentido, Rawls explica que o bem comum são os interesses sociais gerais e comuns que possibilitam construir expectativas que ultrapassem a esfera individual. Rousseau explicita no início do segundo capítulo do *Contrato* que a finalidade do Estado é o bem comum, e o que existe de comum nos vários interesses da população "forma o liame social e, se não houvesse um ponto em que todos os interesses concordassem, nenhuma sociedade poderia existir".[30] A quarta indagação é o que torna possíveis os interesses que determinam o bem comum? São os interesses fundamentais dos indivíduos lastreados nas categorias do *amour de soi* e *amour-propre*. E por fim, o que determina os interesses comuns? Esta resposta se conecta ao conceito de pessoa para Rousseau: é da essência da própria pessoa que partem tais interesses.

28. Rawls, *Conferência*, cit., p. 243.
29. Idem, ibidem, pp. 243-246.
30. Rousseau, *Contrato Social*, cit., p. 43.

A noção de contrato social pensada por Rousseau encontrou grande respaldo nos teóricos da Revolução Francesa. Hannah Arendt comenta a importância do conceito de vontade geral em Rousseau pela influência que exerceu sobre todos os grupos políticos daquele período. A filósofa traz uma compreensão acerca dos vocábulos "vontade" e "consentimento": enquanto o último demanda o intercâmbio de opiniões para a constituição de uma proposição que possa ser estendida ao anseio de muitos, já que na opinião da pensadora unanimidades são de difícil constatação, a "vontade" necessariamente demanda unicidade para atingir o seu ideal.

Todavia, Arendt lembra que o conceito de vontade geral foi apropriado e desvirtuado de modo a favorecer os grupos revolucionários por duas razões: pela semelhança metafórica com a qual os homens e mulheres da revolução se lançaram contra as instituições governamentais francesas, como se fossem conduzidos por único desígnio e, sobretudo, pelo mecanismo de se converter uma multidão sob o amparo de uma vontade única. Para ela, Rousseau criou este conceito identificando um inimigo comum que, no caso, eram as vontades particulares: elas seriam um grande empecilho na condução da política. Em outras palavras, o conceito de vontade geral foi útil aos revolucionários de 1789, dentre eles Robespierre, pela criação de um "uno policéfalo", isto é, "elemento que convertia o múltiplo em um". Assim, evitar-se-ia o caos de se tentar levar "vinte e cinco milhões de franceses que nunca conheceram nem pensaram em nenhuma lei além da vontade do Rei a se unir em torno de uma Constituição livre".[31]

Desta forma, o corpo político pensado em Rousseau busca essencialmente a liberdade dos cidadãos, isto é, poder participar da formulação das leis que refletirão as vontades de todos. O estado social, tendo como bastião a vontade geral, funciona porque ela se constitui a partir da soma de todas as vontades particulares. Deste modo, as leis emanam deste corpo e serão estatuídas quando todos estiverem em comum acordo. Nas palavras de Wayne Morrison,[32] "para resolver o problema da tensão entre o individual e o social, este último deve tornar-se a encarnação do pessoal; as leis vão impor obediência porque são aquilo que impomos a nós mesmos, além de exprimirem nossa vontade geral". Ou seja, como todos aquiesceram, é como se cada indivíduo legislasse para si mesmo.

31. Hannah Arendt, *Sobre a Revolução*, São Paulo, Companhia das Letras, 2011, p. 114.
32. Morrison, *Filosofia*, cit., p. 188.

Considerações finais

Consoante apontado, Rousseau viveu em um período de tensão. Sua teoria contratual é fortemente crítica à sociedade monárquica do século XVIII. O objetivo do pacto social, construção hipotética, é a promoção da liberdade civil. A superação do gládio estaria na efetiva participação no processo legislativo, que se daria pela alienação de todos os direitos dos membros constituintes do corpo político para a formação de uma vontade geral. A aquiescência de todos garantiria a isonomia, pois seria como se cada indivíduo legislasse para si mesmo. Nestes termos, o pensador franco-suíço procurava enaltecer a igualdade de participação política de modo a se conquistar a liberdade em prol da luta contra a severa desigualdade entre os homens.

Referências

ARENDT, Hannah. *Sobre a revolução*. São Paulo, Companhia das Letras, 2011.

BOBBIO, Norberto. *Liberalismo e Democracia*. 6ª ed. São Paulo, Brasiliense, 2007.

HOBBES, Thomas. *Leviatã*. São Paulo, Nova Cultural, 1997 (Os Pensadores).

LOCKE, John. *Dois tratados sobre o governo*. São Paulo, Abril Cultural, 1973 (Os Pensadores).

MORRISON, Wayne. *Filosofia do Direito: dos gregos ao pós-modernismo*. São Paulo, Martins Fontes, 2006.

RAWLS, John. *Conferência sobre a História da Filosofia Política*. São Paulo, 2012.

ROUSSEAU, Jean-Jacques. *Contrato Social*. 4ª ed. São Paulo, Nova Cultural, 1987 (Os Pensadores).

_____. *Discurso sobre a Origem e os fundamentos da desigualdade entre os homens*. Rio de Janeiro, Ediouro, 1994.

Capítulo XX

NOTAS A RESPEITO DOS DIREITOS FUNDAMENTAIS E *"CLÁUSULAS PÉTREAS"* NA CONSTITUIÇÃO FEDERAL DE 1988

INGO WOLFGANG SARLET

1. Considerações preliminares. 2. Natureza, características, funções e limites do poder de reforma constitucional. 3. Os limites materiais (as assim chamadas "cláusulas pétreas") à reforma constitucional: 3.1 Natureza e significado dos limites materiais; 3.2 Espécies de limitações materiais ao poder de reforma. 4. A controvérsia em torno dos direitos fundamentais como limites materiais ao poder de reforma. 5. Alcance da proteção dos direitos e garantias fundamentais com base nas "cláusulas pétreas". 6. A título de encerramento.

1. Considerações preliminares

A história constitucional moderna, pelo menos desde o surgimento das primeiras constituições escritas, segue comprometida, em termos gerais, com a distinção traçada pelo Abade Emmanuel Sieyès (que chegou a ser chamado de "descobridor científico" da noção de poder constituinte[1]) entre as noções de um poder constituinte (o poder de elaborar uma nova constituição) e os assim chamados poderes constituídos, no sentido de instituídos, regulados e limitados, em maior ou menor medida, pelo primeiro.[2] Assim sendo, diversamente do poder constituinte, o poder de reforma (e/ou revisão) constitucional, compreendido como poder de

---

1. Cf. a referência de Klaus Stern, *Derecho del Estado de la República Federal Alemana*, tradução parcial do primeiro tomo da edição alemã por Javier Pérez Royo e Pedro Cruz Villalón, Madri, Centro de Estudios Constitucionales, 1987, pp. 314-315.
2. Cf., por todos, Hartmut Maurer, *Staatsrecht* I, 5ª ed., Munique, C. H. Beck, 2007, pp. 733 e ss.

alterar o texto da constituição, é, por definição, um poder constituído, integrando a noção daquilo que muitos designam de um poder constituinte derivado ou instituído.

Por outro lado, é preciso relembrar que tal distinção, que constitui um dos pilares do constitucionalismo moderno, arranca da premissa de que a Constituição, ao contrário do que ocorre com as normas infraconstitucionais, não extrai o seu fundamento de validade de uma ordem jurídica (formal) superior, mas se estabelece e alcança autoridade jurídica superior (em relação às demais esferas normativas internas do Estado) em função da "vontade" das forças determinantes e representativas da sociedade na qual surge a constituição.[3] É neste sentido que o poder constituinte acaba assumindo a feição de uma categoria pré-constitucional, capaz de, por força de seu poder e de sua autoridade, elaborar e fazer valer uma nova constituição.[4] O processo constituinte (de fundação de uma nova ordem constitucional) é, portanto, sempre – e de certa forma – um novo começo, visto que não se encontra na dependência, pelo menos não no sentido jurídico-formal, no plano de uma hierarquia normativa, das regras constitucionais anteriores, ou mesmo de outra fonte normativa superior e externa, razão pela qual à expressão poder constituinte se costuma agregar o qualificativo originário.[5] Neste contexto, quando se indaga sobre a natureza do poder constituinte (originário), prevalece a tese de que não se trata propriamente de um poder jurídico, mas sim, especialmente considerando a relação entre soberania e poder constituinte, de um poder político, portanto, pré-jurídico e mesmo extrajurídico.[6]

O poder constituinte pode, portanto, ser definido como sendo uma potência, no sentido de uma força em virtude da qual uma determinada sociedade política se dá uma nova constituição e, com isso, cria, recria e/ou modifica a estrutura jurídica e política de um Estado. Nessa perspectiva, como já lecionava Carl Schmitt, o poder constituinte é a vontade política cujo poder ou autoridade é capaz de tomar a decisão concreta sobre o tipo e a forma da própria existência política, ou seja, de determinar, na sua integralidade, a existência da unidade política.[7] Nessa perspectiva, como

---

3. Ernst-Wolfgang Böckenförde, *Staat, Verfassung, Demokratie. Studien zur Verfassungstheorie und zum Verfassungsrecht*, Frankfurt a. M., Suhrkamp, 1991, pp. 90-91.
  4. Cf. Hartmut Maurer, *Staatsrecht* I, cit., p. 733.
  5. Cf., dentre tantos, Hartmut Maurer, *Staatsrecht* I, cit., p. 733.
  6. Cf. Paulo Bonavides, *Curso de Direito Constitucional*, 31ª ed., São Paulo, Malheiros Editores, 2016, p. 125.
  7. Cf. Carl Schmitt, *Verfassungslehre*, 9ª ed., Berlim, Duncker & Humblot, 2003, pp. 75-76, tradução livre do original alemão: "Verfassungsgebende Gewalt ist

bem averba Ernst-Wolfgang Böckenförde, do ponto de vista da teoria e da dogmática constitucional, o poder constituinte não pode ser reduzido – como pretendem alguns – à noção de uma norma hipotética fundamental (como no caso da teorização de Hans Kelsen) ou mesmo reconduzido a um fundamento de direito natural, já que o poder constituinte há de ser compreendido (pelo menos também!) como uma grandeza política real, que fundamenta a força normativa (jurídica) da constituição, razão pela qual o poder constituinte não pode existir no interior ou mesmo com base numa constituição, como se fosse um órgão criado pela constituição, mas pré-existe, cria e limita a própria constituição e os poderes constituídos.[8]

O que se percebe, todavia, é que a distinção entre poder constituinte e poderes constituídos guarda relação com as funções da própria constituição. Neste contexto, assume relevo a noção de que as constituições, ainda que de modo bastante diversificado entre si, regulam as garantias de sua própria estabilidade e permanência, mas também reservam espaço para a possibilidade de mudança de seu próprio texto, e, portanto, de seu próprio conteúdo. Justamente para que a constituição permaneça em vigor, não apenas simbolicamente, como uma mera "folha de papel" (Ferdinand Lassale[9]), e cumpra sua função estabilizadora, é preciso que ela seja sempre também um projeto em permanente reconstrução, aberto ao tempo e ao câmbio da realidade, de tal sorte que permanência, estabilidade e mudança, não são incompatíveis entre si, mas, pelo contrário, constituem exigências recíprocas e que se retroalimentam, desde que guardado o necessário equilíbrio.

Justamente para garantir o cumprimento da função de assegurar um nível adequado de estabilidade às instituições políticas e jurídicas, a rigidez constitucional, traduzida pela dificuldade maior de alteração do texto constitucional em relação ao processo legislativo ordinário, serve ao propósito de garantir a permanência e a estabilidade, embora não a imutabilidade da constituição. Tal estabilidade, todavia, por si só não garante o rompimento da identidade constitucional (das decisões fundamentais do constituinte) pelo mecanismo da reforma constitucional, de modo que significativo número de constituições prevê também garantias contra a supressão de determinados conteúdos da constituição,

---

der politische Wille, dessen Macht oder Autorität imstande ist, die konkrete Gesamtentscheidung über Art und Form der eigenen politischen Existenz zu treffen, also die Existenz der politischen Einheit im Ganzen zu bestimmen".
    8. Cf. Ernst-Wolfgang Böckenförde, *Staat, Verfassung, Demokratie...*, cit., pp. 93-94.
    9. Ferdinand Lassale, *Que é uma Constituição?*, 2ª ed., São Paulo, Kairós, 1985.

blindados até mesmo contra a ação do poder de reforma constitucional, que, na condição de poder constituído – ou instituído – opera por delegação do poder constituinte, mas é por este limitado e condicionado. Tais conteúdos, como é amplamente difundindo na tradição constitucional ocidental, passaram a ser conhecidos também como "cláusulas pétreas" ou "garantias de eternidade" (do alemão *Ewigkeitsklauseln*), que serão analisadas mais adiante.

O fenômeno da mudança constitucional não se limita, todavia, aos instrumentos previamente regulados de alteração textual da constituição escrita, incluindo outras possibilidades e mecanismos de mudança. Assim, de acordo com a lição de Jorge Miranda, se a modificação das constituições representa "um fenômeno inelutável da vida jurídica" e que "mais do que modificáveis, as constituições são modificadas", também é verdade que são variáveis "a frequência, a extensão e os modos como se processam as modificações".[10] Considerando, portanto, que a mudança constitucional é algo que integra a própria natureza do constitucionalismo e do direito constitucional, é preciso identificar, num primeiro momento, quais as modalidades (mecanismos) de mudança constitucional que podem ser encontradas na literatura e na experiência concreta do constitucionalismo. Nessa perspectiva, num ambiente marcado pela absoluta prevalência de um modelo de constituições rígidas, é possível distinguir entre duas formas de mudança constitucional: os mecanismos formais de mudança constitucional e os assim chamados mecanismos informais, também conhecidos como mutações constitucionais, ou mudanças tácitas. Quanto aos meios (mecanismos ou instrumentos) formais, cuida-se da alteração do texto constitucional por meio da atuação do poder de reforma constitucional, o que se verifica mediante um processo previamente (pelo menos quanto aos seus aspectos nucleares) estabelecido pelo poder constituinte, o qual também determina quais os limites (formais e materiais) impostos ao poder de reforma, o que será objeto de exame mais detalhado logo a seguir. No âmbito da chamada mudança informal – que não será objeto de nossa atenção nesta contribuição –, não há, a rigor, alteração do texto normativo, mas sim alteração no que diz com a aplicação concreta de seu conteúdo a situações fáticas que se modificam no tempo, geralmente pela via da interpretação constitucional, fenômeno designado, como já referido, de "mutação constitucional", no sentido de uma mudança constitucional que, embora altere o sentido e alcance da constituição, mantém o texto constitucional intacto.

10. Cf. Jorge Miranda, *Manual de Direito Constitucional*, vol. II, 2ª ed., Coimbra, Coimbra, 1988, p. 108.

À vista de tais modalidades, é nosso intento, mediante aproveitamento de produção bibliográfica anterior,[11] revisitar o tema sempre atual e relevante dos limites ao poder de reforma constitucional, com destaque para as assim denominadas "cláusulas pétreas", que operam como limites materiais ao poder reformador, especialmente quando se cuida de mecanismos de controle e limitação das maiorias parlamentares qualificadas e da afirmação (para o futuro) dos pactos constituintes em torno de determinados princípios e valores que nem sempre correspondem, pelo menos não em toda a sua extensão, à noção de Direito e Justiça dominantes entre as novas gerações.

A escolha do tema, por sua vez, também encontra justificativa no fato de que a presente contribuição integra oportuna obra coletiva destinada a homenagear, por ocasião da passagem de seus 90 anos de vida, o ilustre e estimado Professor Paulo Bonavides, um dos mais eminentes e respeitados Juristas do Brasil, que tem marcado com sua cultura jurídica e militância pela democracia constitucional e pelo Estado de Direito, não apenas a evolução da Teoria do Estado e do Direito Constitucional no Brasil como também influenciado positivamente diversas gerações de constitucionalistas. Iniciemos, portanto, com algumas notas gerais sobre o poder de reforma constitucional, com ênfase nas peculiaridades da Constituição Federal de 1988, voltando-nos, na sequência, para o problema das assim chamadas "cláusulas pétreas".

2. *Natureza, características, funções e limites do poder de reforma constitucional*

Diversamente do Poder Constituinte, que, precisamente em virtude de sua natureza pré- ou mesmo meta-jurídica (por ser, como visto acima, um poder de natureza fática e política, expressão da soberania) costuma ser emblematicamente caracterizado, na esteira de Carl Schmitt, como uma "potência", o Poder Reformador assume a feição de uma competência, já que juridicamente vinculado às normas de competência, organização e procedimento ditadas pelo primeiro (a potência).[12] É justamente a

---

11. Referimo-nos ao capítulo sobre os limites materiais à reforma constitucional que integra a nossa obra: Ingo Wolfgang Sarlet, *A Eficácia dos Direitos Fundamentais*, 10ª ed., Porto Alegre, Livraria do Advogado, 2009, pp. 412 e ss.

12. Cf. a clássica lição de Carl Schmitt, *Verfassungslehre*, cit., p. 10, "quando o procedimento de alteração de uma constituição é constitucionalmente regulado, daí resulta uma competência" ("wenn das Verfahren einer Verfassungsänderung verfassungsgesetzlich geregelt ist, so wird damit eine Zuständigkeit [Kompetenz]".

existência de normas limitativas da reforma constitucional que demonstra o fato de que mesmo após a entrada em vigor da Constituição o Poder Constituinte segue presente e, portanto, "ativo", já que, do contrário, poderia vir a depender dos órgãos legislativos instituídos (e limitados) pelo Constituinte, o que implicaria contradição insuperável, pelo menos, em se levando a sério a tradição constitucional ainda vigente.[13] Importa ter sempre presente, de outra parte, a noção de que também no direito constitucional brasileiro o legislador, ao proceder à reforma da Constituição, não dispõe de liberdade de conformação irrestrita, encontrando-se sujeito a um sistema de limitações que objetiva não apenas a manutenção da identidade da Constituição, mas também a preservação da sua posição hierárquica decorrente de sua supremacia no âmbito da ordem jurídica, de modo especial para evitar a elaboração de uma nova Constituição pela via da reforma constitucional.[14]

A natureza e configuração concreta dos limites à reforma constitucional, embora se possa observar certa uniformidade, pelo menos no que diz com alguns elementos essenciais, comuns às principais técnicas de limitação do exercício do poder de reforma, há de ser analisada sempre à luz do direito constitucional positivo de cada Estado, pois é na constituição de cada país que são definidos os limites ao poder de reforma e qual o seu alcance. Por tal razão, sem prejuízo de referências ao direito comparado, é no âmbito da reforma constitucional no sistema constitucional brasileiro, logo abaixo, que serão apresentados e analisados os limites à reforma constitucional.

No que diz com as funções do poder de reforma, é preciso destacar que embora a reforma constitucional seja também fonte de direito constitucional, ela constitui uma fonte peculiar (distinta, por definição, do poder constituinte), que assume uma natureza dúplice, visto que ao mesmo tempo em que as leis de reforma (no caso brasileiro, as emendas) estão submetidas, quando de sua elaboração, aos requisitos estabelecidos pelo constituinte, uma vez incorporadas ao texto constitucional, elas passam a ser parte integrante (com a mesma hierarquia normativa) desta mesma constituição, portanto, tornam-se constituição.[15]

13. Cf., paradigmaticamente, Carl Schmitt, *Verfassungslehre*, cit., pp. 99 e ss.
14. Neste sentido, v. a lição de Carmen Lúcia Antunes Rocha, "Constituição e mudança constitucional: limites ao exercício do poder de reforma constitucional", *Revista de Informação Legislativa*, n. 120, 1993, pp. 168 e ss.
15. Cf. bem o explicita Francisco Balaguer Callejón, "La Constitución", in Francisco Balaguer Callejón (coord.), *Manual de Derecho Constitucional*, vol. I, 1ª ed., Madri, Tecnos, 2005, p. 116.

Antes, contudo, importa destacar mais um aspecto terminológico e conceitual, que diz respeito à possível distinção entre as noções de reforma, revisão e emendas constitucionais, bem como, a exemplo do que se verifica em diversos países, no que diz com o uso das expressões leis de revisão ou leis de alteração da constituição.

Quanto ao primeiro ponto, ou seja, sobre a distinção entre os conceitos "reforma", "revisão" e "emenda constitucional", há que registrar, desde logo, que tais noções não podem – ou ao menos não o deveriam, de acordo com a sistemática adotada pela Constituição Federal de 1988 – ser confundidas. Em verdade, embora não se registre unanimidade no que diz com o seu conteúdo e significado, a posição majoritária na doutrina brasileira é de que a expressão "reforma da Constituição" designa o gênero, ao passo que os outros dois termos (revisão e emendas), se referem a manifestações particulares da reforma.[16] Assim, a expressão "reforma", refere-se, neste sentido, a toda e qualquer alteração formal – isto é, de acordo com os parâmetros preestabelecidos – da Constituição, independentemente de sua abrangência. Uma revisão constitucional (ao menos para os que comungam este ponto de vista) constitui, por sua vez, modificação relativamente ampla do texto constitucional, ao passo que uma emenda se destina, de regra, a ajustes e alterações de natureza mais específica.[17] Já para outros, as expressões "revisão" e "reforma" se distinguem no sentido de que a revisão se refere a alterações gerais ou parciais da Constituição sobre temas previamente estabelecidos pelo Poder Constituinte, ao passo que as modificações no âmbito da reforma constitucional não foram antecipadamente definidas, de tal sorte que ambas (revisão e reforma) podem ser consideradas mecanismos formais típicos de alteração da Constituição, assumindo a emenda o papel de instrumento para realização da reforma ou revisão.[18] Também quanto a este aspecto, necessário não perder de vista o direito constitucional positivo, ou seja, as peculiaridades de cada ordem constitucional concretamente considerada, o que será objeto de análise no próximo segmento.

Embora as distinções elencadas decorram da própria arquitetura constitucional e correspondam ao teor literal dos respectivos dispositi-

16. Cf., por todos, Vladimir Oliveira da Silveira, *Poder Reformador na Constituição Brasileira de 1988*, São Paulo, RCS Editora, 2006, pp. 75 e ss.
17. Cf., entre nós e aqui por todos, Luís Roberto Barroso, *Curso de Direito Constitucional contemporâneo*, São Paulo, Saraiva, 2009, pp. 144 e ss.
18. Esta, por exemplo, a posição de Carmen Lúcia Antunes Rocha, "Revisão constitucional e plebiscito", in *OAB Estudos Constitucionais – Simpósio sobre revisão e plebiscito,* Brasília, 1992, pp. 32-33.

vos (art. 60 da CF e art. 3º do ADCT), o Congresso Nacional, quando das discussões sobre a revisão constitucional – mais precisamente entre 1.3.1994 e 7.6.1994 –, acabou optando por promulgar as assim designadas emendas constitucionais de revisão, em número de seis. O que há de ser destacado é que tais emendas (que receberam inclusive uma designação e numeração distinta) foram aprovadas pelo Congresso mediante observância dos mesmos limites formais e materiais previstos para as emendas e não pelo rito simplificado previsto no art. 3º do ADCT, o que resultou numa virtual equiparação dos institutos.[19] Neste contexto, merece ser destacada a posição adotada pelo STF, visto que – muito embora a ausência de referência expressa no texto constitucional transitório – a nossa mais alta Corte sublinhou a necessidade de observância, no âmbito das emendas de revisão, dos limites materiais estabelecidos no art. 60, § 4º, da CF.[20] Tudo isso acabou levando ao abandono da prática de aprovação das assim chamadas emendas constitucionais de revisão, que não mais foi restabelecida, o que apenas reforça a tese do caráter transitório e excepcional da figura da revisão constitucional, subsistindo, no atual ordenamento constitucional brasileiro, apenas a modalidade de reforma mediante emendas à constituição.

Também a controvérsia em torno dos limites à reforma da constituição radica na distinção acima traçada entre o poder constituinte e o poder

19. Neste particular, é de abrir-se um espaço para referir, ainda que resumidamente, a discussão que, na época (especialmente nos primeiros anos de vigência da Constituição de 1988 e, com particular agudeza, quando da preparação e realização do Plebiscito previsto no art. 2º do ADCT) se travou a respeito do alcance da revisão constitucional prevista no art. 3º do ADCT. Desconsiderando-se as especificidades de cada concepção em particular, formaram-se basicamente três correntes de destaque na doutrina. De acordo com a primeira, denominada de teoria maximalista, a revisão não estaria sujeita a qualquer limitação de cunho material, podendo, neste sentido, assumir até mesmo a feição de uma reforma global do texto constitucional. No extremo oposto – posição aqui compartilhada – situavam-se os que, no âmbito de uma concepção minimalista, sustentavam que a revisão estaria limitada estritamente aos resultados do plebiscito sobre a forma e o sistema de governo, destinando-se tão somente à adaptação do texto constitucional na medida das necessidades geradas por eventual alteração resultante da consulta popular, de tal sorte que, não ocorrendo esta, a revisão perderia completamente sua razão de ser. Por fim, como de costume, surgiu uma corrente de cunho conciliatório, de acordo com a qual a revisão deveria respeitar as "cláusulas pétreas" do art. 60, § 4º, inc. IV, da nossa Constituição, sujeitando-se, portanto, aos mesmos limites previstos para as emendas. A respeito desta discussão, v., dentre outros, Lenio Luiz Streck, *Constituição – Limites e perspectivas da Revisão*, Porto Alegre, Rigel, 1993, pp. 24 e ss.

20. Cf., em especial, a ADI-MC 981, relatada pelo Min. Néri da Silveira, decisão publicada no *DJU* em 5.8.1994.

de reforma constitucional. Com efeito, sendo o poder reformador por definição um poder juridicamente limitado, distinguindo-se pelo seu caráter derivado e condicionado, sujeito, portanto, aos limites estabelecidos pelo próprio constituinte, a identificação de quais são os limites à reforma constitucional e qual o seu sentido e alcance depende, a despeito de uma série de elementos comuns e que correspondem, consoante igualmente já se teve oportunidade de sinalar, em maior ou menor medida, à tradição já enraizada no âmbito do constitucionalismo contemporâneo, do direito constitucional positivo de cada Estado, visto que a opção poderá ser por um sistema mais ou menos complexo e diferenciado de limitações. No caso do sistema constitucional brasileiro, a previsão de limites à reforma constitucional se faz presente desde a Constituição Imperial de 1824, que, ainda que enquadrada na categoria de uma constituição semirrígida, estipulava um quórum qualificado para a alteração de algumas matérias específicas da Constituição, designadamente a que se referia aos limites e atribuições dos poderes políticos, assim como a garantia dos direitos individuais dos cidadãos (art. 178, da Constituição do Império). A primeira Constituição Republicana, de 1891, além de limitações formais, consagrava como elemento material imutável a forma republicano-federativa, ou a igualdade de representação dos Estados no Senado Federal (art. 90, § 4º). A Constituição de 1934 dispunha como "cláusulas de eternidade", além da forma republicana e federativa de Estado, "a organização ou a competência dos poderes da soberania", incluindo a coordenação dos poderes na organização federal, a declaração de direitos e a autorização do Poder Legislativo para declarar estado de sítio, além do próprio artigo que dispunha sobre a Emenda e a revisão constitucional (art. 178, *caput*). No que diz com os limites formais, a iniciativa do projeto de emenda era reservada a pelo menos um quarto dos membros da Câmara ou do Senado Federal, ou de mais da metade dos Estados, manifestando-se cada uma das unidades federativas pela maioria da respectiva Assembleia. A aprovação se dava pela maioria absoluta dos membros da Câmara dos Deputados e do Senado Federal, em dois turnos de discussão. A Constituição de 1946 manteve tanto o quórum qualificado para a alteração da Constituição, como a impossibilidade de projeto de Emenda tendente a abolir a Federação e a República (art. 217, § 6º). A Carta de 1967, com redação amplamente reformada pela Emenda Constitucional n. 1 de 1969, previa tão somente a República e a Federação como limites materiais à reforma constitucional. A Constituição Federal de 1988, por sua vez, pode ser considerada, pelo menos no contexto da evolução brasileira, a que instituiu um leque de limites mais amplo e exigente, especialmente no plano dos assim chamados limites materiais, que serão objeto de exame mais detido logo adiante. Com efeito, além dos já referidos limites materiais (convencionalmente designados de "cláusulas pétreas") existem os limites de ordem formal (de caráter precipuamente procedimental), bem como os limites circunstanciais e os chamados limites temporais. Considerando que os limites formais possuem um caráter geral, visto que se aplicam a toda e qualquer alteração de uma constituição rígida, serão eles os primeiros a serem apresentados em detalhe.

3. Os limites materiais (as assim chamadas "cláusulas pétreas") à reforma constitucional

3.1 Natureza e significado dos limites materiais

Os assim chamados limites materiais à reforma da constituição objetivam assegurar a permanência de determinados conteúdos da constituição, em virtude de sua relevância para a própria identidade da ordem constitucional, conteúdos que, na formulação de John Rawls, constituem os "elementos constitucionais essenciais".[21] Neste sentido, já se observou que, em virtude da ausência de uma fonte jurídico-positiva (em suma, de uma norma superior que lhe sirva de fundamento de validade), a vedação de certas alterações da constituição tem os seus olhos sempre voltados para o futuro, já que o núcleo da constituição atual, de certa forma (adquirindo permanência), passa a ser vigente também no futuro.[22] Neste contexto e tomando-se o sistema jurídico – como uma rede hierarquizada de princípios e regras em cujo centro encontra-se a constituição, verifica-se, na esteira do magistério de Alexandre Pasqualini, que todo o sistema jurídico (sem prejuízo de sua simultânea abertura material e estabilidade) "reclama um núcleo de constante fixidez (cláusulas pétreas), capaz de governar os rumos legislativos e hermenêuticos não apenas dos poderes constituídos, mas da própria sociedade como um todo".[23] Invocando o magistério de José Néri da Silveira, a existência de limites materiais justifica-se, portanto, em face da necessidade de preservar as decisões

---

21. Cf. John Rawls, *O Liberalismo Político*, 2ª ed., São Paulo, Ática, 2000, pp. 277 e ss., onde, a despeito de não formular propriamente uma teoria constitucional, lança uma série de considerações a respeito da função e dos limites da reforma constitucional.

22. Esta a pertinente observação de Paul Kirchhof, "Die Identität der Verfassung in ihren unabänderlichen Inhalten", in *Handbuch des Staatsrechts der Bundesrepublik Deutschland,* vol. I, Heidelberg, C. F. Müller, 1987, p. 779.

23. Cf. Alexandre Pasqualini, *Hermenêutica e Sistema Jurídico: uma introdução à Interpretação Sistemática do Direito*, Porto Alegre, Livraria do Advogado, 2000, p. 80.

fundamentais do Constituinte, evitando que uma reforma ampla e ilimitada possa desembocar na destruição da ordem constitucional, de tal sorte que por detrás da previsão destes limites materiais se encontra a tensão dialética e dinâmica que caracteriza a relação entre a necessidade de preservação da constituição e os reclamos no sentido de sua alteração.[24]

Em termos gerais, portanto, o reconhecimento de limitações de cunho material significa que o conteúdo da constituição não se encontra à disposição plena do legislador, mesmo que este atue por meio de uma maioria qualificada, sendo necessário, por um lado, que se impeça uma vinculação inexorável e definitiva das futuras gerações às concepções do constituinte, ao mesmo tempo em que se garanta às constituições a realização de seus fins.[25]

Tal constatação, aliás, não representa nenhuma novidade e já era sustentada ao tempo do surgimento das primeiras Constituições e das teorias a respeito do Poder Constituinte. Nos Estados Unidos da América, Thomas Jefferson e Thomas Paine já pregavam a impossibilidade de os mortos, por intermédio da Constituição, imporem sua vontade aos vivos. Na França, o art. 28 da efêmera, mas, mesmo assim, paradigmática Constituição de 1793 estabelecia que "um povo sempre tem o direito de revisar, reformar e alterar sua Constituição. Uma geração não pode submeter as gerações futuras às suas leis".[26] Que dessas assertivas não há como deduzir que a constituição possa ser suprimida pelas legislaturas ordinárias (mesmo mediante o procedimento agravado da reforma) nos parece elementar. De acordo com a lição sempre atual de Konrad Hesse, se é certo que uma ordem constitucional não pode continuar em vigor por meio da vedação de determinadas reformas, caso ela já tiver perdido a sua força normativa, também é verdade que ela não poderá alcançar as suas metas caso estiver à disposição plena dos poderes constituídos.[27] Verifica-se, portanto, que o problema dos limites materiais à reforma constitucional

---

24. Cf. José Néri da Silveira, "A reforma constitucional e o controle de sua constitucionalidade", *Revista da AJURIS*, vol. 22, n. 64, Porto Alegre, Associação dos Juízes do Rio Grande do Sul, jul. 1995, p. 207. Em sentido similar, v. também Carmen Lúcia Antunes Rocha, "Constituição e mudança constitucional: limites ao exercício do poder de reforma constitucional", cit., p. 176.
25. Cf., por todos, José Joaquim Gomes Canotilho, *Direito Constitucional*, 5ª ed., Coimbra, Almedina, 1992, p. 1.135.
26. Cf. lição de Pedro de Vega, *La Reforma Constitucional y la Problemática del Poder Constituyente*, Madri, Tecnos, 1995, pp. 58-59.
27. Cf. Konrad Hesse, *Grundzüge des Verfassungsrechts der Bundesrepublik Deutschland*, 20ª ed., Heidelberg, Müller Verlag, 1995, p. 292.

passa inexoravelmente pelo equacionamento de duas variáveis, quais sejam, a permanência e a mudança da constituição. Se a imutabilidade da constituição acarreta o risco de uma ruptura da ordem constitucional, em virtude do inevitável aprofundamento do descompasso em relação à realidade social, econômica, política e cultural, a garantia de certos conteúdos essenciais protege a constituição contra os casuísmos da política e o absolutismo das maiorias (mesmo qualificadas) parlamentares. Nesse contexto, verifica-se que já estas sumárias considerações evidenciam o quanto o problema dos limites à reforma constitucional, mas especialmente à questão da existência, conteúdo e alcance (eficácia) dos assim designados limites materiais (cláusulas pétreas) guarda íntima conexão e implica uma forte tensão relativamente ao princípio democrático, o que, todavia, aqui não será objeto de desenvolvimento, mas nem por isso deixa de ser absolutamente relevante.[28] Os limites à reforma constitucional de modo especial, os de cunho material, traçam, neste sentido, a distinção entre o desenvolvimento constitucional e a ruptura da ordem constitucional por métodos ilegítimos, não tendo, porém, o condão de impedir (mas evitar) a frustração da vontade da constituição, nem o de proibir o recurso à revolução, podendo, em todo caso, retirar-lhe (à revolução) a máscara da legalidade.[29]

Neste contexto, sustenta-se, também no âmbito da doutrina brasileira, que uma reforma constitucional não poderá jamais ameaçar a identidade e continuidade da Constituição, de tal sorte que a existência de limites materiais expressos exerce função de proteção, obstaculizando não apenas a destruição da ordem constitucional, mas, além disso, vedando também a reforma de seus elementos essenciais.[30] A prova da íntima relação entre os limites materiais à reforma constitucional e a identidade[31] da Constituição reside no fato de que, de regra, os princípios

28. Sobre o tema, no âmbito da literatura nacional, destaca-se, seja pela profundidade da análise, seja pela riqueza e relevância da revisão bibliográfica efetuada, a contribuição de Rodrigo Brandão, *Direitos Fundamentais, Democracia e Cláusulas Pétreas*, Rio de Janeiro, Renovar, 2008, especialmente a primeira parte da obra.
29. Cf. Paul Kirchhof, "Die Identität der Verfassung in ihren unabänderlichen Inhalten", cit., p. 790.
30. Cf. Gilmar Ferreira Mendes, "Limites da revisão: cláusulas pétreas ou garantias de eternidade. Possibilidade jurídica de sua superação", *Revista da Associação dos Juízes do Rio Grande do Sul (AJURIS)*, n. 60, 1994, p. 250.
31. A respeito da identidade constitucional e do problema de sua permanente construção e reconstrução, v. o contributo instigante de Michel Rosenfeld, *A Identidade do sujeito constitucional*, Belo Horizonte, Mandamentos, 2003, muito embora a análise do autor, efetuada especialmente a partir de referenciais da filosofia de Hegel

fundamentais, os direitos fundamentais, bem como a forma de Estado e de governo se encontram sob o manto desta especial proteção contra sua alteração e esvaziamento por parte do Poder Constituinte Reformador,[32] o que também ocorre na CF de 1988.[33] De acordo com Gilmar Mendes, o fato de o constituinte (Poder Constituinte Originário) ter considerado certos conteúdos tão relevantes a ponto de colocá-los sob a proteção das "cláusulas pétreas", leva à constatação de que justamente nestes dispositivos se encontram ancorados os elementos e princípios essenciais da ordem constitucional.[34] Daí a razão de se distinguir entre limites expressos (explícitos) à reforma constitucional e limites implícitos, ponto a ser examinado logo a seguir.

3.2 Espécies de limitações materiais ao poder de reforma

Quanto à abrangência do rol dos limites materiais explícitos (art. 60, § 4º, da CF), verifica-se, como já ressaltado, um avanço relativamente ao direito constitucional pátrio anterior, já que significativo o número de princípios e decisões fundamentais protegidos (princípio federativo, democrático, separação de poderes e direitos e garantias fundamentais). Note-se, neste contexto, a ausência de uma hierarquia predeterminada entre estes valores essenciais da nossa ordem constitucional, o que não afasta a possibilidade de concorrências e colisões, que, à luz do caso

e da psicanálise de Lacan e Freud, transcenda os aspectos vinculados à problemática da reforma constitucional.

32. De acordo com a pertinente observação de Gilmar Ferreira Mendes, "Limites da revisão: cláusulas pétreas ou garantias de eternidade. Possibilidade jurídica de sua superação", cit., p. 251, quando o Constituinte considerou determinados conteúdos da Constituição tão relevantes a ponto de colocá-los sob a proteção das assim denominadas "cláusulas pétreas", é possível partir-se do pressuposto de que justamente nestes dispositivos se encontram ancorados os elementos e princípios essenciais da ordem constitucional.

33. Registre-se que a nossa Constituição vigente contém o catálogo mais abrangente de limites materiais expressos à reforma constitucional no âmbito de nossa evolução constitucional. Com efeito, enquanto a Constituição de 1891 (art. 90, § 4º) continha a proibição de abolição da República, a Federação e a igual representação dos Estados no Senado Federal, a Constituição de 1934 (art. 178, § 5º) previa como limites materiais expressos apenas a República e a Federação. Já a Constituição de 1937, a exemplo do que já ocorrera com a Carta de 1824, não continha nenhum limite material expresso. No art. 217, § 6º, da Constituição de 1946, por sua vez, foram novamente protegidas a República e a Federação, o que veio a ser mantido pela Constituição de 1967-69 (art. 47, § 1º).

34. Cf. Gilmar Ferreira Mendes, "Limites da revisão: cláusulas pétreas ou garantias de eternidade. Possibilidade jurídica de sua superação", cit., p. 251.

concreto, deverão ser solvidas mediante as regras aplicáveis nestas hipóteses, buscando-se sempre um equilíbrio entre os valores em pauta.[35] Por outro lado, a existência de limites materiais expressamente previstos na Constituição (habitualmente denominados de "cláusulas pétreas" ou "garantias de eternidade") não exclui, por sua vez (pelo menos não necessariamente), outras limitações desta natureza, que, por não consagradas no texto constitucional, costumam ser qualificadas como limites materiais implícitos (não-escritos), tópico que, pela sua relevância, será objeto de exame em segmento distinto, logo na sequência.[36]

Os limites materiais expressos, no sentido daqueles dispositivos e conteúdos que, por decisão expressamente inscrita no texto constitucional originário, não podem ser objeto de supressão pelo poder de reforma, correspondem, como já frisado, a uma decisão prévia e vinculante por parte do constituinte, no sentido de demarcar a identidade constitucional, estabelecendo em seu favor uma garantia de permanência, enquanto viger a ordem constitucional. No caso da CF, os limites materiais expressos foram enunciados no art. 60, § 4º, incisos I a IV, quais sejam: a) a forma federativa de Estado; b) o voto direto, secreto, universal e periódico; c) a separação de poderes; d) os direitos e garantias individuais.

A simples leitura dos incisos do art. 60, § 4º, CF, já revela que cada uma das "cláusulas pétreas", ainda que individualmente considerada, diz respeito a um conjunto mais abrangente de dispositivos e normas da constituição, o que resulta ainda mais evidente quando se está em face de uma emenda constitucional concreta, que, ao alterar o texto da constituição, poderá afetar (mesmo sem referência direta a uma das "cláusulas pétreas") algum (ou alguns) dos limites materiais. Levando em conta que quanto ao seu conceito e conteúdo, os conteúdos blindados por conta dos limites materiais já foram e/ou serão objeto de explicitação ao longo deste curso, o que aqui importa enfatizar é precisamente o fato de que os limites materiais protegem, tomando como exemplo a forma federativa de Estado, não apenas o dispositivo constitucional que enuncia a Federação (art. 1º da CF) mas todo o complexo de dispositivos e normas correspondentes que dão à forma federativa de Estado os seus contornos nucleares. Assim deixaremos aqui de adentrar o plano conceitual, até mesmo pelo fato de os aspectos mais polêmicos serem tratados no plano da amplitude da proteção efetivamente assegurada por conta dos limites

---

35. Esta a oportuna referência de Paul Kirchhof, "Die Identität der Verfassung in ihren unabänderlichen Inhalten", cit., p. 803.
36. Neste sentido já se posicionava o nosso clássico Nelson de Souza Sampaio, *O Poder de Reforma Constitucional*, Bahia, Livraria Progresso, 1954, pp. 92 e ss.

materiais, aspecto a ser enfrentado logo adiante. Antes, todavia, algumas notas sobre os limites materiais implícitos.

Para além dos limites direta e expressamente positivados na Constituição, doutrina e mesmo a jurisprudência do STF, ainda que não de modo unânime (seja quanto ao reconhecimento em si, seja no que diz com o alcance de tal reconhecimento, ou seja, de quais são tais limites) reconhecem a existência de limites materiais implícitos à reforma constitucional.[37] Nessa perspectiva, Manoel Gonçalves Ferreira Filho refere as lições dos constitucionalistas norte-americanos Joseph Story e Thomas Cooley, ambos do século XIX, salientando que o primeiro sustentava que a Federação não poderia ser abolida por meio de uma reforma constitucional, ao passo que o segundo, além de desenvolver esta mesma ideia, advogava o ponto de vista de acordo com o qual o espírito da Constituição traçava certos limites implícitos às alterações da Constituição.[38] A elaboração doutrinária dos limites implícitos costuma também ser reconduzida ao pensamento de Carl Schmitt, já que este entendia ser desnecessária a declaração expressa da inalterabilidade de determinados princípios, na medida em que a identidade da Constituição jamais poderia vir a ser destruída por uma reforma constitucional.[39] Outro argumento em favor do reconhecimento dos limites implícitos é esgrimido por Gomes Canotilho, que chama a atenção para o risco de as Constituições, especialmente as que não contêm limitações expressas (cláusulas pétreas), se transformarem em Constituições provisórias, verdadeiras Constituições em branco, à mercê da discricionariedade do poder reformador.[40]

37. Em sentido favorável aos limites materiais implícitos, v., por todos, Gilmar Ferreira Mendes e Paulo Gustavo G. Branco, *Curso de Direito Constitucional*, 6ª ed., São Paulo, Saraiva, 2011, pp. 137 e ss., assim como Luís Roberto Barroso, *Curso de Direito Constitucional Contemporâneo*, cit., p. 165. Em sentido contrário, cf., por todos, Manuel Gonçalves Ferreira Filho, "Significação e alcance das cláusulas pétreas", *Revista de Direito Administrativo*, n. 202, 1995, p. 14.
38. Cf. a lembrança Manoel Gonçalves Ferreira Filho, *O Poder Constituinte*, 4ª ed., São Paulo, Saraiva, 2005, p. 111.
39. Com efeito, segundo Carl Schmitt, *Verfassungslehre*, cit., pp. 102 e ss., a competência para a reforma é sempre limitada, não implicando o poder de destruição da ordem constitucional, de tal sorte que a identidade constitucional encontra-se blindada contra os avanços do poder de reforma da constituição. Entre nós, acompanhando tal entendimento, v., por todos, Gilmar Ferreira Mendes, "Limites da revisão: cláusulas pétreas ou garantias de eternidade. Possibilidade jurídica de sua superação", cit., p. 250. Em sentido similar, v., por último, a contribuição de Luísa Cristina Pinto e Netto, *Os Direitos Sociais como limites materiais à revisão constitucional*, Salvador, JusPodium, 2009, pp. 90 e ss.
40. Cf. José Joaquim Gomes Canotilho, *Direito Constitucional*, cit., pp. 1.136-1.137.

Todavia, se as razões em favor da existência de limites implícitos devem prevalecer, também há que dar razão aos que sustentam que a construção de uma teoria dos limites implícitos à reforma constitucional apenas pode ser efetuada à luz de determinada ordem constitucional, isto é, do direito constitucional positivo, no sentido de que as limitações implícitas deveriam ser deduzidas diretamente da Constituição, considerando-se especialmente os princípios cuja abolição ou restrição poderia implicar a ruptura da própria ordem constitucional.[41] Nesta perspectiva, Karl Loewenstein (que neste mesmo contexto prefere falar em limites tácitos ou imanentes) destaca que nessas hipóteses a proibição da reforma decorre do "espírito", do *telos* da Constituição, independentemente de uma proclamação expressa.[42] Por outro lado, importa sublinhar, pelo fato de serem diretamente extraídos de uma Constituição concreta, aos limites materiais implícitos pode ser atribuída a mesma força jurídica dos limites expressos, razão pela qual asseguram à Constituição, ao menos em princípio, o mesmo nível de proteção.[43]

Dentre os limites implícitos que harmonizam com o direito constitucional positivo brasileiro, há que destacar, em primeiro plano, a impossibilidade de proceder-se a uma reforma total ou, pelo menos, que tenha por objeto a supressão dos princípios fundamentais de nossa ordem constitucional.[44] Aliás, aplicando-se efetivamente este princípio (inalterabilidade da identidade da Constituição), até mesmo a existência de limites expressos parece dispensável, já que os princípios e direitos fundamentais, assim como as decisões essenciais sobre a forma de Estado e de governo fatalmente não poderiam ser objeto de abolição ou esvaziamento.

Poder-se-á sustentar, na esteira deste entendimento, que os princípios fundamentais do Título I da nossa Constituição integram, pelo menos em

---

41. Neste sentido a lição de Celso Ribeiro Bastos, *Curso de Direito Constitucional*, 11ª ed., São Paulo, Saraiva, 1989, p. 36. Também José Joaquim Gomes Canotilho, *Direito Constitucional*, cit., p. 1.136, parece comungar deste entendimento, sustentando que "a ideia de limitação do poder de revisão, no sentido apontado, não pode divorciar-se das conexões de sentido captadas no texto constitucional. Desta forma, os limites materiais devem encontrar um mínimo de recepção no texto constitucional, ou seja, devem ser limites textuais implícitos".

42. Cf. Karl Loewenstein, *Teoría de la Constitución*, 2ª ed., Barcelona, Editorial Ariel, 1976, p. 189.

43. Esta a oportuna consideração de Carmen Lúcia Antunes Rocha, "Constituição e mudança constitucional: limites ao exercício do poder de reforma constitucional", cit., p. 178.

44. Cf., dentre outros, Paulo Bonavides, *Curso de Direito Constitucional*, cit., p. 178, que ainda refere a impossibilidade de vir o Poder Constituinte Reformador a substituir o Poder Constituinte Originário.

parte, o elenco dos limites materiais implícitos, ressaltando-se, todavia, que boa parte deles já foi contemplada no rol das "cláusulas pétreas" do art. 60, § 4º, da CF. Com efeito, não se afigura razoável o entendimento de que a Federação e o princípio da separação dos poderes encontram-se protegidos contra o Poder Reformador, mas que o princípio da dignidade da pessoa humana não tenha sido subtraído à disposição do legislador. Com efeito, a inclusão do princípio da dignidade da pessoa humana no rol dos limites materiais à reforma constitucional não apenas constitui exigência de seu lugar privilegiado no âmbito dos princípios fundamentais e estruturantes do Estado Democrático de Direito, mas também se justifica em virtude de sua relação com os direitos e garantias fundamentais, aspecto que ainda será objeto de atenção adicional. Também a tese, amplamente aceita, em favor da impossibilidade de supressão ou esvaziamento da forma republicana de governo e mesmo do sistema presidencialista, é de ser levada a sério e merece acolhida, de modo especial no que diz com a República. Neste sentido, argumenta-se que a partir da consulta popular efetuada em abril de 1993, a República e o Presidencialismo (mas especialmente a primeira) passaram a corresponder à vontade expressa e diretamente manifestada do titular do Poder Constituinte, não se encontrando, portanto, à disposição do poder de reforma da Constituição.[45] Ressalte-se, neste contexto, que a decisão, tomada pelo Constituinte, no sentido de não enquadrar estas decisões fundamentais no rol das "cláusulas pétreas" (art. 60, § 4º), somada à previsão de um plebiscito sobre esta matéria, autoriza a conclusão de que se pretendeu conscientemente deixar para o povo (titular do Poder Constituinte) esta opção.[46]

Já no que diz com os direitos e garantias fundamentais, que atualmente constituem limite material expresso (art. 60, § 4º, inc. IV, da CF), não subsistem, em princípio, razões para continuar a considerá-los – pelo menos não em toda a sua extensão – limites implícitos, a exemplo do que ocorria no constitucionalismo pretérito.[47] Isto não afasta, todavia, a controvérsia (relativamente acirrada entre nós, notadamente na esfera doutrinária) em torno do fato de se todos os direitos fundamentais ou ape-

---

45. Cf. a posição de Raul Machado Horta, "Natureza, limitações e tendências da revisão constitucional", *Revista Brasileira de Estudos Políticos,* ns. 78/79, 1994, pp. 15-16.
46. Cumpre lembrar que desde a Constituição de 1891 (até a Constituição de 1967-1969), o princípio republicano marcou presença dentre os limites expressos à reforma constitucional.
47. Dentre os que consideravam, já sob a égide do constitucionalismo pretérito, os direitos fundamentais limites materiais implícitos, destaca-se Nelson de Souza Sampaio, *O Poder de Reforma Constitucional,* cit., p. 93.

nas uma parte desses direitos são limites materiais (expressos ou mesmo implícitos) à reforma, destacando-se aqui o problema dos direitos sociais, que, de acordo com parte da doutrina, não comungam de tal condição, não integrando nem os limites expressos (direitos e garantias individuais) nem podendo ser enquadrados na condição de limites implícitos. Todavia, para evitar repetições desnecessárias e considerando a relevância da controvérsia, em termos teóricos e práticos, o problema de até que ponto os direitos fundamentais constituem limites materiais à reforma constitucional será versado em apartado, logo adiante.

4. A controvérsia em torno dos direitos fundamentais como limites materiais ao poder de reforma

O fato de o art. 60, § 4º, IV, da CF, ter feito referência (expressa) aos direitos e garantias individuais, deu ensejo a uma considerável controvérsia no seio da doutrina constitucional brasileira. Com efeito, discute-se, por exemplo, se os direitos sociais foram, ou não, contemplados com a proteção inerente às "cláusulas pétreas", debate que abrange também os direitos dos trabalhadores. Mas também outros direitos, a depender da definição adotada de "direitos e garantias individuais", poderiam, em tese, ser excluídos, por exemplo, no campo da nacionalidade, dos direitos políticos (à exceção do direito de voto, já coberto pelos limites materiais expressos), ou mesmo dos direitos dispersos pelo texto constitucional, ainda que nem todas as hipóteses de exclusão guardem relação direta com a expressão utilizada pelo constituinte quando da redação do citado dispositivo constitucional. Por outro lado, considerando o impacto da controvérsia em sede doutrinária, a discussão no âmbito do STF não tem revelado a mesma intensidade, não existindo posição conclusiva (no sentido de uma doutrina sedimentada) que possa ser referida, muito embora salvo alguma controvérsia que pode ser extraída dos votos de alguns Ministros,[48] o que voltará a ser objeto de atenção logo adiante.

Antes de adentrarmos com maior ênfase o tema da abrangência das "cláusulas pétreas" em matéria de direitos fundamentais, é possível registrar, ao menos de acordo com a evolução doutrinária e jurispruden-

---

48. Sobre a evolução e o "estado da arte" da jurisprudência do STF na matéria, embora adiantando que não se comunga, em toda a sua extensão, das posições do autor, v., por último, Rodrigo Brandão, "A proteção dos direitos e garantias individuais em face das emendas constitucionais à luz da jurisprudência do STF", in Daniel Sarmento; Ingo Wolfgang Sarlet (coords.), *Direitos Fundamentais no Supremo Tribunal Federal: Balanço e Crítica*, Rio de Janeiro, Lumen Juris, 2011, pp. 207-252.

cial dominante no Brasil, que em princípio não apenas os direitos fundamentais expressamente elencados no Título II da Constituição Federal, mas também direitos dispersos pelo texto constitucional encontram-se blindados em face do poder de reforma constitucional, como dá conta o paradigmático julgamento proferido pelo STF quando da impugnação da constitucionalidade do art. 2º da Emenda Constitucional 3/1993, ocasião na qual, além do reconhecimento de que as limitações ao poder de tributar estabelecidas no art. 150, III, CF, correspondem, no plano subjetivo, a direitos e garantias fundamentais do contribuinte, também foi reconhecido que tais direitos e garantias não poderiam ser pura e simplesmente abolidas ou desconsideradas pelo poder reformador.[49]

A despeito da orientação noticiada, que em princípio aponta para uma exegese extensiva do conceito de direitos e garantias fundamentais, segue indispensável o enfrentamento de um problema que tem chamado ao debate segmentos expressivos da doutrina constitucional brasileira. Já numa primeira aproximação, resulta problemático saber se a noção de direitos e garantias individuais pode ser compreendida como equivalente à noção de direitos e garantias fundamentais, de tal sorte que todos os direitos fundamentais estariam cobertos já no âmbito dos limites materiais expressamente fixados pelo constituinte, ou se os demais direitos fundamentais (que não se enquadram na noção de direitos individuais) poderiam ser contemplados pela proteção reforçada das "cláusulas pétreas" na condição de limites materiais implícitos. Além disso, como já adiantado, segue sendo necessário discutir se todos os direitos fundamentais (seja por conta de uma compreensão elástica da noção de direitos individuais, seja na condição de limites implícitos), ou apenas uma parte, integram o elenco dos limites materiais à reforma constitucional.

Desde logo, em se tomando como ponto de partida o enunciado literal do art. 60, § 4º, IV, CF, poder-se-ia afirmar – e, de fato, há quem sustente tal ponto de vista – que apenas os direitos e garantias individuais (art. 5º da CF) se encontram incluídos no rol das "cláusulas pétreas" de nossa Constituição. Tal exegese restritiva, caso levada ao extremo, implicaria a exclusão – do rol de limites materiais – não apenas dos direitos sociais, mas também dos direitos de nacionalidade, bem como de parte dos direitos políticos, incluindo a liberdade de associação partidária, à exceção, todavia, do direito (dever) do voto secreto, universal e periódico (art. 60, § 4º, III). Aliás, por uma questão de coerência, até mesmo

---

49. Cf. julgamento da ADI 939-DF, rel. Min. Sydney Sanches, *DJU* 18.3.1994. No âmbito da literatura, v., por todos, Luís Roberto Barroso, *Curso de Direito Constitucional contemporâneo*, cit., pp. 176-177.

os direitos coletivos (de expressão coletiva) constantes no rol do art. 5º não seriam merecedores desta proteção, de tal sorte que já esta simples constatação indica que tal interpretação dificilmente poderá prevalecer. Caso assim fosse, os direitos essenciais de participação política (art. 14), a liberdade sindical (art. 8º) e o direito de greve (art. 9º), apenas para citar alguns exemplos, encontrar-se-iam em condição inferior à dos demais direitos fundamentais, não compartilhando o mesmo regime jurídico reforçado, ao menos não na sua plenitude. Neste contexto, sustentou-se que a expressão "direitos e garantias individuais", utilizada no art. 60, § 4º, IV, CF, não se encontra reproduzida em nenhum outro dispositivo da Constituição, razão pela qual mesmo com base numa interpretação literal não se poderia confundir esses direitos individuais com os direitos individuais e coletivos do art. 5º da CF.[50]

Para os que advogam uma interpretação restritiva do art. 60, § 4º, IV, da CF, abre-se uma alternativa argumentativa. Com efeito, é possível sustentar que a expressão "direitos e garantias individuais" deve ser interpretada no sentido de que apenas os direitos fundamentais equiparáveis aos direitos individuais do art. 5º sejam considerados "cláusulas pétreas". A viabilidade desta concepção esbarra na difícil tarefa de traçar as distinções entre os direitos individuais e os não-individuais. Caso considerássemos como individuais apenas os direitos fundamentais que se caracterizam por sua função defensiva (especialmente os direitos de liberdade, na acepção de direitos a não intervenção no seu âmbito de proteção) teríamos de identificar, nos outros capítulos do Título II, os direitos e garantias passíveis de serem equiparados aos direitos de defesa, de tal sorte que as liberdades sociais (direitos sociais de caráter negativo, como é o caso do direito de greve e da liberdade de associação sindical) também se encontrariam ao abrigo das "cláusulas pétreas". Solução semelhante foi adotada no constitucionalismo português, no qual há disposição expressa estabelecendo que os direitos análogos aos direitos, liberdades e garantias se encontram sujeitos ao mesmo regime jurídico (art. 17 da CRP), destacando-se, neste particular, a sua condição de limites materiais ao poder de revisão da Constituição (art. 288 da CRP). No Brasil, à míngua de um regime jurídico diferenciado expressamente previsto na Constituição, tal entendimento não poderá prevalecer, já que não encontramos (pelo menos esta a posição adotada) justificativa sólida para uma distinção entre os direitos fundamentais no que diz com seu regime jurídico.

50. Cf. Maurício Antônio Ribeiro Lopes, *Poder Constituinte Reformador: limites e possibilidades da revisão constitucional brasileira*, São Paulo, Ed. RT, 1993, p. 182.

Todavia, há quem sustente, também no direito brasileiro, que os direitos sociais não podem integrar as "cláusulas pétreas" da Constituição pelo fato de não poderem (ao menos na condição de direitos a prestações) ser equiparados aos direitos de liberdade do art. 5º. Além disso, argumenta-se que, se o constituinte efetivamente tivesse tido a intenção de gravar os direitos sociais com a cláusula da intangibilidade, ele o teria feito, ou nominando expressamente esta categoria de direitos no art. 60, § 4º, IV, CF, ou referindo-se de forma genérica a todos os direitos e garantias fundamentais, mas não apenas aos direitos e garantias individuais.[51]

Tal concepção e todas aquelas que lhe podem ser equiparadas esbarram, contudo, nos seguintes argumentos: a) a Constituição brasileira não contempla diferença substancial entre os direitos de liberdade (defesa) e os direitos sociais, inclusive no que diz com eventual primazia dos primeiros sobre os segundos; b) os partidários de uma exegese restritiva, em regra partem da premissa de que todos os direitos sociais podem ser conceituados como direitos a prestações estatais, quando, como já lembrado, boa parte dos direitos sociais são, no que diz com sua função precípua e estrutura jurídica, equiparáveis aos direitos de defesa; c) além disso, relembramos que uma interpretação que limita o alcance das "cláusulas pétreas" aos direitos fundamentais elencados no art. 5º da CF acaba por excluir também os direitos de nacionalidade e os direitos políticos, que igualmente não foram expressamente previstos no art. 60, § 4º, inc. IV, de nossa lei Fundamental.[52]

Todas estas considerações revelam que apenas por meio de uma interpretação sistemática se poderá encontrar uma resposta satisfatória no que concerne ao problema da abrangência do art. 60, § 4º, IV, da CF. Que uma exegese restritiva, notadamente quando cingida à expressão literal do referido dispositivo constitucional, não pode prevalecer, parece ser evidente, ainda mais quando consideradas as distorções já apontadas.

51. Cf. Otávio Bueno Magano, "Revisão Constitucional", *Cadernos de Direito Constitucional e Ciência Política*, n. 7, 1994, pp. 110-111, chegando até mesmo a sustentar não apenas a possibilidade, mas inclusive a necessidade de se excluírem os direitos sociais da Constituição.

52. Convém não esquecer, como oportunamente averbou Celso Lafer, *A Reconstrução dos Direitos Humanos*, São Paulo, Companhia das Letras, 1991, pp. 146 e ss., que o direito à nacionalidade e o direito à cidadania – por sua vez, umbilicalmente ligado ao primeiro, como verdadeiro direito a ter direitos –, fundamentam o vínculo entre o indivíduo e determinado Estado, colocando o primeiro sob a proteção do segundo e de seu ordenamento jurídico, razão pela qual não nos parece aceitável que posição jurídica fundamental de tal relevância venha a ser excluída do âmbito de proteção das "cláusulas pétreas".

Como a inclusão dos direitos sociais (e demais direitos fundamentais) no rol das "cláusulas pétreas" pode ser justificada à luz do direito constitucional positivo é questão que merece análise um pouco mais detida. Já no Preâmbulo da CF encontramos referência expressa no sentido de que a garantia dos direitos individuais e sociais, da igualdade e da justiça constitui objetivo permanente de nosso Estado. Além disso, não há como negligenciar o fato de que nossa Constituição consagra a ideia de que constituímos um Estado democrático e social de Direito, o que transparece claramente em boa parte dos princípios fundamentais, com destaque para os arts. 1º, I a III, e 3º, I, III e IV. Com base nestas breves considerações, verifica-se, desde já, a íntima vinculação dos direitos fundamentais sociais com a concepção de Estado da nossa Constituição. Não resta, portanto, qualquer dúvida de que o princípio do Estado Social (ou da socialidade) e os direitos fundamentais sociais integram os elementos essenciais, isto é, a identidade de nossa Constituição, razão pela qual já se sustentou que os direitos sociais (assim como os princípios fundamentais) poderiam ser considerados – mesmo não estando expressamente previstos no rol das "cláusulas pétreas" – autênticos limites materiais implícitos à reforma constitucional.[53] Poder-se-á argumentar, ainda, que a expressa previsão de um extenso rol de direitos sociais no título dos direitos fundamentais seria, na verdade, destituída de sentido, caso o Constituinte tivesse outorgado a tais direitos proteção diminuída, transformando-os em direito de "segunda classe".

Além do exposto, verifica-se que todos os direitos fundamentais consagrados na CF (mesmo os que não integram o Título II) são, em última análise, direitos de titularidade individual, ainda que alguns sejam de expressão coletiva e sem prejuízo de uma correlata dimensão transindividual, mais ou mesmo relevante a depender do direito em causa. É o indivíduo que tem assegurado o direito de voto, assim como é o indivíduo que tem direito à saúde, assistência social, aposentadoria etc. Até mesmo o direito a um meio ambiente saudável e equilibrado (art. 225 da CF), em que pese seu habitual enquadramento entre os direitos da terceira dimensão, pode ser reconduzido a uma dimensão individual, pois mesmo um dano ambiental que venha a atingir um grupo dificilmente quantificável e delimitável de pessoas (indivíduos), gera um direito à reparação para cada prejudicado, inclusive viabilizando execução individualizada ainda que no bojo de uma ação coletiva. Ainda que não se queira compartilhar tal entendimento, não há como negar que, nesses casos (de direitos coletivos

---

53. Esta a pertinente lição de Raul Machado Horta, "Natureza, limitações e tendências da revisão constitucional", cit., pp. 14-15.

propriamente ditos) nos encontramos diante de uma situação de cunho notoriamente excepcional, que em hipótese alguma afasta a regra geral da titularidade individual da absoluta maioria dos direitos fundamentais. Os direitos e garantias individuais referidos no art. 60, § 4º, inc. IV, da nossa Lei Fundamental incluem, portanto, os direitos sociais e os direitos da nacionalidade e cidadania (direitos políticos).

Contestando essa linha argumentativa, Gustavo Costa e Silva, sustenta que a "dualidade entre direitos 'individuais' e 'sociais' nada tem a ver com a titularidade, remetendo, em verdade, à vinculação de uns e outros a diferentes estágios da formação do *ethos* do Estado constitucional", no caso, na circunstância de que os direitos individuais estão vinculados ao paradigma do estado liberal individualista, e não ao estado social, de cunho solidário.[54] Todavia, ainda que se reconheça a inteligência da crítica, parece-nos que a resposta já foi fornecida, designadamente quando apontamos para o fato de que não é possível extrair da CF um regime diferenciado – no sentido de um regime jurídico próprio – entre os direitos de liberdade (direitos individuais) e os direitos sociais, mesmo que entre ambos os grupos de direitos, especialmente entre a sua dimensão negativa e positiva, existam diferenças no que diz com o seu objeto e função desempenhada na ordem jurídico-constitucional. Além disso, o argumento da titularidade individual de todos os direitos, como fundamento de uma compreensão ampliada das "cláusulas pétreas", tal como aqui sustentada, é apenas mais um argumento entre outros.

Outro argumento utilizado pelos que advogam uma interpretação restritiva das "cláusulas pétreas" diz com a existência de diversas posições jurídicas constantes no Título II da CF que não são merecedoras do *status* peculiar aos "verdadeiros" direitos fundamentais, razão pela qual há quem admita até mesmo a sua supressão por meio de uma emenda constitucional.[55] Muito embora não de modo igual, Oscar Vilhena Vieira, prefere trilhar caminho similar, ao sustentar, em síntese, que apenas as cláusulas superconstitucionais (isto é, os princípios e direitos fundamentais que constituem a reserva de justiça constitucional de um sistema) encontram-se imunes à supressão pelo poder reformador, não advogando, de tal sorte, a exclusão prévia de qualquer direito ou princípio do elenco

---

54. Cf. Gustavo Just da Costa e Silva, *Os limites da reforma constitucional*, Rio de Janeiro, Renovar, 2000, pp. 124 e ss. (citação extraída da p. 129).

55. Este o entendimento de Manuel Gonçalves Ferreira Filho, "Significação e alcance das cláusulas pétreas", cit., p. 16, que, no entanto, reconhece que o art. 60, § 4º, inc. IV, da nossa Constituição abrange todos os direitos fundamentais, e não apenas os direitos individuais e coletivos do art. 5º.

dos limites materiais, mas admitindo que nem todos os direitos fundamentais, sejam individuais ou não, estão abrangidos.[56]

Argumentação similar tem sido adotada, aliás, por outros autores que têm produzido contribuições monográficas importantes sobre o tema no âmbito da doutrina nacional. É o caso, por exemplo, de Rodrigo Brandão[57] e Luísa Cristina Pinto e Netto,[58] que, ressalvadas importantes distinções entre o enfoque das respectivas abordagens e embora não tenham adotado na sua integralidade a tese advogada por Oscar Vilhena Vieira, privilegiam o que se poderia dizer de uma concepção intermediária e fortemente vinculada a uma concepção material de direitos fundamentais. Com efeito, ambos os autores, ao sustentarem – neste ponto com razão – que a função dos limites materiais é a proteção da identidade constitucional, e, portanto, do sistema dos direitos fundamentais e seu núcleo essencial como um todo, proteção esta que, em termos gerais, abrange os direitos fundamentais sociais, admitem, todavia, que direitos sociais assegurados por dispositivos constitucionais isolados possam ser eventualmente não apenas restringidos (com o que se concorda, já que, em princípio, direitos fundamentais são passíveis de restrição mesmo por lei ordinária e até em hipóteses onde sequer há autorização constitucional expressa para tanto), mas até suprimidos, designadamente quando não guardam relação direta com a dignidade da pessoa humana e outros valores materialmente fundamentais, como a igualdade, a liberdade, a democracia, entre outros.

56. Cf. Oscar Vilhena Vieira, *A Constituição e sua Reserva de Justiça – um ensaio sobre os limites materiais ao poder de reforma*, São Paulo, Malheiros Editores, 1999, pp. 222 e ss., onde desenvolve seu pensamento, que aqui vai reproduzido em apertadíssima síntese. Registre-se, contudo, que o ilustre jurista não exclui os direitos sociais da proteção contra eventuais reformas, notadamente quando estiverem em causa os direitos sociais básicos, tais como os direitos à alimentação, moradia e educação, já que "essenciais à realização da igualdade e da dignidade entre os cidadãos" (ob. cit., p. 321).
57. Cf. amplamente desenvolvido em Rodrigo Brandão, *Direitos Fundamentais, Democracia e Cláusulas Pétreas*, Rio de Janeiro, Renovar, 2008.
58. Cf. Luísa Cristina Pinto e Netto, *Os Direitos Sociais...*, cit., p. 189, em passagem que sintetiza sua posição a respeito, refere que os direitos sociais, embora protegidos em face do poder de reforma constitucional, "não são total e irrestritamente imunes à sua atuação, mas, na medida em que sua supressão ou alteração comprometa a identidade constitucional, desconfigurando o sistema de direitos fundamentais, comprometa a promoção da dignidade da pessoa humana, a socialidade, a igualdade material, estes direitos, como limites materiais à revisão constitucional, repelem-na, expressando, com a sua resistência, com a sua natureza de trunfos contra a maioria, uma tendência contramajoritária".

Em que pese o cunho sedutor de tal linha argumentativa, tal tese apenas poderia prevalecer caso partíssemos da premissa de que existem direitos apenas formalmente fundamentais, de modo que os últimos (justamente por serem fundamentais em sentido meramente formal) poderiam ser suprimidos mediante emenda constitucional, o que não corresponde, consoante já assinalado, à concepção de acordo com a qual todos os direitos fundamentais são fundamentais tanto no sentido formal, quanto no material, tal como desenvolvido no capítulo da parte geral dos direitos fundamentais. De qualquer modo, é no mínimo necessário questionar a possibilidade de qualquer um dos poderes (constituídos) decidir qual direito é (ou não) formal e materialmente fundamental, decisão esta que, em última análise, poderia importar em afronta à vontade do Poder Constituinte, que, salvo melhor juízo, detém o privilégio de deliberar sobre tal matéria e que expressamente incluiu todas as categorias de direitos no Título II da CF.

Além disso, correr-se-ia o sério risco de supressão de direitos "autenticamente" fundamentais, inclusive de direitos previstos no art. 5º da Constituição, visto que com base em determinados critérios materiais (substanciais) sempre seria possível argumentar (e sempre poderia ser formada uma maioria simpática a tal entendimento no STF) que a propriedade intelectual não constitui direito fundamental em sentido material, ou mesmo a função social da propriedade ou proteção do consumidor, o que, salvo melhor juízo, já deveria desrecomendar a adoção desse ponto de vista.

Reforçando a argumentação aqui privilegiada, é preciso levar em conta que a circunstância de que os limites materiais à reforma constitucional têm por função principal a preservação da identidade da ordem constitucional não pode levar à confusão com a noção de que cada direito fundamental expressa e implicitamente positivado tem o que se costuma designar de um núcleo essencial que, embora não se confunda necessariamente com um conteúdo em dignidade da pessoa humana (visto ser diferenciada a relação entre a dignidade e os direitos fundamentais), se encontra necessariamente protegido contra uma afetação pelos poderes constituídos. De outra parte, cada direito fundamental, por ser fundamental precisamente em função da opção neste sentido tomada pelo Constituinte e não necessariamente – ou mesmo exclusivamente – pela sua vinculação direta com a dignidade da pessoa humana, acaba, portanto, sendo parte integrante da identidade do sistema constitucional, o que, reitera-se, não impede ajustes e restrições, mas impede a supressão de direitos fundamentais como tais consagrados pelo Constituinte.

Assim, muito embora a correta percepção, tal qual advogada também por Luís Roberto Barroso, de que o vínculo com a dignidade da pessoa humana é relevante para a determinação da fundamentalidade em sentido material, e, portanto, também opera como argumento privilegiado para justificar a inclusão de direitos fundamentais não contemplados no art. 5º, CF, no elenco dos limites materiais à reforma,[59] não se poderá, exclusivamente por tal razão – visto que por mais que pontifique entre os valores e princípios constitucionais, a identidade material da constituição e dos direitos fundamentais nela não se esgota –, negar a outros direitos fundamentais uma proteção privilegiada, até mesmo pelo fato de com isso se estar, por via oblíqua, consagrando uma hierarquia entre direitos fundamentais que não foi, salvo melhor juízo, prevista pelo constituinte. Além disso, o argumento da dignidade da pessoa humana, por mais relevante que seja e por mais que possa, em grande parte dos casos, ser manejado de forma adequada, não afasta (pelo contrário, de certo modo potencializa) os riscos de uma arbitrária e não menos perigosa manipulação da noção de fundamentalidade em sentido material para eventualmente justificar a supressão de determinados direitos do texto constitucional, tal como, aliás, já registrado.

Tudo isso aponta para a circunstância de que os direitos fundamentais, expressa e/ou implicitamente reconhecidos pelo Constituinte de 1988, estejam situados no Título II ou em outras partes do texto constitucional, constituem sempre limites materiais expressos ou implícitos à reforma constitucional.[60] O argumento da titularidade individual, de acordo com o qual todos os direitos fundamentais, por serem sempre também individuais, integram o elenco dos limites materiais à reforma constitucional, não implica divergência substancial em relação aos que sustentam a tese de que os direitos sociais (ou mesmo outros não constantes do art. 5º da Constituição) representam, em verdade, limites implícitos ao poder de reforma constitucional. Convém recordar, nesta quadra, que os próprios direitos designados como individuais, vinham sendo reconhecidos como "cláusulas pétreas" no sistema constitucional anterior, onde não integravam (tal como a República, por exemplo, na

---

59. Cf. Luís Roberto Barroso, *Curso de Direito Constitucional Contemporâneo*, cit., pp. 178 e ss.
60. Neste sentido, v., por último, Fayga Silveira Bedê, "Sísifo no limite do imponderável ou direitos sociais como limites ao poder reformador", in Paulo Bonavides, Francisco Gérson Marques de Lima e Fayga Silveira Bedê (coords.), *Constituição e Democracia. Estudos em Homenagem ao Professor J. J. Gomes Canotilho*, São Paulo, Malheiros Editores, 2006, especialmente pp. 99 e ss.

atual Constituição) o elenco dos limites materiais expressos, até mesmo pelo fato de prevalecer o entendimento de que não há diferença, no que diz com a qualidade da proteção (em ambos os casos é vedada uma supressão efetiva ou tendencial) entre os bens constitucionais implícita e expressamente protegidos pelo manto das "cláusulas pétreas".

Por certo, não há como negar que uma interpretação restritiva das "cláusulas pétreas" tem por objetivo impedir uma petrificação de toda a Constituição, o que não pode prevalecer diante de uma exegese sistemática, que tenha sempre presente a necessidade de preservar os seus elementos essenciais, insuscetíveis de supressão ou esvaziamento (hipóteses que se equivalem) pela atuação do poder de reforma constitucional.[61] Constituindo os direitos sociais (assim como os políticos) valores basilares de um Estado social e democrático de Direito, sua abolição acabaria por redundar na própria destruição da identidade da nossa ordem constitucional, o que, por evidente, se encontra em flagrante contradição com a finalidade precípua das "cláusulas pétreas". Quanto ao risco de uma indesejável galvanização da Constituição, é preciso considerar que apenas uma efetiva ou tendencial abolição das decisões fundamentais tomadas pelo Constituinte está vedada ao poder de reforma constitucional, não se vislumbrando, portanto, obstáculo significativo no que diz com sua eventual adaptação às exigências de um mundo em constante transformação. Mas tal tópico, vinculado ao problema da intensidade da proteção com base nas "cláusulas pétreas", será objeto de análise mais detida logo adiante.

Ainda no contexto da definição de quais são os direitos fundamentais que integram o elenco das "cláusulas pétreas" há que fazer referência a duas situações que, por conta de suas peculiaridades, merecem um tratamento com algum destaque, a despeito da impossibilidade de maior desenvolvimento do tópico. O primeiro caso diz respeito aos direitos fundamentais inseridos no catálogo constitucional de direitos mediante emenda constitucional, o que, no caso da CF de 1988, ocorreu em diversas ocasiões, designadamente com o direito à moradia, o direito à razoável duração do processo e o direito à alimentação. A segunda hipótese guarda

---

61. Bem sustentando uma exegese extensiva, notadamente no que diz com a abrangência do elenco dos limites materiais à reforma (já que tal modo de interpretação fortalece a proteção dos direitos fundamentais contra a atuação do poder constituinte reformador, além de afirmar o princípio da estabilidade ínsito a cada Constituição), v. a contribuição de Carlos Ayres Britto, "A Constituição Federal e o monitoramento de suas Emendas", in Paulo Modesto e Oscar Mendonça (coords.), *Direito do Estado – Novos rumos*, t. 1, São Paulo, Max Limonad, 2001, p. 66.

relação com os direitos constantes dos tratados internacionais de direitos humanos ratificados pelo Brasil, ainda mais após a inserção, no art. 5º, de um § 3º, dispondo que em sendo atendidos determinados requisitos formais, os tratados de direitos humanos assim incorporados ao direito interno serão considerados como equivalentes às emendas constitucionais.

Quanto ao primeiro caso, de direitos inseridos mediante emenda constitucional, é de registrar que para expressivos setores da doutrina, considerando que apenas o poder constituinte originário está em condições de limitar o poder de reforma constitucional (na condição de competência reformadora) – e não o contrário –, mesmo em se tratando de direitos fundamentais, tais direitos, caso incorporados mediante emendas à constituição, não poderiam integrar os limites materiais à reforma, pois se trata sempre de limites postos (ainda que implicitamente) pelo poder constituinte, ressalvando-se, contudo, as hipóteses nas quais o direito, ainda que não previsto no texto constitucional de modo explícito, já estava consagrado no sistema constitucional.[62]

O quanto tal linha argumentativa, a despeito de sua força, de fato inviabiliza uma equiparação (também para efeitos de proteção contra reformas constitucionais) entre direitos expressamente previstos pelo poder constituinte e direitos inseridos mediante reforma constitucional, é no mínimo carente de maior reflexão. Considerando que a abertura material do catálogo constitucional de direitos (art. 5º, § 2º, CF) corresponde ela própria a uma decisão fundamental do constituinte (além de igualmente protegida contra uma supressão por ação do poder reformador), a inclusão de direitos originariamente não previstos não poderia resultar, salvo melhor juízo, em proteção diminuída, no sentido de que mediante apenas a observância dos requisitos formais, o direito à moradia (apenas para ilustrar) pudesse ser pura e simplesmente suprimido do texto da Constituição. De outra parte, se admitida (como, de resto, corresponde ao entendimento majoritário no Brasil) a existência de limites implícitos ao poder de reforma constitucional, a inserção de direitos fundamentais por via de emenda constitucional, especialmente quando se trata de guindar à condição de direitos expressamente positivados direitos que já poderiam (e mesmo já o vinham sendo) ser considerados como implicitamente consagrados pela ordem constitucional, não poderia, por sua vez, resultar em desprestígio a tais direitos no que diz com o seu regime jurídico--constitucional em termos de proteção. Aliás, a expressa consagração,

---

62. Cf., por todos, Gilmar Ferreira Mendes e Paulo Gustavo G. Branco, *Curso de Direito Constitucional*, cit., pp. 146-147.

apenas reforçaria (e teria ainda a vantagem de bloquear entendimentos em sentido contrário ao reconhecimento de tais direitos) o *status* de tais direitos como direitos fundamentais, que, mesmo sem expressa previsão, já estavam implicitamente tutelados.[63]

À vista do exposto, verifica-se que pelo menos nos exemplos colacionados (moradia, alimentação e razoável duração do processo) manifesta a umbilical ligação de tais direitos não apenas (e isto já seria suficiente) com a dignidade da pessoa humana, mas também no que diz com a sintonia com o sistema internacional de direitos humanos, para além de um crescente reconhecimento na esfera doutrinária e jurisprudencial. Para complementar o elenco (ainda que sumariamente exposto) de razões em prol da condição de "cláusulas pétreas", importa enfatizar que a distinção entre direitos fundamentais originários e direitos criados por emenda constitucional acaba por consagrar uma no mínimo questionável divisão dos direitos em duas classes, uma sujeita a um regime de proteção reforçado, a outra disponível ao poder de reforma constitucional.[64]

Tópico que, consoante já sinalizado, passou a ser mais discutido, especialmente a partir da inserção, mediante a EC 45/2004, do § 3º no art. 5º da CF, diz com o fato de os direitos fundamentais sediados em tratados de direitos humanos ratificados pelo Brasil serem, ou não, cobertos pela proteção das "cláusulas pétreas". Muito embora se possa concordar com a tese que reconhece hierarquia constitucional a todos os tratados em matéria de direitos humanos regularmente incorporados ao direito interno (independentemente do previsto no § 3º no art. 5º da CF), já por força do disposto no art. 5º, § 2º, da CF, que aqui não será objeto de análise mais detida, o fato é que a controvérsia sobre serem tais tratados, notadamente os direitos humanos e fundamentais neles consagrados, objeto de proteção por conta dos limites materiais à reforma constitucional, depende de outros fatores para um adequado equacionamento.

Em primeiro lugar, há que considerar que enquanto não incorporados ao texto constitucional – como é o caso dos tratados não aprovados

---

63. Sublinhe-se que mesmo se posicionando, em termos gerais, de forma contrária à tese de que direitos fundamentais incorporados por emenda constitucional sejam também blindados contra novas reformas constitucionais, importante doutrina frisa que nos casos em que tais direitos, ainda que implicitamente, já estavam consagrados, seria possível reconhecer a condição de "cláusula pétrea". Nesse sentido, v., por todos, Gilmar Ferreira Mendes e Paulo Gustavo G. Branco, *Curso de Direito Constitucional*, cit., p. 147.

64. Cf. argumenta, por exemplo, Bernardo Gonçalves Fernandes, *Curso de Direito Constitucional*, 2ª ed., Rio de Janeiro, Lumen Juris, 2010, p. 117.

mediante o rito qualificado estabelecido no art. 5º, § 3º, os direitos neles consagrados, muito embora integrem a ordem jurídico-constitucional interna, não constituem direito constitucional em sentido formal, já que consagrados, de acordo com a tradição brasileira, por decreto legislativo. Assim, quando muito – e apenas para os que reconhecem a hierarquia constitucional, como é o nosso caso – é possível falar em direito constitucional material, numa perspectiva ampliada de bloco de constitucionalidade. A partir disso, já se verifica uma primeira dificuldade a ser levada a sério, qual seja, a de que a emenda (e mesmo a revisão) constitucional constitui mecanismo de mudança formal da constituição, ou seja, implica sempre alteração do texto constitucional. Formulado de outro modo, isso quer dizer que a emenda constitucional não será instrumento próprio para uma alteração de tratado internacional. Por outro lado, se, todavia, o direito consagrado em nível internacional estiver também (como ocorre na grande maioria dos casos, embora não em todos!) previsto no texto constitucional, no caso de reforma constitucional que venha a afetar (suprimir ou restringir) o direito, incidirá a proteção decorrente da condição de "cláusula pétrea", mas não por força do direito internacional, mas sim, em virtude de se tratar de direito fundamental contemplado na constituição formal.

Todavia, como o entendimento dominante no STF é no sentido da hierarquia (apenas) supralegal dos tratados de direitos humanos, os mesmos – pelo menos para o STF – não integram a Constituição. Mesmo nas hipóteses em que a aprovação do tratado se der em conformidade com o disposto no art. 5º, § 3º, CF, é preciso levar em conta que tal tratado será considerado equivalente a uma emenda constitucional, embora de fato não o seja, visto que também aqui não estará alterando diretamente o texto constitucional, mas apenas agregando-se à constituição formal compreendida num sentido ampliado, visto que a constituição formal poderá ser veiculada por mais de um documento constitucional. A circunstância de que um tratado seja aprovado pelo Congresso Nacional observado rito do art. 5º, § 3º, CF, não significa que a aprovação tenha ocorrido por emenda constitucional, como, aliás, dá conta o Decreto Legislativo 186/2008, que aprovou a convenção internacional sobre os direitos das pessoas com deficiência. Por outro lado, se efetivamente aprovado por emenda constitucional e integrado à constituição formal, é possível admitir – no plano do direito interno e de acordo com o ponto de vista adotado e já exposto mais acima – a proteção com base na condição de "cláusula pétrea".

Soma-se a isso, o fato de os tratados estarem sujeitos, de acordo com as regras do direito internacional público, a uma denúncia por parte dos países pactuantes, de tal sorte que, pelo menos de acordo com importante argumento, a não ser nos casos em que a possibilidade de denúncia fosse expressamente ressalvada quando da aprovação do tratado pelo Congresso Nacional, não haveria como impedi-la nem mesmo com base na condição de "cláusula pétrea" dos direitos (ou do direito) consagrado no tratado internacional e incorporado ao direito interno.[65] De qualquer sorte, a despeito das observações precedentes, há quem sustente que os direitos sediados em tratados de direitos humanos ratificados pelo Brasil são sempre beneficiários da proteção reforçada inerente às "cláusulas pétreas", não podendo ser suprimidos mediante reforma constitucional.[66] As dificuldades apontadas acima, contudo, não desaparecem à vista de tal afirmação peremptória, nem mesmo invocando o art. 5º, § 2º, como, aliás, já referido.

Uma linha argumentativa que, todavia, deve ser considerada é a de que, no caso de o tratado vir a ser aprovado pelo rito do art. 5º, § 3º, CF, ele não mais poderia ser objeto de denúncia, proteção que seria – em sendo adotado tal entendimento – similar àquela outorgada pelos limites materiais ao poder de reforma.[67] Também aqui se trata de questão controversa, que aguarda manifestação do STF e que também na esfera doutrinária segue discutida.

À vista do exposto, verifica-se que uma proteção por via dos limites materiais à reforma constitucional esbarra em algumas perplexidades, especialmente quando se trata de tratados não incorporados pelo rito do art. 5º, § 3º, CF, o que não significa que os direitos consagrados em tais tratados não possam ser protegidos em sintonia com a privilegiada posição dos direitos fundamentais na arquitetura constitucional. A vedação de denúncia (tal como sustentada por vários autores) ou mesmo

65. Cf. as ponderações de André de Carvalho Ramos, "O Supremo Tribunal Federal e o Direito Internacional dos Direitos Humanos", in Daniel Sarmento e Ingo Wolfgang Sarlet (coords.), *Direitos Fundamentais no Supremo Tribunal Federal: balanço e crítica*, Rio de Janeiro, Lumen Juris, 2011, pp. 12 e ss.
66. Cf., por todos, Flávia Piovesan, *Direitos Humanos e o Direito Constitucional Internacional*, 7ª ed., São Paulo, Saraiva, 2006, p. 75.
67. Neste sentido, entre outros, v. as contribuições de George Rodrigo Bandeira Galindo, *Tratados Internacionais de Direitos Humanos e Constituição Brasileira*, Belo Horizonte, Del Rey, 2003, pp. 303 e ss.; Alexandre Coutinho Pagliarini, *Constituição e Direito Internacional, cedências possíveis*, Rio de Janeiro, Forense, 2003, p. 211; bem como Valério de Oliveira Mazzuoli, *Curso de Direito Internacional Público*, São Paulo, Ed. RT, 2006, p. 503, destacando que após aprovado mediante emenda constitucional (ou pelo rito do art. 5º, § 3º, CF) os tratados internacionais de direitos humanos não poderiam mais ser denunciados, nem mesmo com prévia autorização do Congresso Nacional.

a aplicação, à hipótese, no que for cabível, da lógica inerente ao assim denominado princípio da proibição de regressividade (ou de retrocesso), como conhecido no âmbito do direito internacional, poderão ser formas – entre outras – de retirar aos poderes constituídos (inclusive ao poder de reforma constitucional) a possibilidade de livremente dispor sobre os direitos humanos e fundamentais consagrados nos tratados de direitos humanos já ratificados pelo Brasil.

5. Alcance da proteção dos direitos e garantias fundamentais com base nas "cláusulas pétreas"

Voltando-nos, agora, ao problema do alcance da proteção outorgada pelos limites materiais (expressos e implícitos!) à reforma constitucional, há que atentar, desde logo, para o fato de que o enunciado da norma contida no art. 60, § 4º, da nossa Constituição ("Não será objeto de deliberação a proposta de emenda tendente a abolir..."), deixa antever duas diretrizes: a) não apenas as alterações da Constituição que objetivam a supressão dos princípios guindados à condição de "cláusula pétrea", mas também as que revelam uma tendência à sua supressão se encontram vedadas; b) os projetos de emenda que atentam contra esses mandamentos sequer poderão ser apreciados e votados pelo Congresso, de tal sorte que mesmo antes de sua promulgação se viabiliza o controle jurisdicional de sua constitucionalidade.[68]

O que importa ressaltar, à vista dos elementos normativos referidos, é que também no direito constitucional brasileiro as "cláusulas pétreas" não implicam absoluta imutabilidade dos conteúdos por elas assegurados. Por outro lado, não é de fácil determinação o momento no qual determinada emenda à Constituição efetivamente tende a abolir o conteúdo protegido. Tal aferição apenas poderá ocorrer à luz do caso concreto, cotejando-se o conteúdo da emenda com a decisão fundamental integrante do rol das "cláusulas pétreas", o que igualmente – vale enfatizar – se impõe na hipó-

---

68. A respeito da possibilidade de controlar-se a constitucionalidade de uma emenda à Constituição mesmo no decorrer de sua apreciação pelo Congresso, já encontramos posição firmada pelo Supremo Tribunal Federal. Neste sentido, v. especialmente o voto prolatado pelo Min. Moreira Alves, por ocasião do julgamento ocorrido em 8.10.1980 (*RTJ* 99 [1980], p. 1.040). Mais recentemente, já sob a égide da Constituição vigente, a possibilidade de controle prévio da constitucionalidade das Emendas à Constituição foi reiterada por ocasião do julgamento da ADI 466-2-DF, ocorrido em 3.4.1991, quando, apesar de rechaçar-se a viabilidade do controle abstrato preventivo, não se excluiu eventual controle concreto, no caso, mediante a impetração de mandado de segurança, a exemplo do que ocorreu com a decisão anterior citada.

tese de incidir alguma limitação material implícita. Além disso, verifica-se que uma abolição efetiva, para efeitos do controle da constitucionalidade da reforma, pode ser equiparada a uma abolição "tendencial", já que ambas as hipóteses foram expressamente vedadas pelo Constituinte.

A garantia de determinados conteúdos da Constituição por meio da previsão das assim denominadas "cláusulas pétreas" assume, desde logo, uma dúplice função, visto que protege os conteúdos que compõem a identidade (a essência) da Constituição, embora tal proteção tenha o condão apenas de assegurar esses conteúdos quanto aos seus elementos nucleares, não excluindo desenvolvimentos ou modificações, desde que preservem os princípios naqueles contidos.[69] De acordo com a lição da doutrina majoritária, as "cláusulas pétreas" de uma Constituição não objetivam a proteção dos dispositivos constitucionais em si, mas, sim, dos princípios (e regras) neles plasmados, não podendo os mesmos ser esvaziados por uma reforma constitucional.[70] Nesse sentido, é possível sustentar que as "cláusulas pétreas" contêm, em regra, uma proibição de ruptura de determinados princípios constitucionais.[71] Mera modificação no enunciado do dispositivo não conduz, portanto, necessariamente a uma inconstitucionalidade, desde que preservado o sentido do preceito e não afetada a essência do princípio objeto da proteção.[72] De qualquer modo, é possível comungar do entendimento de que a proteção imprimida pelas "cláusulas pétreas" não implica a absoluta intangibilidade do bem constitucional protegido.[73]

Na linha do exposto, situa-se a lição de Flávio Novelli, no sentido de que as "cláusulas pétreas", estando a serviço da proteção do "cerne constitucional intangível" (Pontes de Miranda), isto é, do "âmbito nuclear da estatalidade constitucional" (Klaus Stern), repelem toda e qualquer

---

69. Cf. Paul Kirchhof, "Die Identität der Verfassung in ihren unabänderlichen Inhalten", cit., p. 802. Entre nós, v., desenvolvendo o tópico e trilhando esta linha argumentativa, Luísa Cristina Pinto e Netto, *Os Direitos Sociais como limites materiais à revisão constitucional*, cit., pp. 169 e ss.
70. Esta a lição de Jorge Miranda, *Manual de Direito Constitucional*, vol. II, cit., p. 155.
71. Cf. a oportuna ponderação de Gilmar Ferreira Mendes, "Limites da revisão: cláusulas pétreas ou garantias de eternidade. Possibilidade jurídica de sua superação", cit., p. 251, arrimado na doutrina de Bryde. No mesmo sentido, v. a posição de Ruy Samuel Espíndola, *Conceito de Princípios Constitucionais*, São Paulo, Ed. RT, p. 214.
72. Neste sentido, v., Gilmar Ferreira Mendes, "Plebiscito – EC 2/92 (Parecer)", *Revista Trimestral de Direito Público*, n. 7, 1994, p. 120.
73. Este já era o entendimento de Nelson de Souza Sampaio, *O Poder de Reforma Constitucional*, cit., p. 89.

emenda que intente a supressão ou a alteração substancial dos direitos fundamentais ou dos princípios fundamentais da Constituição incluídos no rol dos limites materiais à reforma da Constituição.[74] Por núcleo essencial dos direitos e dos princípios fundamentais estruturantes poderá considerar-se, de acordo com o entendimento de Klaus Stern, recolhido por Flávio Novelli, os elementos que constituem "a própria substância, os fundamentos, os elementos ou componentes deles inseparáveis, deles verdadeiramente inerentes, por isso que integrantes de sua estrutura e do seu tipo, conforme os define a Constituição", isto é, seus elementos essenciais, e não meramente acidentais.[75] Constata-se, portanto, que não apenas uma emenda constitucional que efetivamente venha a abolir (suprimir) um direito fundamental, mas também alguma que venha a atingi-lo de forma equivalente, tendendo à abolição, isto é, ferindo o seu conteúdo essencial, se encontra inequivocamente vedada pela nossa Constituição. O núcleo do bem constitucional protegido é, de acordo com este ponto de vista, constituído pela essência do princípio ou direito, não por seus elementos circunstanciais, cuidando-se, neste sentido, daqueles elementos que não podem ser suprimidos sem acarretar alteração substancial no seu conteúdo e estrutura.[76] Neste contexto, afirmou-se que a constatação de uma efetiva agressão ao núcleo essencial do princípio protegido depende de uma ponderação tópica, mediante a qual se deverá verificar se a alteração constitucional afeta apenas aspectos ou posições marginais da norma, ou se, pelo contrário, investe contra o próprio núcleo do princípio em questão,[77] o que remete, por sua vez, à complexa e controversa relação entre a categoria do núcleo essencial e o princípio da proporcionalidade, que, todavia, aqui não será explorada.

Assim, em sintonia com tal entendimento e tomando como parâmetro o direito constitucional brasileiro, o problema do alcance da proteção com base nas cláusulas pétreas pode ser perfeitamente ilustrado mediante recurso a alguns dos princípios integrantes do rol do art. 60, § 4º, de nossa Constituição. Com efeito, quando o constituinte incluiu a forma federativa de Estado (e o correlato princípio federativo) no elenco dos limites mate-

---

74. Cf. Flávio Bauer Novelli, "Norma constitucional inconstitucional? A propósito do art. 2º, § 2º, da EC n. 3/93", *RF* 330/79-81, 1995.
75. Cf. Flávio Bauer Novelli, "Norma constitucional inconstitucional?", cit., p. 82.
76. Assim também Flávio Bauer Novelli, "Norma constitucional inconstitucional?", cit., p. 82.
77. Cf. Gilmar Ferreira Mendes, "Plebiscito – EC 2/92 (Parecer)", cit., p. 120, que, neste sentido, se posiciona favoravelmente à aplicação, no contexto do controle das reformas constitucionais, da garantia do núcleo essencial.

riais à reforma (art. 60, § 4º, inc. I, da CF), tal proteção não se limitou ao art. 1º da Constituição (de acordo com o qual o Estado Federal brasileiro se compõe da união indissolúvel da União, dos Estados, do Distrito Federal e dos Municípios), mas estendeu-se a todos os elementos essenciais da Federação. Em se levando em conta que o princípio federativo se manifesta em diversos outros dispositivos da Constituição, verifica-se que também estes se encontram ao abrigo da proteção das "cláusulas pétreas".[78] As normas versando sobre a distribuição de competência entre os diversos entes da Federação (arts. 21 a 24 da CF), a auto-organização e autonomia dos Estados (arts. 25 a 28 da CF) e dos Municípios (arts. 29 e 30 da CF) constituem apenas alguns exemplos inequívocos no sentido de que também estas normas, dada a sua particular relevância para a caracterização de uma efetiva Federação, se encontram imunes à atuação erosiva de uma reforma constitucional. Com efeito, não restam dúvidas de que, no caso da supressão da competência legislativa privativa dos Estados e Municípios, o Estado Federal ficaria atingido em um de seus elementos essenciais. Raciocínio semelhante pode ser aplicado ao princípio da separação dos poderes, que igualmente se encontra ao abrigo das "cláusulas pétreas" (art. 60, § 4º, inc. IV, da CF). Caso a autonomia e independência do Poder Judiciário viessem a ser restringidas de tal forma que ficassem virtualmente inoperantes, poder-se-ia sustentar uma inequívoca afronta ao princípio da separação dos poderes.[79]

Tal orientação, pelo menos assim o revela a evolução mais recente, encontra-se afinada com a jurisprudência do nosso Supremo Tribunal Federal, que, em julgamento ocorrido no dia 8.10.1980, mesmo tendo julgado improcedente a ação, entendeu que a mera ampliação do mandato dos prefeitos por mais de dois anos não poderia ser considerada uma abolição (nem mesmo tendencial) da nossa República, já que o postulado republicano da limitação temporal dos mandatos políticos ficou preservado, de tal sorte que também aqui transparece a ideia de que o objeto da proteção (portanto, da intangibilidade) é o conteúdo essencial do direito (princípio) fundamental.[80] No mesmo sentido, já na vigência da Consti-

---

78. Cf. Raul Machado Horta, "Natureza, limitações e tendências da revisão constitucional", cit., p. 17.
79. Sobre a reforma constitucional, o princípio da separação dos poderes e a garantia da independência e autonomia do Poder Judiciário, v., especialmente, José Néri da Silveira, "A reforma constitucional e o controle de sua constitucionalidade", cit., pp. 210 e ss.
80. Cf. voto do Min. Moreira Alves, in *Revista Trimestral de Jurisprudência*, n. 99 (1980), pp. 1.040-1.041, consignando-se que com isso não se está a adentrar no mérito (sem dúvida controverso) das motivações subjacentes à decisão colacionada.

tuição Federal de 1988, o STF, manifestando-se sobre a constitucionalidade de emenda versando sobre a reforma previdenciária, entendeu que a forma federativa de Estado, elevada à condição de princípio intangível por todas as constituições brasileiras, não pode ser conceituada a partir de um modelo ideal de Federação, mas sim, aquele concretamente adotado pelo constituinte originário. Além disso, ainda de acordo com o STF, as limitações materiais ao poder de reforma constitucional não significam uma intangibilidade literal, mas apenas a proteção do núcleo essencial dos princípios e institutos cuja preservação é assegurada pelas "cláusulas pétreas".[81] Não foi outro, aliás, o entendimento vitorioso quando do julgamento do MS 23.047-MC, publicado no *DJU* de 14.11.2003, relatado pelo Ministro Sepúlveda Pertence, para quem "as limitações materiais ao poder constituinte de reforma, que o art. 60, § 4º, da Lei Fundamental enumera, não significam a intangibilidade literal da respectiva disciplina na Constituição originária, mas apenas a proteção do núcleo essencial dos princípios e institutos cuja preservação nelas se protege".

Para fechar o tópico, importa colacionar um argumento adicional, qual seja, o de que não parece plausível extrair da constituição uma proteção contra o poder de reforma constitucional que sequer em face do legislador ordinário está assegurada. Ora, se um direito fundamental – especialmente na ordem jurídico-constitucional brasileira – pode ser objeto de restrições por lei e mesmo com base em lei (por Decreto ou mesmo outros atos normativos), resulta difícil aceitar a tese de que o legislador reformador (munido de maior legitimidade democrática, à vista dos limites formais) não possa, mediante emenda à Constituição, impor alguma restrição a direitos fundamentais. Do contrário, estar-se-ia assegurando maior força à lei do que à própria emenda constitucional,

---

81. Cf. julgamento na ADI 2024-DF, relatado pelo Min. Sepúlveda Pertence. Neste sentido, v. também, a contribuição de Daniel Sarmento, "Direito adquirido, emenda constitucional, democracia e a reforma previdenciária", in Marcelo Leonardo Tavares (coord.), *A Reforma da Previdência Social*, Rio de Janeiro, Lumen Juris, 2004, pp. 36 e ss., comungando da posição aqui sustentada. Mais recentemente, v. Adriano Sant'Ana Pedra, *A Constituição viva. Poder Constituinte permanente e Cláusulas Pétreas,* Belo Horizonte, Mandamentos, 2005, p. 115, em alentada obra sobre o tema do Poder Constituinte e sobre a reforma constitucional, assim como Luiz Fernando Calil de Freitas, *Direitos Fundamentais: limites e restrições*, Porto Alegre, Livraria do Advogado, 2006, p. 193. Vale conferir, ainda, a análise das principais decisões do STF elaborada por Vladimir Oliveira da Silveira, *O Poder Reformador na Constituição Brasileira de 1988*, cit., pp. 141 e ss., bem como, bem explorando a discussão da jurisprudência do STF no marco dos limites aos limites dos direitos fundamentais, v. Rodrigo Brandão, *Direitos Fundamentais, Democracia e Cláusulas Pétreas*, cit., pp. 285 e ss.

algo que definitivamente não parece estar consagrado pelo art. 60, § 4º, da CF, tal como suficientemente demonstrado.

6. A título de encerramento

Sem que se tenha a pretensão de articular um conjunto de conclusões, o que se busca ressaltar a esta altura, uma vez tomada posição em favor de uma interpretação reforçada dos limites materiais à reforma constitucional – no tocante ao fato de que todos os direitos fundamentais são assegurados contra uma supressão e esvaziamento por parte do poder de reforma constitucional, sem prejuízo da necessária abertura a restrições que não afetem o núcleo essencial dos conteúdos protegidos –, é que a maior ou menor permanência da ordem constitucional, por mais sólidas que sejam as garantias formais estabelecidas pela própria constituição, depende da legitimidade (procedimental e substancial) das instituições políticas e de uma efetiva vontade de (e para a) Constituição (Konrad Hesse).

Nessa perspectiva, cabe agregar que o Professor Paulo Bonavides nunca deixou de manifestar a sua crença na força normativa e na legitimidade da Constituição Federal de 1988, que, aliás, auxiliou a projetar e difundir, mais uma razão para agora lhe ser rendida mais uma homenagem.

GRÁFICA PAYM
Tel. [11] 4392-3344
paym@graficapaym.com.br